BAEDEKER

M

MECKLENBURG-VORPOMMERN

»

Ich kann Ihnen auf der ganzen Gotteswelt keinen besseren Platz empfehlen.

«

Theodor Fontane

baedeker.com

DAS IST ...

TOUREN

ZIELE VON A BIS Z

LEGENDE

Baedeker Wissen
● Textspecial, Infografik & 3D

Baedeker-Sterneziele
★★ Top-Reiseziele
★ Herausragende Reiseziele

HINTERGRUND

PRAKTISCHE INFOS

ERLEBEN & GENIESSEN

ANHANG

PREISKATEGORIEN

Restaurants
Preiskategorien
für ein Hauptgericht

€€€€	über 25 €
€€€	18 – 25 €
€€	10 – 18 €
€	bis 10 €

Hotels
Preiskategorien
für ein Doppelzimmer

€€€€	über 180 €
€€€	130 – 180 €
€€	80 – 130 €
€	bis 80 €

MAGISCHE MOMENTE

ÜBERRASCHENDES

Wenn die Kraniche tanzen ...

D
DAS IST …

Mecklenburg-Vorpommern

Die großen Themen rund um
das Land zwischen Seen und Meer.
Lassen Sie sich inspirieren!

Ein Nachmittag am Plauer See. Jetzt bloß nicht stören. ▶

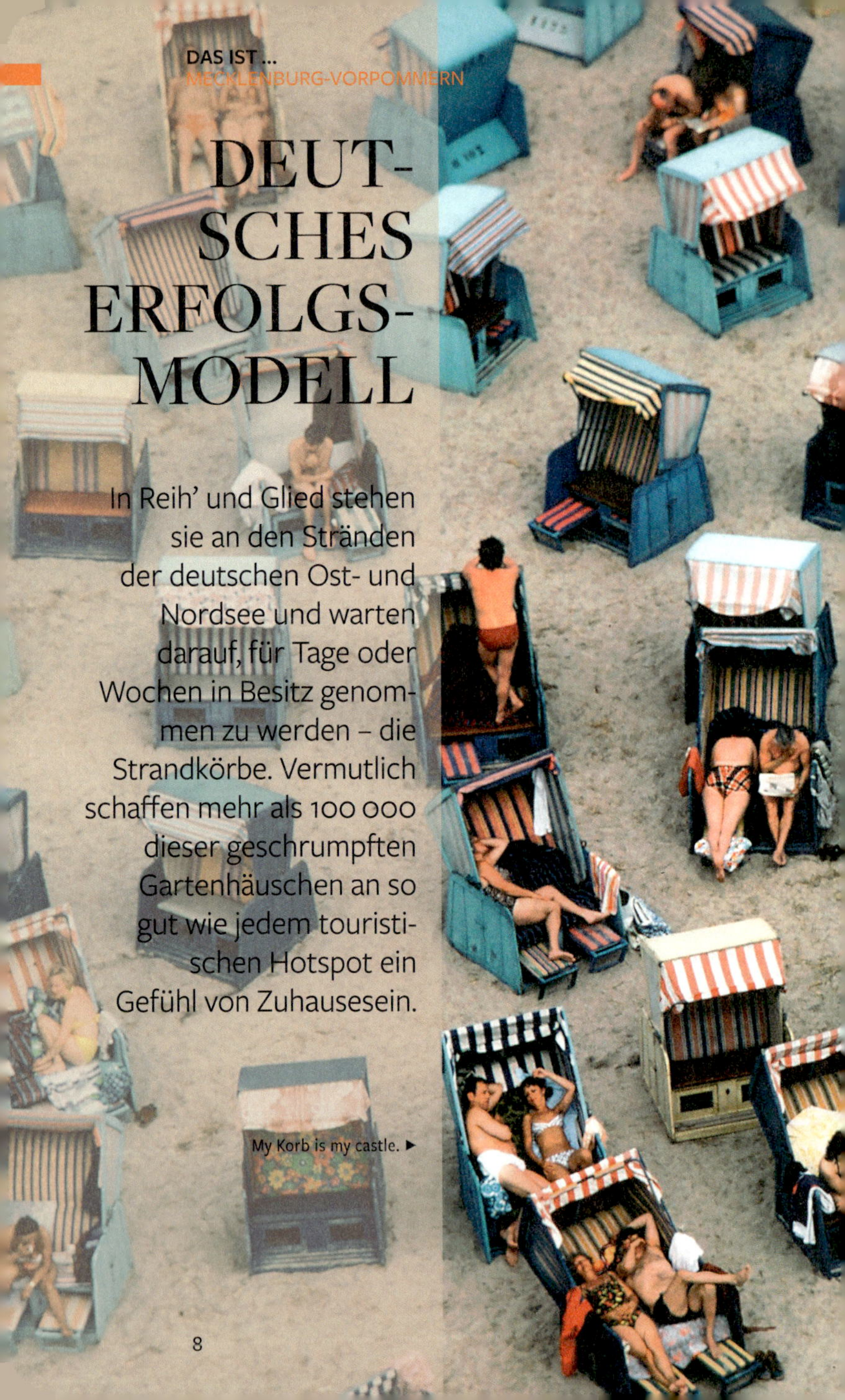

DEUTSCHES ERFOLGSMODELL

In Reih' und Glied stehen sie an den Stränden der deutschen Ost- und Nordsee und warten darauf, für Tage oder Wochen in Besitz genommen zu werden – die Strandkörbe. Vermutlich schaffen mehr als 100 000 dieser geschrumpften Gartenhäuschen an so gut wie jedem touristischen Hotspot ein Gefühl von Zuhausesein.

My Korb is my castle. ▸

Der Herr in Jeans und Hemd ist Anderas Bartelmann, Nachkomme des Erfinders.

WIKIPEDIA definiert der Deutschen liebstes Strandutensil folgendermaßen: »Ein Strandkorb ist ein spezielles Sitz- und Ruhemöbel für den Strand. Er besteht aus einem zweiteiligen Holzgestell mit Korbgeflecht. Sein oberes Element bildet eine halbrund gewölbte, überdachte Sitznische. Durch seine Auskleidung mit wetterfestem Stoff schützt er bei Strandaufenthalten vor Wind, Sonne, Regen und Sandflug. Ausziehbare Fußkästen, Markisen und Klapptischchen bieten dem Nutzer einigen Komfort.« Ist damit schon alles über dieses vom Rostocker Hofkorbmacher **Wilhelm Bartelmann** 1882 erfundene Phänomen gesagt? Mitnichten.

Die europäischen Nachbarn

An den sonnenverwöhnten italienischen und spanischen Küsten sucht man Strandkörbe vergebens, hier dominieren Liegen und Schirme, ebenfalls in Reih' und Glied, durchaus verständlich, denn in südlichen Gefilden sind Wind und kühle Temperaturen im Sommer eher nicht das Problem. Aber wie sieht es in den Niederlanden, England, Dänemark und Polen aus? Obwohl das Wetter dort ähnlich wie bei uns ist, und man sich an manchen sogenannten Sommertagen dick eingepackt in Embryohaltung in den Strandkorb kuscheln möchte, sucht man sie am Flutsaum oder in den Dünen vergebens. **Engländer und Franzosen** haben es nicht einmal für nötig befunden, für des Deutschen liebstes Strandmöbel einen eigenen Namen zu erfinden und sprechen, wenn überhaupt, vom »Strandkorb«. Eigentlich erstaunlich diese konsequente Ignoranz unserer Nachbarn, denn praktisch ist so ein Strandkorb schon, man muss nicht im Sand liegen und kann sich ein wenig vor neugierigen Blicken schützen.

Eine geniale Erfindung

Wenn Sie genau hinschauen, werden sie feststellen, dass Strandkorb nicht gleich Strandkorb ist. Denn es gibt eine **Ostseevariante**, die an den abgerundeten, geschwungenen Seitenteilen und der gebogenen Haube zu erkennen ist, sowie die **Nordseeform** mit geraden Seiten und etwas kantigerer Haube. Als weitverbreiteter Klassiker gilt der Ostseekorb, jedoch findet man beide sowohl an Nord- wie Ostsee. Auch in der DDR wurden Strandkörbe produziert, allerdings nicht mit Flechtwerk, sondern mit einer Haube aus Phenolharz und Seitenteilen aus Spanplatten – ästhetisch vielleicht nicht unbedingt konkurrenzfähig, aber genauso praktisch. Mittlerweile sind gut erhaltene Exemplare zu Raritäten geworden und genießen bei einigen Kultstatus.

Auch wenn es schon viel früher geflochtene Weidensessel mit hohem Rückenteil gab, gilt doch der Rostocker Hofkorbmacher Wilhelm Bartelmann als Erfinder des Strandkorbs. Im Frühjahr 1882 soll er auf Wunsch einer älteren Dame aus Warnemünde, die an Rheuma litt, einen **Strandstuhl aus Weidengeflecht** gefertigt haben, den er mit Markisenstoff überzog. So konnte die Dame – Elfriede von Maltzahn – trotz ihrer Krankheit den Sommer vor Wind und Sonne geschützt am Strand von Warnemünde genießen. Bartelmanns Kreation kam an, deshalb machte er sich bald darauf an einen Zweisitzer, den er noch mit Fußstützen, Seitentischen und einer kleinen Markise versah. Dies war der Prototyp des Strandkorbs, wie wir ihn heute kennen.

Einer der wenigen Strandkörbe, die es bis nach Amerika geschafft haben, bekam sogar in Billy Wilders Film **»Manche mögen's heiß«** eine Statistenrolle. Tony Curtis sitzt am Strand von San Diego in einem Strandkorb und versucht Marylin Monroe zu imponieren. Eine Erklärung dafür, dass Billy Wilder an einem kalifornischen Strand eine Filmszene in einem Strandkorb drehte, mag sein, dass er vor seiner Emigration viele Male auf Hiddensee Urlaub gemacht hat. Und noch ein Strandkorb war weltweit in den Medien: Beim **G-8-Gipfel 2007** in Heiligendamm hat Kanzlerin Angela Merkel die Regierungschefs zum Abschlussfoto in einen Riesenstrandkorb gebeten.

BAEDEKER DAS IST ...

DER GRÖSSTE STRANDKORB DER WELT

Den größten Strandkorb der Welt kann man an der Strandpromenade von Heringsdorf bewundern. Und sogar für ein Foto in ihm Platz nehmen. Er misst 6 x 4 x 3 m, hat Licht und sogar einen WLAN-Hotspot gleich nebenan. Rund 3,5 m² Holz, 85 m² Stoff und 3 km Flechtband wurden in mehr als 1000 Stunden verarbeitet. Wer selbst gern einen Strandkorb hätte, kann sich im Korbwerk Usedom informieren. (▶ S. 287)

DER RASENDE ROLAND

Die Rügensche Bäder-Bahn, Deutschlands älteste Schmalspurbahn, ist zwar ein rollendes Museum, aber immer noch auch ein wichtiges Puzzleteil im Nahverkehrsnetz der Insel Rügen. Regelmäßig verbindet der Zug die von Fürst Wilhelm Malte I. erbaute Residenzstadt Putbus mit den Ostseebädern auf der Halbinsel Mönchgut.

Seit 1895 dampft der »Rasende Roland« durch Rügen. ▸

KEINER hat das Stadtbild von **Putbus** so entscheidend geprägt wie Fürst Wilhelm Malte I. Am Reißbrett konzipiert, ließ er nach der Ortsgründung 1810 innerhalb von wenigen Jahrzehnten eine Residenzstadt im klassizistischen Stil errichten, die bis heute erhalten geblieben ist. Mittelpunkt des Orts bildet der sogenannte Circus – ein kreisrunder Platz, der von leuchtend weißen, klassizistischen Villen gesäumt wird.

Vom Circus sind es nur wenige Hundert Meter bis zum Bahnhof der Rügenschen BäderBahn, die jeder als »Rasender Roland« kennt. Stündlich schickt der Schaffner, zünftig mit roter Mütze, grüner Kelle und Trillerpfeife, das rauchende Ungetüm auf die knapp eineinhalbstündige Reise von Putbus nach Göhren. Es ist eine Eisenbahnfahrt für alle Sinne, vor allem im offenen Panoramawagen, denn **es zischt, raucht und riecht** nach verbrannter Kohle. Es ist ein Geruch, den Sie die ganze Fahrt über in der Nase haben werden und noch lange in Haaren und Kleidung. Auf ausgefahrenen Schienen rumpelt und schaukelt der Zug mit maximal 30 km/h durch die Landschaft. »Rasender Roland« kann nur liebevoll-ironisch gemeint sein. Macht nichts, Sie sind ja im Urlaub und können so die Landschaft genießen. Immerhin, das Wettrennen mit den E-Bikern gewinnt der »Rasende Roland« knapp.

Durch Wälder und Wiesen

Nach jedem Halt legt sich die Dampflok unter sonorem Tuten mächtig ins Zeug, um den kleinen Zug auf Höchstgeschwindigkeit zu bekommen. Überall ist er die Attraktion, und so mancher Radfahrer und Wanderer hält an, um ein Foto zu machen. Von Putbus bis Serans ziehen nur Felder und Wiesen vorbei, danach geht es durch die ersten Buchen- und Eichenwälder, die aber noch von Wiesen unterbrochen werden. In **Binz** verlockt ein schönes Bahnhofsrestaurant, den Ort mit seinem Stilmix aus Klassizismus über Neobarock bis zum Jugendstil, als Bäderarchitektur bekannt, zu erkunden.

Nach Binz werden die Wälder dichter und die Landschaft wird hügeliger, der nächste Halt ist dann auch schon **Granitz**. Mit etwas Glück sehen Sie durch die Baumwipfel das Jagdschloss auf dem Tempelberg, ein weiteres Meisterwerk von Fürst Wilhelm Malte I..

Kurz vor **Sellin** taucht der »Rasende Roland« wieder aus dem Wald auf und macht sich im Schritttempo durch den Badeort. Linker Hand sind einige der typischen Holzvillen mit reich verzierten Veranden zu sehen, rechts bietet sich ein kurzer Blick auf das Meer. Nach einem Halt in Baabe erreichen Sie schließlich die Endstation **Göhren**.

Nicht ohne Gesetz

Am 28. Juli 1892 trat das Preußische Kleinbahngesetz in Kraft, das den Bau preisgünstiger Eisenbahnen verschiedener Spurweiten erleichterte. Schon drei Jahre später konnten die reichen Badegäste mit der Kleinbahn von Putbus bis Binz-Ost fahren; bis 1918 hatte das Schienennetz eine Länge von 100 km. Bald war klar, dass die Strecke zwischen Putbus und Göhren die wirtschaftlichste war, die anderen Kilometer wurden deshalb stillgelegt. Mit einer Ausnahme: Im Sommer macht der »Rasende Roland« einen Schlenker zum Hafen von **Lauterbach**.

Ohne liebevolle Wartung geht nichts.

BAEDEKER DAS IST …

ZUG UND SCHIFF

Von Mai bis Oktober können Sie die Zugfahrt mit dem Ausflugsdampfer kombinieren. Eine Möglichkeit: Von Binz nach Göhren mit dem Zug, dann mit dem Schiff an der Kreideküste entlang und wieder zurück nach Binz. Ab Lauterbach/Mole können Sie einen Abstecher auf die Insel Vilm machen. Allerdings müssen Sie sich rechtzeitig Karten besorgen, denn pro Führung sind dort nur 30 Besucher erlaubt (www.vilmexkursion.de).

Weitere Informationen zum »Rasenden Roland« ▶ S. 212.

DAS KREIDE-WUNDER

Die ebenso berühmten wie eindrucksvollen Kreidefelsen von Rügen, auf der Halbinsel Jasmund gelegen, begeistern seit mindestens 200 Jahren die Menschen. Sie sind nicht nur Touristenmagnet, sondern ein vielseitiges Wunderwerk.

◄ Hier geht der Blick vom Königsstuhl hinüber zur Victoria-Sicht.

Ganz andere Perspektiven eröffnet die Fahrt mit einem Ausflugsdampfer entlang der Kreideküste.

IM Gebiet der Großen Stubbenkammer befindet sich Rügens Wahrzeichen, der **Königsstuhl**. Südlich schließt sich die Kleine Stubbenkammer mit der **Victoria-Sicht** an. Dieser kleine Aussichtsbalkon erhielt seinen Namen 1865, als der König Wilhelm I. von Preußen mit Kronprinzessin Victoria Rügen besuchte. Schwindelfreie genießen von hier einen vorzüglichen Blick auf den Königsstuhl, den Strand und natürlich auf die Weite des Meeres.

Nach einer Legende soll derjenige König werden, der den 118 m hohen Königsstuhl als Erster erklimmt und sich oben auf den für ihn reservierten Stuhl setzt. Nicht mehr als eine Legende, denn wohl niemand hat es bis heute geschafft, die weiche und brüchige Steilküste hinaufzuklettern. Dies tut der Faszination aber keinen Abbruch, denn schon im 19. Jh. wurde der Königsstuhl dank Caspar David Friedrich zum Symbol für die Schönheit von Deutschlands größter Insel.

Kreide, das Gold der Küste, entstand vor rund 70 Mio. Jahren aus den Kalkschalen von Milliarden von Mikroorganismen. Eiszeitliche Gletscher und Verwerfungen der Erdoberfläche haben dann im Laufe der Zeit der Insel Rügen ihr heutiges Aussehen gegeben. Kreide ist **ein weiches Gestein** und erodiert sehr stark. Deshalb hat Rügen in den letzten 6000 Jahren zwei Kilometer Kreideküste verloren, in 10 000 Jahren wird die Kreide vermutlich ganz verschwunden sein. Doch durch die laufenden Abbrüche wird ständig neue, strahlend weiße Kreide freigelegt.

Ikone der Romantik

Caspar David Friedrichs berühmtes, 1818 entstandenes Gemälde »Kreidefelsen auf Rügen« zählt zu den Hauptwer-

ken der deutschen Romantik, heute ist es im Museum Oskar Reinhart in Winterthur in der Schweiz zu bewundern. Im 19. Jh. wurde es zum Symbol für die dramatische Schönheit der Ostseeinsel und machte sie als Motiv für Künstler ungemein populär (▶Abb. S. 345).
Das Bild zeigt den Blick von den Kreidefelsen der **Stubbenkammer**. Der Betrachter blickt wie durch einen herzförmigen Vorhang aus Buchen auf grell-weiße Kreidefelsen und das weite, bläulich schimmernde Meer. In der Ferne erkennt man zwei Segelboote.
Häufig wird angenommen, die **Wissower Klinken** dienten Friedrich als Vorlage – diese existierten allerdings zum Zeitpunkt der Entstehung des Gemäldes noch nicht, sondern bildeten sich erst einige Zeit später erosionsbedingt. 2005 riss ein Abbruch 50 000 Kubikmeter Kreide in die Ostsee und ließ von dem einstigen Rügener Wahrzeichen nur zwei Stümpfe übrig.
Im Vordergrund von Friedrichs Bild erkennt man drei Personen, die als der Maler selbst (in der Mitte des Bildes, am Boden kriechend), seine Frau Caroline (im roten Kleid, auf den Abgrund deutend) sowie sein Bruder Christian (an einen Baumstamm gelehnt und in die Ferne blickend) identifiziert werden. Da das Gemälde nach der Hochzeitsreise des Paares, die sie im Sommer 1818 unter anderem auf die Insel Rügen führte, entstand, wird es auch als **»Hochzeitsbild«** bezeichnet. Zugleich macht es aber auch deutlich, wie klein der Mensch in Anbetracht der gewaltigen Natur ist.

Rohstofflieferant

Die Rügener Kreide hat aber nicht nur unzählige Künstler und Fotografen inspiriert, sie ist auch ein wichtiger Rohstoff für eine Vielzahl von Produkten **von der Zahnpasta bis zum Zement**. Nach dem Zweiten Weltkrieg gab es auf Rügen 19 Kreidewerke, heute existiert nur noch eines in Klementelvitz bei Sassnitz. Die Wahrzeichen der Insel, die Felsen an der Küste, stehen als Teil des Nationalparks Jasmund unter Naturschutz und bleiben deshalb unberührt.
Um 1910 wurden in Sassnitz die ersten Kurgäste mit Rügener **Heilkreide** behandelt, von 1972 bis zur Mitte der 1990er-Jahre wurden keine Kreideanwendungen mehr angeboten, doch inzwischen nehmen immer mehr Hotels und Kliniken die Rügener Heilkreide wieder in ihr Kurprogramm auf. Anwendung findet sie vor allem als Hautpflegemittel, bei Rhema, Gelenkerkrankungen und Verspannungen.

BAEDEKER DAS IST ...

KREIDE ÜBER KREIDE

Von Sassnitz bis Lohme führt der Hochuferweg – eine beliebte Tagestour – bergauf, bergab entlang der Steilküste und bietet dabei immer wieder schöne Ausblicke auf das Meer und die Kreidefelsen. Von Sassnitz, Binz und Göhren werden im Sommer täglich Ausflugsfahrten zu den Kreidefelsen angeboten (▶ S. 214). Wer Kreide lieber innerlich anwenden will, kann es mit einer Spezialität der Inselbrauerei Ramin versuchen: dem Kreidebier mit Champagnerhefe.

MIT DEM RAD UM DIE MÜRITZ

Der Müritz-Nationalpark reicht bis an das Ostufer der Müritz. Weite Gebiete sind für den privaten Autoverkehr gesperrt, ein ideales Revier für ausgedehnte Radtouren auf gut ausgebauten Wegen.

◄ Eine prima Einstiegstour: einmal rund um die Müritz

TRAUMHAFT inmitten einer Parklandschaft liegt das »Hotel am Tiefwarensee« am Ufer des gleichnamigen Sees. Hier logieren Sie in denkmalgeschützten Häusern, und beim Blick aus dem Hotelzimmer sehen Sie den See und die Silhouette der Warener Altstadt, die durch die beiden gotischen Kirchen unverwechselbar ist.

Waren an der Müritz

Vom Schaugarten am Tiefwarensee radeln Sie nur einige Hundert Meter bis zum Multimedia-Museum **Müritzeum**, das vor allem wegen Deutschlands größtem Aquarium für Süßwasserfische einen Besuch lohnt. Danach geht es über die Strandstraße zum Stadthafen von Waren. Historische Speicherhäuser rahmen das Hafenbecken, sie erinnern daran, dass einst der Handel mit Holz und Getreide die Kassen der Stadt gefüllt hat. Hier flattern die Segel der Boote im Wind, werben Cafés und Restaurants um Gäste, und von hier starten die Ausflugsschiffe der weiß-blauen Flotte zu Müritzfahrten. **»Kleines Meer«** haben die ersten slawischen Siedler ehrfurchtsvoll die Müritz genannt, und so mancher Freizeitkapitän kann dies bestätigen, denn wenn Schlechtwetter aufzieht, kann der Wellengang schnell ungemütlich werden.

Adler, Kraniche und idyllische Höfe

Vom Stadthafen fahren Sie ein Stück am Ufer der Binnenmüritz entlang, biegen jedoch bald ab und fahren auf einem gut ausgebauten Radweg am ersten Eingang zum Müritz-Nationalpark vorbei. Am Ortsende von Waren geht es weiter auf einer Fahrradstraße durch den Wald. Kurz vor Federow können Sie auf den Wiesen mit etwas Glück einige der rund 80 **Kranichpaare**, die im Nationalpark brüten, beobachten. Federow ist das erste Dorf im Müritz-Nationalpark. Mit dem Gutshaus, den reetgedeckten Backsteinhöfen und der kleinen Kirche, in der man im Sommer verschiedenen Hörspielen lauschen kann, wirkt es beschaulich. Doch der erste Eindruck täuscht, der Park erhält

BAEDEKER DAS IST ...

SCHAUGARTEN TIEFWARENSEE

Bevor Sie zu der Radtour um die Müritz starten, sollten Sie unbedingt einen Spaziergang durch den kleinen botanischen Garten am Tiefwarensee machen. Im Sommer sorgen Kübelpflanzen wie Orangen, Palmen, Lorbeer und Hibiskus zusammen mit den üppig blühenden Sommerblumen für ein mediterranes Erlebnis. Sie können auch noch durch einen Heidegarten und einen Zen-Garten schlendern. In den Gewächshäusern gedeihen Kakteen, Sukkulenten, Orchideen und Bromelien.

Zum Abschluss noch ein Heringsbrötchen ander Schiffsanlegestelle Bolter Kanal.

alljährlich mehrere Zehntausend Besucher. Nicht verwunderlich, denn die Ranger versuchen das ganze Jahr über, spannende Touren und Veranstaltungen anzubieten, etwa Adler-Safaris, Kranichbeobachtungen und Vogelstimmenführungen.

Von Schwarzenhof, einem Flecken mit nur einer Handvoll Einwohner, können Sie gleich zum nächsten, kaum größeren Ort Speck weiterfahren oder einen Abstecher zum **Müritzhof** machen, einem abgeschiedenen Hof, auf dem Menschen mit Handicap ökologischen Landbau betreiben und von April bis Oktober für Gäste die Hofschänke betreiben. Der Müritzhof ist in eine abwechslungsreiche Hutungslandschaft eingebettet, Wiesen, Bruchwälder, Wacholderheide, Seen mit Röhrichtbeständen und Wälder bieten vielen seltenen Tieren und Pflanzen Lebensraum.

Wieder zurück auf der Hauptroute kommen Sie nach Speck, durchqueren den Ort mit nur rund 50 Einwohnern auf einer Kopfsteinstraße und fahren ohne Autoverkehr auf einem geschotterten Weg durch den Wald. Wer noch Zeit hat, kann von Speck einen kurzen Abstecher zum **Käflingsberg** am Ufer des Großen Zillmannsees machen, und wer dann auch noch den Turm erklimmt, überblickt große Teile des Nationalparks. Der Ausschilderung folgend radeln Sie nun nach Boeker Mühle. Hier können Sie sich im Hotel Bolter Mühle einquartieren und in den Angelteichen ihr Glück versuchen oder sich bei den Müritzfischern mit einem Fischbrötchen stärken. Danach fahren Sie weiter bis zur Schiffsanlegestelle Bolter Kanal und nehmen das Schiff zurück nach Waren. Alternativ können Sie natürlich auch die Müritzrunde mit dem Fahrrad vollenden, müssen dazu aber Kondition für insgesamt 85 km mitbringen.

GOLD WERT: SANDDORNSAFT

Heiß serviert, wärmt er herrlich nach einem winterlichen Strandspaziergang, mit Eiswürfeln garniert, stillt er den Durst im Sommer. Überhaupt ist Sanddorn, die »Zitrone des Nordens«, überaus beliebt auf Rügen.

Aus Sanddornsaft lässt sich allerlei Leckeres machen. ▶

Hiddenseer
anddornsirup
: Sanddornsaft, Zucker
haltbar bis Ende 2009
18565 Kloster/Hiddensee
extra
Nach dem Öffnen kühl aufbewahren.
225g

PUR probiert, schüttelt es einen – zu sauer, zu pelzig auf der Zunge, auch der Duft überzeugt nicht gerade. Aber mit Zucker und heißem oder kalten Wasser gemischt entwickelt der Saft aus Sanddornbeeren ein einzigartiges **Aroma**. Und er hat viele Fans: Sanddorn wird auf Rügen in so großen Mengen verbraucht, dass die Früchte von der Insel nicht ausreichen, sondern auch von Plantagen bei Potsdam und Schwerin stammen, um die Nachfrage zu decken. Das dornige Strauchgewächs ist vor allem auf der Insel Hiddensee nicht mehr wegzudenken, auch auf der Halbinsel Wittow oder im Mönchgut sieht man es häufig.

Dass Sanddorn an der Küste gedeiht, hat einen einfachen Grund: Dort wird er häufig als **Windschutz** angepflanzt, auch um die Küste zu befestigen, denn seine genügsamen, weit verzweigten Wurzeln graben sich tief in den humusarmen Sand der Dünen. Dass er dort nicht eingeht, verdankt er einem Trick: Bakterien, die der Strauch an seinen Wurzeln züchtet, gewinnen Stickstoff aus der Luft und versorgen ihn damit. Daher kann Sanddorn selbst auf nährstoffärmsten Böden gedeihen und übersteht zudem sengende Hitze, heftige Stürme oder klirrende Kälte problemlos.

Gesunde Früchte

Zu allem Überfluss entwickelt der Asket noch Früchte, die zu Recht als **Vitaminbomben** bezeichnet werden. Neben

Der Direktsaft wird abgefüllt. Noch ist er zu sauer, aber mit etwas Zucker ...

den Vitaminen A, C und E enthalten sie auch Vitamin B 12 – wichtig für Vegetarier. Letzteres gilt allerdings nur, wenn sich zuvor Bakterien auf der Beerenhaut angesiedelt haben. Auch Naturheilkundler schwören auf Sanddorn: Fetter Ölsamen und Fruchtfleisch helfen bei Wundheilung sowie Hautaufbau. Neben den Vitaminen sowie den Mineralstoffen Kalzium, Magnesium, Mangan und Eisen enthält Sanddorn zudem wichtige Fettsäuren.

Dornig und teuer

Für die **Sanddornernte** braucht es Geduld, denn die fruchtigen Perlen im Dornenbusch wollen erobert werden. Zur Erntezeit von September bis Dezember sind Kratzer und Dornenduelle angesagt, selbst bei fachkundiger Anleitung an Hiddensees Dornbusch oder auf dem Rügenhof in Putgarten. Das aufwendige Einsammeln der Früchte erklärt auch den **Preis**: 1 Liter Direktsaft ist selten unter 11 Euro zu bekommen, weshalb der Spitzname Inselgold treffender nicht sein könnte.

In allen Variationen

Gold wert ist auf jeden Fall das Geschäft mit der Beere. Zahlreiche Läden bieten Sanddornsäfte, -gelees, -marmeladen, Sanddornkosmetik oder -wein und sogar Hochprozentiges an. Sanddornsenf, -essig, -pfeffer, -salatöl oder -zucker füllen die Regale. Christa Heinemann offeriert prallgefüllte Sanddornkisten auch online (www.ruegendirekt.de). Selbstredend gibt es in den meisten Gasthöfen heißen oder kalten Sanddornsaft. Und was verbirgt sich hinter einem **kalten Engel**? Sanddornsaft auf Vanilleeis. Köstlich!
Da der Sanddornsaft auf Rügen zumindest einkommenstechnisch so wichtig ist wie der Riesling für den Moselanwohner, kürt man in Glowe sogar ein Sanddorn-Königspaar im Rahmen des alljährlichen **Sanddornfestes** im August.

BAEDEKER DAS IST ...

BEI DER SANDDORNHEXE

Sanddornbeeren sind echte Kraftpakete, die für manche Bewohner von Rügen bisweilen schon mystische Qualitäten haben. Die Sanddornhexe Silke Stephan braut in Klein Kubitz im Süden der Insel Sanddorn als konzentrierten Ursaft und als Mix, stellt Aufstriche und Liköre her, verkauft Sanddornzauberkisten, Keramik mit Sanddornmotiven und handgefertigte Sanddornhexen. Spezialität des Hauses ist ihre »Sanddornhexerei«: Sanddornsaft, Holunderblütenansatz und Melisse. Enthusiasten nächtigen auch gleich bei ihr im gemütlichen Hexenhaus. Mit dem Besen aus Sanddornreisig lernt hier aber keiner das Fliegen. (www.sanddornhexe-inselruegen.de)

T

TOUREN

Durchdacht, inspirierend, entspannt

Mit unseren Tourenvorschlägen lernen Sie Mecklenburg-Vorpommerns beste Seiten kennen.

Auch mit einem weniger nostalgischen Gefährt wird eine Tour auf Mecklenburgs Alleen zum Erlebnis. ▶

Gü VW 97

UNTERWEGS IN MECKLENBURG-VORPOMMERN

Renommierte Ostseebäder mit Flair und herrlichen Badestränden laden ein, wetteifern aber mit schön gelegenen Seen, deren Badestellen auch Wasserwanderer und Tourenradler schätzen. Geschichtsträchtige Städte, Schlösser und Herrenhäuser, eine Vielzahl Museen und ein buntes Veranstaltungsprogramm machen Mecklenburg-Vorpommern zum ganzjährig beliebten Ziel.

Motorisiert unterwegs

Trotz mancher noch fehlender Raststätte sorgt die Fertigstellung der Ostseeautobahn A 20 bis zum Kreuz Uckermark samt dem weiteren Autobahn- und Bundesstraßennetz für eine gute Anbindung und Erschließung der Region. Auch das regionale Straßennetz ist dank milliardenschwerer Investitionen in den letzten zwei Dekaden größten-

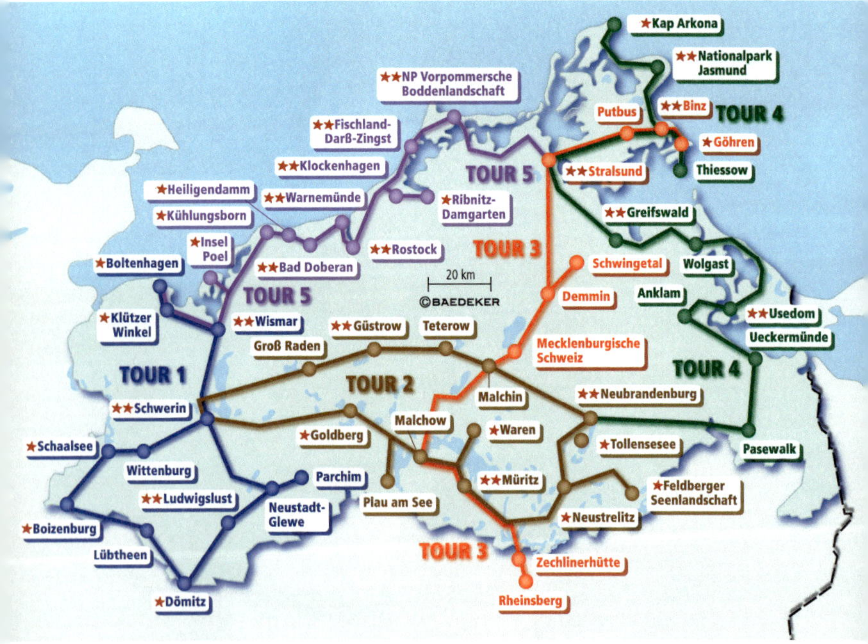

teils sehr gut ausgebaut. Usedom und Rügen sind über neue Brücken leicht erreichbar. Einige Alleen mussten Straßenbegradigungen und neuen Bundesstraßen weichen. Dennoch finden sich hier noch viele schöne, baumbestandene Landstraßen.

Öffentlicher Nahverkehr

Mecklenburg-Vorpommernkann man sehr gut mit Bahn und Bus bereisen. Manche Anbieter haben sich ausdrücklich auch auf die Mitnahme von Fahrrädern spezialisiert. Die Fahrpläne der Nahverkehrsunternehmen sind aufeinander abgestimmt.

DURCH MECKLENBURGS WESTEN

Start: Schwerin | **Ziel:** Boltenhagen | **Länge:** ca. 340 km | **Dauer:** mind. 2 Tage

Tour 1

Diese Route hat Schwerin als Angelpunkt und verbindet nicht nur die Schlösser zwischen Griese Gegend und Meer. Sie folgt auch einem Teil der 500 km langen »Sagen- und Märchenstraße« und ist so auch für die Jüngsten interessant. Die Tour endet im Norden im Uwe-Johnson-Land (Klützer Winkel) bzw. am Strand von Boltenhagen.

Tag 1: Schlösser, Burgen, Geister

Für ❶ ★★ **Schwerin** sollten Sie sich vorab einen ganzen Tag Zeit nehmen, um das Schloss, die Schlossinsel und die Kunstsammlungen, die Altstadt und das Freilichtmuseum in Schwerin-Mueß zu besichtigen. Natürlich stoßen Märchenforscher auch auf den Schlossgeist, das Schabernack treibende Petermännchen! Nach erholsamer Übernachtung etwa im Biohotel Amadeus begeben Sie sich südwärts auf der B 106 zur Burg (Museum) und zum Schloss (Hotel) der von der Elde umflossenen Kleinstadt ❷ **Neustadt-Glewe**. Unbedingt zu empfehlen ist der Abstecher zu den Fachwerkbauten in ❸ **Parchim**, wo die von Plau kommende Müritz-Elde-Wasserstraße fließt. Die Attraktion der Stadt ist das Zinnhaus (Lange Str. 24). Zurück geht es über Neustadt-Glewe und Wöbbelin mit der Theodor-Körner-Gedenkstätte zum Tageshöhepunkt, nach ❹ ★★ **Ludwigslust**. Nach einem Schlossrundgang und Flanieren im herrlichen Schlosspark könnte eine Führung in der Sanddornplantage Storchennest Ludwigslust mit Café (Mo.–Do. 7–15.30, Fr. bis 13 Uhr) anstehen (Friedrich-Naumann-Allee 26; Tel. 03874 2 19 73). Werden einem die 35 km zur Elbe auf der B 191 durch die Griese Gegend zu lang, bietet es sich an der Abzweigung Eldena an, einen kleinen Abstecher zum Hochzeitshof in **Glaisin** (www.hochzeitshof-glaisin.de) mit dem Hofcafé Holunder (So. u. Mo. geschl.) zu unternehmen. Weiter geht es nach ❺ ★ **Dömitz**: Dort treibt ein geheimnisvoller Trommler auf der gut erhaltenen Festung sein Unwesen.

Tag 2: Am Puls des Landes

Der zweite Tag beginnt mit der Fahrt auf der B 195 entlang der Elbe. Unterwegs könnte ein Abstecher zur Märchenmuse »Lindi« führen, die vor dem Museum Altes Küsterhaus in der Lindenstadt ❻ **Lübtheen** steht. In ❼ ★ **Boizenburg**, durch dessen märchenhafte Fachwerkwelt eine gute Kräuterhexe mit Bollerwagen zieht, sind die Jugendstilexponate im Fliesenmuseum unbedingt einen Blick wert. 14 km weiter auf der B 195 sollten Sie den Besuch bei Peggy und Jens Rasim auf Gut **Gallin** mit Hofladen (Biofleischerei) und Bauernstube fest einplanen. Das Gut ist mit einer Fläche von 1000 ha einer der größten Biohöfe Deutschlands.
Dann steht das Zentrum Mensch – Natur – Technik – Wissenschaft in **Nieklitz** auf dem Programm, das sich nur 3 km östlich von Gallin befindet. Zur Führung durchs Kloster Zarrentin am Südende des Biosphärenreservats ❽ ★ **Schaalsee** gehört natürlich auch die Sage um jene clevere Nonne, die dem Teufel durch eine Uhrzeigerdrehung ein Schnippchen schlug und dem Schaalsee zu seinrr Delikatesse verhalf: der Großen Maräne.
15 km südöstlich folgt ❾ **Wittenburg** mit einer der ältesten Stadtkirchen in Mecklenburg, dem schönen Rathaus und dem MehlWelten Museum. Viele Veranstaltungen und der Landschaftspark machen den Besuch des Caritas-Kindergruppen- und Begegnungshotels Schloss **Dreilützow** (www.schloss-dreiluetzow.de) lohnend. Es liegt 7 km nordöstlich von Wittenburg an der Landstraße nach Dümmer und Schwerin, wohin Sie anschließend zurückkehren, und besitzt ein Märchenzimmer, ein Mini-Museum (umgebaute Telefonzelle) und ein »Hängemattenhotel« in der Remise.

Weiter mit Kultur

Nach einer Pause an Schwerins Pfaffenteich führt die Hauptroute weiter auf der B 106 bis in den nördlichen Ortsteil Groß Medewege zu den Betrieben des Biohofs Medewege (Café & Bistro, Hofladen; www.hof-medewege.de). Über die UNESCO-Welterbe-Altstadt von ❿ ★★ **Wismar** (▶ Tour 5) geht es in den ⓫ ★ **Klützer Winkel**, der aufgrund der fetten Böden im Volksmund auch »Speckwinkel« heißt. Nicht versäumen sollten Sie das Klützer Literaturhaus Uwe-Johnson, Schloss Bothmer und das Restaurant in der Klützer Mühle (An der Mühle 35). Baden am Strand des Ostseebades ⓬ ★ **Boltenhagen** entschädigt nach den Strapazen ebenso wie ein Bett im Seehotel Großherzog von Mecklenburg. Auf Kinder ist das Dorfhotel Boltenhagen (Mecklenburger Allee 1; www.dorfhotel.com) eingestellt.

VON SEE ZU SEE

Start und Ziel: Schwerin | **Länge:** ca. 460 km | **Dauer:** mind. 3 Tage

Tour 2

Diese Rundreise erschließt dden Süden der Mecklenburgischen Schweiz und der Mecklenburgischen Seenplatte. Naturliebhaber finden im Müritz-Nationalpark wie in der zauberhaften Feldberger Seenlandschaft ihr Eldorado. Wer Kultur sucht, wird fündig in der Barlachstadt Güstrow, in Schlössern und Landschaftsparks, in der Reuterstadt Stavenhagen, dem Schlosspark der alten Residenzstadt Neustrelitz und natürlich in Schwerin.

Tag 1: Prähistorische und moderne Kultur

Start- und Endpunkt der Tour ist der Pfaffenteich in ❶ ★★ **Schwerin** (▶ Tour 1). Die B 104 verlässt die Landeshauptstadt in nordöstlicher Richtung. Ein Halt für die Kirchen von **Brüel** nach 25 km und besonders **Sternberg** nach weiteren 8 km lohnt sich: In der Turmhalle der dortigen Stadtkirche zeigt ein Fresko die Einführung der Reformation. Frischfisch hat die Fischerei Frischke (am Karpfenteich). Ein Muss ist der Abstecher um den Sternberger See zur rekonstruierten slawischen Siedlung ❷ **Groß Raden**, die um ein neues Burgwalltor erweitert wurde. Ob die prähistorische Kultstätte des Boitiner Steintanzes tatsächlich einmal Sternwarte war, können Sie ab dem B 104-Abzweig Pruzen in Richtung Tarnow und Boitin selbst überprüfen (ausgeschildert). Mit Muße Reisende sollten für den nächsten Stopp, ❸ ★★ **Güstrow**, Zeit einplanen: Zu besichtigen sind der Dom mit herrlichem Chor und Barlachs »Schwebendem« (▶ Baedeker Wissen, S. 112), die Städtische Galerie Wollhalle und das herzogliche Schloss. Das Ernst-Barlach-Theater zeigt abends ein interessantes Programm. Gegenüber dem prächtigen Rathaus und den farbenfrohen Giebelhäusern speisen Sie günstig im Marktkrug (Am Markt 14). Rund um die Gertrudenkapelle mit Barlach-Skulpturen stehen auch sehenswerte Plastiken aus der DDR-Zeit. Zu empfehlen sind Sonder- und Dauerausstellungen im Barlach-Atelier über dem Inselsee.

Weiter auf der B 104 geht es zum Gut **Gremmelin** (13 km östlich von Güstrow), dessen Restaurant Landlieb im Biohotel nicht nur Insidern ein Begriff ist (ausgeschildert). Vom Hofsee bei Gremmelin können Rad-, E-Bike- oder Kajakexkursionen in den Naturpark Mecklenburgische Schweiz starten. In ❹ **Teterow** am Teterower See verewigt der Hechtbrunnen eine Schildbürgersage. Die örtliche Galerie am Kamp (Bahnhof; www.galerie-teterow.de) präsentiert internationale Künstler. Die B 104 führt nun von Teterow nach Osten. 5 km vor dem zwischen Kummerower und Malchiner See liegenden ❺ **Malchin** wartet der Schlosspark Remplin. Gutes Schuhwerk verlangt Malchins Kopfsteinpflaster um die Stadtkirche. Die ★ **Reuterstadt Stavenhagen** steht ganz im Zeichen des Fritz-Reuter-Literaturmuseums am Markt. Die Reuter-Statue rahmende Eisengitter stellen scherenschnittartig Episoden aus »Ut mine Stromtid/Franzosentid«, »Läuschen un Rimels« oder »Dörchläuchting« dar. Die ★ **Ivenacker Eichen** am Ivenacker See nordöstlich von Stavenhagen sind für Naturliebhaber ein Ziel; dann erreichen Sie weiter auf der B 104 in 20 Minuten Neubrandenburg. Ein schöner Umweg führt über die B 194 Richtung Süden zu Schloss Varchentin am **Großen Varchentiner See** und weiter auf der B 192 bis Möllenhagen, wo es nach rechts Richtung **Ankershagen** geht. Das Trojanische Pferd vor dem dortigen Schliemann-Museum ist, nicht ganz dem Original entsprechend, eine Riesenrutsche. Über Penzlin geht es zu den Altstadttoren von ❻ ★★ **Neubrandenburg**.

Die mittelalerlichen Reste der Stadtbefestigung (zwei Sterne), das Brigitte-Reimann-Literaturhaus und die Konzertkirche sollten vor der Weiterfahrt aus Neubrandenburg besucht werden. Südlich schließt sich der 7 ★ **Tollensesee** mit Bade- und Bootsfahrtangeboten an. Am gegenüberliegenden Westufer ist Alt Rehse mit Dorfkirche, Schloss und 22 niederdeutschen Fachwerkhäusern ein bemerkenswertes Ziel. Das neue Wahrzeichen der alten Residenzstadt 8 ★ **Neustrelitz** ist die Strelitzien-Statue im Kreisverkehr am Hafen. Einkehren sollten Sie nach dem Besuch des Schlossgartens und der Plastikgalerie in der Schlosskirche im Restaurant Bootshaus am Zierker See und im Café des Kulturzentrums in der alten Kachelofenfabrik. Mehr und mehr Liebhaber findet die reizvolle 9 ★ **Feldberger Seenlandschaft**. Die Kunsthalle Wittenhagen ist die erste Adresse für Bildende Kunst. Plastiken sind in der achteckigen Dorfkirche zu sehen. Bestes Renommée genießt die Sterneküche der Alten Schule in **Fürstenhagen** östlich von Feldberg. Der Hofladen der Schäferei Hullerbusch verkauft Ziegenmilcheis, der Hofschäfer geht mit Gästen auf Wanderung. Höhepunkt ist sicher der Besuch des Fallada-Museums in **Carwitz** einige Kilometer südlich mit anschließendem Mahl in der Fischerhütte. Trockenen Fußes gelangen Sie westlich von Carwitz zum idyllischen Inselhotel Brückentinsee, das ideal für Touren in die östliche Exklave des Müritz-Nationalparks liegt (Zugang in Wokuhl).

Tag 2:
Schöne Seen

Tag 3:
Zur Hörspielkirche

Weiter geht es auf der B 198 Richtung Westen. Der Vormittag gehört den Königinnen auf der Schlossinsel in ★ **Mirow**, ehe in Rechlin das Südende der 10 ★★ **Müritz** erreicht ist. **Ludorf** bei Röbel am unteren Müritz-Westufer besitzt mit der achteckigen gotischen Backsteinkirche (1346) ein Kleinod. ⓫ ★ **Waren**, das Müritzeum und die Delikatessen der Müritz-Fischer erreichen Sie auf der Deutschen Alleenstraße vorbei an Schloss Klink. 6 km östlich bietet die Hörspielkirche Federow (www.hoerspielkirche-federow.de) von Juli bis September täglich Kinder- und Erwachsenenhörspiele, mittwochs um 20 Uhr sogar Krimis zur Nacht. Auf die Hauptroute geht es erneut über die Landbrücke zwischen Müritz und Kölpinsee und von der B 192 ins Golfparadies Land Fleesensee mit Schloss Blücher, ehe ⓬ **Malchow** und die Oldtimer-Traktoren im AGRONEUM Alt-Schwerin am Nordende des Plauer Sees auftauchen. ⓭ **Plau am See** erhielt 2012 den Preis »365 Orte im Land der Ideen« für die Initiative »Plau kocht«. Sieben Restaurants machen mit. Kurios ist die mittlerweile sanierte, als Kinderhort »Zwergenparadies« genutzte und in Form einer neoklassizistischen Kapelle erbaute Haukohl-Turnhalle von 1904. Ab Plau

Wer sagt denn, dass man auf einer Allee nicht auch zu Fuß unterwegs sein kann? Auf der Lindenallee bei Neu Grüssow geht das prima.

führt die Müritz-Elde-Wasserstraße über Parchim und Grabow nach Dömitz/Elbe. 4 km nördlich befindet sich in Plau-Quetzin direkt gegenüber dem Heide-krug (Kremsertouren) die Schau-Imkerei Neumann an der B 103 nach Karow. Ein Abstecher nach ★ **Krakow am See** auf der B 103 Richtung Norden lohnt sich wegen der alten Synagoge. In der Gaststätte »Am Jörnberg« gegenüber der reetgedeckten Badeanstalt speisen Sie zudem gut. Gourmets bestellen im Sterne-Restaurant »Ich weiß ein Haus am See« vor (www.hausamsee.de). Die Tour führt weiter gen Westen nach ⓮ ★ **Goldberg** und ins **Dobbertiner Seengebiet** gleich oberhalb. Das Café, Läden und Führungen locken ins Kloster, ehe die letzten 45 km nach ❶ ★★ **Schwerin** anstehen.

AUF DER DEUTSCHEN ALLEENSTRASSE

Start: Göhren (Rügen) | **Ziel:** Rheinsberg (Brandenburg) | **Länge:** ca. 290 km | **Dauer:** mind. 3 Tage

Tour 3

Zwar ist der Streckenverlauf der nördlichen Deutschen Alleenstraße nicht durchgängig von dichten Baumkronen und spärlich durchdringendem Sonnenlicht geprägt. Doch Abschnitte mit geschlossenen Blätterbaldachinen wie auf Rügen und viele Kultur- und Naturdenkmäler machen die Tour überaus attraktiv (www.alleenstrasse.com).

Tag 1: Ostseebäder

Die Deutsche Alleenstraße beginnt bei den Mönchguter Museen in ❶ ★ **Göhren** auf Rügen und führt danach zum noblen Ostseebad ❷ ★★ **Binz**. Dort locken die Angebote auf der Galeriemeile, ehe es auf einem kurzen Stück Kopfsteinpflaster auf der südlichen Rügenvariante der Alleenstraße unter dichtem Blätterdach nach ❸ **Putbus** geht. Unbedingt zu empfehlen sind der Rondellplatz ★ Circus, die Ausstellungen in der Orangerie und der größte Konzertsaal Rügens im restaurierten Marstall. Süße Andenken verkauft die Bio-Imkerei Kornrade (Berger Str. 20, www.kornrade.de). Im Putbusser Hafen Lauterbach gibt es Fisch von der Insel Vilm. Ebenfalls empfehlenswert ist der 800 m weite Abstecher zu den Milcharbeiterinnen im Café/Laden Rügener Inselfrische in Poseritz (www.ruegener-inselfrische.de): Täglich frisch gibt es eigene Milch- und Sanddornprodukte, dazu Gelees, Rügener Rapsöl und Salami. Über Altefähr und die Rügenbrücke geht es zum Bummel durch das UNESCO-Welterbe der

Altstadt von 4 ★★ **Stralsund** – Backsteingotik und Mittelater. Die Hanse-Galerie am Alten Markt offeriert Keramik, Töpferware und moderne Kunst (www.hanse-galerie-stralsund.de). Kulinarisch ist das Scheele-Haus erste Wahl.

Tag 2: Landpartie

An der B 194 nach Grimmen steht in **Steinhagen** eine schön restaurierte Holländer-Windmühle. In Grammendorf, 15 km südwestlich von Grimmen, züchtet Olaf Schnelle Wild- und Würzkräuter sowie Blüten und verkauft online (Dorow 9; www.schnelles-gruenzeug.de). Im 5 **Schwingetal** von Sassen sind Hünengräber zu bestaunen. In **Loitz,** 7 km südlich an der Peene, wird die zweispurige Klappbrücke mehrmals täglich auch für Schiffe geöffnet. Direkt an 6 **Demmins** Peenebrücke beginnen beim Anbieter Kanuhaus.de Kanuausflüge und -touren auf dem »Amazonas des Nordens« in den Naturpark Vorpommersche Flusslandschaft (www.abenteuer-flusslandschaft.de). Vom Peenehafen legt auch die ehemalige Senatsbarkasse »Hamburg« zu Ausflügen ab. Sogar eine Paddeltour in die 7 **Mecklenburgische Schweiz** bis Malchin und Dahmen ist möglich, aber auch mit dem Auto kommen Sie gut hin. Geradezu Pflicht für Alleenfahrer ist der Besuch der sechs gewaltigen ★ **Ivenacker Eichen** nahe der Reuterstadt Stavenhagen. 2 km südlich von 8 **Malchin**, das Sie ab Stavenhagen über die B 104 in westliche Richtung erreichen, verwöhnt beim Malchiner See das traumhaft restaurierte Märchenschloss Basedow das Auge. Unbedingt sehenswert ist auch die Dorfkirche. Mit einem Steakhaus und Marens Café-Schmiede am Schlossteich ist es ideal für die Rast. Ringsum locken Radausflüge, etwa zur Kunsthalle Ziddorf. Für die Nacht besteht die Qual der Wahl zwischen Schloss Ulrichshusen, Schloss Schorssow und Burg Schlitz.

Tag 3: Von Honecker zum Alten Fritz

An der Abzweigung Ziddorf geht es weiter Richtung 9 **Malchow**. Ein Abstecher zum Drewitzer See und in den Naturpark Nossentiner-Schwinzer Heide führt zur Ex-Honecker-Jagdresidenz, nun Resort Drewitzer See. Jüngere zieht es ab Malchow entweder östlich ins Wisentreservat Damerower Werder oder westlich zu den Tagelöhnerkaten und Oldtimer-Traktoren im AGRONEUM Alt-Schwerin. 13 km südöstlich von Malchow zweigt in Sietow eine Straße zum Schlosshotel Klink mit Restaurant und schöner Terrasse ab. In Röbel erreicht auch der direkte Verlauf der Alleenstraße das Westufer der 10 ★★ **Müritz**. Zu empfehlen ist der Stopp in **Bollewick** südlich von Röbel mit Marktscheune, Infozentrum und zwei Schneewittchen-Zimmern unterm Dach des Biohotels Die Scheune. Fest einzuplanen sind die ★ **Schlossinsel Mirow** mit der »3-Königinnen«-Ausstellung und die Burg Wesenberg, weitere 10 km östlich gelegen. Es locken Zehn-Seen-Kanutouren auf der Mecklenburgischen Kleinseenplatte, etwa ab Wustrow oder Priepert. Nun folgen Sie der B 122 nach Süden: Über Kleinzerlang und 11 **Zechlinerhütte**, wo sich eine Gedenkstätte für den Forscher und Entdecker der Kontinentalverschiebung, Alfred Wegener, befindet, erreicht die Alleenstraße unter dichtem grünem Gewölbe die Lieblingsresidenz eines begabten Flötisten, der als Friedrich der Große in die Geschichte einging: 12 **Rheinsberg** im Land Brandenburg.

DURCH VORPOMMERN BIS ZUM KAP ARKONA

Start: Neubrandenburg | **Ziel:** Kap Arkona (Rügen) | **Länge:** ca. 500 km | **Dauer:** mind. 4 Tage

Tour 4

Der Osten Mecklenburg-Vorpommerns besitzt mit Usedom und Rügen zwei klassische Urlaubsgebiete mit Renommee. Aber auch das Festland jenseits von Haff, Peenestrom und Achterwasser besitzt Überraschungen und idyllische Reize. Die auch per Rad absolvierbare Festlandtour folgt ab Pasewalk/Anklam der Ostroute der drei »Schwedenstraßen« und beinhaltet die Caspar-David-Friedrich-Stätten Eldena, Greifswald und Nationalpark Jasmund.

Tag 1: Von der Stadt aufs Land

Gut ausgeschlafen und womöglich nach einem abendlichen Philharmoniekonzert in ❶ ★★ **Neubrandenburgs** Marienkirche, einem der bedeutendsten Beispiele norddeutscher Backsteingotik, geht es nach **Klein Luckow**. Vor seinem Geburtshaus an der zur Max-Schmeling-Straße umbenannten Dorfstraße 30 steht das Denkmal für Deutschlands berühmtesten Boxer. Nach der Wende halfen er und seine Stiftung bei der Kirchenrenovierung und in der Alten- und Jugendpflege. In ❷ **Pasewalk** sollten Sie den KunstgARTen besuchen und auf den Granitpflastersteinen der Landschaftsinstallation »Die Wege von Europa« der Künstlerin Ping Qiu wandeln: Sie markieren die neuen Grenzen. Auch die an der Fischerstraße aufgestellte 5,5 m hohe Trümmerkugel »Pasewalk-Police-Phoenix« aus 30 t Kriegsschutt ist begehbar. Das auch mit der polnischen Partnerstadt Police versöhnende Werk schuf der Schweizer Ernest Daetwyler. Über 20 m hoch ist der 1445 mit Lösegeldzahlungen erbaute Stadtturm »Kiek in de Mark«. In ❸ **Ueckermünde** ist die Friedrich-Wagner-Buchhandlung (Ueckerstr. 79) ideal, um sich über Kunst im südlichen Vorpommern zu informieren. Radler können in der Hafenstadt auf den Fernradweg Berlin – Usedom – Stettin einbiegen. Auf unserer Tour geht es weiter nach ❹ **Anklam**. Am Anklamer Museum am Steintor können Sie im Hotel/Restaurant Vis-a-vis gut eine Pause (www.vis-a-vis-anklam.de) machen. Die Kanustation Anklam in der Werftstr. 6 ist ein guter Startort für Kanutouren auf der Peene bis nach Demmin und zum Kummerower See (www.kanustation-anklam.de). Auf Anklams Markt stoßen Sie auf die Spuren der Ostroute der drei Schwedenstraßen in Mecklenburg-Vorpommern. Anklam war während der Schwedenzeit eine 95 Jahre lang durch die Peene geteilte Grenzstadt. Am »Amazonas des Nordens« liegt auch **Stolpe** mit dem schönen Lokal Stolper Fährkrug und einem exquisitem Gutshaus für die Nacht (www.gutshaus-stolpe.de).

Radler können östlich von Anklam ab Kamp mit der Personenfähre nach Karnin Weg und Zeit sparen. Motorisierte decken sich an der B 110 Richtung Norden im Höfeladen Esslust in **Murchin-Libnow** mit Keramik, Käse und Kräutern ein (www.hoefeladen-esslust.de), bevor es auf die Insel **5 ★★ Usedom** geht. Mit ihren berühmten »Kaiserbädern« lockt die »Badewanne Berlins« im Sommer Abertausende von Urlaubern an. Zwar zieht es die meisten auf kürzestem Weg an die See, doch auch das Haff bzw. das Hinterland von Usedom hat seine Reize. Etwa 4 km hinter dem Städtchen Usedom (hier können Sie im Restaurant des Hotels Norddeutscher Hof einkehren) zweigt eine Straße in den hübschen **Lieper Winkel** ab. Die B 110 erreicht 22 km hinter dem Ort Usedom die Ostseeküste, an der sich die drei Kaiserbäder ★★ **Ahlbeck,** ★ **Heringsdorf** und **Bansin** wie Perlen aneinanderreihen. Im Norden der Insel Usedom liegt die ehemalige Heeresversuchsanstalt **Peenemünde**, in der während des Zweiten Weltkriegs u. a. als »Vergeltungswaffen« die Raketen V 1 und V 2 gebaut wurden. Fast rund um die Uhr geöffnet ist das knallrote KunstHaus Usedom in Neppermin (www.kunsthaus-usedom.de)

Tag 2: Reif für die Insel?

Über das »Blaue Wunder«, die Klappbrücke, geht es zurück aufs Festland nach **6 Wolgast**. Hier besuchen Sie die »Kaffeemühle« und das Runge-Museum. Im ★ **Skulpturenpark Katzow** gibt es eine

Tag 3: Kunst satt

gute Portion Kunst, bevor Sie im Eiscafé am Klosterpark von **Eldena** eine Erfrischung bestellen und dafür auf dem Hof parken dürfen. Von hier müssen Sie nur 20 Schritte zu der von Caspar David Friedrich zur Romantik-Ikone erhobenen Ruine gehen. Danach stehen ❼ ★★ **Greifswald** und sein CDF-Bildweg auf dem Programm. Das Café »Marell« im Pommerschen Landesmuseum lockt mit leckerem Gebäck vom Konditormeister. Und auch die Fischbrötchen am Stand des Usedomer Küstenfischers Erk Lange auf dem Markt schmecken fabelhaft. Die nächste Etappe ist ❽ ★★ **Stralsund** 31 km nordwestlich. Hier sind neben den Museen und der Backsteingotik die Bismarckheringe bei Henry Rasmus (► S. 261) und Fisch im Hafen angesagt: Erste Adresse sind die Delikatessen der Fischhalle, Neue Badenstr. 2, wo Sie z. B. »Lachssülze mit Brattüffel« essen können. Den Kaffee samt riesigen Tortenstücken gibt es später bei Gumpfer, nur ein paar Schritte vom Ozeaneum entfernt.

Tag 4: Noch eine Insel

Über die Rügenbrücke geht es auf Deutschlands größte Insel. Rügens Abschnitt der deutschen Alleenstraße führt in die kleine ehemalige Fürstenresidenz ❾ **Putbus** mit dem schönen Bau-Ensemble am ★ Circus. Danach geht es entweder gleich direkt nordwärts zum Endpunkt der Tour oder ostwärts zu Rügens beliebten und viel besuchten Ostseebädern ❿ ★★ **Binz**, ★ **Sellin** und ⓫ ★ **Göhren**. In Binz werden nach dem Strandspaziergang nur 100 m von der Promenade entfernt in einer Glasbläserei Unikate (www.blumberg-glas.de) ver-

BAEDEKER MAGISCHE MOMENTE

WILD UND UNBERÜHRT

An vielen Ostseestränden stehen die Strandkörbe in Reih und Glied, bilden Villen im Bäderstil die Kulisse und verlocken Promenaden zum Flanieren. Ganz anders die Westküste der Halbinsel Fischland-Darß-Zingst, hier zeigt sich auf mehr als 10 km Länge die ganze Urwüchsigkeit der Küstenlandschaft. Der Weststrand präsentiert sich in einer Wildheit und Abgeschiedenheit, wie Sie sie nur noch selten an deutschen Küsten finden. Nur zu Fuß oder mit dem Fahrrad zu erreichen, können Sie sich hier frei fühlen und Kraft tanken.

kauft: Vasen, Karaffen, Schalen, Teller. Die weniger frequentierten Strände vor dem Surferparadies ⓬ **Thiessow** am Südostzipfel der Insel animieren zu ausgedehnten Wanderungen. Nördlich von Binz führt die Alleenstraße über Prora nach **Sassnitz**, wo im Bistro von »Rügen Fisch« Geräuchertes ebenso über die Theke geht wie 300 m weiter in der Fischhalle. Dazu gehört auch der Rügenmarkt, wo Wild, Fleisch und Rügen-Delikatessen als Souvenirs in der Sassnitzer Seekiste verstaut werden. Noch weiter nördlich lädt der ⓭ ★★ **Nationalpark Jasmund** zu der einstündigen Wanderung zum Königsstuhl ein, dem berühmten Kreidefelsen, der schon Caspar David Friedrich inspirierte. Zu empfehlen ist das Bistro im Nationalparkzentrum. Wer mit Kindern unterwegs ist, ist auch auf dem Erlebnishof Kliewe (www.bauernhof-kliewe.de) an Rügens Westküste gut aufgehoben. Hier gibt es Esel, Ziegen, Pferde, Gänse und Kutschfahrtangebote, dazu ein gutes Café/Restaurant und schöne Zimmer. In Ummanz können Sie zudem im Hofladen Hochprozentiges der 1. Rügener Edeldestillerie kaufen. Auf der Wittower Fähre geht es schließlich gen Norden. Endpunkt der Reise ist ⓮ ★ **Kap Arkona**, »Deutschlands Nordkap« mit seinen Leuchttürmen.

VON STRANDKORB ZU STRANDKORB

Start: Wismar | **Ziel:** Stralsund | **Länge:** ca. 280 km | **Dauer:** mind. 3 Tage

Tour 5

Die »Seebäder-Tour« folgt dem Verlauf der Europäischen Route der Backsteingotik (www.eurob.org) und der des Ostseeradweges, verbindet die alten Hansemetropolen Wismar, Rostock und Stralsund und führt in zahlreiche traditionsreiche Seebäder mit feinsandigen Stränden sowie zu überraschenden Höhepunkten am Wegesrand.

Tag 1: Startpunkt Weltkulturerbe

Die Tour startet in der sympathischen, altehrwürdigen Hansestadt ❶ ★★ **Wismar**, deren Altstadt seit 2002 UNESCO-Welterbe ist. Hier stehen die Ausstellung »Wege zur Backsteingotik« im Turm von St. Marien und der St. Georgenkirche, der Hafen oder das neue phanTECHNIKUM auf dem Programm. Stopps können Sie im Café Sinnenreich (Hinter dem Chor 5), im Restaurant Seeblick oder im Alten Schweden am Markt einlegen. Ein Abstecher ins zweitälteste Ostseebad ❷ ★ **Boltenhagen** können Sie mit einem Strandspaziergang oder einem Bad an der Wohlenberger Wiek verbinden. Wieder über Wismar geht es nun Richtung Süden. Im Mühlenrestaurant des Hotels

Mecklenburger Mühle, 6 km hinter Wismar im **Dorf Mecklenburg** gelegen, werden mecklenburgische Spezialitäten aufgetischt. Das kulinarische Erlebnis lässt sich gut mit einem Abstecher zur kleinsten Stadt an der Backsteingotik-Route, dem 775-jährigen **Neukloster** am Neuklostersee, verbinden. Am kinderfreundlichen Badestrand Timmendorf der ③ ★ **Insel Poel** können Sie herrlich faulenzen. Leckereien bietet die Räucherei Forellenhof (OT Niendorf Nr. 13). Auf der B 105 geht es bis zum Rosarium **Groß Siemen** südlich von Kröpelin: 3500 Rosen verströmen von Mai bis September betörende Aromen. Der Landschaftspark samt stolzen Pfauen und neoklassizistischer Orangerie ist zu besichtigen (www.gutshaus-gross-siemen.de). Die 11 km bis ins malerisch zwischen Küste und dichten Wäldern der Kühlung liegende ④ ★ **Kühlungsborn** mit seinem besonders feinen Sandstrand sind nur ein Katzensprung. Touren mit der Dampflok »Molli« und natürlich eine Matjesstulle, Milchreis oder ein Stück Marzipantorte im Café Röntgen (Ostseeallee 45) sind hier Highlights. Beeindruckendes Beispiel der nordostdeutschen Bäderarchitektur ist das restaurierte Bauten-Ensemble in Deutschlands ältestem Seebad ⑤ ★ **Heiligendamm** nur wenige Kilometer weiter östlich. Ein Spaziergang auf der Seebrücke der »Weißen Stadt am Meer« gehört dazu. Die nächste Station ist die ehemals fürstliche Sommerresidenz ⑥ ★★ **Bad Doberan**, die etwa 6 km landeinwärts liegt. Nach dem Besuch des Münsters und der Klosteranlage können Sie im Klosterladen im Torhaus heimische Spezialitäten als Mitbringsel kaufen. Über die Küstenlandstraße geht es nun nordostwärts über das Ostseebad Nienhagen nach ⑦ ★★ **Warnemünde,** die weltoffene Metropole der deutschen Kreuzfahrtschifffahrt. Hier stand der erste Strandkorb weltweit. Zwischen Altem Strom, Teepott und Hotel Neptun sind hübsche Winkel des alten Fischerstädtchens erhalten.

Tag 2: Gen Ostsee

Der Morgen gehört wenige Kilometer südlich der Hafen- und Hansestadt ⑧ ★★ **Rostock** mit dem Schifffahrtsmuseum und Hafenrundfahrten. Sie können sich auf Spurensuche nach den Resten der seit 1597 memorierten magischen »Sieben Sehenswürdigkeiten« begeben (einst sieben Türen an St. Marien, sieben Straßen vom Markt, sieben Stadttore zur Landseite, sieben Kaufmannsbrücken, sieben Türme auf dem Rathaus, sieben täglich läutende Glocken, sieben Linden am Rosengarten). Frische Delikatessen hat der Rostocker Fischmarkt. Weiter geht es in die Rostocker Heide und nach Rövershagen, wo Deutschlands größter Bauernmarkt »Karls« Obst, Kuscheltiere, Spielzeug, Mode, Naturkosmetik, Bonbons, Bernstein, Milch und auch Fleisch verkauft. Das Blütenmeer im 4,5 ha großen Rhododendron-Park an der Kurstraße in **Graal-Müritz** knapp 30 km nordöstlich von Rostock zeigt im Frühsommer ein prächtiges Farbkaleidoskop. Er ist der größte in Deutschland. Mit dem überaus sehenswerten Freilichtmuseum ⑨ ★★ **Klockenhagen** ist noch weiter im Nordosten beinahe schon die »Bernsteinstadt« ⑩ ★ **Ribnitz-Dam-**

garten erreicht. Freunde moderner Kunst sollten die 14 km ins nordöstliche **Hessenburg/Saal** zur Ausstellung im Kranich-Museum nicht scheuen (www.kranichmuseum.de). Über Dierhagen geht es danach auf die Halbinselkette ⑪ ★★ **Fischland-Darß-Zingst**, wo Blumengärten, Reetdächer und bunt bemalte Haustüren sowie Sandstrände Künstler und Urlauber gleichermaßen anziehen (▶ Magischer Moment S. 42). Einen Besuch wert sind auf jeden Fall **Wustrow** und das einzigartige Künstlerdorf ★★ **Ahrenshoop**, die nebeneinander auf dem Verbindungsstück zwischen Darß und Fischland liegen.

Tag 3: Endpunkt Weltkulturerbe

Über die Behelfsumfahrung der gesperrten Meiningen-Drehbrücke – die alte Fachwerkträgerbrücke wird derzeit durch eine neue ersetzt – geht es zurück aufs Festland nach **Barth** ins Vineta-Museum und zum Niederdeutschen Bibelzentrum St. Jürgen. Das Kranich-Zentrum in Groß-Mohrdorf ist eines der Highlights für Naturfreunde im ⑫ ★★ **Nationalpark Vorpommersche Boddenlandschaft**. Ein Höhepunkt auf der Europäischen Route der Backsteingotik ist die Hansestadt ⑬ ★★ **Stralsund** (▶ Tour 3 und 4).

Z
ZIELE

Magisch, aufregend, einfach schön

Alle Reiseziele sind alphabetisch geordnet. Sie haben die Freiheit der Reiseplanung

Glückliche Insel Malchow ►

★ ANKLAM

Kreis: Vorpommern-Greifswald | **Höhe:** 5 m ü. d. M. | **Einw.:** 13 700

In der einst wohlhabenden Hafen- und Hansestadt wurde 1848 der Luftfahrtpionier Otto Lilienthal geboren. Vielleicht war es der weite Himmel über der flachen Landschaft am Unterlauf der Peene, der seinen Wunsch zu fliegen geweckt hat.

Höhenflüge und Tiefflieger

Auf dem **Marktplatz** von Anklam erinnern die »Jahrhundertbänder« an wichtige Ereignisse in der Stadtgeschichte. Die Stadt war Sitz der Arado-Flugzeugwerke, deshalb wurde sie im Zweiten Weltkrieg schwer bombardiert und versank in Schutt und Asche. Die im Zentrum noch erhaltene alte Bausubstanz der geschichtsträchtigen und schönen Stadt können Sie auf zwei ausgewiesenen Routen erkunden. Eine 1938 gebaute Rollklappbrücke über die Peene wurde 2013 durch ersetzt – ein alter Brückenteil ist heute Denkmal.

Wohin in Anklam?

Museum mit Diebesgut

Steintor

Im Steintor, einem fünfstöckigen mittelalterlichen Stadttor, aus dem Sie einen weiten Blick in die Peenelandschaft haben, ist ein **Heimatmuseum** eingerichtet. Glanzstück des Museums ist der **Anklamer Münzschatz** aus dem Dreißigjährigen Krieg, der seinerzeit offenbar Diebesbeute war und versteckt wurde – man entdeckte ihn erst 1995!

Schulstr. 1 | Mai – Sept. Di. – Fr. 10 – 17, Sa., So. 13 – 17, Okt. – April Mi. – Fr. 11 – 15.30, So. 13 – 15.30 Uhr | Eintritt 4,50 €
www.museum-im-steintor.de

Gotische Schönheit

Marienkirche

Die Marienkirche ist eine der schönsten Backsteingotikkirchen in Mecklenburg-Vorpommern. Sie wurde im 13. Jh. gebaut, der Westturm 1450. An der Stelle des Nordturms entstand 1488 die Marienkapelle mit filigranem Sterngewölbe. In der dreischiffigen Hallenkirche sind Wandmalereien aus dem 14. Jh. und das frühgotische Taufbecken sehenswert, in der Marienkapelle ist eine schöne Marienfigur zu sehen. Die **Apostelglocke**, die größte aus dem Mittelalter erhaltene Glocke in Mecklenburg-Vorpommern, wurde aus der Nikolaikirche übernommen und wird nur an wichtigen Feiertagen geläutet.

Der Mensch geht in die Luft

Nikolaikirche, Projekt Ikareum

Die Nikolaikirche – einst Wahrzeichen der Hansestadt und Kirche der Seeleute – wurde im Zweiten Weltkrieg weitgehend zerstört, die Res-

Ein Boot in Anklam leihen und dann eine Tour durch das Peenetal-Moor

te verfielen in den folgenden Jahrzehnten. In der Kirche wurde **Otto Lilienthal** (▶ Interessante Menschen) getauft. Seit Mitte der 1990er-Jahre wird sie wieder aufgebaut und soll als **Ikareum** dem »sich erhebenden Menschen« gewidmet werden: ein Museum zur Kulturgeschichte des Fliegens. 2014 wurden Glasfenster mit Lilienthal-Motiven eingesetzt, der Kirchturm, der einst 103 Meter hoch aufragte, wird als Lilienthal-Turm wiedererrichtet.

Nikolaikirchstr. 7 | Mai - Sept. Di. - Fr. 10 - 17, Sa., So. 13 - 17 Uhr
Turmbesteigung (bis 16.30 Uhr) 2 € | www.nikolaikircheanklam.de, www.ikareum.de

Ein Museum für zwei Brüder

★ Otto-Lilienthal-Museum, Aeronauticon

Das Museum ist dem großen Sohn der Stadt und seinem Bruder, dem Sozialrefomer und Unternehmer Gustav Lilienthal, gewidmet. Es zeigt Nachbauten von Lilienthals Flugapparaten, deren Stoffbespannung an Fledermausflügel erinnert. Echte Hingucker sind die Exponate der Ausstellung »Flugträume«, u. a. ein Muskelkrafthubschrauber (19. Jh.), ein Vakuum-Luftschiff (1670) und Montgolfieren. Kinder begeistert der **Museumspark Aeronauticon** auf Anklams Flugplatz mit (Flug-)Technik zum Ausprobieren (▶ Baedeker Wissen, S. 50).

Ellbogenstr. 1; | Juni - Sept. tgl. 10 - 17, Mai, Okt. Di. - Fr. 10 - 17, Sa., So. 13 -17, Nov. - April Mi. - Fr. 11 - 15.30, So. 13 - 15.30 Uhr
Eintritt 4,50 € | www.lilienthal-museum.de

FLIEGEN WIE EIN VOGEL

Im späten 19. Jahrhundert machten sich viele Erfinder und Tüftler daran, ihren Traum vom Fliegen zu verwirklichen. Die Brüder Montgolfier hatten knapp 100 Jahre zuvor gezeigt, dass der Mensch fliegen kann. Allerdings glaubte man, dass man nur Fluggeräte konstruieren und sicher steuern könne, die leichter seien als Luft, also Ballone und Luftschiffe. Otto Lilienthal war jedoch überzeugt, dass auch Apparate fliegen können, die schwerer sind als Luft – und begann, die Vögel zu studieren.

▶ **Theoretische Pionierarbeit**
Otto Lilienthal veröffentlichte 1889 »Der Vogelflug als Grundlage der Fliegekunst«. Er war der Überzeugung, dass ein Fluggerät zu bauen nur möglich ist, wenn man genau versteht, wie Vögel fliegen. Die Zeichnung entstammt diesem Buch.

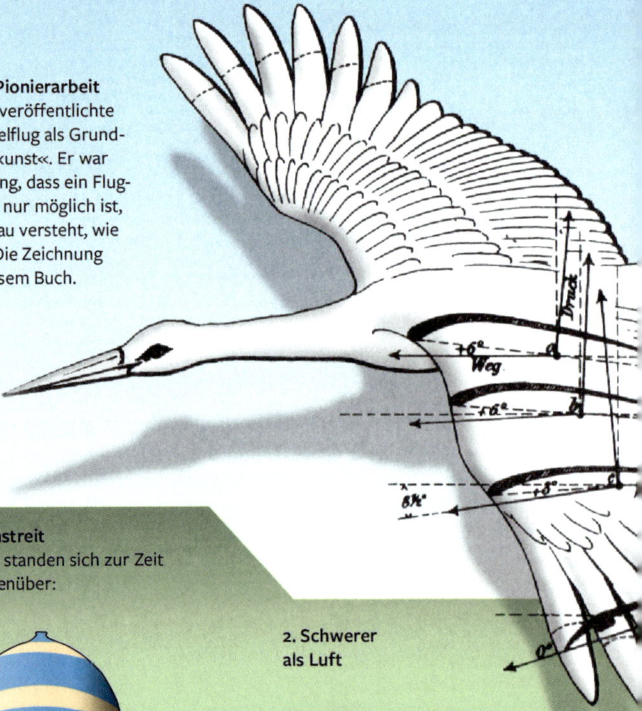

▶ **Der Prinzipienstreit**
Zwei Konzepte standen sich zur Zeit Lilienthals gegenüber:

1. Leichter als Luft

Ballons waren bereits erprobt, Luftschiffe galten als Technologie der Zukunft. Das Prinzip ist einfach: Gas, das leichter als Luft ist, erzeugt Auftrieb.

2. Schwerer als Luft

Der Gleitflug funktionierte schon bei kleinen Modellen, galt aber als unkontrollierbar. Auftrieb mit Muskelkraft zu erzeugen erschien vollkommen unmöglich.

Schwerer als Luft – die Pioniere

			Fluggeräte
1784	Carl Friedrich Meerwein	Er studierte an Vögeln die Prinzipien des Fliegens und entwarf einen Gleiter, der jedoch keinen Erfolg hatte.	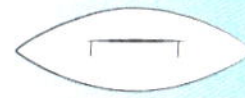
1807	Jakob Degen		
1811	Albrecht Berblinger (»Schneider von Ulm«)		
1856	Jean Marie Le Bris	Er konstruierte seinen Gleiter nach dem Vorbild eines Albatros und erfand die Steuerung durch Veränderung des Anstellwinkels der Flügel.	
1874	**OTTO LILIENTHAL**		
1899	Gustav Weißkopf	Ihm soll der erste stabile Motorflug über eine halbe Meile gelungen sein.	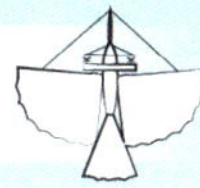
1903	Karl Jatho		
1903	Orville und Wilbur Wright	Den Gebrüdern Wright wird der erste kontrollierte Motorflug zugeschrieben. Sie erfanden auch das Seitenruder.	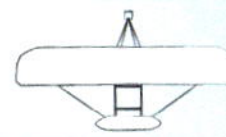

▶ Gedenken an Lilienthal

Mehrere Stätten erinnern an Otto Lilienthal: ein großes Denkmal in Anklam, eines in Krielow/ Derwitz und zwei in Berlin (Steglitz, Flliegerberg Lichterfelde), wo auch auf dem Friedhof Lankwitz sein Grab zu finden ist.

Lilienthal-Denkmal in Anklam

Der Hügel in Berlin-Lichterfelde, den Lilienthal für seine Expermimente aufschütten ließ, ist heute ein Denkmal.

▶ Lilienthals Antwort: die Praxis

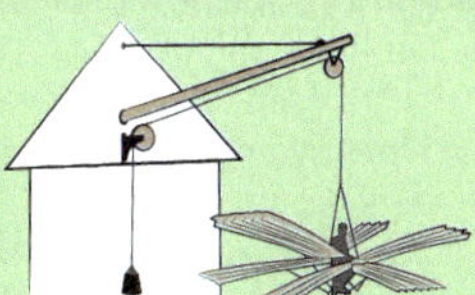

Erste Experimente
Bereits in seiner Heimatstadt Anklam begann Lilienthal zu experimentieren. Es gelang ihm mit dieser Vorrichtung, 40 kg durch Flügelschlag zu heben.

Praktische Flugversuche
In sieben Jahren führte Lilienthal etwa 2000 Flugversuche durch. Aus bis zu 60 m Höhe flog er bis zu 250 m weit im Gleitflug.

Rund um Anklam

Unterwegs im endlosen Moor

Naturpark Flusslandschaft Peenetal

Der Naturpark Flusslandschaft Peenetal schützt das größte zusammenhängende Niedermoorgebiet Westeuropas. An der Peene (slaw. »Bach«, »Fluss«) haben Fischotter, Flussneunauge, Fisch- und Schreiadler sowie seltene Moorpflanzen einen Lebensraum. Die Biiberburgen entlang bevölkern Biber, die nach einer Umsetzungsaktion aus dem Elbe-Gebiet hier heimisch wurden.
Auch das Peenetal-Moor östlich von Anklam und Teile des Anklamer Stadtwaldes sind geschützt. Gute Startpunkte für Ausflüge sind Anklam und Relzow. Am Peenestrom verkürzt eine Rad- und Personenfähre den Weg nach Usedom. In Anklam können Sie stunden-, tage- oder wochenweise Kanus leihen und Touren buchen.
www.naturpark-flusslandschaft-peenetal.de;
www.fähre-kamp-karnin.de; www.kanustation-anklam.de

Wiege eines gefragten Mannes

Lassan

Die mit rund 1500 Einwohnern kleinste Stadt in Mecklenburg-Vorpommern diente zu Hansezeiten als Hafen von Anklam. In Lassan wurde um 1435 der **Maler Bernt Notke** geboren, der u. a. den berühmten »Totentanz« für die Lübecker Marienkirche schuf. Seine Werke bzw. die seiner Werkstatt – Notke war ein gefragter und vielbeschäftigter Mann – sind in ganz Nordeuropa verbreitet. Ihm ist ein Teil des Museums **Lassaner Mühle** gewidmet, das auch die Stadtgeschichte präsentiert. Im nahen **Papendorf** lädt der Duft- und Tastgarten ins »Pommersche Labyrinth«.
Museum Lassaner Mühle: Mühlenstr. 2 | Juni – Sept. Mo. – Fr. 10 – 12, 13 – 16, Sa. 10 – 12, 14 – 16, So. 10 –12 Uhr | Eintritt 2,50 €
www.museum-lassaner-muehle.de
Duft- und Tastgarten: Bergstr. 4, Pulow | tgl. 10 – 18 Uhr (Führungen Mai – Okt. Mi. 15 Uhr, 7 €) | Eintritt 3,50 € | www.mirabellev.de

Wohnsitz für einen schwedischen Staatsmann

Wrangelsburg

Wrangelsburg liegt gut 20 km nördlich von Anklam. Der Ort erhielt seinen Namen von dem schwedischen Generalgouverneur Carl Gustav Wrangel, der sich auf seinem Grundbesitz ein barockes Herrenhaus errichten ließ. Das heutige Schloss Wrangelsburg wurde 1880 gebaut; es ist seit 2017 in Privatbesitz und kann daher nur von außen besichtigt werden. Zum Schloss gehört eine in Teilen öffentlich zugängliche Parklandschaft, an die sich ein **Forstgarten** anschließt.

Zwischen Geschichte und Gegenwart

Burg Klempenow

Von der Autobahnabfahrt Anklam und über die B 199 kommen Sie schnell zur Burg Klempenow am Flüsschen Tollense. Die Ursprünge des Backsteinbaus gehen auf das Jahr 1254 zurück. Der Verein Kul-

ANKLAM ERLEBEN

ANKLAM-INFORMATION
Rathaus
Markt 3
17389 Anklam
Tel. 03971 83 51 54
www.anklam.de

GUTSHAUS STOLPE €€€€
Im Gutsherrenrestaurant des 10 km westlich von Anklam gelegenen Spitzenhotels sorgt Sternekoch Björn Kapelke für Menüs der Extraklasse. Zum Ausprobieren gibt es das »Sternschnuppermenü«, drei Gänge für 45 € (Di. – Do.). Im Gutshaus können Sie auch äußerst stilvoll in Zimmern übernachten (€€€ – €€€€).
Peenstr. 33, Stolpe
Tel. 039721 55 00
www.gutshaus-stolpe.de
So., Mo. und im Januar geschlossen

STOLPER FÄHRKRUG €€
In dem 350 Jahre alten reetgedeckten Haus am Anleger der Personenfähre über die Peene hat schon der Dichter Fritz Reuter gern deftig gespeist. Sie können sich in seine Zeit zurückversetzen, beispielsweise mit Heringsvariationen.
Peenstr., am Fähranleger, Stolpe
Tel. 039721 5 22 25
www.gutshaus-stolpe.de
In der Hauptsaison tgl. ab 12 Uhr, Juli, Aug. Di., Sept. – April Di. und Mi. geschl.

SCHLOSS NEETZOW €€ – €€€
Wie ein aus England hierher versetzter Landsitz wirkt das rund 20 km westlich von Anklam gelegene Schlosshotel. Es bietet individuell eingerichtete Zimmer mit teils traumhaftem Blick in den umgebenden Landschaftspark mit See.
Am Schlosspark 4, Neetzow
Tel. 039721 56 60
www.schloss-neetzow.de

tur-Transit-96 saniert die Burg seit 1991, organisiert Märkte, Filmvorführungen und jedes Jahr im Juli das Transit-Festival. Im Torhaus sind eine Kanustation, ein Café und ein Laden eingerichtet.
Breest-Klempenow: Tel. 03965 21 13 31 | www.burg-klempenow.de

Festung für das flache Land
In Spantekow, einem idyllischen Dorf 15 km südwestlich von Anklam, befindet sich die neben der von ▶ Dömitz zweite Flachlandfestung Mecklenburg-Vorpommerns. Sie wurde 1558 – 1567 von Ulrich von Schwerin als Stammsitz erbaut. Das Herrschaftshaus und die Wirtschaftsgebäude werden von massiven Befestigungsanlagen mit breitem Wassergraben, dicken Mauern und Kasematten geschützt. Sehenswert ist das Relief über dem Eingangstor der Festung mit den fast lebensgroßen Porträts des Bauherrn und seiner Gemahlin. Spantekow
www.burg-spantekow.de

Filmkulisse mit Turm

Müggenburg

Als Kulisse für den 1987 gedrehten DEFA-Film »Einer trage des anderen Last« lebte das Schloss in Müggenburg 13 km südwestlich von Anklam noch einmal auf – sein Verfall konnte zumindest vorerst gestoppt werden. Der mittelalterliche **Fangelturm** war einst Teil der Wasserburg, um ihn entstand bis 1891 das Backsteinschloss. Es ist heute in Privatbesitz, die Eigentümer fertigen und verkaufen Naturholztische. Auf den Fangelturm können Sie hinaufsteigen.
www.bohse-burg.de

Burgruine mit Eichen

Veste Landskron

Im ehemaligen Sumpfgebiet am Großen Landgraben ließ Ulrich von Schwerin 1576 eine Burg mit vier Rundtürmen errichten. Geblieben ist nur eine schauerlich-romantische Ruine, in der heute uralte Stieleichen mit einem Stammumfang von bis zu 4 m wachsen (Anfahrt von Anklam über die B 199 Richtung Altentreptow, nach ca. 21 km links ab nach Janow, von dort noch 2 km Richtung Süden).
Eintritt frei | www.burg-klempenow.de/landskron

Ruhe und Natur

Schlosspark Zinzow

Eine Oase der Ruhe ist der denkmalgeschützte Landschaftspark bei Schloss Zinzow in der Nähe von Boldekow, 20 km südwestlich von Anklam. Anfang des 20. Jh.s vom schwedischen Gartenbaumeister Karl Gustav Svensson entworfen, erfreut der Park mit schönem altem Baumbestand und weiten Wiesen. Eine reiche Tierwelt ist in der Nähe zu beobachten, neben Schafen grasen hier auch Wasserbüffel. In der Gutsbrennerei wird Obst zu erlesenen Bränden verarbeitet.
Brennerei: Mo. – Fr. 8 – 12.30, 13.30 – 17, Sa., So. 14 – 17 Uhr. Der Park ist jederzeit zugänglich. | Im Schloss gibt es auch schöne Ferienwohnungen. | www.ostseeschloss.de

Tor und Turm

Friedland

Das Landstädtchen zwischen Neubrandenburg und Anklam wurde im Zweiten Weltkrieg weitgehend zerstört. Aus alter Zeit geblieben ist eine Stadtmauer mit wuchtigen Toren. Die zu Beginn des 14. Jh.s errichtete Mauer war mit **Wiekhäusern** besetzt, von denen nur die sogenannte Fischerburg aus dem 15. Jh. mit ihrem schönen Blendwerk am Stufengiebel erhalten ist. Der runde Fangelturm aus Backstein, einstmals Wehrturm, wurde 1910 zum Wasserturm umgebaut. Fotogen ist das frühgotische Anklamer Tor, bei dem der quadratische Torturm (14. Jh.) mit spitzbogiger Durchfahrt und schlichten Blendbögen von zwei Rundtürmen mit Kegelhelmen flankiert wird. Das Stadtmuseum bei der historischen Wassermühle, ein Fachwerkbau im Stil eines fränkischen Traufenhauses, zeigt die Geschichte des Ortes. Auf einem Vorgängerbau aus der Mitte des 13. Jh.s, von dem das Turmuntergeschoss erhalten ist, steht die 1330 bis 1500 errichtete dreischiffige Hallenkirche **St. Marien**. Ihr Äußeres prägen neogotische Ergänzungen des späten 19. Jh.s. Im gotischen Innenraum mit Kreuzrippengewölbe sehen Sie auch barocke Sakralkunst.

Stadtmuseum: Mühlenstr. 1; Mo. – Fr. 10 – 12, 13 – 17 Uhr | Eintritt 5 €; www.friedland-mecklenburg.de

Wo Mecklenburg und Vorpommern zusammenkommen

Großer Landgraben

Wenige Kilometer nördlich von Friedland verläuft der Große Landgraben, einst die Grenze zwischen Mecklenburg und Vorpommern. In seiner unmittelbaren Nähe wurden auf beiden Seiten Grenzburgen angelegt, so z. B. die Veste Landskron nördlich von Friedland und die Burg Galenbeck. Von dem einst stattlichen Renaissanceschloss Putzar, 11 km nordöstlich von Friedland, das trotz der grenznahen Lage nicht als Festung erbaut wurde, sind nur Ruinen erhalten; lohnend ist der Schlosspark mit dem **Turmhügel Rosenberg**. Einen Besuch lohnt auch die Dorfkirche (16. Jh.) wegen ihrer besonders reichen barocken Ausstattung. Beachtenswert sind vor allem die bemalte Balkendecke und der mit Schnitzwerk verzierte Kanzelaltar aus dem 17. Jh. sowie die von vier Mohren getragene Orgelempore (1721).

Feuchtes Vogelrevier

Putzarer See

Der Langraben floss einst durch den Putzarer See. Östlich von Friedland erstreckt sich die Friedländer Große Wiese, ursprünglich ein Niederungsmoor, das trockengelegt und dadurch als Weideland nutzbar gemacht wurde. Der von Feuchtwiesen und Wald umgebene **Galenbecker See** ist der Restsee dieses ehemaligen Sumpfgebiets. Der unter Naturschutz stehende See ist für zahlreiche Vögel (besonders Fischadler, Kraniche und Schwarzstörche) Nahrungs- und Brutrevier. An seiner tiefsten Stelle erreicht er nur etwa 2 m.

★★ BAD DOBERAN

Kreis: Rostock | **Höhe:** 15 m ü. d. M. | **Einw.:** 11 200

Der Kurort bietet eine unschlagbare Kombination: zum einen die traumhafte Landschaft zwischen den bewaldeten Höhenzügen der Kühlung und der Moorniederung um den Conventer See, Herzstück des gern als »Deutsche Riviera« gepriesenen Küstenabschnitts zwischen Wismar und Warnemünde, zum anderen die Klosterkirche, die zu den beeindruckendsten Backsteinbauwerken Mecklenburg-Vorpommerns gehört. Eisenbahn-Nostalgiker freuen sich auf eine Fahrt mit der Schmalspur-Bäderbahn »Molli«.

Fürstlich im Moor baden

Schon die mecklenburgischen Herzöge wussten die Vorzüge von Bad Doberan zu schätzen und machten den Ort im 18. Jh. zu ihrer Sommerresidenz. Die Entdeckung von Mineralquellen gab 1826 den Anstoß zur Einrichtung eines Eisenmoorbads – eine Tradition, an die das neue **Moorbad** wieder anknüpft. Den Charme eines ruhigen Erholungsorts mit prächtigen Häusern hat Bad Doberan heute noch. Eine Reise wert ist das Münster, eine der schönsten Backsteinkirchen Deutschlands, die inmitten eines im frühen 19. Jh. angelegten englischen Landschaftsgartens steht.

★★ Münster Bad Doberan

Kosterstr. 2 | Mai – Sept. tgl. 9 – 18, So. ab 11, März, April, Okt. tgl. 10 – 17, So. ab 11, Nov. – Feb. tgl. 10 – 16, So. ab 11 Uhr | Eintritt 3 €, Führung 4 € | www.muenster-doberan.de

Französische Gotik im deutschen Norden

Baugeschichte

Das zum Münster gehörige Zisterzienserkloster war bis zur Säkularisation im Jahr 1533 eines der wohlhabendsten und einflussreichsten des Landes. Die gotische Basilika entstand nach 1295 über der vier Jahre zuvor abgebrannten Vorgängerkirche und wurde 1368 geweiht. Der Grundriss mit Chorumgang und Kapellenkranz folgt dem Bauschema der französischen Gotik. Der schlichte Bau und der kleine Dachreiter anstelle eines Turms verweisen auf die strengen Bauvorschriften der Zisterzienser. Stark umgestaltet wurde die Kirche Ende des 19. Jh.s durch Gotthilf Ludwig Möckel. Im Zuge der Renovierung zwischen 1964 und 1984 wurde der ursprüngliche Zustand wiederhergestellt.

Originale Pracht

Ausstattung

Ein Großteil der ursprünglichen Ausstattung aus dem 14. Jh. ist erhalten. Herausragend ist der um 1310 geschaffene, reich vergoldete **Hochaltar**, eines der frühesten Beispiele deutscher Flügelaltäre. Von den 13 Nebenaltären sind noch der Corpus-Christi-Altar von 1320/1330, der von einem 15 m hohen Kruzifix überragte Kreuzaltar von 1368, der die Mönchskirche vom Laienbereich trennte, und der Mühlenaltar (um 1400) erhalten. Aus dem 14. Jh. stammt das fast 12 m hohe Sakramentshaus aus Eichenholz, ein filigraner, durchbrochener Turm. Ins ausgehende 13. Jh. wird die Marienleuchte datiert, die als eine der ältesten Standmadonnen in Norddeutschland gilt. Eine kunsthistorische Kostbarkeit ist das Schnitzwerk an den Chorgestühlwangen. Reste gotischer Glasmalerei sind in zwei Fenstern in den Seitenschiffen zusammengestellt.

In Memoriam

Grabmäler

Die ehemalige Klosterkirche birgt viele Grabmäler und Epitaphe aus dem 13. bis 17. Jahrhundert. Die bedeutendsten befinden sich im

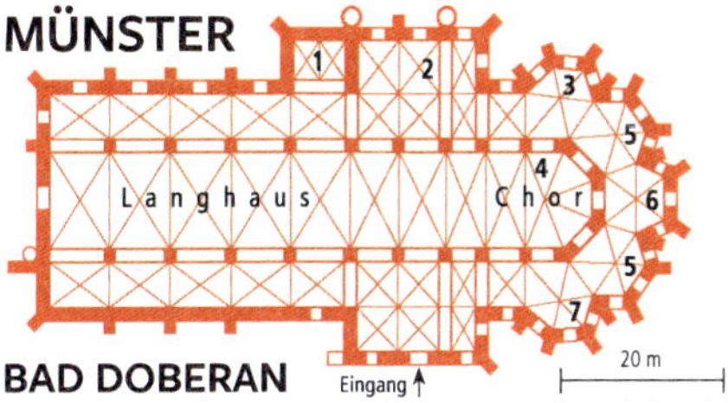

1 Bülowkapelle
2 Grabmal des Pribislav
3 Grabmal des Kanzlers Samuel von Behr
4 Sakramentshaus
5 Fürstliche Grabstätte
6 Grabmal des Herzogs Adolf Friedrich
7 Grabmal des Herzogs Johann Albrecht

Chorumgang und in den Chorkapellen. In der nordöstlichen Kapelle wurde Königin Margarete von Dänemark († 1282) in einem plastisch-figürlichen Grabmal beigesetzt. Auch bei den Grabmälern Albrechts von Schweden und seiner Gemahlin (um 1420) sind die Figuren noch liegend dargestellt. Beachtung verdient das Oktogon hinter dem Hochaltar (1420) wegen seiner Ornamentik. Eine neuzeitliche Auffassung des Totengedächtnisses verkörpert das prächtige, 1634 bis 1664 von Franz Julius Döteber geschaffene Grabmal für Herzog Adolf Friedrich und seine Gemahlin Maria, das die gesamte Chorkapelle mit einbezieht. Der Künstler schuf auch das baldachinbekrönte Grabmal für Samuel von Behr in der nördlichen Chorkapelle, das den herzoglichen Kanzler in Lebensgröße zu Pferd zeigt.
Nordöstlich der Kirche steht das mit glasierten Backsteinen verzierte **Beinhaus** (Mitte 13. Jh.) des Mönchsfriedhofs. Die Ausmalung und das Gestühl des Achteckbaus stammen aus dem 19. Jh. Vom ursprünglichen Bau sind Klostermauerreste samt Westtor, das Brauhaus mit einer alten Mühle und das Kornhaus mit Klostergarten, Café und kleinem Gästehaus erhalten.

Wohin im Zentrum?

Zwischen Klassizismus und Zappa

★ Herzogliche Sommerresidenz

Zentrum des klassizistischen Bad Doberan ist der Kamp, eine kleine Parkanlage, die zusammen mit den umstehenden Häusern ein hübsches Ensemble bildet. Es entstand im Zuge des Ausbaus von Doberan zur großherzoglichen Sommersitz. **Hofbaumeister Carl Theodor Severin** entwarf den Weißen Pavillon (1813; nun Restaurant, S. 58) und den Roten Pavillon (1809; nun Kunstgalerie) ursprünglich als Musikspielstätten im Geschmack der damaligen Chinamode.
Von Carl Theodor Severin stammen auch das Großherzogliche Palais (1809) und das Salongebäude (1801/1802) an der Ostseite des Parks. Das Hotel »Friedrich Franz Palais« in der August-Bebel-Str. 2 war früher Großherzogliches Logierhaus. Am Markt 3 sind im Kunsthof Ausstellungen regionaler Künstler zu sehen, ein Kuriosum

BAD DOBERAN ERLEBEN

TOURIST-INFORMATION BAD DOBERAN
Severinstr. 6
18209 Bad Doberan
Tel. 038203 6 21 54
www.bad-doberan-heiligendamm.de

TOURISTIK-SERVICE KÜHLUNGSBORN
Ostseeallee 19 (Villa Laetitia)
18225 Kühlungsborn
Tel. 038293 84 90
www.kuehlungsborn.de

KURVERWALTUNG OSTSEEBAD RERIK
Dünenstr. 7
18230 Ostseebad Rerik
Tel. 038296 7 84 29
www.rerik.de

TORHAUS/KLOSTERLADEN
Im Klosterladen/Torhauscafé Bad Doberan verkauft Sternekoch Tillmann Hahn hervorragende Kuchen, leckere Bioprodukte aus der Region und hausgemachte Spezialitäten wie eingelegte Vogelbeeren.
Klosterstr. 1a
Tel. 0170 4 32 77 10
www.torhaus-doberan.de

GLASPRODUKTION IN GLASHAGEN
In Glashagen hat das Ehepaar Kaufmann die Tradition der Mecklenburger Glasproduktion wiederbelebt. In ihrer Glashütte können Sie bei der Herstellung zusehen und Produkte kaufen. Im Ort arbeiten noch mehrere andere Künstler und Kunsthandwerker.
April – Dez. Mo. – Sa. 10 – 18 Uhr, im Sommer und Dez. auch So.
www.kunstort-glashagen.de

BARTELMANN
Den ersten Strandkorb fertigte 1882 der Rostocker Korbmacher Wilhelm Bartelmann – ein Riesenerfolg. 1903 eröffnete Sohn Max in Kühlungsborn ein Kaufhaus, wo die Familie heute in vierter Generation das »Kaufhaus der Küste« betreibt und immer noch mit dem Slogan »Bevor du kaufst, sieh dir erst an in Kühlungsborn-West Haus Bartelmann« (▶ Das ist ... S. 8).
Hermannstr. 18
Kühlungsborn-West
www.bartelmann.com

❶ WEISSER PAVILLON €€
Vor allem bei gutem Wetter sitzen Sie schön im bzw. vor dem Weißen Pavillon im kleinen Park mitten in Doberan. Mittags gibt es regionale Gerichte.
Auf dem Kamp 1
Tel. 038203 6 23 26
weisser-pavillon.business.site
Mo. geschl.

❷ CAFÉ RÖNTGEN €
Im Stammhaus der Konditorei werden bis zu 200 Spezialitäten von der leckeren Sanddorntorte bis zu Petit Fours angeboten. Angesagt ist auch das Filialcafé »Meeresblick« an der Strandpromenade von Kühlungsborn-West.
Strandstr. 30 a
Kühlungsborn-Ost
Tel. 038293 7 81 36
www.classic-conditorei.com
Tgl. geöffnet

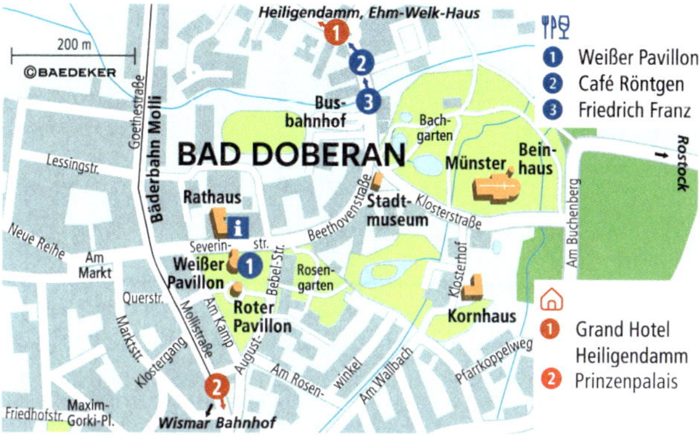

❸ FRIEDRICH FRANZ €€€€

Denken Sie an den G 8-Gipfel 2007, und wie von selbst stellt sich das Feeling ein, wie ein Staatschef zu speisen. Das Gourmet-Restaurant des Grand Hotel Heiligendamm ist klein und intim. Sternekoch Ronny Siewert bereitet von klassischer französischer Küche inspirierte Menüs zu. Es gibt aber auch Regionaltypisches wie Mecklenburger Reh.

Prof.-Dr.-Vogel-Str. 6
Heiligendamm
Tel. 038203 7 40 62 10
www.grandhotel-heiligendamm.de

❶ GRAND HOTEL HEILIGENDAMM €€€€

Das Hotel wurde durch den G8-Gipfel 2007 weithin bekannt. Gönnen Sie sich das einmalige Erlebnis, in vollendetem Luxus zu nächtigen, und lassen Sie sich dabei eine frische Ostseebrise um die Nase wehen.

Prof.-Dr.-Vogel-Str. 6
Heiligendamm
Tel. 038203 74 00
www.grandhotel-heiligendamm.de

❷ HOTEL PRINZENPALAIS €€

Schönes Hotel in der ehemaligen Sommerresidenz der Mecklenburger Prinzen und Herzöge mit geschmackvoll eingerichteten Zimmern. Stilvolles Restaurant mit klassischer Küche. Vor der Türe dampft die Schmalspur-»Molli« vorbei.

Alexandrinenplatz 8
Bad Doberan
Tel. 038203 7 31 60
www.hotel-prinzenpalais.de

ist die Büste für den Rockmusiker **Frank Zappa** gegenüber dem Hotel Doberaner Hof (Alexandrinenplatz 4). Wie der in Bronze gegossene Zappa in die beschauliche Kleinstadt in Mecklenburg-Vorpommern kam, erfahren Sie unter www.arf-society.de. Alljährlich Mitte Juli strömen Zappa-Fans zum mehrtägigen Musikfestival **Zappanale** nach Bad Doberan.

www.zappanale.de

OBEN: Viel Gold kam zum Einssatz beim Bau des Flügelaltars im Bad Doberaner Münster.

UNTEN: Mit Stil in Heiligendamm: Nach dem erfrischenden Morgenbad geht's zurück zum Frühstück.

Kleine Geschichte des Badens

Im ehemaligen Wohnhaus (1888) des Architekten Gotthilf Ludwig Möckel am Westtor wird im Stadt- und Bädermuseum die Geschichte Heiligendamms und des Bäderwesens lebendig, inklusive Bademode von anno dazumal und altem Badekarren.

Stadt- und Bäder-museum

Stadt- und Bädermuseum: Beethovenstr. 8 | Mitte Mai – Mitte Sept. Di. – Fr. 10 – 12 und 13 – 17, Sa., So. 12 – 17, Mitte Sept. – Mitte Mai Di. – Fr. 10 – 12, 13 – 16, Sa. 12 – 16 Uhr | Eintritt 3 €, Kombiticket mit Münster 5 € | www.moeckelhaus.de

Auf den Spuren eines Bestseller-Autors

Im Ehm Welk-Haus lebte der Schriftsteller Ehm Welk (▶ Interessante Menschen) von 1950 bis 1966. In dem Museum ist u. a. die Bibliothek des Erzählers (»Die Heiden von Kummerow«, »Die Lebensuhr des Gottlieb Grambauer«) zu sehen..

Ehm Welk-Haus

Dammchaussee 23 | Eintritt 2 € | www.ehm-welk-haus.de

Rund um Bad Doberan

Geliebte »Molli«

Die Schmalspur-Bäderbahn »Molli« dampft seit 1886 mit max. 35 km/h von Bad Doberan über Heiligendamm gut 15 km bis Kühlungsborn. In Kühlungsborn-Ost gibt es das Molli-Restaurant »Gleis 2«. Der Bahnhof Kühlungsborn-West ist »Molli«-Museum mit Café. Kuchen gibt es auch während der Fahrt im Salonwagen. Nostalgiker können auf der Lok mitfahren. Begehrt sind Sonderfahrten mit dem »Hundertjährigen Zug«, die Dampflok von 1932 zieht fünf Personen- und einen Gepäckwagen aus den Jahren 1902 bis 1926.

»Molli«

Molli-Fahrt: tgl. ab 6.35 bis ca. 18.45 Uhr (abends fahren Linienbusse) | Ticket ab 6 €, Lokmitfahrten ab 40 € | www.molli-bahn.de
Molli-Museum: tgl. 9 – 18, Winter 11 – 16.30 Uhr | www.molli-bahn.de

Rennbahn für 1 PS

Auf halber Strecke der Allee nach Heiligendamm liegt Deutschlands älteste Pferderennbahn, auf der die Barone Gottlieb und Wilhelm von Biel im August 1822 erste Rennen bestritten. Heute finden hier im August Renntage und im Juli das **Zappanale**-Festival statt.

Pferderenn-bahn

Strahlend weiße Seebad-Legende

★ Heiligen-damm

Die **»Weiße Stadt am Meer«** wurde Heiligendamm wegen der weiß getünchten Villen und Logierhäuser genannt, die auch heute noch Markenzeichen des ältesten deutschen Seebades sind. Der 6 km von Bad Doberan entfernte Erholungsort wurde 1793 auf Anregung des herzoglichen Leibarztes Samuel Gottlieb Vogel gegründet – ein 220 t schwerer Granitblock auf dem Kurplatz erinnert daran. International

berühmt wurde das Seebad, als hier vom 6. bis 8. Juni 2007 der G 8-Gipfel tagte und zum Schutz der Staats- und Regierungschefs ein provisorischer 12 km langer Sicherheitszaun rund um Heiligendamm hochgezogen wurde.
Herz des Seebads ist der direkt hinter dem Strand gelegene Kurplatz mit seinen **klassizistischen Prachtbauten**, auf den Sie von der Seebrücke aus einen guten Blick haben. Das gesamte Bauensemble wurde saniert und ist heute das Grand Hotel Heiligendamm. 1816 entstand nach Plänen von Carl Theodor Severin das Kurhaus, zu erkennen an dem flachen Dreiecksgiebel über einer großzügig bemessenen dorischen Säulenvorhalle. Ein Wandelgang führt ins vierstöckige ehemalige Grandhotel, heute Haus Mecklenburg. Es ging aus dem ersten, 1795 errichteten Badehaus hervor, heute sind hier Zimmer und Suiten untergebracht. Östlich vom Kurhaus steht das luxuriöse Haus Grand Hotel. Südlich benachbart ist das sechsgeschossige Severin Palais. Dieser einzige Neubau beherbergt das nach neuesten balneologischen Erkenntnissen eingerichtete luxuriöse Heiligendamm-Spa mit Pool, Saunen und Treatment-Suiten. Südlich vom Kurhaus ist das einstige Telegrafenamt zur idyllischen Orangerie mit kostbar ausgestatteten Suiten umgestaltet worden. Davor leuchtet die sogenannte Burg Hohenzollern, mit der einstmals Großherzog Paul Friedrich sich und seiner Gemahlin einen Herzenswunsch erfüllte.

Rund um Kühlungsborn

★ Kühlungsborn

Kühlung inbegriffen

Das größte Ostseebad Mecklenburg-Vorpommerns, 8 km westlich von Heiligendamm in dem Waldgebiet »Kühlung« gelegen, ist ein beliebtes Ferienziel für Familien. Das Ortsbild bestimmen alte Villen und Pensionen und moderne, dem Bäderstil angepasste Apartmenthäuser. Der kilometerlange, gepflegte Sandstrand mit Seebrücke, Strandpromenade und Konzertpavillons, eine Marina sowie die vielfältigen Freizeitmöglichkeiten locken zahlreiche Urlauber in die 8000-Seelen-Gemeinde.
Der hübsche Backstein-Bahnhof in Kühlungsborn-West ist Endstation der **Schmalspurbahn »Molli«** (► S. 60). In Kühlungsborn-Ost sind die frühgotische Johanniskirche und die 240 m lange Seebrücke Attraktionen. In der Nähe der Seebrücke steht der als Museum eingerichtete **Ostsee-Wachtturm** der DDR-Grenztruppen (1972). Kunst- und Jazzfreunde pilgern zu Ausstellungen und Konzerten in die Kunsthalle. Wanderungen führen zum 79 m hohen Signalberg und zum Diedrichshäger Berg, mit 128 m die höchste Erhebung der Kühlung, Radtouren zum **Leuchtturm Buk** in Bastorf mit Café/Restaurant.

Ostsee-Wachtturm: Ostseeallee 1 a | Juni – Sept. Di., Mi., Fr. 14 – 17 Uhr, Okt. – Mai nur Di. und Fr. | www.ostsee-grenzturm.com
Kunsthalle: Di. – So. 12 – 17 Uhr | www.kunsthalle-kuehlungsborn.de
Leuchtturm Buk: tgl. 11 – 16, im Sommer bis 17 Uhr | Eintritt 2,50 €
www.leuchtturm-bastorf.de

Zwischen Haff, Meer und Halbinsel

Rerik und die Halbinsel Wustrow

In Rerik, 12 km westlich von Kühlungsborn, können Sie sowohl im Meer als auch im Salzhaff baden. Das Salzhaff liegt zwischen der Halbinsel Wustrow, die lange militärisches Sperrgebiet war, und dem Festland. Seinen Namen erhielt Rerik 1938 nach einem hier vermuteten, im Jahr 808 von den Dänen zerstörten Handelsplatz Rerik – vorher hieß er Alt Gaarz. Obwohl auch hier, insbesondere am Haff, viele neue Ferienwohnungen entstehen, hat Rerik noch viel von seinem alten Charakter bewahrt. Familien, Surfer und Segler kommen gern hierher, die Steilküste, das Salzhaff und die acht Großsteingräber (3500 – 2900 v. Chr.) sind beliebte Ausflugsziele. Vom Jachthafen Rerik aus können Sie Schiffsrundfahrten und Segeltörns ins Salzhaff unternehmen. In Kühlungsborn, Graal-Müritz und Warnemünde werden Ausflüge und Mini-Kreuzfahrten auf der »MS Baltica« (www.msbaltica.de) Richtung Rerik angeboten.
Das sehenswerte **Heimatmuseum** in Reriks ehemaliger Schule zeigt die Geschichte des Fischerdorfs und die Badehistorie. Kulturtreff Nummer eins ist die »Kösterschün« (Küsterscheune) nebenan. Reriks frühgotische Johanneskirche besitzt reiche barocke Wandmalereien. Von Juni bis September finden hier jeden Donnerstag um 20 Uhr kostenlose Konzerte statt.
Heimatmuseum: Dünenstr. 4 | Mitte Mai – Mitte Sept. Di., Mi., Fr. 10 – 12, 14 – 17, Do. 14 – 18, Sa., So. 14 – 17; Mitte Sept. – Mitte Mai Di. 10 – 12, 14 – 17, Mi., Do. 14 – 17, Fr. 10 – 12, Sa., So. 14 – 16 Uhr | Eintritt 2 € | www.rerik.de

Abseits der Küste

In Stein gemeißelt

Steffenshagen

Auf dem Weg in Richtung Kröpelin lohnt in Steffenshagen, ca. 8 km westlich von Bad Doberan, ein Besuch der **Dorfkirche**. Die dreischiffige Hallenkirche aus Backstein besitzt **ungewöhnliche Steinfriese** am quadratischen Chor mit Drachen-, Greif- und Lilienmotiven. Der Denkmalhof an der Bockwindmühle beherbergt ein Artenschutzzentrum und historische Werkstätten.

Von Schuhen und Schallplatten

Kröpelin

In Kröpelin lebten im 19. Jh. nicht weniger als 96 Schuhmachermeister. An diese Handwerkstradition erinnert das Stadtmuseum, das sich zudem der **Geschichte des Ostrocks** von 1945 bis 1990 (Klaus

MIT DEM KARREN INS MEER

Das Baden im Meer ist eine Erfindung des ausgehenden 18. Jh.s, also gerade ein etwas mehr als 200 Jahre altes Vergnügen. Von Ärzten gefordert und moralisch unbedenklich, entwickelte sich der Aufenthalt an der See schnell zu einem Freizeitspaß, an dem Arm und Reich Gefallen fanden.

Nicht in Binz oder Sellin, sondern in Sargand, knapp 10 km von der Küste entfernt, gab es 1794 die erste **»Brunnen- und Badeanstalt«** auf Rügen. Bei der dortigen Quelle wurde ein Badehaus errichtet, und Grünflächen und Laubengänge wurden angelegt. Die napoleonischen Kriege brachten den Kurbetrieb allerdings zum Erliegen.

Beginn in Heiligendamm

Während man in Sargand noch in die Wannen mit Mineralwasser stieg, vertraute man in England bereits auf die Wirkung des Meerwassers. Mit Bad Doberan-Heiligendamm, der Sommerresidenz des Herzogs von Mecklenburg-Schwerin, wurde **1793** das **erste Seebad** an der deutschen Ostseeküste eröffnet. Das Beispiel machte Schule. Auch Fürst Wilhelm Malte I. von Putbus fühlte sich vermutlich durch Doberan zu bauherrlichen Aktivitäten angeregt. Maltes klassizistische Residenz in **Putbus** avancierte in kürzester Zeit zum **Treffpunkt für die feine Gesellschaft**. Wie Doberan besaß Putbus mit Lauterbach eine Dependance an der See. Hier konnte man entweder im Badehaus an der Goor oder direkt im Greifswalder Bodden ein Salzwasserbad nehmen. Zum Umkleiden und für den Einstieg benutzte man einen **Badekarren**. Er wurde so weit wie möglich ins Wasser geschoben, damit der Badegast – durch Vorhänge vor neugierigen Blicken geschützt – über eine ausklappbare Treppe ins kühle Nass gelangen konnte. Das diente nicht nur dem Vergnügen, vermuteten doch die Ärzte, dass die **»Frictionen der Haut«** und der Salzgehalt des Wassers sich wohltuend auf den Körper auswirkten.

An die See

Putbus war wie Sargand nur eine kurze Karriere als Seebad beschieden. Die »weiße Stadt« kam um 1850 bereits wieder aus der Mode, der Fremdenverkehr verlagerte sich an die **Ostküste Rügens**, zunächst nach Sassnitz. Seine stürmische Entwicklung vom Fischerdorf zum Seebad Nummer eins vollzog sich in den 1870er- und 1880er-Jahren. Das Sassnitzer Ferienpublikum rekrutierte sich nicht mehr aus dem Feudaladel, sondern vor allem aus dem Großbürgertum: Bankiers, Unternehmer und hohe Staatsbeamte aus allen Teilen Europas reisten mit Familie und Personal in das aufstrebende Seebad. Für eine komfortablere Verkehrsanbindung sorgten die **regelmäßigen Dampferlinien** zwischen Sassnitz und dem Festland sowie der Ausbau der Eisenbahnstrecke Bergen – Sassnitz 1891. Doch auch Sassnitz musste seinen Rang an jüngere Seebäder abtreten. Als Theodor Fontane seine Romanheldin **Effi Briest** dorthin zur Kur schickte, hatte das Bad seinen Zenit schon überschritten. Ab 1900 schlug die Stunde von Binz, Göhren und Sellin, die seit 1895 durch eine Kleinbahn mit Putbus verbunden waren. Vor allem **Binz** entwi-

ckelte sich zum **Paradebad der wilhelminischen Zeit**.
Grundstücksspekulationen blühten, und der einsetzende Bau-Boom bescherte dem Fischerdorf ein völlig neues Gesicht, mit Pensionshäusern, die sich in ihrer Fassadengestaltung gegenseitig übertrafen. Das Herz des Bade- und Kurorts war allerdings der Strand. Hier, auf dem Promenadenweg, im Kurhaus und auf der Seebrücke spielte sich das gesellschaftliche Leben ab. Die Appelle der Ärzte und Gesundheitsapostel, den Körper zumindest zeitweise vom Korsett zu befreien und ihn Sonne und frischer Luft auszusetzen, zeigten Wirkung: Bereits um 1900 erfreute sich der Aufenthalt am Strand beim Bürgertum großer Beliebtheit.

Prüde oder freizügig?

Die damit verbundene (teilweise) **Enthüllung des Körpers** ließ sich nur schwer mit den prüden Moralvorstellungen der wilhelminischen Gesellschaft in Einklang bringen. Aus undurchsichtigem Stoff hergestellte Badeanzüge für die Frauen und Badehosen mit Bein und Zwickel für die Männer mussten sein. Trotz der züchtigen Kleidung und der anfänglich **strikten Geschlechtertrennung** gab es in der Badeanstalt immer wieder Probleme mit der **Wahrung des Anstands**: »Verschärfte Vorschriften und geeignetes Badepersonal« halfen dabei, »die Ordnung aufrechtzuhalten«, berichtete erleichtert ein zeitgenössischer Beobachter.

»Verschärfte Vorschriften« zur Aufrechterhaltung der Moral sind heute nicht mehr angesagt.

Renft, City, Karat, Puhdys, Knorkator u. a.) widmet und einen alten Plattenladen zeigt. Ein historischer Pfad erschließt neun Attraktionen im Ort, u. a. eine Holländermühle (Ende 19. Jh.).

Stadtmuseum: Hauptstr. 5 | Mo., Do. 9 – 12, 13.30 – 17, Di. bis 18, Fr. bis 16 Uhr | Eintritt 3 € | www.bibliothek-museum-kroepelin.de

Von Rosenduft umweht

Groß Siemen

Gut 6 km südöstlich von Kröpelin finden Rosenliebhaber im **Rosenpark** des Gutshauses Groß Siemen ihr persönliches Paradies. Die neue Gutsherrin, die Hamburgerin Edda Schütte, hat es sich zur Aufgabe gemacht, für mehr als 3500 historische und englische Rosen einen Ort zu schaffen, der seinesgleichen sucht.

Rosenpark: An der Sieme 13, Groß Siemen | Juni – Juli Di., Mi., So. 11 – 17, So. mit Sommercafé ab 13 Uhr | Eintritt 7 € | www.gutshaus-gross-siemen.de. | Im Gutshaus werden Ferienwohnungen vermietet.

Ein Stück Troja nahe der Ostsee

Neubukow

Der Geburtsort des Archäologen und Troja-Ausgräbers **Heinrich Schliemann** (▶ Interessante Menschen) wurde Mitte des 13. Jh.s planmäßig angelegt. Die Gedenkstätte für den berühmten Sohn der Stadt im Rektorhaus zeigt Funde aus Troja.

Am Brink 1 | Mai – Sept. Di. – Sa. 10 – 16, Okt. – April Di. – Fr. 10 – 16 Uhr | Eintritt 2 € | www.neubukow.de

Einzigartiges Hallenhaus

Retschow

Rund 7 km von Bad Doberan wartet in Retschow der Denkmalhof der Familie Pentzin mit einem niederdeutschen Hallenhaus von 1787, einer Reetdach-Scheune (1826) und Reetdach-Katen (1846) sowie landwirtschaftlichem Gerät auf. Die Anlage ist mit diesen Gebäuden die einzige ihrer Art in Mecklenburg-Vorpommern.

Dorfstr. 2 | Anmeldung Tel. 038203 1 65 95 | www.retschow.de

DEMMIN

Kreis: Mecklenburg. Seenplatte | **Höhe:** 8 m ü. d. M. | **Einw.:** 12 200

Das Städtchen am Zusammenfluss von Peene, Tollense und Trebel eignet sich gut als Ausgangspunkt für Ausflüge und Wanderungen. An die große Vergangenheit erinnert der Zusatz »Hansestadt«, den Demmin seit 1994 wieder führt.

Seit der Kreisgebietsreform von 2011 gehört Demmin zum Landkreis Mecklenburgische Seenplatte, mit dem Herzen sind die meisten

Die Backsteinspeicher an Demmins Peene-Hafen haben schon lebhaftere Zeiten gesehen.

Demminer aber weiterhin mit Vorpommern verbunden. Vor allem die Lage inmitten einer schönen Umgebung mit fünf Landschafts- und Naturschutzgebieten und der Nähe zu Deutschlands größtem Niedermoorgebiet lockt Besucher nach Demmin. Auf der Peene können Sie Schiffsausflüge bis zum Kummerower See und zum Stettiner Haff unternehmen. Das pulsierende Versorgungszentrum des Umlands ist auch Ausgangspunkt für Touren in den **Naturpark Flusslandschaft Peenetal** (► S. 52). Die mit wenig Gefälle dahinfließende Peene gehört zu den letzten unverbauten Flüssen Deutschlands. Wasserwanderer mit Muße können vielfältige Naturlandschaften wie Torfstiche, Feuchtwiesen, Altarme, Flachwasserseen, Bruchwälder und Moore erkunden. Wer in der Dämmerung unterwegs ist, wird mit Sicherheit einige Fischotter und Biber beobachten können.

Eintauchen in die Flusslandschaft

Wohin in Demmin und Umgebung?

Aufertstanden aus Trümmern

Im Zentrum

Rund 80 % der Altstadt wurden zerstört, als in den letzten Tagen des Zweiten Weltkriegs russische Truppen in Demmin einmarschierten

und die Stadt in Brand setzten. Erst nachdem Demmin mehrere Tage gebrannt hatte, durften die Bewohner das Feuer löschen.
Aus der Zeit als Hansestadt (1283–1607) erhalten sind der Pulverturm an der Stadtmauer und das mit Staffelgiebel und Mauerblendwerken geschmückte Luisentor (15. Jh.). »Frieden sei mit Euch« verkündet der Türgriffengel am Stadtwahrzeichen, der im November 2011 nach langjähriger Renovierung neugeweihten dreischiffigen Hallenkirche **St. Bartholomaei** (um 1300). Das Gotteshaus mit seinem hohen Turm (96 m) – es wurde 1856–1867 von Friedrich August Stüler und Bartholomäus Weber umgebaut – erhielt ein neues Geläut, der Kirchplatz mit zwei Gusseisenglocken und historischen Fachwerkbauten (18. Jh.) ist umgestaltet. Im Innern wurden Grünberg-Orgel und Stülers Kanzel (nach einer Skizze Caspar David Friedrichs) restauriert. Das Altarbild (Kreuzabnahme; 1825) ist eine Kopie eines Werkes Raffaels. Eine Ausstellung präsentiert Otto von Bamberg: Der Apostel der Pommern besuchte Demmin 1128. Sehenswert ist auch die katholische Maria-Rosenkranzkönigin-Kirche (1914/1915). Das barocke Rathaus mit Hansebrunnen wurde an alter Stelle nach der Wende im historischen Stil wiederaufgebaut.
Im **Hanseviertel** auf der Fischerinsel wird altes Handwerk vorgeführt. Daran schließt sich die Anlegestelle mit der ehemaligen Senatsbarkasse »Hamburg« an.

St. Bartholomaei: »Offene Kirche«: Mai–Sept. Di.–Fr. 9–12, Di. auch 13–17 Uhr | www.ev-kirche-demmin.de

Hanseviertel: Mai–Sept. Mo.–Fr. 10–16 Uhr | Eintritt 3 € | www.hanseviertel-demmin.de

Altstadt mit historischen Sehenswürdigkeiten

Loitz

Das Peenestädtchen Loitz 11 km nordöstlich von Demmin hat sich mit einer Sportboot-Marina, Gastronomie im alten Bahnhof und dem Wasserwanderrastplatz Sophienhof touristisch gemausert. Loitz wurde mit zentralem Marktplatz und rechtwinkligem Straßennetz angelegt, Keimzelle war eine Slawenburg. Das Rathaus ist ein barocker Putzbau. In der Stadtkirche St. Marien sind der spätromanische Taufstein und der barocke Altaraufsatz des Stralsunder Bildhauers Elias Keßler (1725) sehenswert. 2015 wurde Loitz als deutsche **»Zukunftsstadt«** ausgewählt.

Für Nostalgiker

DDR-Museum Tutow

40 Jahre DDR-Alltagsleben spiegelt dieses Museum in der Senffabrik östlich von Demmin wider. Mit Konsum-Shop!

Erlenweg 42 | Mai–Okt. Di.–So. 10–18 Uhr | Eintritt 6 €
www.ddr-museum-tutow-mv.de

Auferstehung eines Klosters

Dargun

Dargun 13 km westlich von Demmin wurde von Zisterziensern des dänischen Klosters Esrom 1172 als eine der frühesten Niederlassun-

DEMMIN ERLEBEN

STADTINFORMATION
Am Hanseufer 1
17109 Demmin
Tel. 03998 22 50 77
www.demmin.de

BIBERBURG
Eine Attraktion vor allem für Familien ist das Erlebnisbad »Biberburg« mit Riesenrutsche.
Nordsackgasse 3 a
Demmin
In den Ferien tgl. 10 – 20, sonst Mo. – Fr. 10 – 19, Sa., So. 10 – 12 Uhr
Eintritt 4 €, Familie 8 €

HOTEL TREBELTAL €€
Das ruhig am Stadtrand gelegene Haus bietet modernen Komfort. Im Restaurant »Trebelblick« wird Regionalküche mit mediterranen Akzenten geboten.
Klänhammerweg 3
Demmin
Tel. 03998 25 10
www.hotel-trebeltal.m-vp.de

HOTEL DEMMINER MÜHLE €
Modernes Hotel neben der restaurierten Demminer Mühle, mit einfach und zweckmäßig eingerichteten Zimmern. Im Restaurant speisen Sie klassisch gutbürgerlich.
An der Mühle 3
Demmin
Tel. 03998 28 05 50
www.
hotel-demminer-muehle.m-vp.de

KARL LOITZ
Liebevoll restauriertes Bahnhofsrestaurant an der Marina. Die Gleise sind entfernt, dafür können Sie in Mecklenburg-Vorpommerns erstem »Wasserbahnhof« speisen.
Mühlentorvorstadt 10, Loitz
Tel. 0399 981 87 04
www.restaurant-loitz.de

gen ihres Ordens im heutigen Nordostdeutschland gegründet. Nach Auflösung des Klosters 1552 ließen die mecklenburgischen Herzöge die Klausurgebäude zu einer repräsentativen Nebenresidenz ausbauen. Ein Großfeuer zerstörte 1945 das vierflügelige Schloss, die gotischen Glasfenster aus der Klosterkirche wurden gerettet und in die Pfarrkirche von Dargun gebracht. Führungen durch die seit 1994 im Wiederaufbau befindliche Kloster-/Schlossanlage mit barocker Freitreppe, Pavillon (17. Jh.), Schlosspark und Klosterladen bietet die Stadtinformation. Auch die Klosterkirche St. Marien ist im Rahmen von Führungen zu besichtigen. Auf den Aussichtsturm kann man hinaufsteigen. **»Uns lütt Museum«** im früheren Gästehaus des Klosters zeigt auf 2000 m² Wohnräume um 1900, Exponate zur Eisenbahn- und Medizinhistorie, Webstühle und Pferdegespanne. Nordwestlich des Ortes lag eine slawische Burg (7. – 10. Jh.), von der drei Erdwälle zu sehen sind.

Von Dargun können Sie mit der muskelkraftbetriebenen **»Naturpark-Draisine«** 16,7 km bis Salem und zurück strampeln. Dabei geht es auch durch den einen Kilometer landen »Buchentunnel. Picknickkorb nicht vergessen!

Klosterführungen: Tel. 039959 2 23 81 | www.dargun.de | 3 €
Uns lütt Museum: Juli/Aug Mi., Do., Sa., So. 13.30 – 16.30 Uhr, April – Juni, Sept./Okt. nur Sa., So. | Eintritt 2,50 €
www.museum-dargun.de
Draisine: April – Okt. < Ausleihe tgl. 9 – 11, Rückgabe bis 18 Uhr
Tagesmiete 40 € | www.naturpark-draisine.de

Klein und fein

Gnoien Eine alte, planmäßig gebaute Siedlung auf dem flachen, fruchtbaren Landstrich nördlich von Dargun ist die um 1250 angelegte Kleinstadt Gnoien. Die Pfarrkirche St. Marien weist im Chor, am Langhaus und Westturm einen feingliedrigen Blendschmuck auf. An den Rechteckchor (13. Jh.) schließt sich das als Halle errichtete Langhaus (14. Jh.) an; der Westturm wurde erst im Jahr 1445 fertiggestellt. Im Innern finden sich im Chorgewölbe Wandmalereien aus der Zeit um 1300, aus spätgotischer Zeit stammt der Flügelaltar.

★ DÖMITZ

Kreis: Ludwigslust-Parchim | **Höhe:** 17 m ü. d. M. | **Einw.:** 3200 |
Tourist-Information: Rathausplatz 1, 19303 Dömitz,
Tel. 038758 2 21 12 | **www.doemitz.de**

Das Städtchen am rechten Elbeufer ist wegen der berühmten Renaissancefestung – der einzigen vollständig erhaltenen Flachlandfestung in Norddeutschland – ein überaus beliebtes Ausflugsziel. 2012 feierte Dömitz 775-jähriges Stadtjubiläum, 2015 beging die Festung ihr 450. Bestehen.

Festungsstadt mit Naturgenuss

Dömitz besitzt noch ein recht geschlossenes Stadtbild mit Fachwerkhäusern, die nach dem Brand von 1809 gebaut wurden. Die schönsten stehen in der Elbstraße und in der Torstraße, viele davon sind mit kunstvoll geschnitzten Haustüren ausgestattet. Das 1820 errichtete Rathaus am Markt ist ein zweigeschossiger Fachwerkbau mit einem hübschen Mansarddach, die Stadtkirche entstand 1872 als neugotischer Backsteinbau. In der Umgebung verlockt der Naturpark Mecklenburgisches Elbetal mit seiner Auenlandschaft zu ausgedehnten Wanderungen.

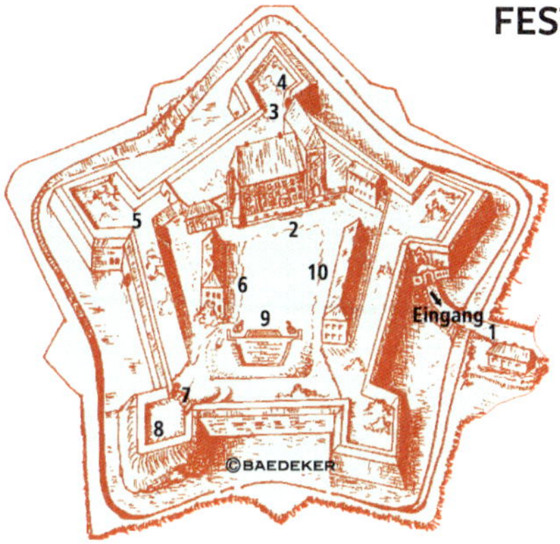

FESTUNG DÖMITZ

1 Wallmeisterhaus
2 Kommandantenhaus mit Museum und Fritz-Reuter-Gedenkhalle
3 Bastion und Kasematte Burg
4 Aussichtspunkt
5 Bastion und Kasematte Greif
6 ehem. Zeughaus
7 Bastion und Kasematte Drache
8 Aussichtspunkt
9 Freilichtbühne
10 ehem. Hauptwache und Kaserne

★ Festung Dömitz

Mai – Anf. Okt. Di. – Fr. 10 – 17, Sa., So. 10 – 18 (Sommerferien auch Mo.), Okt. Di. – So. 10 – 16.30, Nov. – April Di.-So. 12 – 16 Uhr | Eintritt 5,50 € | www.festung-doemitz-museum.de

Fünfeck im Wasser

Festung und Museum

Am rechten Elbeufer bestand schon seit 1237 eine Burg, die Herzog Johann Albrecht I. in den Jahren 1559 bis 1565 vom oberitalienischen Festungsbaumeister Francesco A. Bornau zur imposanten **Flachlandfestung** ausbauen ließ. Die fünfeckige Zitadelle ist mit Bastionen und Kasematten ausgestattet. Das prächtige Eingangsportal im Stil der niederländischen Spätrenaissance stammt der Inschrift zufolge aus dem Jahr 1565. Die gesamte Festung ist von einem Wassergraben und einem Gegenwall umgeben, die man früher auf einer Zugbrücke überqueren konnte. An ihre Stelle trat zu Beginn des 20. Jh.s ein Damm. Durch einen Tunnel gelangt man in den Festungshof. Die Gebäude um den Hof sind im 18. und 19. Jh. erbaut worden, als die Festung als Zuchthaus diente. Aus der Erbauungszeit stammt das dreigeschossige Kommandantenhaus mit dem Festungsturm.
Es beherbergt heute das **Stadtgeschichtliche Museum**. Dokumente zur Entwicklung der Stadt und der Elbschifffahrt sowie zur Volkskunde der Region sind Schwerpunkte der Sammlung. Im gewölbten Pulverkeller wird die 750-jährige Geschichte der Festung veranschaulicht. In der Kapelle im Turm erinnert eine Gedenkhalle an den niederdeutschen Dichter **Fritz Reuter** (▶ Interessante Menschen), der 1839/1840 hier einen Teil seiner Haft »absitzen« musste. Gezeigt wird auch das **»Reutergeld«** – Notgeldscheine der 1920er-Jahre plattdeutschen Zitaten des Dichters. In der Festung ist im Infozent-

Mit Aufforstung versucht man die Düne bei Klein-Schmölen im Zaum zu halten.

rum UNESCO-Biosphärenreservat Flusslandschaft Elbe die Ausstellung »Natur und Grenze« zu sehen.

Überbrückung mit Geschichte

Elbbrücke

Seit 1992 gibt es bei Dömitz wieder eine Straßenbrücke über die Elbe nach Dannenberg. Bereits 1873 hatte man hier eine Eisenbahnbrücke gebaut. Dazu kam 1936 eine Straßenbrücke. Am 20. April 1945 wurden beide Brücken von Bomben der Alliierten zerstört, ihre Brückenköpfe führten von da an ins Niemandsland des innerdeutschen Grenzgebiets und gehörten zu den bekanntesten Symbolen der deutsch-deutschen Teilung. Nach der Wiedervereinigung wurden die Ruinen abgetragen. Ein Denkmal am rechten Elbeufer erinnert an die Geschichte der Brücke.

Ein großer Haufen Sand

Wanderdüne

Die größte Binnenwanderdüne im Elbetal können Sie im Dömitzer Ortsteil Klein-Schmölen entdecken. Sie ist ca. 2 km lang, 600 m breit und überragt das umgebende Gelände um mehr als 30 m. Vor 100

Jahren hat man versucht, die Düne aufzuforsten, um die Äcker der Umgebung vor der Versandung zu schützen.

Rund um Dömitz

Enklave und Dorfrepublik

Rüterberg

Etwa 5 km westlich von Dömitz erreichen Sie Rüterberg. Die kleine Gemeinde war über 20 Jahre lang von der Außenwelt abgeschnitten – von der BRD getrennt durch die deutsch-deutsche Grenze, von der DDR durch meterhohe Stacheldrahtzäune. Besucher kamen nur mit Passierschein hinein und heraus, die Bewohner benötigten eine regelmäßig zu beantragende Aufenthaltsgenehmigung, nach 22 Uhr waren alle Zugänge dicht. 1989, einen Tag vor dem Fall der Mauer und der Öffnung der DDR, riefen sie, das Vorbild der Schweizer Urkantone vor Augen, einen demokratischen Kleinstaat aus, die **Dorfrepublik** Rüterberg. Zum 10. Jahrestag der Dorfrepublik entstand im Ort eine **Heimatstube** mit einer vielfältigen Sammlung zum Leben in diesem besonderen Grenzdorf. Bis heute erinnern zudem ein Stück Grenzzaun, Grenztor und Wachtturm an DDR-Zeiten.

Heimatstube: Am Brink 3; Anmeldung Tel. 038758 2 03 33

★ Naturpark Mecklenburgisches Elbetal

Infozentrum: Zeughaus Festung Dömitz oder Biosphärenreservatsamt Schaalsee-Elbe, Wittenburger Chaussee 13, Zarrentin am Schaalsee | www.elbetal-mv.de

Auf der alten Grenze

Flusslandschaft Elbe

Ein charakteristisches Teilstück des Elbetals, in dem bis zur Wiedervereinigung die innerdeutsche Grenze verlief, wurde 1990 als Naturpark ausgewiesen und ist heute Teil des **Biosphärenreservats Flusslandschaft Elbe**. Von der Gesamtfläche mit ca. 1200 km² liegen etwa 800 km² in Mecklenburg-Vorpommern. Das Urstromtal der Elbe entstand während der Weichseleiszeit. Doch der Strom verlagerte bis in die jüngste Vergangenheit seinen Lauf. Dank eines gut ausgebauten Wander- und Radwanderwegenetzes lässt sich das Gebiet bestens erkunden. Das Elbetal ist auf diesem Abschnitt ein hervorragendes Beispiel für eine intakte Auenlandschaft mit ihren typischen Vegetationsformen. Neben Überflutungsgebieten finden sich Dünen mit Kiefernwald und Magerrasen. Zahlreiche Altarme der Elbe und Vorlandseen prägen die Elbaue. Mit ihrer üppigen Pflanzenwelt – Gräser, Schilf und Nesseln – bietet die Uferzone vielen Tieren, insbesondere Vögeln, Rast- und Brutplätze. Am häufigsten sind Graureiher, Schwäne, Blässhühner, Bussarde, Milane und Möwen. Auch Weißstörche werden in der Elbaue immer häufiger beobachtet.

★ FELDBERGER SEENLANDSCHAFT

Die Feldberger Seenlandschaft im Osten der Mecklenburgischen Seenplatte gilt als Europas besterhaltene Endmoränenlandschaft. Hier gibt es noch vielerlei Pflanzen und Tiere, die in anderen Regionen Deutschlands längst ausgestorben sind.

Ein Himmelreich für Vögel und Kanuten

Das rund 1000 km² große Schutzgebiet ist einzigartig. In der sehr romantischen, von waldigen Hügeln und glitzernden Seen geprägten Landschaft sind mehrere Hundert verschiedene Pflanzen heimisch, darunter auch viele seltene **Orchideenarten**. Etwa ein Zehntel aller in Deutschland vorkommenden Fisch-, See- und Schreiadler brüten hier. Kraniche, Eisvögel und Kolkraben sind keine Seltenheit, Fischotter finden in Seen und Wasserläufen reiche Beute.
Die von vielen Quellen gespeisten Feldberger Seen zeichnen sich durch hervorragende Wasserqualität aus. Auf allen Gewässern mit Ausnahme des Haussees sind Motorboote verboten. Da fast alle Seen miteinander verbunden sind, können Kanutouren über mehrere Tage unternommen werden. Ein gutes Wanderwegenetz und etliche Lehrpfade führen zu den reizvollsten Stellen und naturkundlichen Attraktionen.

★ Touren

Per Pedes, Rad oder Kanu
Ab der Tourist-Information Feldberg finden im Sommer zahlreiche geführte Wanderungen und thematisch orientierte Radtouren ins Umland statt. Sehr schön ist z. B. die Tour zum neuen **Findlingsgarten** bei Carwitz (Zugang frei). Sportlich Ambitionierte können auf mehrtägigen **Kanu- und Kajaktouren** die Feldberger Seenlandschaft bis ins alte brandenburgische Flößerstädtchen Lychen (mit Flößermuseum) und dank des neuen Fisch-/Kanu-Passes mitten hinein nach Fürstenberg/Havel und weiter bis zur Müritz paddeln. Auf der Strecke Feldberg–Lychen muss das Kanu allerdings mehrfach getragen werden. Nadelöhr ist der Küstriner Bach: Sein Wasserpegel muss für eine Durchfahrt ohne Schaden 30 cm betragen.

Wohin im Naturpark?

★ Reiherberg, Cantnitzer Wacholderberg

Hügel mit Aussicht
Nördlich des Haussees erhebt sich der 142 m hohe Reiherberg, von dem aus Sie einen wundervollen Blick über die Seenlandschaft genießen können. Nordwestlich vom Reiherberg erreichen Sie den Cantnitzer Wacholderberg am Rande eines kleinen Sees. Dieses hübsche Fleckchen Erde war in der Vergangenheit Schaf- und Ziegenweide.

Besuch in fast unberührter Natur

★ Heilige Hallen und Lüttenhagen

Im **ältesten Buchenwald Deutschlands** – westlich von Feldberg und südlich von Lüttenhagen – stehen zum Teil über 350 Jahre alte Rotbuchen. Einzelne Bäume in diesem »Heilige Hallen« genannten Wald haben Stämme mit einem Umfang von mehr als 4 m. Sehr gut lässt sich in dem Naturschutzgebiet die natürliche Entwicklung eines nahezu unberührten Biotops sowie dessen vielfältige Tierwelt beobachten. Ausgangspunkt für den Besuch der Heiligen Hallen ist der kleine Ort Lüttenhagen einige Kilometer westlich von Feldberg. Von Lüttenhagen sind es noch rund 700 m zu einem Waldparkplatz, wo ein ausgeschilderter Wanderweg in die Heiligen Hallen beginnt.

Sehr lohnend sind Besuche im Forstbotanischen Garten (Arboretum) und im **Waldmuseum »Lütt Holthus«** in Lüttenhagen.

Waldmuseum: Forsthof 2 | Mai – Sept. Di – So. 10 – 16, Okt., April Di – Sa. 13 – 16 Uhr, Nov. – März n. V. | Eintritt 2 €
www.luettenhagen.wald-mv.de

Inmitten von Seen

Feldberg

Den schönsten Panoramablick auf die Kleinstadt Feldberg bietet der Park der Klinik am Haussee (mit Café). Dominant ist der 54 m hohe Turm der Stadtkirche (Klinkerbau von 1875). Feldbergs **Heimatstube** zeigt die Geschichte vom Marktflecken zum Erholungsort. Eine Attraktion sind die Veranstaltungen des Feldberger Wasserskiclubs »Luzin«. Auf der Clubtribüne am Haussee mit 2000 Sitzplätzen können Sie regelmäßig internationale Wasserski-Wettkämpfe und Show-Darbietungen mitverfolgen (www.best-of-wasserski.de).

Von Feldberg aus können Sie Schiffsausflüge auf dem Haussee, dem Breiten Luzin und dem Lütter See unternehmen. Deutschlandweit einmalig und besonders für ambitionierte Fotografen geeignet sind die Ausflüge im Elektroboot zu Kranichen und Schreiadlern.

Ranger-Tours: Erfurthstr. 7, Feldberg | Tel. 039831 2 21 74
www.ranger-tours.de

Heimatstube: Amtsplatz 36 | Mo., Mi., Fr. 14 – 16, Sa., So. 10 – 12, 14 – 16 Uhr | www.feldberger-seenlandschaft.de

Fähre in die Eiszeit

Schmaler Luzin

Der schmale Luzin südlich ist ein ca. 6 km langer und maximal 300 m breiter eiszeitlicher Rinnensee. Beim Zuruf »Fährmann hol över« bedient Fährmann Tom Europas einzige **handbetriebene Seilfähre** zum Hullerbusch bzw. Teufelstein. Dieser ist ein Felsrelikt der Eiszeit.

Seilfähre: Mai – Sept. tgl. ab 10, Okt. ab 12 Uhr (außer bei Regenwetter), Mai, Juni, Sept., Okt. Mi. Ruhetag | www.luzinfaehre.de

Blütenmeer aus Gelb

Hauptmannsberg

Eine herrliche Aussicht auf den Zansensee genießen Sie vom 121 m hohen Hauptmannsberg. Zu seiner ursprünglichen Flora gehört der

Auch auf dem Carwitzer See sind wie auf den meisten anderen Seen Motorboote nicht erlaubt. Herrliche Ruhe.

FELDBERGER SEENLANDSCHAFT ERLEBEN

KURVERWALTUNG FELDBERGER SEENLANDSCHAFT

Haus des Gastes
Strelitzer Str. 42
17258 Feldberger Seenlandschaft
Tel. 039831 27 00
www.feldberger-seenlandschaft.de

ABENDSEGLER €€

Restaurant, Café und Bar mit Gewölbekeller und Seeterrasse, auf der leckere Flammkuchen, Salate oder auch Feldberger Backkartoffel mit Speck und Hirtenkäse serviert werden, außerdem Wein, Bier und Cocktails. Ganzjährig finden Hofkonzerte statt (Jazz, Pop, Rock).
Haus Seenland
Strelitzer Str. 4
Tel. 039831 2 22 34
www.abendsegler.com

HOTEL HULLERBUSCH € – €€

In der Märchenvilla, einst Gästehaus des DDR-Kulturministers, herrscht Idylle pur. Im Restaurant mit toller Sonnenterrasse gibt es leckere Regionalküche (Lamm, Wild, Fisch).
200 m weiter züchtet die Schäferei Hullerbusch Rauwollige Pommersche Landschafe. Im Hofladen gibt es Ziegenkäse, Salami, Wolle und Eis.
Hullerbusch 12, Carwitz
Tel. 039831 2 02 43
www.hotel-hullerbusch.de

Ginster, der hier im Juni blüht. Eiszeitliche Gletschervorstöße haben nicht nur die Hügel geformt, sondern auch wie Perlen an einer Kette aufgereihte Findlinge liegen lassen.

Ein Haus für den kleinen Mann

Carwitz

Unweit östlich des Schmalen Luzin weitet sich der Carwitzer See, an dessen Westufer Carwitz liegt. Es gibt auch einen schönen Wanderweg dorthin. 1933 erwarb **Hans Fallada** (▶ Interessante Menschen) hier ein renovierungsbedürftiges Bauernhaus am See.

»
Mit fünfzehn Schritten sind wir vom Haus am Wasser: Der See ist sehr tief, sein Wasser kristallklar, noch in der stärksten Sommerhitze bleibt es kühl.
«

schrieb er an seine Frau. Hier verfasste Fallada 17 seiner Werke, u. a. »Kleiner Mann was nun?«, »Wer einmal aus dem Blechnapf frisst« und »Wolf unter Wölfen«. Fallada verließ 1944 seine Frau und zog erst nach Feldberg, dann nach Berlin, wo er 1947 starb. Seine Frau lebte bis 1967 in dem Haus am See. 1981 wurde Falladas Urne auf den Friedhof von Carwitz überführt. Im **Hans-Fallada-Haus** mit Garten und Museum finden Lesungen und Konzerte statt. Im Sommer veranstaltet der **Carwitzer Scheunen-Laden** Ausstellungen über die Schriftstellerin Ruth Werner, die ab 1943 für den »Atomspion« Klaus Fuchs als Kurierin tätig war.

Hans-Fallada-Haus: Zum Bohnenwerder 2 | April – Okt. Di. – So. 10 – 17, Nov. – März Di. – So. 13 – 16 Uhr | Eintritt 5 € | www.fallada.de
Carwitzer Scheunen-Laden: Carwitzer Str. 33 | Mai – Sept. Di. – So. 14 – 16 Uhr | Eintritt frei | www.ruth-werner-carwitz.de

Dorfkirchen und Gartenparadies

Wittenhagen, Fürstenhagen und Krumbeck

Ein reizvolles Ziel ist Wittenhagen mit der von 1758 mit 1,60 m dickem sogenannten Zyklopenmauerwerk. .
Bemerkenswert ist die Dorfkirche Fürstenhagen, die der Oberbaurat Friedrich Wilhelm Buttel, ein Schüler von Karl Friedrich Schinkel, 1867 bis 1869 errichtete. Die Bemalung der Glasfenster mit Motiven der Schöpfungsgeschichte und aus dem Leben Jesu stammt von dem russischen Künstler Andrey Vystropov.
In Krumbeck, knapp 10 km nördlich von Feldberg, hat der berühmte Gartenarchitekt **Peter Joseph Lenné** einen bezaubernden **Landschaftspark** geschaffen, der erst Ende der 1980er-Jahre wiederentdeckt und aus seinem Dornröschenschlaf erweckt worden ist.

★★ FISCHLAND · DARSS · ZINGST

Kreis: Vorpommern-Rügen

Viel Ruhe, wenig Rummel, hinterm Strand urwüchsige Waldlandschaften, Fischerdörfer mit reetgedeckten Kapitänshäusern – damit zählt die Halbinselkette Fischland – Darß – Zingst zu den schönsten Urlaubsgebieten an der Küste Mecklenburg-Vorpommerns.

Perle reiht sich an Perle

Bei Familien, Naturliebhabern und Aktivurlaubern sind die Halbinseln besonders beliebt. Große Hotelanlagen gibt es ebenso wenig wie mondänes Nachtleben, dafür ein hervorragend ausgebautes Radwegenetz, Wanderwege und viel unberührte Natur im **Nationalpark Vorpommersche Boddenlandschaft**. Die ca. 50 km lange Halbinselkette beginnt nordwestlich von ▶ Ribnitz-Damgarten und erstreckt sich fast bis auf die Höhe von Stralsund. Bei Ribnitz-Damgarten und Barth ist die Inselkette mit dem Festland verbunden. Ursprünglich waren Fischland, Darß und Zingst eiszeitliche Inselkerne, die durch Verlandung allmählich zusammenwuchsen und immer wieder durch Sturmfluten auseinandergerissen wurden. Nach der großen Sturmflut von 1872 wurde die Mündung des Permin-Wasserwegs, der südlich von Wustrow ins Meer floss und Fischland vom Festland trennte, durch einen Deich geschlossen. Ferner wurde der Prerow-Arm zugeschüttet, der den Darß von Zingst abschnitt. Während früher die Segelschifffahrt und die Fischerei eine große Rolle als Erwerbsquellen spielten, ist dies heute der florierende Tourismus.

VÖGEL DES GLÜCKS

Zweimal im Jahr, zwischen Mitte März und Anfang April sowie von September bis Ende Oktober, rasten zigtausend Kraniche für einige Wochen in Mecklenburg-Vorpommern. Einer der größten Sammelplätze befindet sich in Pramort, einem Dünenfeld auf dem Ostzingst. Mit trompetenähnlichen Rufen brechen die imposanten Vögel bei Sonnenaufgang zur Futtersuche auf und kommen in der Dämmerung ebenso geräuschvoll zu ihren Schlafplätzen zurück. Wenn dann die Sonne rotglühend versinkt, sind Sie Zeuge eines unvergesslichen Naturerlebnisses. (▶ S. 89, 90)

★★ Nationalpark Vorpommersche Boddenlandschaft

Wo der Meerkohl zu Hause ist

Der Nationalpark

Mit einer Fläche von 805 km² ist das 1990 eingerichtete Refugium der größte Nationalpark im deutschen Nordosten. Er umfasst die Bodden zwischen den Halbinseln Darß und Zingst sowie der Insel Hiddensee und der Westküste ▶ Rügens. Das größte Areal des Nationalparks machen die 687 km² Wasserflächen aus. Landflächen nehmen nur einen vergleichsweise geringen Anteil von 118 km² ein. Der Ostseeküstenabschnitt zwischen Fischland und der Insel Rügen ist das **Paradebeispiel einer Boddenküste**. Neben zahlreichen Zugvogelarten, die im Frühjahr und Herbst durch die Region ziehen, brüten hier neben Seeadlern auch vielerlei andere Vögel. Auch die Zahl der Küsten-, Wat- und Wasservögel (u. a. Seeschwalben, Möwen, Enten, Gänse) ist groß. Nicht zu vergessen sind die **Kraniche**, die hier ihre Rast- und Schlafplätze haben (▶ Baedeker Wissen, S. 90). Auf Wanderungen entdeckt man zahlreiche Pflanzen, zu denen der Strandhafer, das Heidekraut sowie der seltene Meerkohl und die Stranddistel gehören. Die Inseln Kirr und Oie im Barther Bodden sind die artenreichsten Küstenvogelrefugien des Landes und für Besucher gesperrt.

Urwald-Abenteuer

Darßer Urwald

Am Westrand der Insel Darß erstreckt sich der Darßer Urwald, ein dichter, überwiegend naturbelassener Wald aus Kiefern, Eichen, Buchen und Erlen. Besonders bizarr wirken die vom Wind gebeugten Büsche und Bäume am Westrand von Darß. Adlerfarn und tückische Sumpfareale machen das Gebiet zumindest stellenweise undurchdringlich, doch auf zahlreichen angelegten Wander-, Rad-, Kutsch- und Reitwegen können Besucher gefahrlos den Wald erkunden. Vom Darßer Ort führt ein Rundwanderweg über Holzbohlen durch ein Feuchtgebiet.

Wohin auf Fischland, Darß und Zingst?

Sand vom Feinsten

Strände

Zwischen Dierhagen und Ahrenshoop liegt hinter den Dünen ein herrlicher Sandstrand. Autos bleiben auf den Parkplätzen an der Düne. Schwerer erreichbar ist der berühmte **Darßer Weststrand** ganz im Norden der Halbinselkette. Den im Nationalparkgebiet gelegenen Sandstreifen erreichen Sie von Prerow auf einem etwa 4 km langen Weg durch den Darßwald. Am Darßer Weststrand weht meist eine kräftige Brise, Strandeinrichtungen fehlen, hier herrschen Meer und Natur pur! Der Nordstrand lockt hingegen mit Infrastruktur. In der Prerower Bucht fällt der Strand flach ab.

FISCHLAND · DARSS · ZINGST ERLEBEN

NATIONALPARKAMT
Im Forst 5
18375 Born
www.nationalpark-vorpommersche-boddenlandschaft.de.

NATIONALPARKZENTRUM DARSSER ARCHE
Bliesenrader Weg 2
18375 Wiek auf dem Darß
Tel. 038233 71 92 71

INFORMATIONSZENTRUM SUNDISCHE WIESE
18374 Zingst (östlich von Zingst)
Tel. 038234 50 20

INFORMATIONSZENTRUM HAUS NORDEN AM KLIFF
Barhöft
c/o 18445 Klausdorf
Tel. 038323 8 14 42
www.klausdorf-vorpommern.de

INFORMATIONSZENTRUM WAASE
Neue Str. 63
18569 Waase auf Ummanz
Tel. 038234 50 20

NATIONALPARKHAUS
Norderende 2, an der Straße nach Kloster
18565 Vitte (Hiddensee)
Tel. 038300 6 80 41

KRANICH-INFORMATIONS-ZENTRUM
Lindenstr. 27
18445 Groß-Mohrdorf
Tel. 038323 8 05 40
www.kraniche.de

KURVERWALTUNG AHRENSHOOP
Kirchnersgang 2
18347 Ostseebad Ahrenshoop
Tel. 038220 66 66 10
www.ostseebad-ahrenshoop.de

KUR- UND TOURISMUSBETRIEB PREROW
Gemeindeplatz 1
18375 Prerow
Tel. 038233 61 00
www.ostseebad-prerow.de

KURVERWALTUNG OSTSEEBAD WUSTROW
Ernst-Thälmann-Str. 11
18347 Ostseebad Wustrow
Tel. 038220 2 51
www.ostseebad-wustrow.de

TOURISMUSINFORMATION ZINGST
Seestr. 57
18374 Ostseeheilbad Zingst
Tel. 038232 8 15 80
www.zingst.de

TOURISMUSVERBAND FISCHLAND-DARSS-ZINGST
Barther Str. 16
18314 Löbnitz
Tel. 038324 64 00
www.fischland-darss-zingst.de

BARTH-INFORMATION
Am Markt 3/4
18356 Barth
Tel. 038231 24 64
www.stadt-barth.de

RUNDFLÜGE
Die Boddenlandschaft der Halbinselkette Fischland – Darß – Zingst von oben sehen Sie auf Rundflügen ab Flughafen Barth (20 bzw. 30 Min., 64 bzw. 93 €/p. P.
Tel. 038306 12 89
www.ostseeflugruegen.de

ROMANTIK HOTEL NAMENLOS & FISCHERWIEGE €€€ – €€€€

Die Tradition des längst abgerissenen legendären Cafés Namenlos setzt dieses Hotel mit Restaurant und herrlicher Seeterrasse an gleichem Ort fort. Gekocht wird regional-raffiniert, besonderen Wert legt die ausgezeichnete Küche auf gut vertraute regionale Produzenten. Wenn Sie mit Kindern reisen, können Sie mit gutem Gewissen Fischstäbchen servieren lassen: Die werden aus regionalem Boddenzander hergestellt.
Dorfstr. 44
Ahrenshoop
Tel. 038220 60 62 00
www.cafe-namenlos.de
Tgl. geöffnet

WALFISCHHAUS BORN

Leckere Küche mit größtenteils regionalen Zutaten in gemütlicher Atmosphäre. Am Nachmittag hausgemachter Kuchen.
Chausseestr. 74
Born a. Darß
Tel. 038234 5 57 84
www.walfischhaus.de
Tgl. geöffnet

CAFÉ ROSENGARTEN € – €€

Romantischer geht es kaum: In einem alten, schön renovierten, reetgedeckten Haus inmitten von Rosen genießen Sie vorzügliche hausgemachte Kuchen und Torten.
Strandstr. 12
Zingst
Tel. 038232 8 47 04
www.caferosengarten.net

FISCHER-KLAUSE €€

Seit 50 Jahren hat die Fischerklause ein Top-Renommée für Mecklenburger Fischgerichte; an der Wand hängt noch das »Goldene Fischbesteck« für den damaligen Chef Peter Sabrowsky, in der DDR eine sehr begehrte Auszeichnung.
Strandstr. 35
Zingst
Tel. 038232 1 52 05
www.fischerklause-zingst.de

HOTEL HAFERLAND €€€

Drei Reetdachhäuser, eine gemütliche Lobby, schöne Zimmer, drei Restaurants, dazu ein herrlicher Garten und die Gesundheitsscheune mit Sauna, Wellness- und Yoga-Angebot. Sehr viel mehr braucht man eigentlich nicht.
Bauernreihe 5 a
Wieck auf dem Darß
Tel. 038233 6 80
www.hotelhaferland.de

GÄSTEHAUS BERGFALKE €€

Erbaut wurde das reetgedeckte, denkmalgeschützte Haus auf dem höchsten Punkt von Ahrenshoop als Sommersitz der Familie Falkenberg. Heute ist es ein stilvolles Gästehaus, das zum Hotel Namenlos & Fischerwiege gehört.
Am Schifferberg 2
Ahrenshoop
Tel. 038220 60 62 00
www.hotel-namenlos.de

HAUS LINDEN €

Das baubiologisch vorbildliche Hotel liegt etwas seitab und verspricht reine Erholung. Holzbrücken über den Prerowstrom und der Weg durch einen Märchenwald führen in wenigen Minuten zum Strand. Im Restaurant wird ausschließlich Vollwert gekocht, und das mit Überzeugungskraft: . Wer (noch) kein Vegetarier ist, kann hier feststellen, wie gut fleisch- und fischlose Kost schmecken kann.
Gemeindeplatz 3
Prerow
Tel. 038233 6 36
www.haus-linden.de

Mit Zeesenbooten geht es von Wustrow hinaus auf die Ostsee.

Maritim und moorig

Dierhagen

Sehenswert im Ostseebad Dierhagen sind die Backsteinkirche (Mitte 19. Jh.), die Kapitänshäuser an der Dorfstraße im Ortsteil Dändorf sowie die Häfen Dierhagen und Dändorf. Südwestlich von Dierhagen liegen die beiden Naturschutzgebiete Dierhäger Moor und das Große Moor, ein ehemaliges Küstenhochmoor.

Auf geschichtsträchtigem Boden

★ Wustrow

Wustrow ist der älteste Ort auf Fischland und geht bis in slawische Zeiten zurück. Wo sich heute der Turm der Wustrower Kirche erhebt, stand einst ein slawisches Heiligtum. »Swante Wustrow«, »Heilige Insel« bezeichnete eine dem slawischen Gott Svantevit geweihte Stätte, die auf einer künstlich aufgeschütteten Anhöhe stand. Christen gründeten hier ein Kloster. An die alte Seefahrtstradition des Ortes erinnern heute noch die in Ziegelbauweise errichteten Wustrower **Kapitänshäuser**. Hübsche Beispiele für die typischen Krüppelwalmdachhäuser finden sich in der Neuen Straße, wo auch das 250 Jahre alte **Fischlandhaus**, eine ehemalige Büdnerei, steht (heute Museum). Vom Hafen Wustrow laufen bis heute historische Zeesenboote (s. Bild) zu Regatten aus. Am Alten Hafen von Wustrow wird im Sommer jeden Tag bis etwa 18 Uhr frisch geräucherter Fisch verkauft.

Im Ortsteil Barnstorf, der sich am Bodden entlangzieht, stehen ein paar besonders schöne alte Gehöfte. Eine Attraktion für Kunstfreunde ist die **Kunstscheune Barnstorf**.

Museum im Fischlandhaus: Neue Str. 38 | Mo., Di. 10 – 12, 14 – 17, Do. bis 18, Fr. – So. 11 – 1 Uhr | Eintritt frei
Kunstscheune Barnstorf: Hufe 4, Wustrow-Barnstorf | Pfingsten – Mitte Okt. tgl. 10 – 13 und 15 – 18, Ostern/Weihnachten tgl. 11 – 17 Uhr | www.kunstscheune-barnstorf.de

Lebendige Kliffkante

Hohes Ufer

Zwischen Wustrow und Ahrenshoop überragt den schmaler werdenden Strand das Hohe Ufer, ein aktives Kliff, das jährlich durch Erosion etwa um einen halben Meter zurückversetzt wird. Der abgetragene Schutt und Sand wird am Darßer Ort, wieder angelandet. Der Wanderweg am Ufer entlang verläuft parallel zur Kliffkante.

Rückzugsort für Kulturschaffende

Nienhagen, Althagen

In Nienhagen lebte der Grafiker und Bildhauer Gerhard Marcks von 1930 bis 1946, und in Althagen verbrachte die Schriftstellerin Käthe Miethe (1893 – 1961) mehr als 20 Jahre ihres Lebens; viele ihrer Kinder- und Jugendbücher und Romane (u. a. »Fischland«, »Bark Magdalene«) spielen auf Fischland.

★★ Ahrenshoop

Internationale Künstlerkolonie mit Charme

Rundgang

Das ca. 630 Einwohner zählende alte Fischerdorf Ahrenshoop liegt hinter den Dünen auf dem schmalen, »Vordarß« genannten Verbindungsstück von Fischland und Darß. Es wurde durch seine Künstlerkolonie bekannt und gehört zu den charmantesten Ferienorten des Landes. Hier stehen reetgedeckte Häuser mit bemalten Haustüren und liebevoll gepflegten Gärten. Der bescheidene Eindruck täuscht, denn die teuren Boutiquen und die Grundstückspreise zeigen, dass Ahrenshoop heute zu den **Top-Badeorten an der Ostseeküste** gehört.
»Entdeckt« wurde Ahrenshoop von Künstlern, die sich hier kurz vor der Wende vom 19. zum 20. Jh. um den Maler Paul Müller-Kaempf geschart hatten. Jahrzehnte später entdeckte auch die Kultur- und Polit-Elite der einstigen DDR das schmucke Dorf und ließ hier ihre Ferienhäuser errichten. Heute machen mehr als ein Dutzend Privatgalerien Ahrenshoop zum angesagten Treff der Kunst- und Kulturszene, auch der internationalen.
An der Dorfstraße hat sich der Paul Müller-Kaempf 1892 ein Wohnhaus (Nr. 18) und nur wenige Meter weiter die St.-Lukas-Pension (Nr. 35) für seine Malschülerinnen errichtet. Rechterhand steht das 1892 für die Malerinnen Anna und Bertha Gerresheim erbaute Künstlerdomizil, eines von vielen an der Straße. Am Strandweg errichtete Müller-Kaempff 1909 den heute leuchtend blau gestrichenen **Kunstkaten** mit reetgedecktem Krüppelwalmdach und bemalter Haustür (www.ost-

seebad-ahrenshoop.de/kunstkaten). 1951 schuf Hardt-Waltherr Hämer die Schifferkirche mit einem Tonnengewölbe, das einem kieloben liegenden Boot ähnelt. Eine qualitätvolle Sammlung und interessante Wechselausstellungen zeigt das auch architektonisch interessante, preisgekrönte **Kunstmuseum Ahrenshoop**. Ebenfalls besuchenswert sind die Ausstellungen im **Neuen Kunsthaus** und in weiteren Galerien. Wer gern stöbert, ausgefallenes Kunsthandwerk, schöne Bücher oder individuellen Schmuck sucht, wird in der Bunten Stube, einem kleinen, rot leuchtenden Gebäude fündig (Dorfstr. 24, www.bunte-stube.de).

Kunstmuseum: Weg zum Hohen Ufer 36 | April – Okt. tgl. 11 – 18, Nov. – März Di. – So. 10 – 17 Uhr | Eintritt 10 € | www.kunstmuseum-ahrenshoop.de

Neues Kunsthaus: Bernhard-Seitz-Weg 3a | www.neues-kunsthaus-ahrenshoop.de

Ostseewald mit Stechpalmen

Ahrenshooper Holz

Der 450 Jahre alte, 55 ha große Wald am nordöstlichen Ortsrand von Ahrenshoop ist seit 1967 sich selbst überlassen. In dem Naturschutzgebiet wachsen Rotbuchen und Stieleichen, außerdem gibt es ein großes Vorkommen an Stechpalmen. Das Ahrenshooper Holz ist Refugium für viele seltene Vögel und Insekten.

Fischerdorf mit liebevollen Türdesigns

Born

Früher war Born, ca. 8 km östlich von Ahrenshoop, ein Bauern- und Fischerdorf. Heute nutzen Segler den geschützten kleinen Hafen am Bodden. Im Ort gefallen die **Fischerkirche** und reetgedeckte Walmdachhäuser mit ihren geschnitzten und mit volkstümlichen Motiven bemalten Holztüren. Ein häufig verwendetes Motiv ist die aufgehende Sonne, ein Symbol für die glückliche Heimkehr der Seeleute. In der alten Försterei widmet sich das Forst- und Jagdmuseum »Ferdinand von Raesfeld« den Försterbiografien seit 1815.

Fischerkirche: Im Sommer Sa. 11 – 12, sonst Mi. 14 – 16 Uhr

Forst- und Jagdmuseum: Chausseestr. 64 | Mai – Okt. Di. – So. 10 – 16 Uhr | Eintritt 3 €

Unter Segeln zum Reichtum

Wieck

4 km nordöstlich von Born liegt das Dorf Wieck am Bodtstädter Bodden, umgeben von weiten Wiesen und Mooren. In dem heutigen Touristenort kamen die Einwohner im 18. und 19. Jh. durch die Segelschifffahrt zu Wohlstand. Sehenswert sind zahlreiche gut erhaltene Fachwerktraufenhäuser. Die Ausstellung in der **»Darßer Arche«** widmet sich dem Nationalpark, im angeschlossenen Bio-Café gibt es kleine Kulturveranstaltungen.

Darßer Arche: Bliesenrader Weg 2 | Juni – Sept. tgl. 9 – 17, Mai, Okt. 10 – 17, Nov. – März. Do. – Mo. 10 – 16, April tgl. 10 – 16 Uhr Eintritt 6,50 € | www.darsser-arche.de

Im Kunstmuseum von Ahrenshoop ist zu besichtigen, wie die wunderbare Landschaft die Künstler inspirierte.

Juwel unter Europas Stränden

★ Prerow

Das Dorf wurde nach dem Prerowstrom benannt, der bis 1874 hier ins Meer mündete. Nicht zuletzt wegen des bis zu 80 m breiten Nordstrands entwickelte es sich zu einem hübschen Seebad. Wie eigentlich alle Orte hier strahlt es trotz der vielen Urlauber Gemütlichkeit und eine freundliche Atmosphäre aus. Der alte Dorfkern mit dem Hafen (Boddenrundfahrten mit Schaufelraddampfer) liegt etwas landeinwärts am toten Wasserarm der Prerow. Wahrzeichen des Ferienorts ist die 1993 gebaute, 394 m lange **Seebrücke**.

Richtung Zingst steht die **Seemannskirche** (1728) mit hübschen alten Schiffsmodellen an den Wänden, die als Votivgaben gestiftet wurden. Alljährlich findet ein Töpfer- und Kunstmarkt statt – rund um das Darßmuseum, das über die Geschichte des Fischerdorfs sowie Geologie und Flora informiert. Sehenswert ist auch das familiengeführte **Darßer Bernsteinmuseum**.

Darßmuseum: Waldstr. 48 | April Mi. – So. 10 – 17, Mai – Okt. Di. – So. 10 – 18, Nov. – März Fr. – So. 13 – 17 Uhr | Eintritt 3,50 €
www.foerderverein-darss-museum.de

Bernsteinmuseum: Waldstr. 54 | April – Okt. Mo. – Fr. 14 – 17.30, Sa. 14 – 16, Nov. – März Do. – Sa. 14 – 16 Uhr | Eintritt frei

Am nördlichsten Punkt der Halbinsel

Darßer Ort

Den Prozess der Neulandbildung können Sie besonders gut am Darßer Ort beobachten, der immer weiter ins Meer hinauswachsenden

Was die Strömung am Fischland abträgt, spült sie am Darßer Ort wieder an.

Nordspitze des Darß. Der vom Darßer Weststrand und von der Küste des Fischlands angespülte Sand formt sich hier zu Sandbänken und Sandhaken. Nach Darßer Ort kommen Sie von Prerow aus zu Fuß, per Rad, Pferdekutsche oder mit dem gummibereiften Darßbähnchen. Wahrzeichen von Darßer Ort ist der 35 m hohe Leuchtturm von 1848. Er ist einer der ältesten an der Ostseeküste. Im angrenzenden Gehöft widmet sich das **Natureum**, das zum Deutschen Meeresmuseum in Stralsund (▶ S. 266) gehört, der Darßer Flora und Fauna auch mit einem Strand- und Dünengarten und einem Ostsee-Aquarium.

Natureum: Darßer Ort 1 – 3, Born | Juni – Aug. tägl. 10 – 18, Mai, Sept., Okt. tgl. 10 – 17, Nov. – April Mi. – So. 11 – 16 Uhr | Eintritt 5 €
www.natureum-darss.de

★ Zingst

Statt Seglern kamen Badegäste

Dem Niedergang der Segelschifffahrt begegneten die Bewohner des Hauptortes der Halbinsel (3100 Einw.) 1881 mit der Gründung eines »Komitees zur Einführung des Badewesens«. Die Ära der Schifffahrt und die Entwicklung zum Ostseeheilbad illustriert der **Museumshof Zingst**.

Groß und klein spielt, lernt und entdeckt im **Experimentarium** Zingst. Die Erlebniswelt Fotografie Zingst im Max-Hünten-Haus veranstaltet Fotoschauen, bietet Fotoworkshops und organisiert u. a. das Umweltfotofestival »horizonte zingst«. Gäste genießen den

12 km langen Strand und Dampferfahrten, besichtigen die Ausstellungen in der **Nationalparkinformation Sundische Wiese**, reisen zu den Klaviertagen (März), dem Hafenfest mit Zeesbootregatta (Juni) oder zur Kunstmagistrale (Aug.) an. Für Freunde außergewöhnlicher Konzerte gibt es alljährlich im Sommer die Veranstaltungsreihe »Naturklänge«: An ungewöhnlichen Orten wie einem Ponton auf dem Teich von Schloss Schlemmin, am Hohen Ufer oder im Pfarrgarten von Starkow finden Konzerte von Klassik bis Jazz und Weltmusik statt mit Bezug zur Natur (www.naturklaenge.net).

Museumshof Zingst: Strandstr. 1 – 3 | April – Okt. tgl. 10 – 18, Nov. – März Do. – So. 10 – 16 Uhr | Eintritt 5 € | www.zingst.de

Experimentarium: Seestr. 76 | April – Juni Di. – So. 10 – 17, Juli/Aug. tgl. 10 – 18, Sept. – März Di. – So. 10 – 16 Uhr | Eintritt 5 €
www.experimentarium-zingst.de

Nationalparkinfo Sundische Wiese: April – Okt. tgl. 9.30 – 16.30, sonst bis 15.30 Uhr
www.nationalpark-vorpommersche-boddenlandschaft.de

Die Kraniche von Pramort

Pramort

Die Pramort genannte 8 km lange östliche Spitze der Halbinsel mit den Inseln Bock und Werder ist der größte Kranichrast- und -schlafplatz Mitteleuropas (▶ Baedeker Wissen, S. 90). Zum Schutz des Habitats wurde der Zugang während des alljährlichen Kranichzugs (1. Sept. – 14. Nov.) ab Kontrollstelle Nationalparkinformation Sundische Wiese begrenzt. Besucher (ab 12 J.) erwerben hier eine der täglich maximal 80 Nationalpark-Cards »Beobachten – ohne zu stören« (5 €), die von 15 bis 19 Uhr gültig sind.

Wohin auf dem Festland?

Zwischen Wasser und Wald

Barth

Das Hafenstädtchen Barth (8600 Einw.) mit eigenem Flugplatz liegt an der Mündung der Barthe in den gleichnamigen Bodden; jenseits des Boddens ragt die Halbinselgruppe Fischland–Darß–Zingst ins Meer.
Am attraktivsten zeigt sich Barth in der Langen Straße mit einigen schönen Giebelhäusern und dem alten Rathaus. Es beherbergt das **Vineta-Museum**, das an berühmte Barther wie den Bildhauer Walter Esser (1885 – 1945), der u. a. Tierfiguren aus Meissner Porzellan schuf, und an die sagenumwobene versunkene Stadt Vineta erinnert. Das Kellergewölbe wurde zur »Tauchglocke von Barth« verwandelt. Übrigens: Außer dem Städtchen Barth glaubt auch der Ort Zinnowitz auf Usedom, rechtmäßiger Nachfolger des sagenumwobenen Vineta zu sein (▶ Baedeker Wissen, S. 292).
Von der Stadtbefestigung sind das Dammtor von 1357 und der 12 m hohe Fangelturm erhalten. Attraktiv ist der Markt mit der St.-Marien-

ZWISCHENSTOPP AM BODDEN

Der Nationalpark Vorpommersche Boddenlandschaft ist der größte mitteleuropäische Rastplatz für Kraniche auf ihrem Weg vom bzw. in den Süden. Während es die Kraniche im Frühjahr eilig haben, rasch zu ihren Brutplätzen in Skandinavien zu kommen, legen im Herbst bis zu 70 000 Vögel einen Stopp am Bodden ein, um sich ein Fettpolster anzufressen.

▶ **Grauer Kranich (Grus grus)**
Größe: 1,10 bis 1,30 m
Spannweite: bis 2 m
Gewicht: 5 bis 7 kg
Höchstgeschwindigkeit: max. 100 km/h

Westeuropäischer Zugweg
Baltisch-Ungarischer Zugweg
Überwinterungsgebiete
Brutgebiete
Rastplätze

▶ **Flugformationen**
Formationsflug verbessert die Kommunikation, hält die Herzfrequenz gering und spart Energie und Kraft der Vögel.

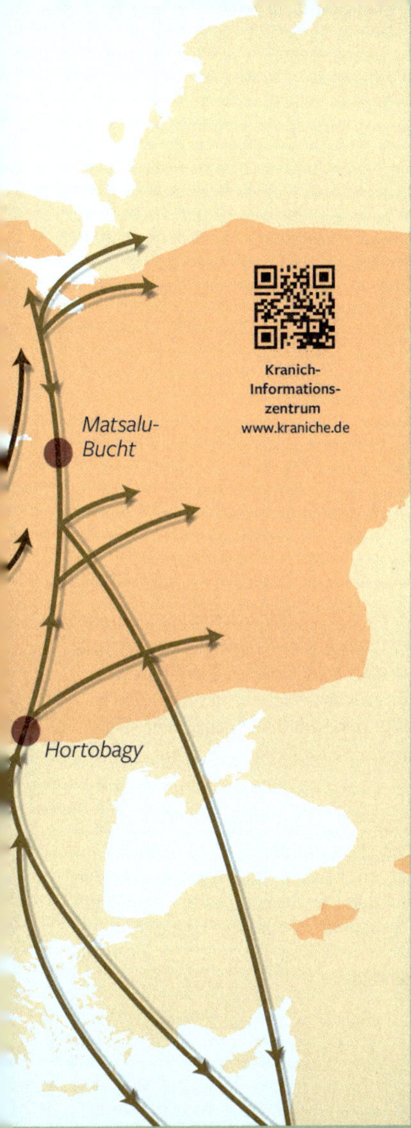

▶ **Symbolträchtig**
Im alten China wurde der Kranich als Sinnbild für Weisheit und langes Leben verehrt, im alten Ägypten brachte der »Sonnenvogel« Licht und Glück. Auch in Schweden wird er als »Vogel des Glücks« bezeichnet: Mit ihm kehren im Frühjahr die Wärme und das Licht des Südens zurück.

▶ **Glücksbote**
In Japan und China verschenkt man zu Geburtstagen und Hochzeiten, aber auch bei Krankheiten gern gefaltete Papierkraniche.

Die ältesten Vögel fliegen in V-Form an der Spitze, die jüngeren am Ende. Durch den Windschatten fällt das Fliegen leichter. Die Vögel an der Spitze wechseln sich regelmäßig ab.

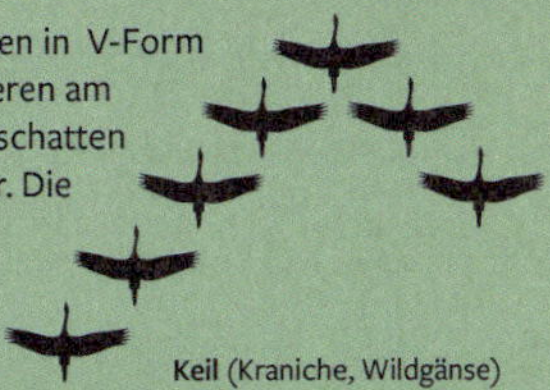

Keil (Kraniche, Wildgänse)

▶ **Monogamie**
Kraniche sind treue Tiere: Die Paare leben monogam und bleiben meist ein Leben lang zusammen. Bleibt die Fortpflanzung jedoch erfolglos, trennen sich manche Paare wieder und die Suche beginnt erneut.

Kirche (13. Jh.). August Stüler schuf 1856 ihr neogotisches Inneres, der Ausblick vom Turm ist grandios. Eine von nur 45 prächtigen **Barther Bibeln**, die hier 1584 – 1588 in plattdeutscher Sprache gedruckt wurden, ist Prunkstück der Ausstellung zur Bibelgeschichte im Bibelzentrum Barth. Im Bibelgarten sind mehr als 1000 Pflanzen zu sehen, deren Name auf Biblisches oder Christliches zurückgeht.

Bibelzentrum Barth: Sundische Str. 52 | Di. – Sa. 10 – 18, So. 12 – 18 Uhr | Eintritt 3 € | www.bibelzentrum-barth.de

Vineta-Museum: Lange Str. 16 | Di. – Fr. 10 – 17, Sa., So. 11 – 17 Uhr Eintritt 5 € | www.vineta-museum.de

GADEBUSCH

Kreis: Nordwestmecklenburg | **Höhe:** 35 m ü. d. M. | **Einw.:** 5750

Ein Schloss zeugt noch davon, dass das Landstädtchen zwischen Schwerin und Ratzeburg einst herzogliche Residenz war. Bis 1989 verlief in der Nähe die deutsch-deutsche Grenze. Durch die hermetische Abriegelung blieb das einstige Grenzgebiet Kranichen und Störchen überlassen. Heute steht das 10 km entfernte Areal als UNESCO-Biosphärenreservat Schaalsee unter Schutz.

Tor zum Biosphärenreservat

Gadebusch mit seinem ehemaligen Residenzschloss ist Infozentrum der **Sagen- und Märchenstraße Mecklenburg-Vorpommern**, folgerichtig sind im Stadtbild auch ein paar Märchenfiguren zu finden. Der insel- und buchtenreiche Schaalsee 10 km westlich von Gadebusch wird von vielen Quellen gespeist und ist mit knapp 72 m der tiefste Süßwassersee im deutschen Norden. Bis zu 100 m hohe Höhenzüge und Moore prägen das Bild.

Wohin in Gadebusch und Umgebung?

Erst Kirchdorf, dann Residenz

Gadebusch

Auffälligster Bau in der Altstadt ist das Rathaus am dreieckigen Marktplatz. Der Backsteinbau von 1340 erhielt im 17. Jh. eine zum Markt hin offene Gerichtslaube. Im 16. Jh. ließ Herzog Christoph ein **Renaissanceschloss** bauen und feierte im Oktober 1573 seine Vermählung mit einer dänischen Prinzessin. Von der bis in die erste Hälfte des 17. Jh.s genutzten Residenz stehen noch Hauptgebäude und Treppenturm. Den Terrakotta-Fassadenschmuck schuf wohl der Lübecker Statius von Düren. In der Amtsscheune unterhalb des Schlos-

Zumindest der Natur hat die Sperrzone an der einstigen innerdeutschen Grenze nicht geschadet: Der Schaalsee ist heute ein Idyll.

ses konzentriert sich die **Museumsanlage Gadebusch** auf die letzte Schlacht (von Gadebusch) im Nordischen Krieg (1712) und die attraktive »Kunst am Burgsee«.

Wer etwas Zeit hat, sollte die **spätromanische Pfarrkirche** St. Jakob und St. Dionysius besichtigen (Schlüssel im Pfarrhaus gegenüber). Sie ist eine der frühesten Backsteinhallenkirchen in Mecklenburg, wurde doch mit dem Bau schon 1215 begonnen. Schöne Beispiele mittelalterlicher Steinmetzkunst sind das Südportal sowie die Kapitelle im Innern, an denen Tier- und Menschenköpfe plastischen Schmuck bilden. Bedeutendstes Sakralobjekt ist der auf 1450 datierte, von drei Engeln getragene Bronze-Taufkessel. Sehenswert sind auch die Wandmalereien aus dem 14. Jahrhundert. Im Chor befinden sich die Grabplatten der 1434 verstorbenen schwedischen Königin Agnes und der Herzogin Dorothea (1491).

Museumsanlage Gadebusch: Amtsstr. 5 | Ostern – Okt. Di. – Fr. 10 – 17, Sa., So. 14 – 17, Nov. – Ostern Mi. – Fr. 10 – 15 Uhr
Eintritt 3 € | www.gadebusch.de

Süßwassersee mit Tiefgang

★ Schaalsee

Bester Startpunkt zur Erkundung des **UNESCO-Biosphärenreservats Schaalsee** ist das Informationszentrum Pahlhuus. Mitten durch die Landschaft aus See, Mooren und Hügeln verlief die hermetisch abgeriegelte deutsch-deutsche Grenze – für die Natur ein Glücksfall, denn so blieb das Ökosystem von menschlichen Eingriffen verschont und in seiner Unberührtheit weitgehend erhalten. Hier brüten Graugänse und Kraniche, Kormorane, Weißstörche und Wasserläufer sind zu sehen. Das Schutzgebiet ist im Spätsommer Mauser- und Rastplatz Abertausender verschiedener Wasservögel. Auch Fischotter haben hier eines ihrer letzten Refugien in Deutschland. Das **Museum im Grenzhus** mit Café »Grenzstein« präsentiert eine Ausstellung zum Biosphärenreservat und auf einem Erlebnispfad die alte Grenzanlage. Lohnend sind Bootstouren ab Zarrentin.

Informationszentrum Pahlhuus: Wittenburger Chaussee 13, Zarrentin am Schaalsee | April – Nov. tgl. 9 – 17, Febr., März Sa., So. 10 – 16 Uhr | Eintritt frei | www.schaalsee.de

Grenzhus: Neubauernweg 1, Schlagsdorf | Mo. – Fr. 10 – 16.30, Sa., So. 10 – 18, Nov. – Feb. bis 16.30 Uhr | Eintritt 4 € | www.grenzhus.de

Bootstouren: www.schaalsee-tour.de

Gewöhnungsbedürftiger Rauchabzug

Rauchhaus

Der 1780 erbaute **Denkmalhof** »Rookhus« in Möllin (3 km nordwestlich) ist Teil der Museumsanlage Gadebusch. Das Hallenhaus besitzt Durchfahrt, Diele, Wohnstuben und Speicher, jedoch keinen Kamin: Der Rauch zog durch Ritzen im Gemäuer und im Dach ab. Im Restaurant speisen Sie wie einst die Großbauern von Busekow.

Fr. – So. 11 – 22 Uhr

Klosterstadt mit Kunstgenuss

Rehna

Das hübsche Fachwerkstädtchen 11 km nordwestlich von Gadebusch ist bekannt für sein 1236 gegründetes Nonnenkloster, in dessen Kreuzgang heute Kunstausstellungen gezeigt werden. Sehenswert sind der Kapitelsaal aus dem 15. Jh. und die Klosterkirche. Von der Kloster- und Stadtinformation starten Pilgerwanderwege. Zum **Klosterfestival** im Juni kommen rund 10 000 Besucher in das Städtchen.

Kloster: Kirchplatz 1 a | April – Okt. Di. – Fr. 10 – 17, Sa., So. ab 11, Nov. – März Di. – Fr. 10 – 16 Uhr | Eintritt 3 € | www.kloster-rehna.com

Dorfkirche mit griechischem Kreuz

Vietlübbe

6 km östlich von Gadebusch steht in Vietlübbe eine der ältesten Dorfkirchen Mecklenburg-Vorpommerns, ein spätromanischer Backsteinbau, vermutlich um 1225 von Angehörigen der Ratzeburger Dombauhütte errichtet. Der hölzerne Turmhelm wurde erst im 17. Jh. aufgesetzt. Ungewöhnlich für mecklenburgische Dorfkirchen ist die Grundrissform eines griechischen Kreuzes. Romanisch orientierte Bauornamentik finden Sie vor allem am Chor bzw. der halbrunden Apsis mit zierlichen Friesbändern. Von der mittelalterlichen Ausstattung sind noch der romanische Kalkstein-Taufstein aus dem 13. Jh. sowie eine Triumphkreuzgruppe vom Ende des 15. Jh.s erhalten.

★★ GREIFSWALD

Kreis: Vorpommern-Greifswald | **Höhe:** 6 m ü. d. M. | **Einw.:** 58 800

Greifswald war neben Stralsund die zweite bedeutende Hansestadt in Vorpommern. Wunderschöne Kirchen und prächtige Kaufmannshäuser zeugen noch heute von ihrer Blütezeit. Inzwischen bringen Universität und Tourismus eine offene und äußerst lebendige Atmosphäre in die Stadt.

Zwischen Hanse und Universität

Vom 13. bis zum 17. Jh. erlebte die Siedlung am Bodden ihre Blüte als Hansestadt. Nach dem Dreißigjährigen Krieg kam sie bis 1815 unter schwedische Verwaltung. Handel und Schifffahrt sowie ein reges Geistesleben prägten den Alltag in der Universitätsstadt an der Ostsee, mit der sich so berühmte Namen wie **Ernst Moritz Arndt** und **Caspar David Friedrich** (▶ Interessante Menschen) verbinden.
Die überschaubare Altstadt lässt sich am besten zu Fuß erkunden. Zwar wurde Greifswald im Zweiten Weltkrieg nicht zerstört, jedoch jahrzehntelang vernachlässigt. Nach aufwendigen Renovierungsarbeiten ist Greifswald heute eine schmucke und charmante Stadt – ein kleines urbanes Zentrum in der Region. Dass Greifswald eine lebenswerte Stadt ist, ist auch den mehr als 10 000 Studierenden zu verdanken, die für eine bunte Kultur- und Kneipenszene sorgen.
Seit dem 13. Jh. war die Stadt von einem Mauerring umschlossen, von dem Teile erhalten sind. Am Hansering, nordöstlich der Altstadt, steht der Fangenturm, ein ehemaliger Pulverturm. Während des Dreißigjährigen Kriegs wurde die Stadt zusätzlich durch Wallanlagen befestigt. Da diese im 19. Jh. durch Grünanlagen ersetzt wurden, legt sich heute an der Süd- und Westseite ein Grüngürtel um die Altstadt.

Wohin in Greifswald?

Im Herzen von Greifwald

★★ Marktplatz und Dom St. Nikolai

Bezaubernder Mittelpunkt der alten Hansestadt ist der denkmalgeschützte Markt. An der östlichen Platzseite entdeckt man zwei herrliche **gotische Backsteingiebelhäuser** mit glasierten Ziegeln als Fassadenschmuck (Nr. 11 und Nr. 13); Haus Nr. 11 stammt vom Anfang des 15. Jh.s, Haus Nr. 13 (Fritz Braugasthaus) wurde bereits um 1300 gebaut. Inspiriert von den mittelalterlichen Vorbildern entstand 1896 an der Südseite das Postgebäude mit Backsteinfassade, ein sehr modern wirkender Bau mit großen Fensterflächen in der Südwestecke des Platzes.
An der Westseite des Marktplatzes zieht das renovierte Rathaus die Blicke auf sich. Der gotische Backsteinbau aus dem 14. Jh. wurde

1738 – 1750 nach einer Feuersbrunst im frühbarocken Stil mit Volutengiebel und Dachreiter wiederaufgebaut. Die Bronzetür (1966) erinnert an die kampflose Übergabe der Stadt an die Rote Armee am 29. April 1945. Hinter dem Rathaus liegt der Fischmarkt, ein sehr intimer Platz mit einem modernen Brunnen.

Der **imposante Dom** gilt als eine der schönsten Kirchen Ostdeutschlands. Sein markantes Erkennungszeichen ist der schlanke Westturm. Er wurde zu einem Oktogon umgeformt und 1650 mit einer Barockhaube gekrönt. Die im 13. Jh. als dreischiffige Halle angelegte Kirche wurde zu Beginn des 15. Jh.s nach Osten erweitert und zu einer Basilika umgebaut. Der Schinkel-Schüler Gottlieb Giese gestaltete ab 1824 den Innenraum romantisierend-neugotisch um. Die Wände erhielten eine weiße Tünche und verschiedene Einbauten, architektonische Schmuckformen kamen hinzu. Von der alten Ausstattung blieben vor allem Gemälde, u.a. das 1460 von Heinrich Rubenow gestiftete Bild »Sieben Greifswalder Professoren in Anbetung Mariens«, mittelalterliche Wandbilder sowie Epitaphe und Grabkapellen von Greifswalder Familien erhalten.

Domstr. 54 | Mai – Okt. Mo. – Sa. 10 – 18, So. 11.30 – 12.30, 15 – 18, Nov. – April Mo. – Sa. 10 – 16, So. 11.30 – 15 Uhr | Turmbesteigung 1,50 € | www.dom-greifswald.de

Berühmtester Sprössling der Stadt

Caspar David Friedrich

Im Backsteinfachwerkhaus der Friedrichschen Seifensiederei verbrachte Caspar David Friedrich Kindheit und Jugend. Sein Vater war Kerzenzieher. Hier widmet sich seit dem 250. Geburtstag des Malers am 5. September 2004 das **Caspar-David-Friedrich-Zentrum** seinem Leben und Werk. Im Keller können Sie Kerzen ziehen.

Der **Caspar-David-Friedrich-Bildweg** (Führung 3,50 €) führt vom Zentrum über 15 Stationen durch Greifswald und Wieck (Kloster Eldena) zum Pommerschen Landesmuseum. Am 7. Mai 2010 wurde das bemerkenswerte, lebensgroße **Caspar-David-Friedrich-Denkmal** des Lübecker Bildhauers Claus Görtz an der Lappstraße anlässlich des 170. Todestages des Künstlers enthüllt.

Caspar-David-Friedrich-Zentrum: Lange Str. 57; Juni – Okt. Di. – So. 11 – 17, Nov. – Mai Di. – Sa. 11 – 17 Uhr |Eintritt 3,50 € | www.caspar-david-friedrich-gesellschaft.de

Kirche mit Schwertwal

Marienkirche

Mit dem Bau der Marienkirche wurde vermutlich schon bald nach der Siedlungsgründung begonnen. Zwischen 1350 und 1400 wurde sie vollendet, um 1320 die Annenkapelle an der Südseite angefügt; Mitte des 15. Jh.s kam die westliche Vorhalle dazu. Im Innern der dreischiffigen, chorlosen Hallenkirche bilden ziegelrote Pfeiler einen schönen

Aus vielen Winkeln blickt man in Greifswald auf den Dom..

GREIFSWALD ERLEBEN

GREIFSWALD-INFORMATION
Rathaus/Markt
17489 Greifswald
Tel. 03834 85 36 13 80
www.greifswald.info

STADTFÜHRUNGEN
Altstadtführung: Von April – Okt. finden täglich um 11 Uhr öffentliche Führungen durch die Altstadt statt. Treffpunkt ist an der Greifswald-Information (90 Min., 7 €).
Nachtwächterführung: Mit dem hellebardenbewaffneten Nachtwächter durch die Altstadt ziehen können Sie an jedem 1. Freitag im Monat.
18 bzw. 20 Uhr, genaue Termine bei der Greifswald-Information; Preis: 10 € / 2 Std.

ELDENAER JAZZ EVENINGS
Jedes Jahr am ersten Juliwochenende pilgern Jazzfans in den Stadtteil Wieck zu den Jazz Evenings in der romantischen Klosterruine von Eldena, die schon Caspar David Friedrich inspirierte.
www.jazzingreifswald.de

FISCHERFEST GAFFELRIGG
An die große maritime Geschichte erinnert jährlich im Juli das Fest in Wieck, bei dem als Höhepunkt eine Regatta historischer Schiffe die alte Klappbrücke passiert. Mutige können sich beim Ryckhangeln am Tampen – nun ja, eben über den Ryck hangeln
www.kulturkalender.greifswald.de

❶ MARELL CAFÉ & RÖSTEREI €€
Christiane Kern und Michael Berger sind durch ihre Marell-Barista-Kaffeebar am Markt (Knopfstr. 14) stadtweit bekannt. Nun führen sie auch das Museumscafé im Pommerschen Landesmuseum. .
Rakower Str. 9
Tel. 03834 883 12 00
www.marell.eatbu.com
Mo. geschl.

❷ FRITZ BRAUGASTHAUS €€
Ausgeschenkt wird in der Gaststätte Zwickel, Störtebeker und Co. Die Qualität der Burger ist ausgezeichnet.
Markt 13
Tel. 03834 5 78 30
www.fritz-braugasthaus.de
Tgl. ab 11 Uhr geöffnet.

❸ FISCH 13 €€
Auch wenn die Kombination Matjes mit Himbeermarmelade gewöhnungsbedürftig klingt: Probieren Sie es einfach mal. Sie werden von dem exzellenten Fischgeschäft ebenso begeistert sein, wie es auch schon Bundeskanzlerin Merkel war.
Schuhhagen 13
Tel. 03834 368 93 40
www.fisch13.de
So. geschl.

❶ RYCK HOTEL €€
Angenehmes Haus mit sehr schöner Sonnenterrasse, Pool, Sauna, Eisgrotte, Dampfbad und Solarium. Das rustikale Restaurant ist auf Fisch spezialisiert (Haff- und Peene-Zander).
Rosenstr. 17 b, Wieck
Tel. 03834 8 33 00
www.ryck-hotel.de

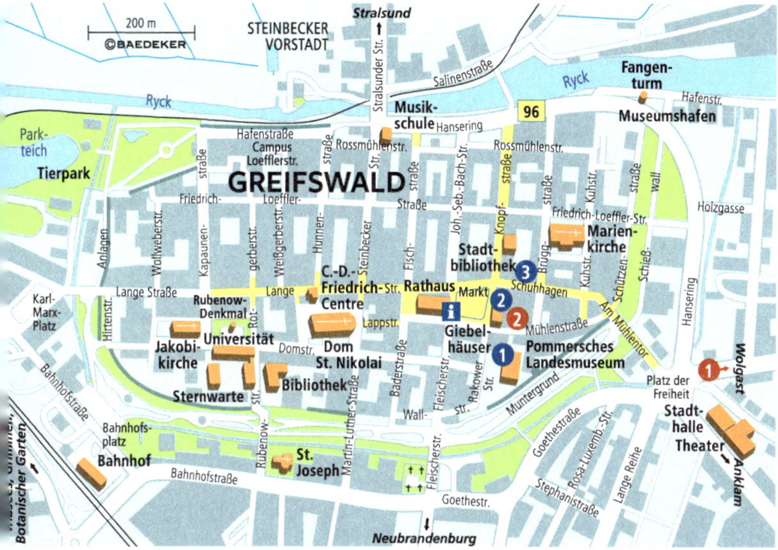

1 Marell Museumscafé
2 Fritz Braugasthaus
3 Fisch 13

1 Ryck Hotel
2 Hotel Galerie

2 HOTEL GALERIE €€
Hell und luftig sind die Zimmer in dem modernen Haus, das in der Nähe von Museum und Galerien gelegen ist. Auch im Hotel werden zeitgenössische Künstler präsentiert.
Mühlenstr. 10
Tel. 03834 7 73 78 30
www.hotelgalerie.de

Kontrast zum weiß getünchten Gewölbe mit den bemalten Kreuzrippen. Ein Schatz ist die Gedächtniskapelle mit Fresken von 1411, kurios die naturgetreue Darstellung eines Schwertwales an einer Kirchenwand. Er war am 30. März 1545 vor Greifswald gestrandet und als ein Zeichen Gottes gewertet worden. Die prächtige Renaissancekanzel im Mittelschiff ist mit Schnitzereien und Intarsien geschmückt.
Brüggstr. 35 | Eintritt 1 € | www.marien-greifswald.de

Multimedial und reichhaltig

★ Pommersches Landesmuseum

Von der Mühlhagenstraße aus gelangen Sie zum Pommerschen Landesmuseum, das im 1797 vollendeten Quistorp-Gebäude, im sogenannten Grauen Kloster sowie im Guardianshaus und im Konventgebäude des ehemaligen Franziskanerklosters untergebracht ist.

BAEDEKER ÜBERRASCHENDES

6X UNTERSCHÄTZT

Genau hinsehen, nicht daran vorbeigehen, einfach probieren!

1. AUGEN AUF FÜR DIE NATUR

Beim **Umweltfotofestival »horizonte zingst«** werden einmalige, z. T. noch nie veröffentlichte Fotos gezeigt. Großartige Landschaften sowie Flora und Fauna werden in emotionalen Bildern präsentiert. (▶ **S. 88**)

2. MARITIME NOSTALGIE

Im Greifswalder **Museumshafen** liegen rund 50 Schiffe vor Anker. Historische Segelschiffe, Schoner, Barkassen und Schlepper lassen das Herz jedes Seebären höher schlagen. (▶ **S. 102**)

3. ULBRICHTS BOHRUNGEN

Um die Abhängigkeit von der UdSSR zu mildern, begann die DDR in den 1960er-Jahren um Rügen und Usedom mit **Erdölbohrungen**. Mit Erfolg. Das Erdölmuseum in Reinkenhagen dokumentiert das. (▶ **S. 105**)

4. ALLES PAPPE

Wer genau hinschaut, erkennt nicht, dass vieles im Ludwigsluster Schloss aus Papiermaché gefertigt ist. Ob Bronzebüsten, Bilderrahmen oder Stuck, **alles ist aus Papier** und perfekte Täuschung. Selbst die Büsten römischer Kaiser im Schlosspark. (▶ **S. 137**)

5. DIE SCHWEDENKÖPFE

Ab Mitte des 17. Jh.s bauten die Schweden Wismar zur Seefestung aus. Damals gab es in der Hafeneinfahrt **zwei Herkulesbüsten**, die »Schwedenköpfe«. Heute können Sie einen im Schabbellhaus besichtigen. (▶ **S. 304**)

6. FRITZ REUTER

Der Dichter Fritz Reuter schrieb seine Werke auf **Niederdeutsch**. Im Rest Deutschlands eine Fremdsprache, ist es im Norden sehr präsent und Reuter hochverehrt. In Neubrandenburg entstanden seine bekanntesten Werke. (▶ **S. 351**)

Im Jahr 2000 wurde der von dem Architekten und ersten Zeichenlehrer Caspar David Friederichs entworfene Quistorp-Bau als Standort der Gemäldegalerie eröffnet. Die gut bestückte Sammlung reicht vom niederländischen und deutschen Barock bis ins 20. Jh.
Der Schwerpunkt liegt auf Malerei des Klassizismus und der Romantik. Das Museum besitzt 80 Originale von Caspar David Friedrich, darunter das 1830 – 1835 entstande Gemälde »Ruine Eldena im Riesengebirge«.
Rakower Str. 9 | Di. – So. 10 – 18, Nov. – April bis 17 Uhr | Eintritt 6,50 € | www.pommersches-landesmuseum.de

Ein gefährliches Pflaster

Universität

Die 1456 gegründete und heute nach einem ihrer berühmtesten Professoren, **Ernst Moritz Arndt**, benannte Hochschule ist nach Rostock die zweitälteste im Ostseeraum. In der Grünanlage vor dem Hauptgebäude steht ein Denkmal für den Universitätsgründer und ersten Vizekanzler Heinrich Rubenow. Der mächtige Mann hatte viele Feinde; 1462 wurde er ermordet. Für den schlanken, neogotischen Turm lieferte der Architekt Friedrich August Stüler den Entwurf. Gegenüber steht das 1747 – 1750 erbaute Hauptgebäude der Universität, das von gleich zwei Wappen geschmückt wird – dem pommerschen und dem schwedischen: Als die Universität gegründet wurde, gehörte Greifswald zu Pommern, während der Bauzeit des Universitätsgebäudes war die Stadt in schwedischem Besitz. Führungen durch die spätbarocke Aula und den Karzer, ein winziges Studentengefängnis, in dem Wandgemälde von Vergehen und Übeltätern berichten, übernehmen speziell geschulte Studenten. Zu Führungen über das historische Campusgelände muss man sich anmelden.
Im **Botanischen Garten** der Universität, ein Genuss für Pflanzenfreunde, sind derzeit mehrere Gewächshäuser, so auch das viel besuchte Palmenhaus, zu Sanierungszwecken geschlossen.
Führungen Universität: Start am Rubenow-Denkmal vor der Uni April – Okt. tgl. 15 Uhr | Eintritt 5 € | www.uni-greifswald.de
Botanischer Garten: Münterstr. 2 | ganzjährig Mo. – Fr. 9 – 15.45, Sa., So. Dez. – Feb. 13 – 15; März, April, Okt., Nov. bis 16, Mai – Sept. bis 18 | Arboretum (Friedrich-Ludwig-Jahn-Str.) April – Okt. tgl. 9 – 18 Uhr | www.uni-greifswald.de

Rege Kunst- und Literaturszene

Koeppenhaus

Einer der bedeutendsten Autoren der Stadt war Wolfgang Koeppen (1906 – 1997; »Das Treibhaus«, »Jugend«). Nach ihm ist das Literaturzentrum Vorpommern mit interessantem Jazz-Programm und **Literaturcafé »Koeppen«** benannt.
Café Koeppen: Bahnhofstr. 4/5 | Di. – Fr. 14 – 24, Sa., So. 10 – 20 Uhr www.koeppenhaus.de

Frischen Wind in alte Gemäuer bringen die Eldanaer Jazz Evenings.

Ein Muss für Schifffans

Museums-hafen, Treidelpfad

Der Stadt- und Museumshafen ist mit rund 50 Schiffen der größte in Deutschland. Alte und junge Seebären sind begeistert von der eindrucksvollen Sammlung von historischen Jachten, Klippern, Ketschen, Kuttern und Zeesbooten, aber auch Geräten wie Greifkränen. Im Mai findet hier das Ruderrennen der Universitäten Rostock und Greifswald statt. Die **Museums- und Kulturwerft** ist im Rahmen von Führungen zu besichtigen. Spaziergänger und Radler schätzen den historischen Treidelpfad vom Hafen entlang dem Ryck-Südufer bis Wieck, er ist Teil des Ostsee-Radwegs.

Museumshafen: Hafenstr. 31 | www.museumshafen-greifswald.de
Museumswerft: Salinenstr. 20 | www.museumswerft-greifswald.de

Rund um Greifswald

Romantisches Klostermotiv

★ Klosterruine Eldena

Die östliche Ausfallstraße nach Wolgast führt durch den Stadtteil Eldena, wo sich, umgeben von einem romantischen Park, die imposante Ruine der 1199 gegründeten Zisterzienserabtei Hilda erhebt. **Caspar David Friedrich** malte sie vor wechselnder Naturkulisse u. a. in der **»Abtei im Eichwald«**. Den Zisterziensern von Hilda verdanken Greifswald und viele andere Orte in der Umgebung ihre Entstehung. Nach der Säkularisation 1533 übernahm der pommersche Herzog die Klostergebäude, die 1637 von schwedischen Truppen geplündert wurden und in der Folgezeit verfielen. 1827 wurden erste Maßnahmen zum Erhalt der Gebäude unternommen, das Klostergelände wurde nach Plänen des Gartenarchitekten Peter Joseph Lenné bepflanzt. Erhalten blieben die Westwand der Kirche mit dem für die Zisterzienserarchitektur charakteristischen monumentalen Spitzbogenfenster, einige Pfeilerreste der südlichen Langhauswand und Teile des Chors sowie Sakristei, Kapitelsaal und Kapelle.

Holländische Brücke und Kapitänshäuser

Wieck

Im alten Fischerdorf Wieck am Nordufer der Ryckmündung in die Dänische Wieck gibt es noch gut erhaltene reetgedeckte Kapitänshäuser zu sehen, oft mit typischen Krüppelwalmdächern. Die Hauptattraktion des kleinen Dorfes ist die nostalgische, funktionstüchtige hölzerne **Klappbrücke** über den Ryck, die im Jahr 1886 nach holländischem Vorbild erbaut wurde. Im Hafen starten Boote zu Rundfahrten durch den Greifswalder Bodden.

Virulente Geschichte

Insel Riems

Die Insel Riems ca. 7 km nordwestlich gehört als Exklave zu Greifswald. Ab 1910 diente sie als erste virologische Forschungsstation der Welt, in der Nazizeit auch zu Biowaffen, und war über Jahrzehnte gesperrt. Heute ist ein Drittel der Insel zugänglich (Zufahrt über einen Damm). Zum 100-jährigen Jubiläum des Forschungsinstituts wurde 2010 das **Fritz-Löffler-Haus** mit einer Ausstellung eröffnet, die über die Geschichte des Instituts informiert. Die Forschungen im Fritz-Löffler-Institut gelten heute in erster Linie Tierseuchen. Auf dem Festland direkt vor der Insel widmet sich das **Veterinärhistorische Museum »Uns Riems«** ebenfalls der Tierseuchenforschung.

Fritz-Löffler-Haus: Insel Riems, Boddenblick 10 | Mo. – Fr. 10 – 14 Uhr nach Voranmeldung (Tel. 038351 7 12 44) | www.fli.de
Veterinärhistorisches Regionalmuseum »Uns Riems«: An der Wiek 5 | Nach Voranmeldung (Tel. 038351 8 00 16) | Eintritt 2 €
https://unsriems.wordpress.com

GRIMMEN

Kreis: Vorpommern-Rügen | **Höhe:** 9 m ü. d. M. | **Einw.:** 10 600 |
Stadtinformation: Lange Str. 21 a (Wasserturm), 18507 Grimmen, Tel. 038326 46 97 50 | **www.grimmen.de**

Grimmen brachte es im Mittelalter zu Wohlstand, wovon das stattliche Rathaus, die Kirche und die drei Stadttore Zeugnis ablegen. Wer Boot fahren will, ist im nahen Trebeltal richtig.

Durch-geplant

Mit dem gitterförmigen Straßennetz ist Grimmen eine typische Stadtgründung der deutschen Ostkolonisation. Nach der Wende erlebte die Stadt einen enormen wirtschaftlichen Aufschwung, der durch die neue Autobahn A 20 zusätzliche Impulse erhielt.

Wohin in Grimmen und Umgebung?

Drei Tore führen hinein

Durch die Stadt

Von der Stadtbefestigung aus dem 15. Jh. haben das Stralsunder Tor, das Greifswalder Tor und das Mühlentor überdauert. Die Fassaden der Backsteintürme sind sich sehr ähnlich: Über einer spitzbogigen Tordurchfahrt sitzen zwei Blendarkadenreihen und – beim Greifswalder und Stralsunder Tor – darüber der mit Türmchen besetzte Staffelgiebel. Im Mühlentor ist ein **Heimatmuseum** untergebracht, im Wasserturm mit Aussichtspunkt sind archäologische Funde und Kunstausstellungen zu sehen. Die um 1280 entstandene Marienkirche erhielt im 15. Jh. einen Umgangschor und den Westturm. Schön sind die reich mit Schnitzereien verzierte Kanzel vom Anfang des 18. Jh.s, das Ratsgestühl aus dem 16. Jh. und der frühgotische Taufstein. Das Rathaus (um 1400) entstand im Stil typischer Patrizierhäuser. Im Tierpark leben u. a. Emus, Nasenbären und Murmeltiere.

Heimatmuseum: Mühlenstr. 9a | Di., Do., erster und letzter So. im Monat 14 – 17, Fr. 10 – 13 Uhr | Eintritt 3 € | www.grimmen.de
Tierpark: Von-Homeyer-Str. 4 | tgl. April, Mai, Sept. 9 – 17, Juni – Aug. 9 – 18, Okt. – März 9 – 16 Uhr | Eintritt 4 €

Kleinstadt mit Fachwerkcharme

Franzburg

Franzburg 15 km nordwestlich geht auf das 1231 gegründete Zisterzienserkloster Neuenkamp zurück, das für den Pommernherzog Bogislaw XIII. umgebaut wurde. Heute ist nur noch ein Wirtschaftsflügel erhalten. Die ums Schloss entstandene Handwerkerstadt ist benannt nach dem Schwiegervater des Herzogs, Franz von Braunschweig-Lüneburg. Im 18. Jh. wurden das barocke Rathaus und viele der heute typischen Fachwerkhäuser gebaut.

Feldsteine und Kartoffeln

Kirch Baggendorf und Triebsees

Ein Kleinod erwartet Besucher in Kirch Baggendorf 10 km südwestlich von Grimmen. Die um 1250 erbaute **Feldsteinkirche**, eine der ältesten Dorfkirchen in Vorpommern, wurde um 1400 ausgemalt. Ihre barocke Ausstattung erhielt sie im 17. und 18. Jahrhundert.
Weiter in Richtung Westen kommen Sie nach Tribsees an der Trebel, wo es ein Kartoffelmuseum, ein Heimatmuseum und die gotische Thomaskirche gibt. Diese besitzt eine Schnitzaltar (um 1450) mit einer sehr seltenen Darstellung einer Gebetsmühle.

Ölhaltige DDR-Erinnerung

Erdöl-museum Reinken-hagen

Mit einer »Erdölstraße«, 2000 Objekten und der Heimatstube erinnert ein Museum an der Bohrstätte von 1961 an die DDR-Geschichte der Erdöl- und Erdgasförderung.

Alte Dorfstr. 10 | Di., Do. 10 – 16, Mi. 8 – 16 Uhr | Eintritt 3 €
www.erdoelmuseum-reinkenhagen.de

★★ GÜSTROW

Kreis: Rostock | **Höhe:** 14 m ü. d. M. | **Einw.:** 30 400

Güstrow wurde vor allem durch den Bildhauer, Grafiker und Dichter Ernst Barlach (▶ Baedeker Wissen, S. 116) berühmt. Die Stadt besitzt ein lebendiges, renoviertes Zentrum, dazu herausragende Sehenswürdigkeiten wie den Dom und das berühmte Renaissanceschloss.

Stadt der Künstler

Viele kennen Güstrow durch Ernst Barlach. Seinem Werk, von den Nationalsozialisten als entartet abgestempelt, begegnet man an mehreren Stellen. Der **Heidberg in Güstrow**, das Atelier und das Wohnhaus von Ernst Barlach, ist, obwohl mittlerweile um ein modernes Ausstellungsgebäude erweitert, immer noch ein idyllischer Flecken Erde, wie ein Versteck in einer Lichtung im Wald, am Ufer des malerischen Inselsees. Die letzten Jahre seines Lebens hat Ernst Barlach hier zurückgezogen gelebt und gearbeitet. In Ratzeburg fand der am 24. Oktober 1938 gestorbene Künstler seine letzte Ruhestätte.
Weitere bekannte Namen aus Güstrow, sind die der Schriftsteller **John Brinckman** und **Uwe Johnson**, die beide hier lebten.

Vom Marktplatz zum Schloss

Mittelalter versteckt hinter Klassizismus

★ Marktplatz

Der Marktplatz (Markttag ist Samstag, bildet mit den umstehenden Häusern ein sehr schönes Ensemble. Typisch für den streng klassizistischen Architekturstil im ersten Jahrzehnt des 19. Jh.s ist das Haus Nr. 33, wogegen man die jüngeren Gebäude an der üppigen Fassadengestaltung erkennt. Illustre Gäste schritten im Gebäude Marktplatz/Gleviner Straße (Nr. 1) über die Schwelle: 1712 nahm Sachsenherzog August der Starke hier Quartier, als er mit Zar Peter I. über den Waffenstillstand im Nordischen Krieg verhandelte. Der Zar logierte im Haus Nr. 6. Das Treffen der beiden soll im Haus Mühlen-

GÜSTROW ERLEBEN

GÜSTROW-INFORMATION
Franz-Parr-Platz 10
18273 Güstrow
Tel. 03843 68 10 23
www.guestrow-tourismus.de

REITEN
Im Gestüt Ganschow, am Südende des Inselsee werden Trakehner und Mecklenburger gezüchtet. Ausritte sind nach Voranmeldung möglich.
Ganschow
Tel. 038458 2 02 26
www.gestuet-ganschow.de

WASSERSPASS
Das Spaßbad »Oase« wartet mit Strömungskanal, Tropenlandschaft, Riesenrutsche und Sauna auf.
Plauer Chaussee 7
www.oaseguestrow.de
Mo., Di. 14 – 22 (nur Sauna), Mi. 6.30 – 9.30 (Frühschwimmen), 10 – 22, Do., Fr. 11 – 22, Sa., So. 10 – 21 , in den Ferien tgl. ab 10 Uhr
Eintritt ab 5 € (1 Std.), Tageskarte 12 €

WILDPARK MV
Vor allem für Kinder ist der Wildpark MV spannend. Attraktiv sind z. B. das Wolfscamp (Nacht unter Wölfen mit Geschichten und Schlafen im Stroh, allerdings ohne Wölfe), Erlebnistouren mit Rad, Kanu und zu Fuß sowie Wolfs-, Braunbär- und Luchsgehege. Hauptfütterung tgl.13 Uhr.
Verbindungschaussee 1
März tgl. 9 – 18, April – Okt. bis 19, Nov. – Feb. bis 16 Uhr
Eintritt 11 €, Kinder 6 €, Familien 29 €
www.wildpark-mv.de

1 BARLACH STUBEN €€
Hier kocht der Chef – am liebsten moderne Varianten nach althergebrachten Mecklenburger Rezepten: »Birnen, Bohnen und Speck«, »Himmel und Erde«.
Plauer Str. 7
Tel. 03843 68 48 81
www.barlach-stuben.de

2 CAFÉ KÜPPER €
Das alteingesessene Café (seit 1852) lockt mit extravaganten Kaffee- und hausgemachten Kuchenspezialitäten.
Domstr. 15
Tel. 03843 68 24 85

3 LANDLIEB €€
Wenn Sie feine Landküche schätzen, saisonal, mit Produkten überwiegend aus der Region, finden Sie im Restaurant des 14 km östlich von Güstrow gelegenen Hotels Gut Gremmelin ein Spitzenangebot.
Am Hofsee 33, Gremmelin
Tel. 038452 51 10
www.gutgremmelin.de

4 STRANDHAUS AM INSELSEE €€
Vor allem bei schönem Wetter kann auf der Terrasse am Nordende des Sees schon etwas Italien-Feeling aufkommen, zumal hier klassisch italienisch gekocht wird.
Heidberg 5
Tel. 03843 85 02 00
www.strandhaus-guestrow.de

5 WALLENSTEIN €€
Ob genau das Herzog Albrecht von Wallensteins Leibgericht war, lässt sich vielleicht nicht nachweisen, aber Sie können »Wallensteins Hofgericht« ja probieren: Hirschpfeffer mit Apfelrotkohl und Spätzle. »Ländlich-

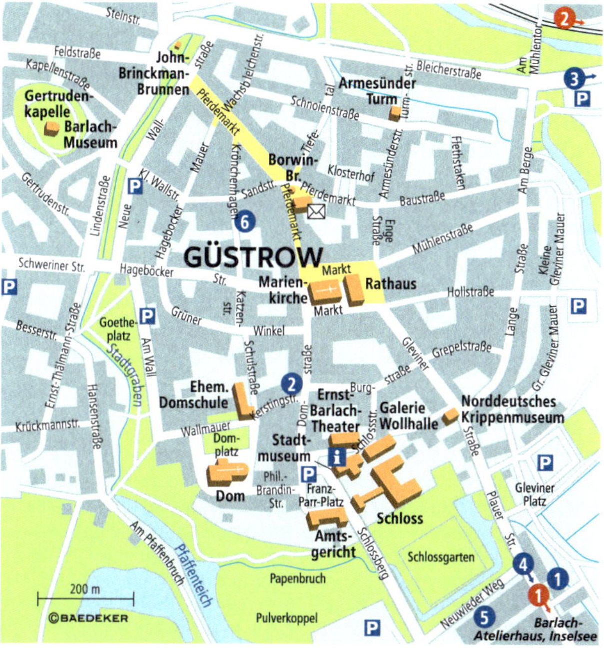

❶ Barlach-Stuben
❷ Café Küpper
❸ Landlieb
❹ Strandhaus am Inselsee
❺ Wallenstein
❻ Bistro Verdura

❶ Kurhaus am Inselsee
❷ Villa Camenz

fein« ist eine gute Bio-Marke in diesem Restaurant mit böhmischer und mecklenburgischer Küche.
Neuwieder Weg 1
Tel. 03843 27 79 60
www.hotel-am-schlosspark-guestrow.de

❻ BISTRO VERDURA

Leckere Pasta und Salate günstig und auch für kleine Gäste. Dienstags und freitags gibt's frisch gebackenes Brot.
Krönchenhagen 12
Tel. 03843 46 67 60
www.bistro-verdura.de
Sa., So. geschl.

❶ KURHAUS AM INSELSEE €€€

Stilvolles Vier-Sterne-Hotel in zauberhafter Lage mitten im Wald, direkt am Inselsee.
Heidberg 1
Tel. 03843 85 00
www.kurhaus-guestrow.de

❷ VILLA CAMENZ €

Familiäre Pension im englischen Landhausstil in einer alten Stadtvilla
Lange Stege 13
Tel. 03843 2 45 50
www.villa-camenz.de

str. 1 (heute Schlossapotheke) stattgefunden haben. Hinter der von David Anton Kufahl 1797/1798 geschaffenen Schaufassade des Rathauses verbergen sich gleich vier mittelalterliche Giebelhäuser.

Wertvoll und schön im Inneren

★ Marienkirche

Kurz nach der Erhebung zur Stadt wurde 1228 mit dem Bau der Pfarrkirche begonnen. Vermutlich handelte es sich um eine Hallenkirche, die jedoch 1503 bis auf die Grundmauern abbrannte. 1508 wurde die neu aufgebaute Kirche mit 18 Altären geweiht. Durch den Umbau von 1883 erhielt das Gotteshaus seine heutige Gestalt als dreischiffige Halle. Innen beeindruckt die monumentale Triumphkreuzgruppe von 1516, die neben Maria und Johannes auch die Figuren von Adam und Eva zeigt. Der figurenreiche brabantische Flügelaltar von 1522 ist ein Werk des BrüsselerSchnitzers Jan Borman d. J.

Schmucke Domizile

Altstadthäuser

1785 wurde im Fachwerkhaus Hollstr. 6 der Maler Georg Friedrich Kersting geboren. Kersting, der auch als Malervorsteher an der Porzellan-Manufaktur Meissen wirkte, war ein Freund von Caspar David Friedrich. In mehreren Straßen, die vom Marktplatz ausgehen, insbesondere in der Mühlenstraße (u. a. Nr. 17 und 48) und in der Gleviner Straße, finden Sie schöne alte Wohnhäuser. Im Kemladen (Mühlenstr. 17) wurde ein Renaissanceraum mit wunderbar bemalter Holzdecke entdeckt. Eine Inschrift auf dem Gehweg (Krönchenhagen 13, Ecke Hageböcker St.) erinnert an die 1938 zerstörte Synagoge.

Zettelwirtschaft

Südlich des Markts

Im ehemaligen Spital am Franz-Parr-Platz stellt das **Stadtmuseum** seine umfangreichen Schätze aus. Neben Exponaten aus der Stadtgeschichte und Gemälden von Expressionisten wie Erich Heckel und Christian Rohlfs wird eine einzigartige **Sammlung von Theaterzetteln** – über 12 000 Exemplare aus der Zeit von 1741 bis heute – vorgestellt. Zudem werden zwei Güstrower Künstler gewürdigt: der Maler Georg Friedrich Kersting und der Dichter John Brinckman.
Den klassizistischen Bau des **Ernst-Barlach-Theaters**, des ältesten erhaltenen Theaters in Mecklenburg, entwarf 1828 Georg Adolph Demmler. Der Fachwerkbau gegenüber war ursprünglich herzoglicher Marstall, dann Lagerhalle für Schafwolle und hieß Wollhalle. Hier zeigt die **Städtische Galerie** zeitgenössische Kunst.

Stadtmuseum: Mai – Okt. Mo. – Fr. 9 – 19, Sa. 10 – 17, So. 11 – 17, Nov. – April Mo. – Fr. 9 – 18, Sa. 10 – 16, So. 11 – 16 Uhr | Eintritt frei
Städtische Galerie Wollhalle: Franz-Parr-Platz 9 | Während der Ausstellungen tgl. 11 – 17 Uhr | Eintritt 2,50 €

Die Herzöge von Mecklenburg-Güstrow hatten beim Bau ihres Schlosses französische Vorbilder im Sinn.

Ein Stadtgründer, viele Sünder und Skulpturen

Nördlich des Markts

Shopping-Zone im Zentrum ist der Pferdemarkt, der im Nordwesten vom Marktplatz abzweigt. Vor der Hauptpost weitet er sich zu einem dreieckigen Platz, den seit 1889 der Borwinbrunnen mit einer Statue des Stadtgründers Fürst Heinrich Borwin II. schmückt. Der Brunnen wird vom Wasser der Nebel gespeist.
Biegen Sie nach rechts und die nächste Querstraße nach links ab (Armesünderstraße), erreichen Sie den **Armesünderturm**, einst Teil der Stadtbefestigung. Der untere Teil stammt aus dem 13. Jh., der Fachwerkaufbau aus dem 18. Jahrhundert. Oben wohnte der Scharfrichter, im Unterbau mit schmalem Luftschlitz harrten die Gefangenen aus.
Die 1953 in der **Gertrudenkapelle** eröffnete Ausstellung ist das älteste **Barlach-Museum** in Güstrow. In der spätgotischen Kapelle sind ca. 30 vorwiegend sakrale Plastiken des Künstlers dauerhaft vereint, die in der Güstrower Zeit entstanden.

Barlch-Museum: April – Okt. Di. – So. 10 – 17, Nov. – März. Di. – So. 11 – 16 Uhr | Eintritt 4 € | www.ernst-barlach-stiftung.de

★★ Schloss

Franz-Parr-Platz 1 | Di. – So. 11 – 17 Uhr | Eintritt 6,50 €
www.schloss-guestrow.de

Norddeutsches Krippenmuseum: Heiligengeisthof 5 | 1. Advent – 15. Januar, Juni – Sept. tgl. 10 – 17, 16. Januar – Mai, Okt., Nov. Di. – So. 11 – 16 Uhr | Eintritt 3 € | www.norddeutsches-krippenmuseum.de

Französische Renaissance für die Herzöge

Bau geschichte

Das größte Renaissancebauwerk in Mecklenburg-Vorpommern entstand, als die Herzöge von Mecklenburg-Güstrow hier residierten (1556 – 1695). Mit seinen verzierten Giebeln, den Ecktürmen und den Schornsteinen zeigt das Bauwerk die Eleganz französischer Lustschlösser. Nordöstlich des Schlosses steht der gotische Backsteinbau der Heilig-Geist-Kapelle (1308) mit dem **Norddeutschen Krippenmuseum**, das etwa 100 Weihnachtskrippen in einer Dauerausstellung zeigt. Auch das Schloss mit dem schönen, weitgehend nach Originalplänen rekonstruierten Renaissancegarten und der Kunstsammlung ist zu besichtigen.
Anstelle einer mittelalterlichen Burg entwarf **Baumeister Franz Parr** im Auftrag Herzog Ulrichs eine Vierflügelanlage, von der zunächst (1558 – 1565) nur der West- und der Südflügel mit dem runden Treppenturm realisiert wurden. Das Innere führte Parrs Nachfolger aus. Nord- und Ostflügel entstanden einige Jahrzehnte später. Durch Baumeister unterschiedlicher Herkunft verschmolzen italienische, deutsche und niederländische Einflüsse. Im Auftrag von Herzog

Gustav Adolf von Mecklenburg wurde 1671 die Anlage um die Schlossbrücke und das Torhaus ergänzt. Im 18. Jh. war das Schloss dem Verfall preisgegeben. 1795 wurden der Osttrakt und der daran anschließende Teil des Nordflügels abgetragen.

Halali im Schloss

Festsaal

Manieristische Dekoration schmückt den großen Festsaal im ersten Obergeschoss des Südflügels. Den Stuckfries mit Hirschen und Rehen sowie den Stuck über den Fensternischen schuf der Bruder des Hofbaumeisters Franz Parr 1569 – 1571. 1620 kam die einzigartige Kassettendecke hinzu, Jagdszenen, mythologische und allegorische Darstellungen sowie florale Ornamente füllen die 43 Bildfelder.
Im Souterrain des **Schlossmuseums** wird vor allem sakrale Kunst aus Mecklenburg gezeigt. Im Erdgeschoss können Sie die ehemalige Hofstube von Herzogin Elisabeth sowie den Jagdsaal mit Waffen aus dem 17. und 18. Jh. besichtigen. Das erste Obergeschoss war die Fest- und Wohnetage. Außer dem herrlichen Festsaal ist auch die Stube des Herzogs mit schönem Majolikafußboden sehenswert – ebenso wie die im ersten Obergeschoss ausgestellte Kunstsammlung Eine Etage darüber werden wertvolle Gläser, antike Gefäße und Gegenwartskunst gezeigt.

★★ Dom

April – Mitte Mai, Mitte Okt. – Mitte Nov. Di. – Sa. 10 – 12, 14 – 16, Mitte Mai – Mitte Okt. Mo. – Sa. 10 – 17, Mitte Nov. – März Di. – Sa. 11 – 12, 14 – 15, So. jeweils nach dem Gottesdienst bis 12, 14 – 16 Uhr www.dom-guestrow.de | Kirchenkonzerte in der Hauptsaison jeden Di. | Info www.guestrower-kantorei.de

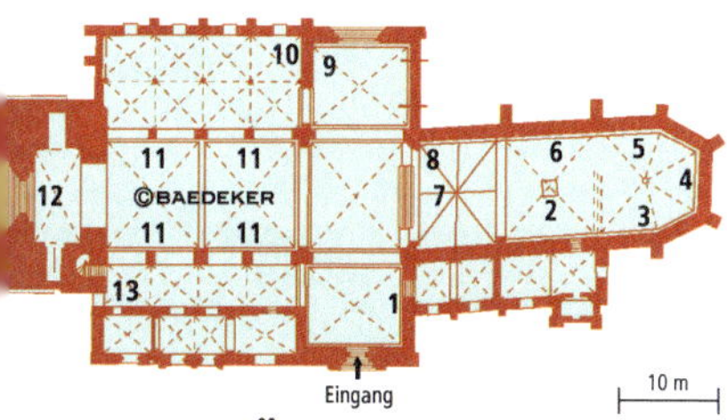

DOM ZU GÜSTROW

1 Triumphkreuz
2 Gedächtnistumba für Heinrich Borwin II.
3 Levitenstuhl
4 Flügelaltar
5 Wandgrab Heinrich Borwins II.
6 Grabmal Herzog Ulrichs und seiner beiden Frauen
7 Renaissance-Taufbecken
8 Kanzel
9 Frühgotischer Taufstein
10 »Der Schwebende«
11 Apostelfiguren
12 Turm
13 Grabmal Günthers von Passow

Von der Romanik zur Gotik

Baugeschichte

Westlich vom Schloss erhebt sich der Dom St. Maria, St. Johannes Evangelista und St. Cäcilia. Die ältesten Bauteile der 1226 von Fürst Heinrich Borwin II. gestifteten Pfeilerbasilika sind das nördliche Querschiff und der später erhöhte Chor.

Mit der Weihe eines Hochaltars im Jahr 1335 wurde wohl das Langhaus vollendet und der Westturm angelegt. Um 1390 wurde das südliche Seitenschiff um drei Kapellen erweitert. Zu den letzten Baumaßnahmen zählten die Fertigstellung des Westturms und die Verlängerung des Chors in der zweiten Hälfte des 15. Jh.s. Nach der Reformation bestimmten die in Güstrow residierenden Herzöge das Gotteshaus zur Hofkirche und Grablege.

Über allem schwebt ein Engel

Ausstattung

Der Dom besitzt eine reiche Ausstattung mit einigen bedeutenden Kunstwerken: Gleich rechts neben dem Domeingang im südlichen Seitenschiff hängt ein beachtenswertes Triumphkreuz aus der zweiten Hälfte des 14. Jh.s. Über dem ehemaligen Gitter der Renaissance-

Herzog Ulrich ließ sich mit seinen beiden Gemahlinnen im Dom zu Güstrow verewigen

Taufe in der Nordhalle des Doms hängt die Bronzeplastik des **»Schwebenden«**, eine 1927 als Ehrenmal für die Opfer des Ersten Weltkriegs entstandene Arbeit des Bildhauers Ernst Barlach (▶ Baedeker Wissen, S. 116). Sie trägt die Züge der mit Barlach befreundeten Künstlerin Käthe Kollwitz. Beim Exemplar im Dom handelt es sich um den dritten Guss, denn das Original wurde von den Nazis 1937 für entartet erklärt, aus dem Dom entfernt und 1941 schließlich als »Metallspende des deutschen Volkes« eingeschmolzen. Noch 1939 wurde in Köln ein Zweitguss hergestellt (heute in der dortigen Antoniterkirche), der 1952 als Modell für den Güstrower Guss diente, da die Urform bei einem Bombenangriff in Berlin verloren ging.
Im erhöhten Chor steht eine monumentale **Skulpturengruppe**, ein Hauptwerk des niederländischen Bildhauers Philipp Brandin. Sie zeigt lebensgroß und mit porträthaften Zügen Herzog Ulrich, seine erste Gemahlin Elisabeth von Dänemark und seine zweite Frau, Anna von Pommern-Wolgast, alle in zeitgenössischer Kleidung. Den oberen Abschluss bildet ein Gesims, auf dem u. a. das jeweilige Familienwappen der Dargestellten sitzt. Im Scheitel des Chors ist der herrliche spätgotische Flügelaltar aufgestellt, der um ca. 1500 im Umkreis des Hamburger Bildschnitzers Hinrik Bornemann entstand. Am Übergang zum Langhaus sind weitere Renaissance-Kunstwerke bemerkenswert: die Kanzel aus Sandstein (16. Jh.) und das Sandsteintaufbecken. Im Langhaus selbst verdienen vor allem die an den Pfeilern aufgestellten, zwischen 1530 und 1535 entstandenen Apostelfiguren aus Eichenholz Aufmerksamkeit. Sie verweisen mit ihrer ausdrucksstarken Mimik, den Gesten und Körperhaltungen schon auf den Barock.

Am Inselsee

Atelier am malerischen See

Inselsee

Der idyllische See südöstlich der Stadt ist mit dem Auto in wenigen Minuten via Plauer Straße bzw. Plauer Chaussee Richtung Kluess zu erreichen. Schilf, Wiesen und Wald rahmen das stille Gewässer, Bootsstege und Bootshäuschen aus Holz runden das malerische Bild ab. Am bewaldeten Ostufer können Sie baden. Vom Hotel »Kurhaus am Inselsee« führt ein Waldweg zum Atelierhaus von Ernst Barlach.

Atelier mit Aussicht

★ Atelierhaus von Ernst Barlach

Auf einem Waldgrundstück am Ostufer des Inselsees ließ sich Ernst Barlach 1931 ein **Atelierhaus** bauen, das heute – neben der Gertrudenkapelle – für die Präsentation des künstlerischen Nachlasses genutzt wird. Er umfasst Werke aus allen Schaffensperioden des Bildhauers und Grafikers: ca. 320 Plastiken, 200 Druckgrafiken und über 1000 Handzeichnungen sowie Aufzeichnungen und Skizzen. Beson-

ders eindrucksvoll ist der mit einer Glasfront versehene Atelierraum mit berühmten Holzplastiken und Gipsmodellen. Das Ausstellungsforum-Graphikkabinett wird für Wechselausstellungen genutzt.
Heidberg 15 | April – Okt. Di. – So. 10 – 17, Nov. – März. Di. – So. 11 – 16 Uhr | Eintritt 6 €, Kombiticket für Ausstellungsforum, Atelierhaus und Gertrudenkapelle 9 € | www.ernst-barlach-stiftung.de

Rund um Güstrow

Schnitzkunst in alten Dorfkirchen

Recknitz, Bellin

Das Dorf Recknitz 13 km nordöstlich von Güstrow kann mit einer interessanten Feldsteinkirche aus dem 13./14. Jh. aufwarten, an der sich der Übergang von der Romanik zur Gotik beobachten lässt. Beachtlich sind der Schnitzaltar aus der ersten Hälfte des 15. Jh.s, die Kanzel von 1579 und der reich dekorierte, barocke Orgelprospekt aus den Jahren 1703 – 1718.
15 km südöstlich von Güstrow überrascht die **Belliner Feldsteinkirche** (13. Jh.) mit gotischen Wand- und Gewölbemalereien, schönen Schnitzfiguren in den Seitenflügeln des Altars und dem hellen Steinsarkophag des Grafen von Sala (1770).
Schlüssel für die Belliner Kirche: Küster Rennert, Bellin, Steinbecker Weg 2 | Tel. 038458 2 04 68 | www.kirchgemeinde-lohmen.de

Klein und groß zugleich

Bützow

Die gemütliche Kleinstadt Bützow, 10 km nordwestlich von Güstrow, blickt auf eine große Vergangenheit zurück: Im Jahr 1239 hatte der Bischof von Schwerin seine Residenz hierherverlegt, Herzog Ulrich baute sie nach 1550 zum Renaissanceschloss um. Im **Krummen Haus** (14. Jh.) sind das Heimatmuseum und die Gedenkstätte für die Opfer des Zuchthauses Bützow-Dreibergen untergebracht.
Schlossplatz 2 | Mo. 10 – 12, 13 – 17, Di. bis 18, Fr. bis 16, Mi. 10 – 12 Uhr | Eintritt 2 € | www.krummes-haus-buetzow.de

Steiniges Geheimnis

Boitiner Steintanz

Zwischen Diedrichsdorf und Tarnow, im Wald von Boitin, stoßen Sie auf vier gut erhaltene **prähistorische Steinkreise**. Fast mannshoch erheben sich 30 grüngraue Menhire aus Gras und Laub. Der Sage nach soll hier eine übermütige Hochzeitsgesellschaft mit Würsten und Brot gekegelt haben, woraufhin sie für diesen Frevel in Steine verwandelt wurde. Ob die Anlage als prähistorischer Steinkalender oder Sonnenobservatorium diente, ist Spekulation.

Fürstliche Ausstattung

Rühn

4 km südwestlich von Bützow, am linken Warnowufer, wurde 1232 ein Benediktinerinnenkloster gegründet. Die Klosterkirche aus dem

Was hat es mit den Boitiner Steinkreisen auf sich?

13. Jh., ein einschiffiger, romanisch beeinflusster Bau, beherbergt einen 1578 geschaffenen Altaraufsatz mit den Porträts von Herzog Ulrich und seiner Gemahlin Elisabeth auf den Flügeln. Barocke Anklänge zeigt die Fürstenempore (um 1600); das prächtige Epitaph für Herzogin Sophie ist ein Werk von 1694.

Künstlertreff inmitten der Natur

Schwaan

In der 2002 restaurierten **»Kunstmühle«** wird die 1890 etablierte Künstlerkolonie »Schwaan« thematisiert. Seit 2009 gibt es die dem Koloniegründer gewidmete Privatgalerie **Franz-Bunke-Haus** mit Werken Mecklenburger Künstler. Die Replik einer Stadtansicht Bunkes ziert den Giebel der örtlichen Bank (August-Bebel-Straße).

Kunstmühle: Mühlenstr. 12; April - Okt. Di. - Fr. 10 - 17, Sa. 13 - 17, So. 11 - 17, Nov. - März. Di. - Fr. 10 - 16, So. 11 - 17 Uhr | Eintritt 4 €
www.kunstmuseum-schwaan.de

Franz-Bunke-Haus: Wallstr. 13 | tgl. 10 - 20 Uhr

ERNST BARLACH: WAHRHEITSSUCHE

Ernst Barlach ist ebenso wie Käthe Kollwitz oder Emil Nolde eine Schlüsselfigur des deutschen Expressionismus. Fast 30 Jahre lebte er in Güstrow, wo heute an mehreren Stellen Arbeiten des Künstlers zu besichtigen sind.

Anfänge

Die mecklenburgische Kleinstadt Güstrow war nicht die Heimat von Barlach, aber seine **Wahlheimat**, von 1910 bis zu seinem Tode. Geboren und aufgewachsen ist der Künstler im holsteinischen Wedel. Sein Studium führt ihn mit 18 Jahren weg vom Elternhaus, hinaus in die weite Welt: Hamburg, Dresden, Paris. Danach arbeitet er hauptsächlich als Bildhauer und vier Jahre lang als Zeichner für die Zeitschrift »Jugend«. Eine achtwöchige **Russlandreise**, die er 1906 in Begleitung seines Bruders unternimmt, beeinflusst sein Menschenbild und sein bildhauerisches Werk nachhaltig. Er begegnet Armut, Traditionsgebundenheit und Verwurzelung, geduldig ertragenem Leid und einer ebenso bewundernswerten wie bedrückenden Ergebenheit ins Schicksal. Innere Größe und Würde, Leitthemen seines Werkes, findet er vor allem dort, wo der Mensch unterdrückt, gepeinigt oder zerrissen ist. Zum Prototyp seiner Figuren werden die **blockhaften, schweren Gestalten** mit ihren breiten, kantigen Gesichtern und den sparsamen Gesten von großer Ausdruckskraft. Stilistisch und in der Wahl seines Materials – vor allem Holz und Bronze – spiegeln sich sowohl künstlerische Eigenständigkeit als auch Anknüpfung an Traditionen wider.

Jahre des Erfolgs

Schon vor, besonders aber in den Jahren nach dem Ersten Weltkrieg findet Barlach Anschluss an die deutsche **Avantgardekunst** und macht sich als Bildhauer, Grafiker und Dramatiker einen Namen. Durch eine Ausstellung in der Berliner Secession 1907 lernt er den Kunsthändler **Paul Cassirer** kennen, der ihn unter Vertrag nimmt. 1919 wird Barlach Mitglied der Preußischen Akademie der Künste, 1925 Ehrenmitglied der Akademie der Bildenden Künste in München. Krieg, Elend und menschliches Leid bleiben die Themen seiner Kunst. Seine Denkmäler wie z. B. in der Nikolaikirche in Kiel, das Totenmal im Magdeburger Dom und der **»Schwebende«** in Güstrow zeigen die leidvolle Seite des Kriegs, das Los der Soldaten und die Trauer der Hinterbliebenen – sie sind also eigentlich **Antikriegsdenkmäler**.

Rückzug ins innere Exil

Doch je mehr sich das politische Klima in Deutschland verändert, umso mehr gerät Barlach ins Kreuzfeuer der Kritik. Zusammen mit seiner Lebensgefährtin **Marga Böhmer** zieht er 1931 in das Wohnhaus am Heidberg. Direkt daneben entsteht das Atelier, in dem heute seine Werke zu besichtigen sind. Der Umzug ist auch ein Rückzug, weg aus der Stadt, ins innere Exil. Nach der **Machtübernahme Hitlers** wird für

Barlach wie für viele andere Künstler, deren Werk nicht in die nationalsozialistische Ideologie passt, die Situation immer schwieriger. 1937 erhält Barlach **Ausstellungsverbot**, rund 380 seiner Arbeiten werden beschlagnahmt, seine Mahnmale von öffentlichen Plätzen oder aus Kirchen entfernt, seine Tätigkeit als Schriftsteller durch den Ausschluss aus der Reichsschriftenkammer unterbunden. Eindringliche Zeugnisse der künstlerischen und gesellschaftlichen Isolation sind seine späten Arbeiten wie zum Beispiel die **»Frierende Alte«**. Ihren Höhepunkt erreicht die öffentliche Diffamierung durch die Münchner Ausstellung **»Entartete Kunst«**, auf der von Barlach **»Christus und Thomas«** gezeigt wird. Schließlich muss Barlach auch noch erleben, dass der »Schwebende« entfernt und eingeschmolzen wird. Heute ist gerade dieses Werk ein Hauptanziehungspunkt in Güstrow – freilich nur als ein Nachguss.

HAGENOW

Kreis: Ludwigslust-Parchim | **Höhe:** 25 m ü. d. M.| **Einw.:** 11 900

Durch einen Brand 1538 verlor Hagenow fast seine gesamte mittelalterliche Bausubstanz. Und doch lohnt sich ein Spaziergang durch den Ort.

Fachwerk überall

Denn bis heute bewahrte sich Hagenow mit Kopfsteinpflaster und Fachwerkhäusern den Charakter einer Ackerbürger- und Handwerkerstadt. Die meisten der vielen Fachwerkhäuser stammen aus dem 18. und 19. Jh., das älteste Gebäude ist von 1730.

Wohin in Hagenow und Umgebung?

Zeigt her Eure Schuhe

Museum für Alltagskultur

Fachwerkfreunde werden in der Langen Straße fündig. 1748 wurde das Jesselsche Gehöft des Ratsherrn Jessel gebaut, heute ist es das Haupthaus des Museums für Alltagskultur der Griesen Gegend. Es zeigt die Handwerksgeschichte im Ort mit der Waldglassammlung und einer Schuhmacherwerkstatt. Zum Museum gehören die Bauten der ehemaligen jüdischen Gemeinde (Hagenstr. 48), darunter die alte Religionsschule mit Mikwe-Bad und die rekonstruierte Alte Synagoge, in der Konzerte und Sonderausstellungen stattfinden. Woher der Name Griese Gegend stammt, ist nicht geklärt. Gries bedeutet grau und kann sich auf die sandigen, grauen Ackerböden beziehen, aber auch auf die oft graue Leinenkleidung der Tagelöhner.

Lange Str. 79 | Di., Do. 9 – 12, 14 – 17, So. 14 – 17 Uhr | Eintritt 2 €
www.freundeskreis-hagenower-museum.de

Die Welt vereint in Mehlsäcken

Wittenburg

Rund 12 km nordwestlich von Hagenow liegt Wittenburg. Das Städtchen erhielt 1226 Lübecker Stadtrecht. Die ab 1280 errichtete Pfarrkirche St. Bartholomäus ist eine der ältesten Stadtkirchen in Mecklenburg. Beachtenswert sind die Bronzetaufe von 1342, der Schnitzaltar vom Ende des 15. Jh.s und die barocke, mit Evangelistenfiguren geschmückte Kanzel (1666). Der Schweriner Hofbaumeister Georg Adolph Demmler baute 1851 das Rathaus mit doppelläufiger Freitreppe, Rundbogenfenstern, Türmchen und Zinnen. Das **MehlWelten Museum** zeichnet die Kulturgeschichte des Mehls nach und zeigt in der »Sackothek« über 3400 Mehlsäcke aus 130 Ländern.

MehlWelten Museum: Amtsberg 1 | März – Okt. So., 1. und 3. Sa. 11 – 17, Nov. – Feb. 1. und 3. So. 11 – 17 Uhr | Eintritt frei
www.mehlwelten.de

HAGENOW ERLEBEN

HAGENOW-INFORMATION
Lange Str. 97
19230 Hagenow
Tel. 03883 72 90 96
www.hagenow.de

STADTINFORMATION BOIZENBURG
Markt 1
19252 Boizenburg
Tel. 038847 33 53 54
www.boizenburg.de

ALPINCENTER
Eine Attraktion zu jeder Jahreszeit ist das Alpincenter mit Skihalle, Skischule und Hotel.
Zur Winterwelt 1, Wittenburg
Mitte April – Mitte Okt. Mi. – So. 10 – 18, sonst tgl. 10 – 22 Uhr; Tagesticket 21 – 34 €
www.alpincenter.com/hamburg-wittenburg

PERLE AM MÜHLENTEICH €€
Schon einmal Feijoada probiert? Der deftige Eintopf aus Fleisch, schwarzen Bohnen und weiteren Zutaten ist in Brasilien Nationalgericht. In der Perle ist der Küchenchef Portugiese. Sie bekommen aber auch mecklenburgische Gerichte. Einige einfach eingerichtete Zimmer (€).
Teichstr. 7, Hagenow
Tel. 03883 6 14 10
www.perle-hagenow.de

CHECKPOINT HARRY
Harald Strelow nannte sein Lokal Boizenburg-Vier in Anlehnung an Berlins Checkpoint Charlie. Vier war Sperrgebiet. Auf dem Elbberg stand der Kontrollpunkt KP-Vier mit Wachturm, den Strelow nach der Wende übernahm. Berühmt ist Harrys Riesencurrywurst.
Am Elbberg
Boizenburg, OT Vier
Tel. 038847 5 20 77
www.checkpointharry.de
Mo. geschl.

Wo die Post abging

Lübtheen

Bis 1826 war Lübtheen knapp 20 km südlich von Hagenow Poststation auf der Strecke Berlin–Hamburg. Der Name Lübtheen wird vom slawischen Wort für Linde, »Lipta«, hergeleitet. Die Stadtkirche von 1820 ist eine der wenigen klassizistischen Kirchen in Mecklenburg. Das **Alte Küsterhaus** widmet sich der Geschichte des Gips- und Kalibergbaus vor Ort. Ein ebenso anspruchsvolles wie volksnahes Sommerprogramm zeigt das mehrfach preisgekrönte **Theater Kulturkate** in einem 300 Jahre alten Bauernhaus. Besonders nachgefragt sind die seit 1999 stattfindenden Freilicht-Aufführungen.

Altes Küsterhaus: Schulstr. 2 | Di., Do. 12 – 17, So. 14 – 17 Uhr
www.luebtheen.de
Theater Kulturkate: Neu Lübtheen | Theaterallee 3
www.facebook.com/kulturkate

Bei der jährlichen Hengstparade zeigt das Redefiner Gestüt, was es leistet.

Treffpunkt für Pferdefreunde

Redefin

Redefin war bereits im 18. Jh. ein bedeutendes Gestüt der mecklenburgischen Herzöge und wurde 1810 Standort des mecklenburgischen Hauptgestüts. Das Gestüt bietet Führungen (90 Min.), Café und Gästehaus. Sehr beliebt sind das Fest »LebensArt« Ende Mai mit cremeweißen Pagodenzelten, die Sommerkonzerte der Festspiele Mecklenburg-Vorpommern und die drei Hengstparaden (Sept.). Auf dem Gestütsweg (160 km) können Sie mit Stopps in 35 Reiterhöfen bis Neustadt/Dosse (Brandenburg) traben.

Betriebsgelände 1 | Gestütsführung ganzjährig tgl. nach Voranmeldung, Tel. 038854 62 00 | www.landgestuet-redefin.de

Eingehüllt von Lindenduft

★ Boitzenburg

Boizenburg liegt im Westen von Mecklenburg, 35 km südwestlich von Hagenow. Das hübsche, vom Schiffbau geprägte Städtchen umschließt ein ringförmiger, von Linden bestandener Wall. Zahlreiche Brücken überspannen den Wallgraben, in dem das Wasser der Boize träge dahinfließt. Vom Stadthafen legen Ausflugsschiffe zu Touren auch in den Naturpark Mecklenburgisches Elbetal ab. Nach einem Brand im Jahr 1709 wurde Boizenburg wieder aufgebaut, so auch das Rathaus (1719). Die Stadtgeschichte präsentiert das **Heimatmuse-**

um mit der Zweigstelle **Elbbergmuseum**, in der an das Außenlager des KZ Neuengamme erinnert wird. Da in der Stadt die Fliesenproduktion Tradition hat, gibt es hier das sehr sehenswerte erste deutsche **Fliesenmuseum**. Die Sammlung zeigt industriell hergestellte, aber künstlerisch gestaltete Fliesen vom 19. Jh. bis heute.

Heimatmuseum: Markt 1 | Di. – Fr. 10 – 12, 14 – 16, Sa. (nur Mai bis Sept.) 14 – 17, So. 14 – 17 Uhr | Eintritt frei | www.boizenburg.de
Elbbergmuseum: Am Elbberg | Mai – Anf. Okt. Sa., So. 14 – 17 Uhr Eintritt frei | www.boizenburg.de
Fliesenmuseum: Reichenstr. 4 | Di.–Fr. 10 – 16, Sa., So. 14 – 16 Uhr Eintritt 4 € | www.jugendstilfliesen-museum.de

★★ HIDDENSEE

Kreis: Vorpommern-Rügen | **Höhe:** 1 m ü. d. M. | **Einw.:** 1000

Hier erholten sich schon Albert Einstein und Sigmund Freud. Eine Oase der Ruhe bildet Hiddensee auch heute noch, denn Autos dürfen hier nicht fahren, und große Hotels und Eventzentren fehlen. Die 17 km lange Insel gleich neben Rügen gilt als ein Paradies für alle, die ländliche Atmosphäre und eine intakte Natur mehr schätzen als Action und Fun rund um die Uhr.

Im süßen Ländchen

Hiddensee – die kleine Ostseeinsel westlich von Rügen – hat viele klingende Beinamen: »Capri Pommerns«, »Perle der Ostsee« oder – die Inselbewohner nennen ihre Heimat »dat söte Länneken« – das »süße Ländchen« –, und das hat seinen Grund: Hiddensee hat nicht nur eine ganze Palette landschaftlicher Schönheiten zu bieten, hier können Sie auch die Langsamkeit und die Stille entdecken, denn die Insel ist **für den privaten Autoverkehr fast vollständig gesperrt**. Wer nicht zu Fuß gehen will, muss sich aufs Fahrrad schwingen oder das Pferdefuhrwerk als Taxi benutzen. Besonders schön sind die Strände an der West- und Nordküste der nur 19 km² großen Insel. Seit 1990 gehört Hiddensee zum Nationalpark Vorpommersche Boddenlandschaft (▶ Fischland-Darß-Zingst).

Von den Fischen zu den Intellektuellen

Geschichte

Ende des 19. Jh.s war die Insel noch ein Geheimtipp und ziemlich schwer zu erreichen. Die Mischung aus wilder Natur, meditativer Ruhe und einem ganz besonderen Licht lockte bald die ersten Schriftsteller, bildenden Künstler, Maler und Schauspieler nach Hiddensee. Sie machten die Insel zum **»geistigsten aller Seebä-**

der« – so Gerhart Hauptmann (▶ Interessante Menschen) – und zu einem Ort, der zugleich abgeschieden und kosmopolitisch war. Bildeten einst Fischerei und Landwirtschaft die Lebensgrundlage, setzte gegen Ende des 19. Jh.s der Tourismus ein, die Liste der Prominenten wurde immer länger: Albert Einstein, Käthe Kruse, Thomas Mann, Lion Feuchtwanger, Carl Zuckmayer, Stefan Zweig, Joachim Ringelnatz, Sigmund Freud und natürlich Gerhart Hauptmann.

★★ Zwischen Dornbusch und Gellen

Zauberhafte Insellandschaft

Hiddensee ist Teil der Boddenlandschaft, die nach der letzten Eiszeit vor rund 10 000 Jahren geprägt wurde. Nördlich des Dorfs Kloster steigt die Insel zum sanft-hügeligen Dornbusch an, der im Nordwesten steil zum Meer abfällt. Heute verleihen herrlich blühender Besenginster sowie Holunder-, Brombeer- und Sanddornbüsche der Hügellandschaft, durch die ein 8 km langer Rundwanderweg führt, besonderen Reiz. Die Besteigung des Inselwahrzeichens **Leuchtfeuer Dornbusch** – immerhin 102 Stufen – ist für maximal 15 Personen gleichzeitig gestattet, für Kinder unter sechs Jahren und ab Windstärke 6 ist der Leuchtturm von 1888 gesperrt.

Im Osten des Dornbuschs schließen sich die Alter und Neuer Bessin genannten Sandhaken an: angeschwemmtes Land, das sich ständig in Form und Größe verändert und zahlreichen Wasservögeln die Möglichkeit zum Brüten oder Rasten gibt. Nach Süden senkt sich der Dornbusch zum Hiddenseer Flachland hinab, einer 15 km langen Landzunge. Unter strengem **Naturschutz** stehen die einzigartige Küstenheidelandschaft Dünenheide zwischen den Orten Vitte und Neuendorf sowie die Dünenlandschaft des Gellen im äußersten Süden der Insel, wo noch Strandvögel wie die Zwergseeschwalbe und der Sandregenpfeifer beheimatet sind. Nicht entgehen lassen sollten Sie sich eine Wanderung durch den westlichen Teil der Dünenheide, die im August und September in voller Blüte steht.

Leuchtturm: Im Dornbuschwald | Mai – Okt. tgl. 10.30 – 16 Uhr
Eintritt 3 €

★ Kloster

Kirche und Friedhof

An Stelle eines Klosters

Kloster, der nördlichste Ort der Insel, ist mit seinen ungepflasterten Straßen und den kleinen, schilfgedeckten Häusern wohl das hübscheste – und meistbesuchte – Dorf auf Hiddensee. Der Ort ging aus einer 1296 gegründeten Abtei hervor, von der nichts mehr erhalten ist. In der um 1750 barock ausgestatteten **Inselkirche** von 1332 sind die Kirchendecke (»Hiddenseer Rosenhimmel«), Taufengel und Taufbecken sehenswert.. Auf dem Friedhof finden Sie die Gräber von Gerhart Hauptmann und anderer Prominenter wie der Tanzpädagogin Gret Palucca.

HIDDENSEE ERLEBEN

Insel-Information Hiddensee
Achtern Diek 18
18565 Vitte/Hiddensee
Tel. 038300 60 86 85
www.seebad-hiddensee.de
www.ruegen-hiddensee.de

Fähre ab Schaprode (Rügen) nach Neuendorf, Vitte und Kloster, in der Saison auch ab Stralsund. Bewachte Parkplätze in Schaprode und Stralsund.

AUF DEM WASSER

Segeln, Katamaransegeln, Surfen oder Stand-up-Paddling sind beliebte Sportarten auf Hiddensee. Ausleihe, Tourenbuchung, Kurse im Wassersportcenter Surf & Segel Hiddensee.
Norderende 163, Vitte
Tel. 038300 6 05 25
www.surfundsegelhiddensee.de
Mai – Oktober

TANTE HEDWIGS HOFLADEN €

Zum geruhsamen Leben auf Hiddensee passen Kaffee mit Waffeln oder leckere Kleinigkeiten in dem gemütlichen Hofladen von Tante Hedwig. Hier können Sie sich auch mit Bio-Lebensmitteln eindecken.
Wiesenweg 8, Vitte
Tel. 038300 66 70
www.tante-hedwigs-hofladen.de

HOTEL HITTHIM €

Gleich ob Sie eines der gemütlichen Zimmer mit Blick zum kleinen Hafen oder zum Garten buchen – Ruhe ist garantiert. Das schöne Fachwerkhaus ist über 100 Jahre alt
Hafenweg 8, Kloster
Tel. 038300 66 60
www.hitthim.de

PENSION LACHMÖWE €

Freundliche Frühstückspension am Hafen mit dem Café Kanne und einem kleinen Garten.
Wallweg 5, Vitte
Tel. 038300 2 53
www.lachmoewe.m-vp.de

Schlaflos in Kloster

Die Hauptattraktion von Kloster ist die Gerhart-Hauptmann-Gedenkstätte im Haus Seedorn, dem ehemaligen Sommersitz des Schriftstellers. Er erwarb das Wohnhaus 1930 und ließ ein Arbeitszimmer im damals hochmodernen Bauhaustil anbauen. In seinem Schlafzimmer kann man seine nächtlichen Gedanken – Hauptmann litt unter Schlafstörungen – als Notizen an den Wänden finden. »Schweigen ist die größte Kunst«, zum Beispiel. Und dann ist da noch der berühmt-berüchtigte Weinkeller, in den es sich hinabzusteigen lohnt.

★ Gerhart-Hauptmann-Gedenkstätte

Kirchweg 13 | April - Okt. Mo. - Sa. 10 - 17, So. 13 - 17, Nov. - April Di. - Sa. 12 - 15, Führungen Mai - Okt. Di. - Sa. 12.30, sonst nur Di., Do. 12.30 Uhr | Eintritt 6 € | www.hauptmannhaus.de

Geheimnisvoller Wikingerschatz

Der Goldschatz

Attraktion in der Sammlung des **Heimatmuseums** ist eine Kopie des »Goldschatzes von Hiddensee«. Zwei verheerende Sturmfluten in den Jahren 1872 und 1874 spülten ihn zutage – eine der bedeutendsten und schönsten Goldschmiedearbeiten aus der Wikingerzeit. Über 19 Monate hinweg fanden Inselbewohner immer wieder ein Teil des ebenso kostbaren wie rätselhaften Wikingergoldes: Hier ein Kreuz im Sand, dort eines in einem Eisblock eingefroren. So will es zumindest die Legende. Ob die Inselbewohner nicht schon viel länger vom Wikingergold wussten und die Sturmfluten nur dazu nutzten, den Fund endlich zu legalisieren, bleibt dahingestellt. Auch um den Ursprung des Schatzes ranken sich viele Mythen. Der beliebteste Mythos: Der dänisch-norwegische König Blauzahn soll ihn bei seiner Flucht übers Meer um das Jahr 987 auf der Insel vergraben haben.

Kirchweg 1 | Mai – Okt. tgl. 10 – 16, Nov. – März Do. – Sa. 11 – 15 Uhr
Eintritt 5 € | www.heimatmuseum-hiddensee.de

Wohin noch auf Hiddensee?

Künstlerdomizile, die ins Auge springen

Vitte

Vitte ist die größte Siedlung auf Hiddensee und Sitz der Verwaltung. Der Ortsname wird von der Bezeichnung für mittelalterliche Heringsfangplätze (Vitt) abgeleitet. Ob hier tatsächlich ein Fangplatz lag, konnte nicht nachgewiesen werden. An der Weggabelung im Norden von Vitte fällt die sogenannte **Blaue Scheune** ins Auge, ein 200 Jahre altes Bauernhaus, das der Maler Günter Fink bis zu seinem Tod im Jahr 2000 bewohnte. Aus den frühen 1920er-Jahren stammt die wegen ihrer eigenwilligen Form »Karussel« genannte, von Max Taut erbaute Villa der dänischen Filmdiva Asta Nielsen, die wie Gerhart Hauptmann Stammgast auf Hiddensee war und Freunde wie Joachim Ringelnatz und Heinrich George beherbergte. Vittes **Nationalparkhaus** widmet sich der Boddenlandschaft. Von Mai bis Oktober finden wöchentlich naturkundliche Führungen zum Alten Bessin oder in die Dünenheide statt. Das **Puppenmuseum Homunkulus** zeigt in einem Neubau der Architektin Johanne Nalbach über 1000 Puppen. Die zum Volkstheater Rostock gehörende Seebühne Hiddensee führt spannendes Figurentheater auf.

Nationalparkhaus: Norderende 2 | April – Okt. tgl. 10 – 16,
Jan. – März 13 – 16, Nov., Dez. tgl. außer Sa. 10 – 15 Uhr | Eintritt frei
Puppenmuseum: Norderende 181 | Öffnungszeiten: Aushang beachten | Eintritt 1 € | www.homunkulus.de
Seebühne: www.hiddenseebuehne.de

Ab Windstärke 6 bitte nicht mehr den Leuchtturm Dornbusch besteigen!

Neuendorf

Wo die Fischer zu Hause waren
Weiß getünchte, schilfgedeckte Häuschen inmitten grüner Rasenflächen prägen das Bild dieses Fischer- und Bauerndorfs aus dem frühen 18. Jahrhundert. Die einzige befestigte Straße führt zum Hafen. Ganzjährig finden naturkundliche Führungen etwa zum Alten Bessin oder in die Dünenheide statt. Das **Fischereimuseum** im Reusenschuppen erinnert an traditionelle Fischfanggemeinschaften.
Fischereimuseum »Lütt Partie«: Pluderbarg 7 | Mai – Okt. Mo. – Sa. 14 – 17 Uhr

BAEDEKER MAGISCHE MOMENTE

HIDDENSEE IN ALLER RUHE

Wenn die letzten Dampfer mit Tagesgästen die Häfen Hiddensees verlassen, wird es spürbar ruhiger auf der Insel. Dann ist man wieder unter sich, und es ist ein wunderbarer Genuss, mit einem Fischbrötchen in der Hand am Kai zu sitzen und den Schiffen nachzuwinken.

★ KLÜTZER WINKEL

Kreis: Nordwestmecklenburg

Sanft gewellte Hügel, Felder und Wiesen, dazwischen kleine Baumgruppen oder Wäldchen und immer wieder stattliche reetgedeckte Gehöfte, die nicht selten ein Storchennest auf dem Dach haben – das ist der Klützer Winkel.

Klützer Winkel wird das Land nördlich von Grevesmühlen genannt, es trägt aber auch den Beinamen **»Speckwinkel«**, denn hier sind die Böden äußerst fruchtbar, und entsprechend reichlich fallen die Ernten aus. Einst wurden die Feldfrüchte über Wismar und Lübeck verschifft. Bis ins 19. Jh. hinein waren einige wenige Familien, so die Plessens und die Bothmers, im Besitz des fruchtbaren Bodens. Von dieser Vergangenheit zeugen noch herrschaftliche Anwesen im barocken oder klassizistischen Stil wie etwa Schloss Bothmer, das zu den Spielstätten der Festspiele Mecklenburg-Vorpommern gehört.

Ein fruchtbarer Winkel

Von Grevesmühlen nach Klütz

Piraten als Anziehungskraft

Grevesmühlen

Der frühgotische Backsteinbau der Nikolaikirche in Grevesmühlen mit einem Kalkstein-Taufbecken aus der Entstehungszeit (13./14. Jh.) dominiert den Marktplatz mit dem ältesten Stadthaus (1660). Das Städtische Museum widmet sich dem tragischen Untergang der »Cap Arcona« und der »Thielbek« am 3. Mai 1945. Publikumsmagnet ist von Juni bis September das **Piraten-Open-Air-Theater**.

Städtisches Museum: Kirchplatz 5 | Di. – Do. 10 – 12.30, 13 – 16, Fr. 10 – 14 Uhr | Eintritt 1,50 € | www.grevesmuehlen.info
Piraten-Open-Air-Theater: www.piratenopenair.de

Leben und Tod in vergangener Zeit

Everstorfer Forst

Ein Spaziergang im Everstorfer Forst 5 km von Grevesmühlen führt in Höhe Naschendorf vom Wanderparkplatz zu mehreren Megalithgräbern. Besonders beeindrucken das Riesengrab und das Großsteingrab **Teufelsbackofen**, das aus 19 Monolithen besteht. Am Weg nach Klütz liegt das **Steinzeitdorf Kussow**. Hier wird das Leben unserer Vorfahren dank Töpfern, Weben und Bogenschießen erfahrbar.

Steinzeitdorf Kussow: Kussower Weg 9 | tgl. April – Okt. 10 – 17, Nov. – März 10 – 15 Uhr | Eintritt 4 €
www.steinzeitdorf-kussow.de

Wohin in Klütz?

Von Weitem grüßt der Turm

St. Marienkirche

Um 1280 erhielt das Landstädtchen Klütz (3150 Einw.), seit je Handwerks- und Handelszentrum der Region, die St. Marienkirche. Der dreischiffige Backstein-Hallenbau wurde im 14. Jh. um den Westturm erweitert. Glasierte Ziegel schmücken die Süd- und Nordportale. Der niedrig wirkende, 1701 veränderte Innenraum besticht mit einem schönen Granittaufstein und dem Chorgestühl mit geschnitzten Türmchen. Beachtung verdient auch die barocke hölzerne Taufe mit Figurenschmuck sowie die Spätrenaissance-Kanzel.

Literarisches Leben im Speicher

Literaturhaus Uwe Johnson

Im Getreidespeicher von 1890 nahe dem Marktplatz sind zwei Etagen für Leben und Werk von **Uwe Johnson** (1934 – 1984) reserviert. Ein Stockwerk präsentiert das Thema »Verzweigungen«, das zweite Johnsons Opus magnum, die vierbändigen »Jahrestage. Aus dem Leben der Gesine Cresspahl«. Johnsons fiktives, auch in den »Mutmaßungen über Jakob« auftauchendes Dorf »Jerichow« verorten Literaturwissenschaftler im Klützer Winkel. Johnson lebte in Anklam, besuchte in Güstrow das Gymnasium, studierte in Rostock. Die niederdeutsche Sprache setzte er bewusst in seinen Romanen ein. Im **Literaturhaus** werden vielfältige Aktivitäten angeboten, u. a. in der Kunstgalerie, mit Workshops und Lesungen (Klützer Literatursommer). Zur Holländer-Galeriewindmühle von 1904 finden auch Spaziergänge auf den Spuren Johnsons statt.

Literaturhaus: Im Thurow 14 | April – Okt. Di. – So. 10 – 17, Nov. – März Mi. – Sa. 10 – 16 Uhr | Eintritt 3,50 €
www.literaturhaus-uwe-johnson.de

Englische Schlossherrlichkeit

★ Schloss Bothmer

Am südlichen Ortseingang von Klütz liegt Mecklenburg-Vorpommerns größte barocke Schlossanlage. Schloss Bothmer wurde von Johann Friedrich Künnecke 1726 – 1732 für den Grafen von Bothmer erbaut. Als Vorbild diente **Blenheim Palace** in der Nähe von Oxford, den der Bauherr von seinem Aufenthalt in England als preußischer Gesandter kannte. Der symmetrisch angelegte Schlosskomplex gruppiert sich um einen nach Südosten offenen Ehrenhof, der Dreiecksgiebel des Hauptgebäudes zeigt das Wappen des Hausherrn. Das gesamte Areal ist von einem Wassergraben umgeben, der auch den als Barockgarten angelegten, später um Elemente eines Landschaftsgartens erweiterten Park einschließt. Einen schönen Blick gewährt die auf das Schloss zuführende Allee. Es ist eine sogenannte **Festonallee** aus Holländischen Linden, die in Deutschland einzigartig ist. Bei der Anlage der Allee werden die jungen Bäume in der Mitte gespalten und die Hauptäste seitlich umgebogen, bis sie durch weitere Pflegemaß-

KLÜTZER WINKEL ERLEBEN

STADTINFORMATION KLÜTZ
Im Thurow 14 (Literaturhaus Uwe Johnson)
23984 Klütz
Tel. 038825 2 23 87
www.kluetzer-winkel.de

TOURISMUSZENTRUM MECKLENBURGISCHE OSTSEEKÜSTE
Kühlungsborner Str. 2
18236 Kröpelin
Tel. 038292 86 13

KURVERWALTUNG OSTSEEBAD BOLTENHAGEN
Ostseeallee 4
23946 Ostseebad Boltenhagen
Tel. 038825 36 00
www.boltenhagen.de

STADTINFORMATION GREVESMÜHLEN
Kirchplatz 5
23936 Grevesmühlen
Tel. 03881 72 32 22
www.grevesmuehlen.info

FISCHRESTAURANT BLINKFÜR €€ – €€€
Fischreusen an der Decke, Schiffsmodelle unter Glas – dass auch die Speisekarte in dem urigen Restaurant maritim dominiert wird, ist selbstverständlich.
Ostseeallee 64
Boltenhagen
Tel. 038825 2 21 14
www.blinkfuer-boltenhagen.de

SEEHOTEL GROSSHERZOG VON MECKLENBURG €€€€
Sie müssen nur die Kurpromenade überqueren, und schon sind Sie am wunderbaren feinsandigen Strand. Aber auch in dem schönen Hotel selbst mit seinem Spitzenrestaurant können Sie es sich gut gehen lassen.
Ostseeallee 1
Boltenhagen
Tel. 038825 5 00
www.seehotel-boltenhagen.de

nahmen girlandenförmig wachsen und einen Hohlweg bilden. 2009 waren Klütz und der **Schlosspark** Teile der Bundesgartenschau Schwerin. Der Komplex gehört heute dem Land und ist Museum. In der Orangerie ist ein Café/Restaurant eingerichtet.

Schlossmuseum: April, Okt. Di. – So. 10 – 17, Mai, Juni, Sept. Di. – So. bis 18, Juli, Aug. tgl. 10 – 18, Nov. – März Sa., So. 11 – 16 Uhr | Eintritt 6 € | www.mv-schloesser.de
Schlosspark: tgl. ab 10 Uhr | Eintritt frei

★ Boltenhagen

Feiner Sand und lange Tradition

Es heißt, dass die Familie Bothmer als Erste den langen Sandstrand zum Baden entdeckte und hier im Jahr 1803 einen Badekarren ab- Ort und Strände

BAEDEKER ÜBERRASCHENDES

6X ERSTAUNLICHES

Hätten Sie das gewusst?

1. DORFREPUBLIK IM NIEMANDSLAND

Rüterberg lag zu DDR-Zeiten fast vollständig abgeschnitten im Grenzgebiet. 1989 riefen die Bewohner die Dorfrepublik Rüterberg aus. Nur einen Tag später fiel die Mauer. (▶ **S. 73**)

2. STERNBERGER KUCHEN

Der »Sternberger Kuchen« ist keine Gaumenfreude, sondern ein zementartiger **Gesteinsbrocken**, in den Millionen Jahre alte Muscheln, Krebse, Fischzähne, Weichtiere und Schnecken eingeschlossen sind. (▶ **S. 253**)

3. DER KARSTADT-URSPRUNG

Mit 1000 Talern eröffnete Rudolph Karstadt am 14. Mai 1881 **in Wismar** sein erstes »Tuch-, Manufaktur- und Confectionsgeschäft«. 1907 errichtete er das erste Karstadt-Kaufhaus, das bis heute existiert. Darin gibt es das Rudolph-Karstadt-Museum. (▶ **S. 302**)

4. DER GOTTESSTEIN

Der größte Findling der deutschen Ostseeküste liegt **vor Göhren** im Wasser. Sein slawischer Name »Buskam« bedeutet »Gottesstein«. Angeblich sollen sich hier zur Mittsommernacht Seejungfrauen treffen. (▶ **S. 224**)

5. LINDEN AUS HOLLAND

Schloss Bothmer, Mecklenburg-Vorpommerns größte barocke Schlossanlage, erreichen Sie auf einer in Deutschland einzigartigen Festonallee aus Holländischen Linden. (▶ **S. 128**)

6. HEXENJAGD

Bis zu 2000 Menschen starben in Mecklenburg während der Hexenverfolgungen. Ausstellungen **in der Alten Burg von Penzlin** widmen sich dem. Besonders eindrücklich: die unterirdischen Hexenverließe, Folterkammern und Folterinstrumente. (▶ **S. 164**)

stellte; 1838 gab es in dem ehemaligen Fischerdorf bereits eine Pension. Als Fritz Reuter sich Mitte des vorigen Jahrhunderts in der Dünenstraße 13 im Sommer einquartierte, war Boltenhagen bereits zu einem der größten Badeorte Mecklenburgs aufgestiegen. Nach dem vornehmen Heiligendamm ist es das zweitälteste Ostseebad mit hübschen alten Pensionshäusern aus der Gründerzeit und einigen schilfgedeckten Hallenhäusern, aber auch vielen neuen Hotels, Pensionen und Ferienwohnungen.

Vier Kilometer lang, feiner Sand, keine Steine und ein seichter Übergang ins Wasser – der **Strand von Boltenhagen**, geschützt durch die Lage in der weiten Bucht, ist für Familien mit Kindern bestens geeignet. Für FKK-Fans gibt es einen separaten Strandabschnitt, und Hundebesitzer haben die Wahl zwischen zwei Hundestränden. Wer die Einsamkeit sucht, kann auch an den **Naturstränden** westlich und östlich von Boltenhagen ins Wasser steigen. Hinter der Düne verläuft die breite Strandpromenade; in der Verlängerung des Kurhauses ragt die 290 m lange **Seebrücke** ins Meer.

An der »Wohlenberger Wiek« genannten Bucht im Osten des Klützer Winkels sind die Strände so flach, dass man sehr weit ins Meer laufen muss, bis die Badehose nass wird – für Kinder ein Badeparadies! Urlauber können sich die »YachtWelt Weiße Wiek«, die **Fünf-Sterne-Marina** von Boltenhagen, ansehen oder ins **Buddelschiffmuseum** gehen. Ab Tarnewitz starten Angeltouren und Kutterfahrten.

Buddelschiffmuseum: Ostseeallee 23 | Mo. - Fr. 14 - 18, Sa., So. 13 - 18 Uhr | Eintritt 2 €

Ausflug nach Schönberg

Spielwiese eines Entdeckers

Kalkhorst

In dem neogotischen Pfarrhaus in Kalkhorst zwischen Klütz und Dassow verbrachte der spätere Troja-Entdecker und Gelehrte **Heinrich Schliemann** als Zehnjähriger zwei Jahre unter der Obhut seines Onkels. Die Straße, in der das Pfarrhaus steht, ist nach ihm benannt, ebenso der kleine, achteckige Pavillon im Pfarrgarten. Ungewöhnlich groß ist die Dorfkirche aus dem 14. Jh., die im Innern überraschend vielfältig im Stil des Barock ausgestattet ist. Schloss Kalkhorst, ein versteckt in einem Landschaftspark am Dorfrand gelegenes, neogotisches Backsteingebäude, wurde zum Hotel umgebaut.

Zuerst Bischofsburg, dann Handwerkerstadt

Schönberg

Schönberg hat ein hübsches Ortsbild mit vielen Wohnhäusern aus dem 18. und 19. Jahrhundert. Von der im 13. Jh. erbauten Wasserburg der Ratzeburger Bischöfe ist nichts übrig geblieben – sie wurde 1805 abgetragen. Dafür gibt es am Marktplatz die St.-Laurentius-Kirche, die im 14. Jh. als Stufenhalle angelegt wurde. Das Innere erhielt

In solch einen hübschen Hafen wie den von Boltenhagen kehrt man mit seinem Fang doch gerne zurück .

durch eine Renovierung ab 1846 sein heutiges Gesicht. Die Malereien aus dem 17. Jh. an Wänden und Pfeilern und insbesondere die Bronzetaufe sind die bedeutendsten Relikte der früheren Ausstattung.
Das **Volkskundemuseum** zeigt seine ethnografische Sammlung im Koch'schen Haus am Markt. Zum Museum gehört auch das Open-air-Museum Bechelsdorfer Schulzenhof. Das um 1525 erbaute Hallenhaus wurde von Bechelsdorf nach Schönberg in die Johannes-Boye-Str. 7 versetzt. Die vorreformatorische »Kübbungsdielenscheune«, selten in Mecklenburg, kam später hinzu.

Volkskundemuseum: Markt 1 | Di., Sa. 13 – 18, Mi., Do. 11 – 18 Uhr
Eintritt 3 € | www.volkskundemuseum-schoenberg.de

★ KRAKOW AM SEE

Kreis: Rostock | **Höhe:** 50 m ü. d. M. | **Einw.:** 3400

Seine unvergleichliche Lage am See, umgeben von Wäldern, ist das größte Kapital des Luftkurorts Krakow, der durch mehrere Stadtbrände seine mittelalterliche Bebauung verlor. Der Krakower See mit seinen vielen Buchten und kleinen Inseln gehört zu den schönsten Gewässern der Mecklenburgischen Seenplatte. Fritz Reuter verglich die Gegend 1860 in seiner »Urgeschichte von Meckelnborg« mit dem Paradies.

Nicht nur den gesamten Ort am Nordwestufer des stark gegliederten, buchten- und inselreichen Krakower Sees überblicken Sie von der Aussichtsplattform des Turms auf dem Jörnberg. Auch der Panoramablick auf die weitläufige **Krakower Seenlandschaft** beeindruckt. Die Form des Sees war eventuell Namengeber, denn der Name Krakow ist slawischen Ursprungs und könnte »Ort der Raben oder Krähen« bedeuten, aber auch von dem slawischen Wort »krk« (Hals) abgeleitet sein, womit Bezug auf die Form genommen wäre.

Hals oder Krähen?

Wohin in Krakow am See und Umgebung?

Die Seele promenieren lassen

Seepromenade

Ein Spaziergang entlang der Seepromenade bietet schöne Ausblicke, zahlreiche Bänke laden zum Verweilen ein. Hier legen auch die Ausflugsschiffe an und können Sie Ruder- und Motorboote ausleihen. Einen näheren Blick lohnen auch die vielen reetgedeckten Bootshäuser und die denkmalgeschützte Badeanstalt.

Jüdische Zeugnisse

Synagoge

In Krakow steht eine der wenigen erhaltenen **Synagogen** Nordostdeutschlands. 1920 verkaufte die jüdische Gemeinde den gelben Klinkersteinbau an die Stadt, sie dient für Kulturveranstaltungen. Gleich nebenan liegt ein kleiner jüdischer Friedhof, der ebenfalls zu besichtigen ist. In der alten Schule sind ein Buchdruckmuseum mit Schauwerkstatt und eine Heimatstube untergebracht.

Alte Synagoge: Schulplatz 1 | Mai – Sept. Di. – Sa. 9.30 – 12, 13 – 16.30, Okt. – April Di. – Fr. 10 – 12, 13 – 16 Uhr | www.krakow-am-see.de

Angekommen im Paradies

Naturpark Nossentiner/Schwinzer Heide

Zwischen Goldberg und Waren an der ▶ Müritz erstreckt sich der 1990 eingerichtete, 320 km² große Naturpark Nossentiner / Schwinzer Heide. Misch- und Kiefernwälder, Moore, Äcker und Wiesen und vor allem die 60 kleineren und größeren Seen, darunter der Krakower Obersee, der Goldberger See und der Drewitzer See, prägen das Bild dieser Landschaft. Auch Plauer See, Fleesensee und Kölpinsee gehören zu diesem erholsamen Naturpark. Die meisten Seen haben glasklares und sauberes Wasser, in vielen kann man baden oder angeln. Zwischen Wäldern und Wiesen liegen kleine Dörfer mit alten Guts- oder Herrenhäusern. Mitten durch den Naturpark verläuft die **Hauptwasserscheide zwischen Ost- und Nordsee**: Die Nebel und die Mildenitz fließen in die Warnow und diese in die Ostsee, die anderen Flüsse in die großen Seen des Gebiets und von dort über Elde und Elbe in die Nordsee. Der Naturpark ist eines der wenigen Gebiete Deutschlands, in dem noch Seeadler und Kraniche brüten. Außerdem können Sie hier Fischotter in freier Wildbahn beobachten.

Zu Wisenten und Kormoranen

Naturschutzgebiete

Innerhalb des Naturparks gibt es eine Reihe interessanter Naturschutzgebiete, so den Damerower Werder mit seinem viel besuchten Wisentgehege (▶ Müritz) oder das Nordufer des Plauer Sees, wo Sie vom Aussichtsturm »Moorochse« einen guten Blick auf die ehemaligen Torfstiche und die Kormorankolonie haben. Das Durchbruchstal der Mildenitz im Nordosten des Naturparks erreichen Sie von Dobbertin aus auf einem Radwanderweg (einfache Strecke ca. 6 km). Das letzte Stück bis zum Schwarzen See, ab der Alten Mühle, führt entlang der Mildenitz. Einige besonders schöne Routen innerhalb des Naturparks sind ausgeschildert. Das **Naturparkzentrum im Karower Meiler** bietet eine Ausstellung zum Park, Radverleih und Radwanderungen. Im Sommer lohnen Naturparkrundfahrten im Boot.

Karower Meiler: Ziegenhorn 1 | Mai - Sept. tgl. 10 - 17, April, Okt. bis 16, Nov., Feb., März Mo. - Fr. 10 - 16.00 Uhr | Eintritt frei
www.naturpark-nossentiner-schwinzer-heide.de

Wohl dem, der ein solch idyllisches Plätzchen am Krakower See sein eigen nennt.

KRAKOW AM SEE ERLEBEN

TOURISTENINFORMATION KRAKOW AM SEE
Markt 21
18292 Krakow am See
Tel. 038457 2 22 58
www.krakow-am-see.de

NATURPARK NOSSENTINER/ SCHWINZER HEIDE
Infozentrum Karower Meiler
Ziegenhorn 1
19395 Karow (Plau am See)
Tel. 038738 7 39 00
www.naturpark-nossentiner-schwinzer-heide.de

FREMDENVERKEHRSAMT GOLDBERG
Müllerweg 2
19399 Goldberg
Tel. 038736 4 19 70
www.goldberg.m-vp.de

ICH WEISS EIN HAUS AM SEE
€€

Das idyllisch am Nordufer des Krakower Sees gelegene Restaurant (€€€) gilt als eine der besten Adressen in Mecklenburg-Vorpommern für Feinschmecker. 1995 wurde Küchenchef Michael Laumen mit einem Michelin-Stern ausgezeichnet – dem ersten Stern des Bundeslandes. Auch unter Chef Raik Zeigner erhält es diese Auszeichnung seither jedes Jahr. Gemütlich übernachten können Sie in einem der zehn Zimmer oder ganz romantisch im Holzhäuschen am See – ohne Fernseher.
Paradiesweg 3
Tel. 038457 2 32 73
www.hausamsee.de
Restaurant So. (außer Jul. und Aug.) und Mo. geschl. (im Winter eingeschränkte Öffnungszeiten)

Wo Genosse Erich auf die Pirsch ging

Drewitzer See

Der romantische Drewitzer See ist Revier von See- und Fischadlern, Baden ist am Südufer erlaubt. In Erich Honeckers reetgedeckter Staatsresidenz ist heute das Hotel/Restaurant Van der Valk eingerichtet. Honeckers Suite ist samt Mobiliar und Porträt erhalten.

Start in die Ruhe

★ Goldberg

Das beschauliche Goldberg (3500 Einw.) eignet sich bestens als Ausgangspunkt für Ausflüge zum Kloster Dobbertin oder für Wanderungen und Radausflüge in den Naturpark Nossentiner/Schwinzer Heide. Goldberg wurde im Mittelalter am Schnittpunkt wichtiger Handelsstraßen gegründet. Die mecklenburgischen Herzöge errichteten 1316 eine Burg, deren Reste in das ehemalige Amtshaus einbezogen wurden. Die frühgotische evangelische Stadtkirche brannte 1643 nach einem Blitzschlag bis auf die Grundmauern nieder, wurde wiederaufgebaut und 1842 neogotisch restauriert. In der alten **Wassermühle**, einem hübschen Fachwerkbau, zeigt das **Naturmuseum** seine große Kollektion von präparierten heimischen Tieren und einen historischen Bauerngarten.

★ Kloster Dobbertin

Klösterliches Kleinod am See

Um 1220 stiftete Fürst Heinrich Borwin I. ein **Benediktinerkloster**, das 1572 in ein adliges Damenstift umgewandelt wurde, der Klosterkomplex liegt idyllisch direkt am Nordufer des Dobbertiner Sees. Lohnend sind Führungen durch Kloster und Kirche. Die ehemalige Klosterkirche (14. Jh.) wurde zwischen 1828 und 1837 im neogotischen Stil umgebaut unter Leitung des Schlossbaumeisters Georg Adolph Demmler aus Schwerin und nach Plänen des Berliner Architekten Karl Friedrich Schinkel. Fast unverändert blieb der Innenraum mit Nonnenempore. Das schöne Klostercafé im alten Brauhaus hat eine Seeterrasse. Im Klosterladen werden Bio-Produkte der Region verkauft, schöne Mitbringsel finden Sie auch in der Kerzenzieherei.

Kloster: Am Kloster, Dobbertin | Mai – Sept. Di. – So. 11 – 17, Okt. bis April Mo. – Fr. 10 – 14 Uhr | Führung 4 € | www.kloster-dobbertin.de
Klostercafé: Mai – Okt. Di. –Fr. 11 – 17.30, Sa., So. 11 – 18 Uhr, Nov. – April jeweils eine Stunde kürzer

★★ LUDWIGSLUST

Kreis: Ludwigslust-Parchim | **Höhe:** 36 m ü. d. M. | **Einw.:** 12 500

Fast 80 Jahre lang bauten, regierten und feierten die Herzöge von Mecklenburg-Schwerin in Ludwigslust. Die ehemalige Residenzstadt gilt mit ihrem Barockschloss, dem herrlichen Park sowie einem üppigen Ensemble aus barocken und klassizistischen Gebäuden als ein baugeschichtliches Juwel von Mecklenburg-Vorpommern.

Schlosspracht in ländlicher Ruhe

Ludwigslust ist eine barocke Stadtgründung an der Stelle des kleinen Bauerndorfs Klenow. Im Jahr 1724 baute sich Christian Ludwig II. von Schwerin dort ein herzogliches Jagdhaus, das er 1757 auf den Namen Ludwigslust taufte. Zur vollen Pracht entfaltete sich Ludwigslust aber erst, als sein Sohn und Nachfolger Friedrich (der Fromme) die **Residenz der mecklenburgischen Herzöge** hierherverlegte. Er ließ ab 1765 den Ort nach den Plänen seines Hofbaumeisters Johann Joachim Busch einheitlich umgestalten. Eine zweite, diesmal klassizistische Bauphase erfolgte ab 1808 unter der Leitung von Johann Georg Barca. Als 1837 die Herzöge ihre Residenz nach Schwerin zurückverlegten, fiel Ludwigslust in den Rang einer Pensionärs- und Garnisonsstadt zurück, das Schloss wurde vom Herzogshaus als Sommersitz genutzt. Bis 1945 diente es dem abgedankten Großherzog Friedrich Franz IV. als Wohnsitz.

★★ Schloss und Park Ludwigslust

Mitte April - Mitte Okt. Di. - So. 10. - 18, Mitte Okt. - Mitte April Di. - So. 10 - 17 Uhr; Führungen Mitte April - Mitte Okt. Di. - Fr. 14, Sa., So. 11, 14, 15, Mitte Okt. - Mitte April Sa., So. 14 Uhr | Eintritt 6,50 €; Führungen plus 3 € | www.mv-schloesser.de

Nicht alles ist von Pappe

Schloss

Als Herzog Friedrich Ludwigslust zur Residenz ausbaute, ließ er 1772 – 1776 einen repräsentativen Schlossbau mit **Elbsandsteinfassade** errichten. Den augenfälligsten Fassadenschmuck bilden die auf der Attika stehenden 16 Prunkvasen sowie die 40 überlebensgroßen Sandsteinfiguren. Sie symbolisieren Tugenden, Künste und Wissenschaften und sind das Werk des Bildhauers Rudolf Kaplunger, der den gesamten Fassadenschmuck des Schlosses sowie verschiedene Freiplastiken und das im Park aufgestellte Denkmal seines Auftraggebers schuf. Im Ostflügel waren ursprünglich die herzoglichen Gemächer untergebracht, während im Westflügel die Herzogin logierte. Ein Teil dieser Raumfluchten, die überwiegend nach 1800 eingerichtet wurden, ist erhalten und zugänglich. Am eindrucksvollsten ist der prunkvolle **Goldene Saal** im Mitteltrakt. Im Ostflügel werden u. a. Meissner Porzellan, Elfenbeinarbeiten und die Gemäldegalerie gezeigt, unter denen die **»Menagerie« von Jean-Baptiste Oudry**, Hofmaler des französischen Königs Ludwig XV. besonders herausragt: 35 Gemälde und 40 Zeichungen exotischer Tiere. In der Alten Orangerie ist im Ladencafé der Sanddorn-Manufaktur auch das »rote Gold Mecklenburgs« erhältlich.

BAEDEKER MAGISCHE MOMENTE

VERSTECKTES KLEINOD

An den 1785 verstorbenen Bauherrn von Ludwigslust, Herzog Friedrich, erinnert ein bezauberndes Denkmal, das in einer kleinen Lichtung im Parkwald aufgestellt wurde und den gefühlsbetonten Zeitgeist zum Ausdruck bringt. Der Verstorbene ist hier nur in Form eines Porträts auf der Urne gegenwärtig. Viel wichtiger sind die Gefühle angesichts seines Hinscheidens, die durch die beiden trauernden Gestalten verkörpert werden

Auch wenn man genau hinschaut, sehen die Säulen und Stuckdekorationen im Ludwigsluster Schloss täuschend echt aus. Aber: Es ist nicht alles Gold, was glänzt. Ob Marmor, Terrakotta, Stein, Stuck, Leuchter, Bilderrahmen oder Möbel, vieles im Schloss ist aus **Pappmaché**. Und zwar so kunstvoll und haltbar, dass man bis heute noch nicht alle Geheimnisse des »Ludwigsluster Kartons« gelöst hat.

Kaskaden und Fontänen

Am Schloss

Die Schlossstraße verbindet Stadt und Residenz; Hofbaumeister Johann Joachim Busch hat sie als repräsentative Hauptstraße. Die renovierten, zweigeschossigen Backsteinhäuser stammen aus dieser Zeit. Vor der Hauptfassade des Schlosses liegt der Schlossplatz mit dem Standbild des Großherzogs Friedrich Franz I. († 1837). Der 28 km lange **Ludwigsluster Kanal** wird hier effektvoll über steinerne Kaskaden geführt. Die Sandsteinfiguren stammen von Rudolf Kaplunger. Für die herzoglichen Gäste wurde 1780 das Kavaliershaus östlich des Schlosses erbaut. Links davon steht das von Johann Georg Barca entworfene Spritzenhaus und, etwas nach Norden versetzt, das bereits mit der Anlage des Parks errichtete Fontänenhaus für die Versorgung der Gartenspringbrunnen. Im Gebäude befindet sich heute ein **Naturkundemuseum**

Die Hauptachse der Residenz setzt sich nach Süden bis zur ehemaligen Hofkirche, der heutigen Stadtkirche, fort. Dem Schlossplatz schließt sich der **»Am Bassin«** genannte Platz mit ovalem Teich in der Mitte an. Gerahmt wird der Platz in einem weiten Halbrund von Backsteingebäuden, in denen einst die Hofbediensteten wohnten. Es folgt eine Reihe kleinerer Fachwerkhäusern. Der weite, rechteckige Kirchplatz, der letzte der in der Schlossachse aneinandergereihten Plätze, bringt die Fassade der Stadtkirche wirkungsvoll zur Geltung.

Natureum: www.naturforschung.info

Griechische Anklänge

Stadtkirche

Das von Johann Joachim Busch von 1765 – 1770 erbaute Gotteshaus besitzt eine **eigenwillige Schauseite** mit einem Säulenportikus, der an einen griechischen Tempel denken lässt. Auf der Attika stehen die steinernen Figuren der vier Evangelisten. In der Mitte des Innenraums steht der Steinsarkophag des 1785 verstorbenen Herzogs Friedrich. Die Chorapsis schmückt das Wandgemälde »Verkündigung an die Hirten« von 1803. Dem Chor gegenüber, an der Westseite, befindet sich die zweigeschossige Hofloge – mit Dekor aus Pappmaché. Etwa 200 m östlich der Stadtkirche und direkt am Eingang zum alten Friedhof stehen seit 1792 die beiden Glockentürme.

Ein Traum von einem Park

Schlosspark

Schon wegen seiner Größe von 130 ha, aber auch wegen seiner vielen **seltenen Bäume** nimmt der Schlosspark einen vorderen Platz

OBEN: Ein doch recht großes Schloss für ein doch eher kleines Herzogtum ...
UNTEN: Außergewöhnlich ist das passende Attribut für die Oudry-Menagerie.

LUDWIGSLUST ERLEBEN

LUDWIGSLUST INFORMATION
Schlossstr. 36
19288 Ludwigslust
Tel. 03874 52 62 51
www.stadtludwigslust.de

STADTINFORMATION NEUSTADT-GLEWE
Markt 1 (auf der Burg)
19306 Neustadt-Glewe
Tel. 038757 5 00 64
www.neustadt-glewe.de

SANDDORN STORCHENNEST
Plantage und Hofladen (alles in Bio) in Ludwigslust, dem Zentrum des Sanddornanbaus in MV: Säfte, Tee, Liköre, Aufstrich, Kosmetik.
Friedrich-Naumann-Allee 26
www.sanddorn-storchennest.de
Tel. 03874 2 19 73
Sa., So. geschl., Führungen mit Verkostung n. V.

TÜFFELWOCHEN
Den ganzen Oktober dreht sich bei den Tüffelwochen in in den Restaurants der Region Lewitz bei Neustadt-Glewe alles um die Kartoffel.

❶ LANDHOTEL DE WEIMAR **€€-€€€**
Das Traditionshaus an der Ludwigsluster Flaniermeile ist außen wie innen ein kleines Schmuckstück. Es gibt auch zwei Luxuszimmer im historischen Teil des Hauses mit Blick auf die Schlossstraße.

❶ AMBIENTE **€€€€**
Der mit Glasdach geschlossene Innenhof des Landhotels gibt ein zauberhaftes Ambiente ab für eines der anspruchsvollsten Restaurants in der Region.
Schlossstr. 15
Tel. 03874 41 80
www.landhotel-de-weimar.de

unter den alten Parkanlagen Mecklenburg-Vorpommerns ein. Besonders reizvoll sind die verstreut liegenden Parkbauten und Denkmäler sowie die miteinander verbundenen Teiche mit Inseln, Brücken und Wasserspielen. Den Vorläufer der weitläufigen Grünanlage bildete ein Barockgarten beim ehemaligen Jagdhaus, der in einen Landschaftsgarten nach englischem Vorbild umgewandelt wurde. Bereits 1760 wurde für den Großen Kanal mit seinen »24 Sprüngen« die Rögnitz umgeleitet. 20 Jahre später baute man die romantische Steinerne Brücke, danach kamen die künstliche Ruine, die man als Ambiente für romantische Aufführungen und Hoffeste benötigte, das Schweizerhaus und das Lusthaus für Herzogin Luise dazu.
Auf der Halbinsel im Park baute Johann Heinrich von Seydewitz 1809 die katholische Kirche **St. Helena**, angeblich der erste neogotische Sakralbau in Mecklenburg-Vorpommern. 1852 ließ der Peter Joseph Lenné unter anderem die Teiche anlegen.

Wohnen mit Stil

Der Stadterweiterung unter Hofbaumeister Johann Georg Barca verdankt die Stadt noch einige Wohnhäuser in klassizistischem Stil in der Schweriner Straße und in der Kanalstraße, u. a. das Wohnhaus Barcas und das des Hofmalers Suhrlandt (Kanalstr. 20 und 22). Barca-Häuser

Rund um Ludwigslust

Flache Urwüchsigkeit

Südlich und westlich von Ludwigslust erstreckt sich die sogenannte Griese Gegend, eine flache Landschaft mit Kiefernwäldern und Torfmooren, die – wegen der wenig fruchtbaren Sandböden – früher zu den ärmsten Regionen des Landes zählte. In den Sümpfen wurde das Raseneisenerz gewonnen, das wegen seines hohen Erzanteils schwarz bis dunkelbraun gefärbt ist und in verschiedenen Bauten in Ludwigslust verwendet wurde, z. B. in der künstlichen Ruine im Schlosspark. In vielen Dörfern finden sich noch die typischen niederdeutschen Fachwerkhallenhäuser, so etwa in **Glaisin**, 11 km südwestlich von Ludwigslust. Griese Gegend

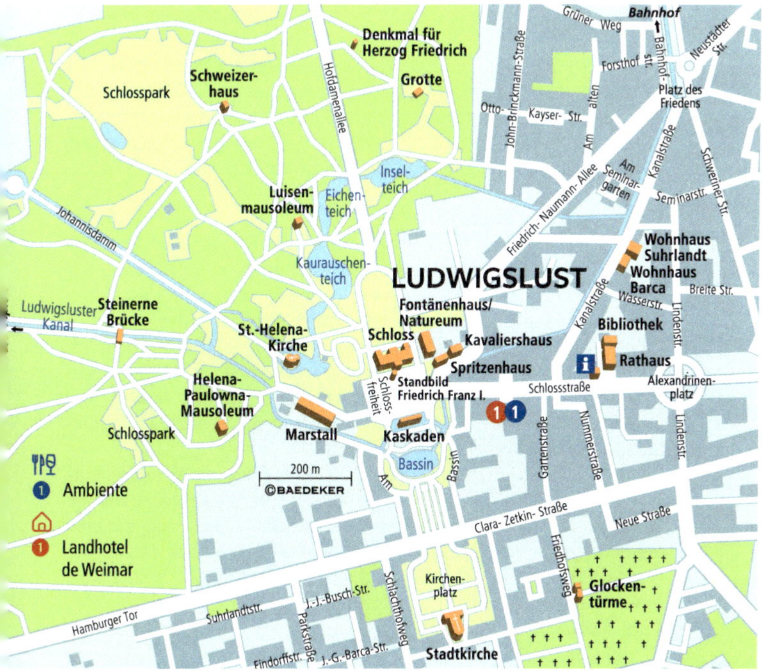

Stadt mit Kusspotenzial

Grabow

Grabow, bekannt durch die in der Schau(m)manufaktur zubereiteten »Grabower Küsschen«, besitzt viele Fachwerkhäuser des frühen 18. Jh.s. Viele Häuser weisen noch geschnitzte Haustüren und Lastenaufzüge auf. Am zentralen Markt steht das barocke Rathaus, das nach einem Stadtbrand 1725 als zweistöckiger Fachwerkbau errichtet wurde. Auch die gotische Pfarrkirche St. Georg brannte damals völlig aus, wurde aber in wenigen Jahren weitgehend wiederhergestellt. Ältestes Ausstattungsstück ist die schöne Renaissancekanzel mit Szenen aus dem Neuen Testament. Zusammen mit dem berühmten, 1379 für die Hamburger Petrikirche entstandenen **Grabower Altar** war die Kanzel 1734 als Geschenk nach Grabow gekommen. 1903 hat die Hamburger Kunsthalle den Altar zurückgekauft.

Neustadt-Glewe

Mit dem Boot fast vor die Burg

Altstadt

Unterhalb der mittelalterlichen Burg von Neustadt-Glewe fließt gemächlich ein Wasserlauf, die Müritz-Elde-Wasserstraße. Am benachbarten Neustädter See können Sie baden und Boote mieten. Typisch für das Ortsbild sind die Giebelfachwerkhäuser aus dem 18. Jh., die vor allem um den rechteckigen Marktplatz und an der Hauptstraße zu finden sind. Beachtenswert sind die kunstvoll geschnitzten Eingänge. Die im Kern mittelalterliche Kirche St. Marien, ein turmloser Backsteinbau, besitzt eine prächtige Renaissancekanzel.

Uralt und in Topzustand

Burg und Schloss Glewe

Die Burg aus dem 14./15. Jh. ist ein Paradebeispiel für einen mittelalterlichen Wehrbau in Mecklenburg-Vorpommern. Von der Gartenkolonie auf dem gegenüberliegenden Ufer der Elde haben Sie einen hervorragenden Blick auf den dreigeschossigen, mit der zinnenbekrönten Ringmauer verbundenen Bergfried. Lohnend sind die Wandmalereien aus dem 16. Jh., die Sonderausstellungen und das Museum. Beim farbenprächtigen **Burgfest** gibt es jährlich Anfang Juni Gaukler, Ritterturniere, Marktstände und mittelalterliche Laienspieler zu sehen – inklusive Schwertkämpfe.

Einen Steinwurf von der alten Burg entfernt, direkt am Eldeufer, entstand ab 1619 ein Schloss. Schwierigkeiten bereitete der sumpfige Untergrund, der einen gewaltigen Rost aus dicken Eichenholzpfählen als Fundament nötig machte. Erst gut 100 Jahre nach Baubeginn wurde das Werk im niederländischen Barock vollendet. Heute wird die einstige Adelsresidenz als Hotel genutzt.

Burg Glewe: Markt 1 | April – Okt. Mo., Mi. – Fr. 10 – 17, Sa., So. 11 – 17 Uhr, im Winter eingeschränkte Öffnungszeiten

In Memoriam

Wöbbelin

In Wöbbelin 6 km westlich fand der 1813 bei Lützow gefallene Schriftsteller **Theodor Körner** seine letzte Ruhestätte. Ein Museum würdigt ihn als Dichter und als Mitglied des Freikorps. Ebenfalls im Park liegen die Gräber von Häftlingen des Konzentrationslagers, das die SS Ende 1944 als letztes **Außenlager des KZ Neuengamme** eingerichtet hatte. Für mehr als 1000 Häftlinge war die Befreiung am 2. Mai 1945 zu spät gekommen. Auf Befehl der amerikanischen Militärbehörden wurde ein Teil der Opfer in Wöbbelin, andere in Ludwigslust, Schwerin und Hagenow beigesetzt.

Gedenkstätte: April – Okt. Di. – Fr. 12 – 16, So. 11 – 16, Nov. – März Di. – Fr., So. 11 – 16 Uhr | Eintritt frei www.gedenkstaetten-woebbelin.de

Einst Jagdrevier, heute Vogelparadies

Lewitz, Friedrichsmoor

Nördlich von Neustadt-Glewe erstreckt sich die Lewitz, eine Teich- und Wiesenlandschaft, die von zahlreichen, teils natürlichen, teils künstlich angelegten Wasserläufen durchzogen ist. Viele Vogelarten brüten am Rand der Gewässer, weshalb die Lewitz, heute ein Naturschutzgebiet, früher ein beliebtes Jagdrevier war. In Friedrichsmoor, 10 km nördlich von Neustadt-Glewe, ließ sich um 1780 Herzog Friedrich Franz I. ein kleines **Jagdschloss** errichten. Die Anlage beherbergt ein Restaurant und ein Hotel; auch Pferde werden hier gezüchtet. Besucht wird Schloss Friedrichsmoor vor allem wegen der berühmten französischen **Bildtapete** im Gartensaal. Sie wurde 1815 in Paris gedruckt und zeigt fünf Jagdszenen im Wald von Compiègne.

Jagdschloss: Friedrichsmoor, Schlossallee 10 | www.jagdschloss-friedrichsmoor.de

MALCHOW

Kreis: Mecklenburg. Seenplatte | **Höhe:** 75 m ü. d. M | **Einw.:** 6900

Ein Augenschmaus: Eingebettet in Seen und Wälder liegt Malchow auf einer Insel im Herzen der Mecklenburgischen Seenplatte. Ganz in der Nähe erstreckt sich Land Fleesensee und damit ein Vorzeigeprojekt der Tourismusförderung in einer der strukturschwächsten Regionen des Landes mit Rundumversorgung für die Gäste.

Im Inselglück

Die winzige Altstadt von Malchow liegt auf einer Insel im Malchower See, der die schmale Verbindung zwischen Fleesensee und Plauer See bildet. Eine Drehbrücke und ein im 19. Jh. angelegter Damm auf der anderen Seite verbinden die Altstadt mit dem Festland, wo die

Neustadt sich ausbreitet. Wegen der vielen hier ansässigen Färbereien und Tuchfabriken wurde Malchow im 19. Jh. als das »Manchester Mecklenburgs« bezeichnet.

Wohin in Malchow?

Kleinstadt mit Museumsvielfalt

Marktplatz und Kloster

Mittelpunkt der Altstadt ist der Marktplatz mit dem Rathaus, einem zweigeschossigen Fachwerkbau. Im »Film-Palast« an der Stadtkirche zeigt das **DDR-Museum** Exponate zum DDR-Alltag (Hochzeit, Schule, Jugendweihe, Urlaub) und 40 Jahre Rundfunktechnik.
1298 wurde das Zisterzienserinnenkloster von Röbel an den Malchower See verlegt. Das Kloster beherbergt eine Dauerausstellung regionaler Künstler. Im Pfarrhaus und in der Klosterkirche, 1849 von Schinkel-Schüler Friedrich W. Buttel errichtet und nach dem Brand von Georg Daniel 1888/1890 wiederaufgebaut, darf man im **Orgelmuseum** selbst in die Tasten greifen.
Kurioses und Rares präsentiert das ehemalige Heimatmuseum **»Kiek in un wunner di«**, u. a. historische Schulbänke und Hausrat, aber auch Kurioses wie eine »Schusterkugel« und ein »Tefifon«.

Woher kommen die Töne aus der Orgel? Näheres dazu im Orgelmuseum von Malchow.

DDR-Museum: Kirchenstr. 25 | Mai - Sept. Di. - So. 10 - 17, März, April, Okt. Di. - So. 10 - 16, Nov., Dez. Sa., So. 11 - 15 Uhr | Eintritt 3 €
www.ddrmuseum-malchow.de
Klosterausstellung: Kloster 32 - 34 | Mai - Sept. Di. - So. 10 - 17, April, Okt. bis 16, Nov., Dez. Sa., So. 11 - 15 Uhr | Eintritt 3,50 €; Führung 5,50 € | www.kloster-malchow.de
Orgelmuseum: Kloster 26 | Mai - Sept. Di. - So. 10 - 17, April, Okt. bis 16, Nov., Dez. Sa., So. 11 - 15 Uhr | Eintritt 3 €, Turmbesteigung 1 € | www.orgelmuseum-malchow.de
Kiek in un wunner di: Friedrich-Lessen-Weg 1 / Kloster 47
Mai - Sept. Di. - So. 10 - 17, April, Okt. bis 16 Uhr | Eintritt 3,50 €
www.kiekinunwunnerdi.de

MALCHOW ERLEBEN

TOURISMUSINFORMATION MALCHOW
Kirchenstr. 1
17213 Malchow
Tel. 039932 8 31 86
www.inselstadt-malchow.de

ROSENDOMIZIL €€ - €€€
Ein romantischer Name für das Hotel mit Restaurant direkt an der Drehbrücke auf der Insel im Fleesenseet. Romantisch ist auch der Blick auf den See. Und abwechslungsreich die Speisekarte, auf der u. a. Fisch steht, der quasi vor der Haustür geangelt wird.
Lange Str. 2 - 16
Malchow
Tel. 039932 1 80 65
www.rosendomizil.de

GENUSSWERKSTATT IM GOLF- & COUNTRYCLUB FLEESENSEE €€
Für jedermann zugänglich ist die Genusswerkstatt im Golf- & Countryclub. Die Zutaten sind von bester Bio-Qualität, der Fisch kommt von Müritz-Fischern. Und Sie müssen dafür nicht einmal Golf spielen.
Tannenweg 1
Göhren-Lebbin
Tel. 039932 80 40 51
www.fleesensee-golfclub.de

LAND FLEESENSEE
Mit vier Hotels, fünf Golfplätzen und der SpaWorld Fleesensee die größte Ferienanlage Nordeuropas. Der Fleesensee ist nicht weit, ebenso das Ladenzentrum.
Tannenweg 1
Göhren-Lebbin
Tel. 039932 80 01 00
www.fleesensee.de

SCHLOSS FLEESENSEE €€€€
Im zum Luxushotel umgebauten Schloss erwarten Sie großzügige Zimmer und Suiten; das Nonplusultra ist die Turmsuite. Es gibt ein großes Sportangebot (auch der Golf- und Countryclub gehört dazu), Wellness wird mit fünf Sternen großgeschrieben. Auch Hunde sind willkommen.
Schlossstr. 1
Göhren-Lebbin
(Fleesensee)
Tel. 039932 8 01 00
www. schlosshotel-fleesensee.com

Rund um Malchow

Landwirtschaft in der DDR

Agroneum

6 km von Malchow entfernt informiert das Freilichtmuseum **Agroneum** am Plauer See über Landwirtschaft und Landleben mit Schwerpunkt DDR-Agrargeschichte. Zu sehen sind u. a. ein dampfbetriebener Pflug, ein Saatflugzeug und eine Dorfschule aus der Zeit um 1910. Das »Holzpantinengymnasium« der ärmeren Bevölkerung war eine Einklassenschule.

Agroneum: Alt Schwerin, Achter de Isenbahn 1 | Mitte März – Okt. tgl. 10 – 19 Uhr, sonst auf Anfrage | Eintritt 7 € | www.agroneum-alt-schwerin.de

★ MECKLENBURGISCHE SCHWEIZ

Landkreise: Mecklenburg. Seenplatte, Rostock | **Höhe:** 1 – 123 m ü. d. M.

Ihren hohen Hügelkuppen, die an das schweizerische Voralpenland denken lassen, verdankt die anmutige Landschaft im Norden der Mecklenburgischen Seenplatte den Namen »Mecklenburgische Schweiz«. Romantische Alleen, Parks und schmucke Dörfer wechseln mit Feldern und Wäldern ab.

Niedrig und doch hoch

Verantwortlich für den Eindruck, man befinde sich in einer vergleichsweise hoch gelegenen Region, sind vor allem die großen Höhenunterschiede auf verhältnismäßig engem Raum: Gegenüber den Seen, die fast auf Meeresspiegelhöhe liegen, wirken so bescheidene Erhebungen wie der 123 m hohe Hardtberg schon wie Bergriesen.

Malchin und der Malchiner See

Überstandene Feuerbrunst

Stadtkirche, Stadtmühle

Malchin ist neben ▶ Teterow das **touristische Zentrum** der Mecklenburgischen Schweiz. Im letzten Kriegsjahr 1945 brannte die Innenstadt von Malchin. Nur wenige Gebäude überstanden dieses Inferno, darunter ein so sehenswertes wie die **Stadtkirche** St. Maria und Johannes, bei der Architektur und Ausstattung gleichermaßen qualitätvoll sind. Die dreischiffige Backsteinbasilika war im Wesentlichen 1440 vollendet. Eindrucksvoll ist das Kircheninnere mit einem 22 m

MECKLENBURGISCHE SCHWEIZ ERLEBEN

STADTINFORMATION MALCHIN
Am Markt 1
17139 Malchin
Tel. 03994 64 01 11
www.amt-malchin-am-kummerower-see.de
www.mecklenburgische-schweiz.com

»WAPPENSAAL« IM SCHLOSSHOTEL BURG SCHLITZ €€€€
Bei Kerzenschein dinieren Sie klassisch-französisch, die junge Küchenchefin Sabine Teubler legt Wert auf beste regionale Zutaten. Alternativ gibt es das Café/Brasserie »Louise«.
Natürlich können Sie in diesem Schmuckstück, das sogar über einen eigenen Hubschrauberlandeplatz verfügt, auch überaus edel übernachten und den vorzüglichen Wellness-Bereich genießen.
Burg Schlitz 2
Hohen Demzin
Tel. 03996 1 27 00
www.burg-schlitz.de

HOTEL AM WEDENHOF & RESTAURANT MILANO €
Unkompliziert familiär geführtes Stadthotel, in dem der Tag mit einem reichhaltigen Frühstück beginnt.
Schulstr. 33, Malchin
Tel. 03994 20 74 12
www.hotel-am-wedenhof.de

hohen Mittelschiff mit schönem Sterngewölbe und einem lichtdurchfluteten Chor. Als das bedeutendste Stück der Ausstattung gilt der spätgotische Schnitzaltar. In der ehemaligen **Stadtmühle** widmen sich Ausstellungen der Stadtgeschichte, Malchiner Malern und dem genialen Erfinder Siegfried Marcus (1831 – 1898): Er schuf den »Marcus-Wagen«, eines der ersten Automobile der Welt.
Museum in der Mühle: Goethestr. 5 | April – Okt. Di. – Fr. 10 – 12, So. 14 – 17 Uhr, im Winter teilweise geschl. | Eintritt frei
www.museum-malchin.de

Repräsentativer Herrschaftssitz

★ Schloss Basedow

Ein Alleenweg führt von der Ortsmitte auf das imposante Schloss von Basedow zu. Vom 16. bis ins 19. Jh. wurde an der Dreiflügelanlage gebaut. Am Umbau im 19. Jh. war Friedrich August Stüler beteiligt. Der große Park ist ein Werk von **Peter Joseph Lenné**.
Führungen ab Schlosstor: www.gaestefuehrerin-mueller.de

Dorfkirche mit Überraschungseffekt

★ Dorfkirche

Unbedingt zu empfehlen ist der Besuch der Kirche aus dem 13. bzw. 15. Jahrhundert. Die für eine Dorfkirche ungewöhnlich reiche Ausstattung aus Spätrenaissance und Barock lässt sich nur mit dem Patronat der Adelsfamilie von Hahn erklären. Beherrschend wirkt der

BAEDEKER ÜBERRASCHENDES

6X GUTE LAUNE

Das hebt die Stimmung.

1. BEI DER »NASCHKATZE«

Die selbstgebackenen Kuchen und herzhaften Kleinigkeiten isst man am besten im Garten des Cafés in **Krummin auf Usedom**. Zwischen blühenden Beeten und unter Obstbäumen findet jeder sein lauschiges Plätzchen. (▶ **S. 284**)

2. PURER LUXUS

»Sonne leuchte mir ins Herz hinein, Wind verweh mir Sorgen und Beschwerden! « Besser als mit Hermann Hesse kann man einen Aufenthalt auf im Schlosshotel **Burg Schlitz** nicht beschreiben. Man fühlt sich wie Schlossherr oder -herrin. (▶ **S. 147**)

3. »IM-JAICH«

Gustow ist ein winziges Dorf am Strelasund. Weit weg von den mondänen Seebädern wartet hier reiner Luxus: Ferienhäuser über dem Wasser, die den Namen Naturoase völlig zu Recht tragen. Mit einem Buch auf der Terrasse sitzen und auf den Sonnenuntergang warten verteibt die schlechteste Laune. (▶ **S. 219**)

4. ALLES KARTOFFEL

Kartoffeln sind langweilig? Die **Tüffelwochen** werden Sie eines besseen belehren: Knollen mit Fantasie und Kreativität zubereitet. (▶ **S. 140**)

5. BUNTER HIMMEL

Im Herbst tanzen bunte Fantasiewesen am Himmel, denn es ist die Zeit der **Drachenfeste**: Anfang Oktober im Seebad Karlshagen, Mitte Oktober in Bansin oder in Altefähr auf Rügen. (▶ **S. 284, 288, 213**)

6. WELLNESS

Eine der besten Wohlfühloasen bietet das Maritim Hotel **Kaiserhof in Heringsdorf**. Subtropischer Palmengarten, Außenpool, Meerwasserschwimmbecken, Thalasso-Anwendungen, Physiotherapie, Naturheilkunde, Sauna lassen keine Wünsche offen. (▶ **S. 284**)

mit Marmorreliefs geschmückte Altaraufsatz aus Sandstein (1592) an der östlichen Chorwand. Die barocke Orgel, 1683 fertiggestellt, ist mit drei Manualen und 36 Registern das kostbarste Ausstattungsstück.

Die Welt im mecklenburgischen Park

Blücherhof

Von Basedow fahren Sie zur Hauptstraße, die dem Ostufer des Malchiner Sees folgt. An der Südseite des Sees lohnt ein Abstecher nach Blücherhof, einem Ortsteil von Klocksin, wo eine intakte Gutsanlage erhalten ist. Ab 1904 ließ sich der Eigentümer Alexander König das Herrenhaus im neobarocken Stil umbauen. Der Zoologe brachte von seinen Forschungsreisen Pflanzen aus aller Welt mit. Im Schlosspark gedeihen unter uralten heimischen Buchen Mädchenkiefern, Schirmtannen, Zaubernuss und Ginkgo.

Palastpracht und Parkträume

Burg Schlitz

Hügelkuppen mit saftig grünen Wiesen, Pferde auf der Koppel, herrliche Alleen – zwischen Schloss Blücherhof und Burg Schlitz macht die Mecklenburgische Schweiz ihrem Namen alle Ehre. Gut versteckt hinter einer alten Gutsschmiede liegt die 1823 erbaute Burg Schlitz. Seit 1999 ist die **klassizistische Anlage** ein Luxushotel, das Hotelrestaurant und der Landschaftspark mit Obelisken sowie der Skulpturenweg nach Görzhausen mit moderner Kunst (www.skulpturenweg-ev.de) sind öffentlich zugänglich. Im Park können Sie auf einer Lichtung den Nymphenbrunnen mit drei Mädchenfiguren entdecken, die ausgelassen einen Reigen tanzen. Seit 1930 ist die Skulpturengruppe, die 1903 für das Kaufhaus Wertheim in Berlin entstanden war, Bestandteil des Parks. Südöstlich des Nymphenbrunnens ließ der Hausherr neben den im Wald versteckten Säulen, Obelisken und Gedenksteinen dem altgedienten Feldherrn Gebhard Leberecht Blücher von Wahlstatt ein steinernes Denkmal setzen.

Blick in den Himmel

Remplin

Zwischen Teterow und Malchin liegt Remplin. Das Schloss der mecklenburgischen Adelsfamilie von Hahn wurde 1851 für den neuen Besitzer Herzog Georg von Mecklenburg-Strelitz im Stil der Renaissance erweitert. Seit einem Brand im Jahr 1940 stehen von diesem Prunkbau nur noch der Nordflügel und der Torturm. Im 19. Jh. ließ der neue Schlossherr den Garten von **Peter Joseph Lenné** im Stil englischer Landschaftsparks erweitern.

Im Schlosspark steht die älteste **Sternwarte** Mecklenburg-Vorpommerns. Hier betrieb Friedrich von Hahn ab 1793 seine Forschungen – der Mondkrater »Ringgebirge Hahn« ist nach dem Grafen benannt. Die zur Ruine verfallene Anlage wurde sorgfältig restauriert und wird seither wieder von Hobbyastronomen genutzt.

www.sternwarte-remplin-ev.de

Japan lässt grüßen

Lelkendorf, Todendorf

Nördlich von Malchin stehen 17 Plastiken im **Skulpturenpark** des Kulturguts Lelkendorf. Das **Kulturzentrum Schloss Mitsuko** im Gutshaus Todendorf bei Teterow öffnet mit dem deutsch-japanischen Hain ein Fenster nach Fernost, das besonders farbenprächtige Ausblicke parat hat, wenn Ende März das Kamelienfest gefeiert wird. Im Japanischen Hain hinter dem Schloss begegnen sich norddeutsche und japanische Vegetation.

Ostern – Okt. Sa., So. 13 – 17 Uhr | www.schloss-mitsuko.org

★★ MÜRITZ

Kreis: Mecklenburg. Seenplatte | **Höhe:** 62 m ü. d. M. |
Fläche: 112,6 km²

Von Berlin nur knappe zwei Autostunden entfernt, gehört die Müritz beinahe schon zum Naherholungsgebiet der Bundeshauptstadt. Der von der Elde durchflossene See ist ein Dorado für Wassersportler und alle, die gern in einer weitgehend intakten Natur ausspannen wollen (▶ Das ist ..., S. 20).

Kleines Meer ganz groß

Müritz kommt von dem slawischen Wort »morcze« und bedeutet so viel wie »kleines Meer«. Zwar ist die Müritz kein Meer, aber der **zweitgrößte See Deutschlands**; größer ist nur der Bodensee. Touristischer Mittelpunkt ist die Stadt Waren am Nordufer, während sich am Südwestufer Röbel zu einem beliebten Ferienort entwickelt hat.

Paradies am Wasser

Landschaft

Waldbedeckte Hügel, Torfmoore und klare Rinnenseen, von Kiefernwäldern bedeckte Sandgebiete sowie Heiden und Wiesen prägen das Landschaftsbild rund um die Müritz. Etwa 700 zum Teil rar gewordene Pflanzenarten werden an den Ufern gezählt. Um Pflanzen und Tiere zu schützen, sind weite Flächen als Naturschutzgebiete ausgewiesen. Das Ostufer, das zum Müritz-Nationalpark gehört, fällt sehr flach ab. Vor rund 200 Jahren stand dieses Gebiet noch unter Wasser. Das änderte sich, als man im 18. Jh. den Elde-Wasserweg anlegte, wodurch der Wasserspiegel um etwa 2 m absank. Es entstand eine amphibische Landschaft mit Teichen, Mooren, Röhrichten, Riedflächen und Wäldern, heute ein **Wild- und Vogelparadies**. Zu DDR-Zeiten war die Müritz das »Gelobte Land« der Freizeitangler und -jäger und vor allem Jagdrevier der Politelite.

★★ Müritz-Nationalpark

Ein Traum für Natur- und Vogelfreunde

Menschenleere Großlandschaft

Adler und Kraniche, Morgennebel über einsamen Seen, Stille und Waldeinsamkeit – der Müritz-Nationalpark ist ein Dorado für Wanderer, Sinnsucher, Erholungsbedürftige und alle, die einfach Freude an unberührter Natur haben. Zum Beobachten von Großvögeln ist der Müritz-Nationalpark ideal, denn See- und Fischadler haben hier ihre Reviere. Kraniche, Grau- und Blässgänse sieht man hauptsächlich im Frühjahr und Herbst, wenn sie auf ihrem Flug gen Süden oder Norden hier Zwischenstation machen. **Zahlreiche Beobachtungsplätze** wurden eingerichtet. Dünn besiedelte Gebiete sind in Mitteleuropa selten geworden – der Müritz-Nationalpark mit seinen 322 km² Fläche ist eines davon. Seen und Moore prägen die Landschaft, knapp drei Viertel des Parks aber sind Wald. Der Nationalpark besteht aus zwei Teilen, einem ca. 260 km² großen Gebiet zwischen Waren und ▶ Neustrelitz östlich der Müritz sowie den **Serrahner Buchenwäldern** (ca. 62 km²) zwischen Neustrelitz und ▶ Feldberg, die UNESCO-Weltnaturerbe sind. Vom Parkplatz Zinow an der B198 führt der Wald-Erlebnis-Pfad Serrahn ins UNESCO-Gebiet und zum Forsthaus Serrahn, in dem eine Welterbe-Ausstellung gezeigt wird. Von Neustrelitz fährt der Bus 619, Radler folgen dem Zeichen grüner Radler.

Forsthaus Serrahn: April – Okt. tgl. 10 – 17 Uhr
www.weltnaturerbe-buchenwaelder.de

Jedem seine Tour

Erkundung

Verschiedene Ortschaften dienen als **Eingangstore** ins Schutzgebiet: Waren, Kargow, Boek, Ankershagen, Kratzeburg, Userin, Carpin, Schillersdorf, Bergfeld und Wokuhl. Von den ausgewiesenen Parkplätzen können Touren zu Fuß, per Fahrrad oder mit der Pferdekutsche in den Nationalpark gemacht werden. Wer mit dem Fahrrad unterwegs ist, sollte für seine Touren genügend Zeit einplanen, denn einige Wege im Nationalpark sind sandig, das Radeln kann hier mühsam werden. Naturkundliche Kanufahrten werden entlang der Havel angeboten. Informationstafeln und Infohütten geben wichtige Hinweise, ein neuer GPS-Guide steht zur Verfügung. Das Nationalpark-Busticket erschließt das Gebiet. Durch den Wildpark Boek werden Kremserfahrten angeboten.

Tagesticket Bus 9 €, Bus/Schiff 18 € | www.nationalparkticket.de
www.wildpark-boek.de

Wohin in Röbel und Umgebung?

Über allem wachen die Kirchtürme

Hafen und Altstadt

Im Hafen des alten Städtchens Röbel (5000 Einw.) am Müritz-Westufer sorgen im Sommer Ausflugsschiffe, Segler und Paddler für viel

Vom Röbeler Kirchturm bietet sich dieser Blick über das Kleine Meer.

Trubel. Das Hafenpanorama dominiert der spitze Turm von St. Marien (um 1250) in der Altstadt. Bemalte Kreuzrippen- und Sterngewölbe prägen die Atmosphäre in der Kirche. Erhalten sind die Kreuzigungsgruppe aus dem 15. Jh. und der spätgotische Schnitzaltar mit Mondsichelmadonna. Röbels Marktplatz überragt die Nikolaikirche von 1280. Die im Kreis angeordneten **Findlinge** im Kirchhof erinnern an die slawischen Ursprünge Röbels. In der 2003 wiederaufgebauten **Synagoge** von 1831 zeigt die Jugendbildungsstätte Engelscher Hof eine Dauerausstellung zur jüdischen Geschichte im Bundesland.

Synagoge/Engelscher Hof: Kleine Stavenstr. 9 – 11 | Mo. – Fr. 9 – 16 Uhr | Eintritt 1,50 € | www.engelscherhof.de

Eigenwillige Kichengeometrie

Ludorf

Die Backsteinkirche von Ludorf hat eine ungewöhnliche Form: Auf einem achteckigen Grundriss erhebt sich ein Zentralbau mit Apsis und zwei Seitenkapellen, gekrönt von einem steilen Zeltdach, das zwar erst später aufgesetzt wurde, vermutlich aber dem Original entspricht. Der quadratische Vorbau war wohl als Untergeschoss für einen Westturm gedacht. Das Innere erhält durch die tief herabgezogenen Rippenge-

wölbe seine eigenwillige Raumwirkung. Hier sind die Mitglieder der Familie von Bülow, die letzten Gutsbesitzer, beigesetzt.

Fast wie ein Loire-Schloss

Zwischen Röbel und Waren liegt Klink, seit der Eröffnung einer Feriensiedlung beliebter Urlauberort auf der schmalen Landzunge zwischen Müritz und Kölpinsee. Besonders schön direkt am Ufer liegt das 1897/1898 erbaute **Schloss Klink**. Mit seinen runden Ecktürmen und den giebelbekrönten Gaubenfenstern imitiert es den Renaissancestil der Loireschlösser. Heute beherbergt das Anwesen ein Hotel.

Klink

★ Waren und Umgebung

Das Tor zum Naturparadies

Binnenmüritz wird die tief eingeschnittene Bucht am Nordende der Müritz genannt, an der sich Waren ausbreitet. Mit rund 21 500 Einwohnern ist der Luftkurort die größte Stadt der großen Mecklenburger Seen und der touristische Mittelpunkt der Müritzregion. In den

Überblick

MÜRITZ ERLEBEN

NATIONALPARK-SERVICE MÜRITZ
Damerower Str. 6
17192 Federow
Tel. 03991 66 88 49
www.nationalpark-service.de

NATIONALPARKAMT MÜRITZ
Schlossplatz 3
17237 Hohenzieritz
Tel. 039824 25 20
www.mueritz-nationalpark.de

KRANICHE, ADLERSAFARI
Von Mitte Aug. bis Ende Okt. fahren Busse ab Waren (Steinmole) jeweils 30 Min. vor Beginn der Abendexkursionen zu den Schlafplätzen der Kraniche bis zum Infozentrum Federow. Vom Informationshaus Federow aus können Sie per Live-Kamera von März bis Oktober in den Horst eines Fischadlerpaars schauen. Das Kranichticket (Mitte Aug. – Ende Okt. tgl.) für die dreistündige Wanderung (4 km) kostet 9,50 €. Adlersafaris (3 Std., 9,50 €) starten Mai – Sept. tgl. 11.15, April, Okt. Mo., Mi., Sa. 11.15 Uhr.
Damerower Str. 6
17192 Federow
Tel. 03991 66 88 49
www.nationalpark-service.de

TOURIST-INFORMATION RÖBEL/MÜRITZ
Straße der Deutschen Einheit 7
17207 Röbel/Müritz
Tel. 039931 8 01 13
www.stadt-roebel.de

WAREN (MÜRITZ)-INFORMATION
Neuer Markt 21
17192 Waren/Müritz
Tel. 03991 74 77 90
www.waren-tourismus.de

SCHEUNE BOLLEWICK
Südlich von Röbel sind in Deutschlands größter Feldsteinscheune das Welcome Center »Mecklenburgische Seenplatte«, Bauernläden, Fischräucherei, Töpferei, Schmiede und eine Reihe anderer Läden vereint.
Dudel 1
Bollewick
Tel. 039931 5 20 09
www.scheune-bollewick.de

MÜRITZER BAUERNMARKT
Sanddorn & Co. gibt es auf dem Müritzer Bauernmarkt in Klink.
www.mueritzer-bauernmarkt.de
Okt. – Apr. tgl. 10 – 21 Uhr,
Mai – Sept. tgl. 10 – 22 Uhr

MÜRITZ-THERME
Badevergnügen verspricht die »Müritz-Therme« mit Spaß- und Badelandschaft.
Am Gotthunskamp 14
Röbel
Tgl. 9 –21 Uhr
Eintritt ab 6 €
www.mueritztherme.de

FLOSS FAHREN
Mit den voll ausgerusteten, motorisierten Flößen können Sie tagelang in gemächlichem Tempo das natürliche Labyrinth der Seen südlich der Müritz erkunden. Übernahme der Flöße erfolgt in Fürstenberg.
Floßverleih Treibgut
Baalenseestr. 8
Fürstenberg
Tel. 0160 96 76 96 91
www.flossverleih-treibgut.de

HOTEL-RESTAURANT SEESTERN €€€

Von der Gartenterrasse am Müritz-Ufer genießt man den Blick auf Hafen und Ort. Neben den mecklenburgischen Spezialitäten ist der Fisch zu empfehlen.
Müritzpromenade 12
Röbel
Tel. 039931 5 80 30
www.hotel-seestern-roebel.de

HOTEL & RESTAURANT PAULSHÖHE €€

Beliebte Ausflugsgaststätte am nördlichen Ortsrand mit Blick auf den Tiefwarensee. Sehr schön sitzen Sie unter alten Linden auf der Terrasse. Es gibt regionaltypische Spezialitäten.
Paulshöhe 2
Waren
Tel. 03991 1 71 40
www.hotel-paulshoehe.de

KLEINES MEER €€€

Küchenchef Hendrik Türk gehört zu den Spitzenköchen in Mecklenburg-Vorpommern. Entsprechend exquisit sind die Gerichte.. Die meisten Produkte – ob Fisch, Fleisch oder Gemüse – stammen aus der Region. Angeschlossen ist ein Weinladen. Und im »Kleinen Meer« können Sie ebenso entspannt und edel übernachten (€€ – €€€).
Alter Markt 7, Waren
Tel. 03991 64 80
www.kleinesmeer.com

In der Nebensaison nicht tgl. geöffnet

DOCTOR FRIEDRICH €€€

Nobel, wie es sich für den neobarocken Herrensitz gehört, kommt der Speisesaal im Schlosshotel Groß Plasten daher. Ebenso schön sitzt es sich im Wintergarten oder auf der Seeterrasse am Kleinplaster See. Und edel ist auch die Küche mit einem nicht zu großen Angebot.
Parkallee 36
Groß Plasten
Tel. 039934 80 25 17
www.schlosshotel-grossplasten.de

SCHLOSS ULRICHSHUSEN €€€

Herrlich gelegenes Gut mit großzügigen Zimmern. Freundliche Gastgeber, balsamische Ruhe. Scheune und Festsaal sind Spielstätten der Musikfestspiele.
Seestr. 14
Ulrichshusen
Tel. 039953 79 00
www.ulrichshusen.de

RESTAURANT UND HOTEL SEGLERHEIM €€

Modernes Reetdachhaus, teils auf Pfählen im Wasser. Die Suite hat eine schöne Terrasse mit Panoramablick, im Restaurant kommen Hecht und Maräne auf den Tisch.
Müritzpromenade 11
17207 Röbel
Tel. 039931 5 91 81
www.seglerheim.de

Sommermonaten locken die nahezu unbegrenzten Wassersportmöglichkeiten auf der Müritz und den mit ihr verbundenen Seen zahlreiche Urlauber und Ausflügler in das Städtchen. Als Tor zum Müritz-Nationalpark ist Waren auch ein idealer Ausgangspunkt für Radtouren oder Wanderungen in dieser herrlichen Naturlandschaft.
Den schönsten Blick auf Warens fein herausgeputzte **Altstadt** haben Sie von einem der Müritz-Ausflugsschiffe oder aus 45 m Höhe von

der Aussichtsplattform der **St. Marienkirche**. Das älteste Stadtviertel entstand im 13. Jh. auf einer kleinen Anhöhe am Seeufer. Nach Gründung der Neustadt jenseits des neuen Markts kam es 1320 zur Vereinigung der Stadtgebiete.

St. Marien: Mühlenstr. 13 | Ostern - Ende Okt. Mo. - Fr. 10 - 18, Sa. bis 16, So. 11 - 16 Uhr | Eintritt frei, Turm 1 € | www.stmarien.de

Marktplätze mit Charme

★ Neuer und Alter Markt, St. Georg

Warens Zentrum ist der kopfsteingepflasterte Neue Markt mit schön renovierten Häusern. An seiner Südostseite steht das Rathaus von 1797, das im 19. Jh. im Stil der englischen Tudorgotik aufgestockt wurde. Die gegenüberliegende Löwenapotheke, ein schmucker Fachwerkbau mit Marmordach, wurde 1623 gebaut.

Durch die Kirchenstraße kommen Sie zur Pfarrkirche St. Georg. Der schlichte Backsteinbau aus dem 14. Jh. ist das älteste Bauwerk in der Stadt. Die neogotische Inneneinrichtung erhielt das Gotteshaus im 19. Jahrhundert. Wenige Schritte südlich der Georgenkirche öffnet sich der Alte Markt, der auf dem höchsten Punkt der Stadt angelegt wurde. Der intime Platz besitzt einen nostalgischen Charme.

Mittendrin und lebendig

Uferpromenade, Hafen

Pulsierendes Herz der Stadt ist der Hafen. Von den Cafés an der Strandstraße blicken Sie auf das rege Treiben am Hafenbecken. Die Speicher aus dem 19. Jh. künden vom damals bedeutendsten Handelsplatz für Getreide und Holz im südlichen Mecklenburg. Heute starten und landen hier die Ausflugsschiffe der Weißen Flotte.

Museales rund ums Wasser

Müritzeum

Waren ist eine Stadt, in der sich auch in den Museen sehr viel ums Wasser dreht. Neben einem privaten Marinemuseum und einem kleinen Fischereimuseum birgt vor allem das 1866 gegründete Müritzeum am nordwestlichen Altstadtrand, das zahlreiche Funde zur Naturgeschichte der Region bewahrt, interessante Schätze. Zum **»Haus der 1000 Seen«** gehören auch Deutschlands größtes Aquarium für Süßwasserfische mit rund 40 Fischarten, Krebsen und Wasserpflanzen sowie ein Museumsgarten um den Herrensee. Die didaktisch hervorragend aufbereitete Ausstellung haben das Müritzeum zu einem lebendigen Kulturtreffpunkt der Stadt gemacht.

Zur Steinmole 1 | April - Okt. tgl. 10 - 19 Uhr, Nov. - März tgl. 10 - 18 Uhr | Eintritt 12 € | www.mueritzeum.de

Kindheitsspuren eines Altertumsjägers

Ankershagen

Im Städtchen Ankershagen, rund 25 km östlich von Waren am Rand des Müritz-Nationalparks gelegen, verbrachte der Troja-Ausgräber Heinrich Schliemann (▶ Interessante Menschen) seine Kinderjahre. Im ehemaligen Pfarrhauses informiert das **Schliemann-Museum** über Leben und Werk des berühmten Troja-Ausgräbers. Neben dem Museum steht natütlich auch ein »Trojanisches Pferd« mit Rutsche. Im nahe gelegenen Friedrichsfelder Gutshaus können Sie sich über die Besonderheiten des Müritz-Nationalparks informieren.

Schliemann-Museum: Lindenallee 1 | Di. – So. 10 – 18 Uhr
Eintritt: 6 € | www.schliemann-museum.de

Tonnenschwere Wiedereinbürgerung

Damerower Werder

Eine Alternativstrecke nach ▶ Malchow über kleine Landstraßen führt am Nordrand der Seenkette zwischen Müritz und Plauer See entlang. Auf dem Damerower Werder, einer in den Kölpinsee hineinreichenden Halbinsel – heute ein Teil des Naturparks Nossentiner/Schwinzer Heide (▶ Krakow am See) – ist es in den späten 1950ern gelungen, den bis dahin nahezu ausgestorbenen Europäischen Wisent nachzuzüchten und anzusiedeln. Das **Wisentgehege** besitzt Walderlebnispfad, Fledermauskasten und Ameisenhaus.

Wisentgehege: Zum Werder 5a, 17194 Jabel OT Damerow
Ostern – Ende Mai tgl. 10 – 17, Juni – Sept. bis 18, Okt., Nov. bis 17,
Dez. Sa., So. 10 – 17 Uhr | Eintritt 4 €

Per Kremser geht es durch den Wildpark Boek.

★★ NEUBRANDENBURG

Kreis: Mecklenburg. Seenplatte | **Höhe:** 19 m ü. d. M. | **Einw.:** 64 200

Wahrzeichen von Neubrandenburg sind die vier Stadttore im Stil der Backsteingotik. Die reizvolle Hügellandschaft um Neubrandenburg und der Tollensesee mit vielen Freizeitmöglichkeiten machen die Stadt für Besucher zusätzlich attraktiv.

Vier Tore und ein Dichter

Die drittgrößte Stadt des Landes, 1248 gegründet, liegt im Nordosten der Mecklenburgischen Seenplatte und ist wirtschaftlicher und kultureller Mittelpunkt der Region. Bekannt ist die Stadt auch durch den Schriftsteller **Fritz Reuter** (▶ Interessante Menschen), der in niederdeutscher Sprache schrieb und von 1856 bis 1863 hier lebte. Reuter pflegte einen großen Freundeskreis und schrieb in dieser Zeit u. a. den »Dörchläuchting«. In den Wallanlagen am nördlichen Altstadtring haben die Neubrandenburger ihm 1893 ein Denkmal gesetzt. Auf der anderen Seite der Straße steht der Mudder-Schulten-Brunnen, der eine Szene aus dem »Dörchläuchting« wiedergibt.

Auf den ersten Blick modern

Straßenbild

Der erste Eindruck von Neubrandenburg ist bestimmt von den Hochhaussiedlungen, den Industrie- und Gewerbegebieten, die den Stadtkern umschließen. Die Altstadt, auf einem rechtwinkligen Straßensystem planmäßig angelegt, besaß bis zum 29. April 1945 eine geschlossene, über Jahrhunderte gewachsene Bebauung. Innerhalb weniger Tage wurden mehr als 80 % dieser Häuser zerstört. Nur die mittelalterliche Stadtbefestigung überstand das Inferno unbeschadet. Der Stadtkern wurde zwar wieder aufgebaut, doch breite Straßen und Nachkriegsarchitektur bestimmen heute überwiegend das Bild. Der große Marktplatz wird von dem massiven Haus der Kultur und Bildung aus dem Jahr 1965 beherrscht.

Wohin in Neubrandenburg?

Eingebettet in Geschichte

★★ Stadtmauer, Wiekhäuser und Tore

Die Altstadt von Neubrandenburg ist von einer fast vollständig erhaltenen mittelalterlichen Befestigungsanlage umgeben. Um 1300 wurde mit dem Bau der über 2 km langen und 7,5 m hohen Feldsteinmauer begonnen, die mit kleinen Fachwerkbauten, den sogenannten **Wiekhäusern**, besetzt ist. Die anheimelnd wirkenden Häuser dienten einst kriegerischen Zwecken: In die Stadtmauer im Abstand von 30 m eingebaut, konnten die Neubrandenburger von dort aus dem Feind vor der Mauer kräftig einheizen. Zur Stadt hin waren die Wiek-

Backsteingotik in Reinkultur am Treptower Tor in Neubrandenburg – daran sollte man nicht vorbeifahren.

häuser offen. Ursprünglich gab es 56 solcher Häuser. Mittlerweile sind 25 renoviert oder nach altem Vorbild wiederhergestellt und werden als Galerien oder Kunsthandwerksläden genutzt. Im nördlichen Teil der Stadtmauer, unweit des Franziskanerklosters, blieb der runde zinnenbekrönte Fangelturm (15. Jh.) als letzter Mauerturm erhalten. Sein Spitzhelm wurde 1845 aufgemauert.

Besonders beeindruckend sind die vier im 14./15. Jh. errichteten **Tore**, mit denen die Eingänge in die Stadt gesichert wurden. Sie bestanden aus einem inneren, in die Stadtmauer eingelassenen Torturm mit Durchfahrt und einem Vortor auf dem Wall. Das äußere und das innere Tor verband ein von Zwingermauern geschützter, über den Graben geführter Weg, der Zwinger genannt wurde. Mit ihrem reichen Fassadenschmuck waren die Stadttore auch ein sichtbarer **Ausdruck für den bürgerlichen Wohlstand** und das Selbstbewusstsein der Stadtbewohner im Mittelalter.

Das zu Beginn des 14. Jh.s errichtete **Friedländer Tor** ist wohl der älteste Torturm. Seine Giebelfassade mit Treppenturm erneuerte man in der zweiten Hälfte des 15. Jh.s. Im 16. Jh. wurde dem Friedländer und dem **Neuen Tor** zur Verstärkung gegen den Beschuss mit Feuerwaffen ein halbkreisförmiger, dreigeschossiger Zingel vorgelagert, auf dessen dicken Mauern man Geschütze aufstellte.

NEUBRANDENBURG ERLEBEN

TOURISTINFO NEUBRANDENBURG
Marktplatz 1
17033 Neubrandenburg
Tel. 0395 5 59 51 27
www.neubrandenburg-touristinfo.de

❶ CAFÉ FUHRMANN IM REUTERHAUS €
In dem Gebäude, in dem der Dichter Fritz Reuter sieben Jahre lang lebte, werden heute Kaffee und Kuchen, aber auch deftige Gerichte aufgetischt.
Pfaffenstr. 2
Neubrandenburg
Tel. 0395 5 82 32 54
www.conditorei-fuhrmann.de

❷ RESTAURANT SEEHOTEL HEIDEHOF €€
Durch die Panoramafenster oder direkt von der Terrasse aus genießen Sie einen wunderbaren Blick auf den Tollensesee. Auf den Tisch kommen Mecklenburger Spezialitäten und klassische Gerichte.
Seestr. 11, Klein Nemerow
Tel. 039605 26 00
www.seehotel-heidehof.de

❶ HOTEL BADEHAUS AM SEE €€
Das freundliche Hotel steht südlich der Altstadt am Ufer des Tollensesees. Hier haben Sie das Gefühl, mitten in der Landschaft zu sein – und ist doch keinen Kilometer vom alten Zentrum entfernt. Sehr ruhig und erholsam!
Parkstr. 3
Neubrandenburg
Tel. 0395 5 71 92 40
www.badehaus-am-see.de

Den Torturm des **Neuen Tors** (15. Jh.) schmücken weibliche Terrakottafiguren, die zwischen dem zweiten Geschoss und dem Staffelgiebel stehen und die Hände wie zu einem Gruß erheben. Vortor und Zingel dieses Stadteingangs wurden im Dreißigjährigen Krieg zerstört und im 19. Jh. abgetragen.
Die Stadtseite des **Stargarder Torturms** (Mitte 14. Jh.) ist gekennzeichnet durch die über alle drei Geschosse hinweggeführten Blendbogen, in die Terrakottafiguren eingestellt sind. Das Vortor mit aufwendigem Blenddekor kam um die Mitte des 15. Jh.s hinzu.
Der innere Torturm des **Treptower Tors** (um 1400) ist vierstöckig und mit Blendbogen geschmückt. Besonders üppig ist der spätgotische Fassadenschmuck am Vortor. Im Treptower Tor, dem mit 32 m höchsten Stadttor, befindet sich die ur- und frühgeschichtliche Abteilung des **Regionalmuseums**.
Regionalmuseum: Mi. – So. 10 – 17, Do. bis 19 Uhr | Eintritt 5 €
www.museum-neubrandenburg.de

Zeitgenössische Kunst

Kunstsammlung Neubrandenburg

Die Kunstsammlung Neubrandenburg ist eine der vier großen Sammlungen Mecklenburg-Vorpommerns. Sie zeigt in einem sanierten Fachwerkhaus moderne zeitgenössische Kunst vorwiegend ostdeutscher Herkunft und verfügt über einen Fundus von 6000 Plastiken, Skulpturen und Malereien der zweiten Hälfte des 20. Jh.s. Außer der Dauerausstellung werden Wechselausstellungen gezeigt. 2006 wurden bei archäologischen Grabungen am Markt Reste der 1945 verschollenen alten Kunstsammlung (Porzellan, Skulpturen) entdeckt.

Große Wollweberstr. 24 | Mi. – So. 10 – 17, Do. bis 19 Uhr | Eintritt 4 € | www.kunstsammlung-neubrandenburg.de

Kirche für Konzertliebhaber

Marienkirche

Von der imposanten, 1298 geweihten Marienkirche standen nach 1945 nur noch die Umfassungsmauern und der Turm. Der beeindruckende, überreich mit gotischen Ziergiebeln, Maßwerkfenstern und filigranen Türmchen geschmückte Ostgiebel gilt als herausragendes

1 Café Fuhrmann im Reuterhaus

2 Restaurant Seehotel Heidehof

1 Hotel Badehaus am See

Beispiel für die **gotische Baukunst** Mecklenburg-Vorpommerns. Eine Ausstellung im Kirchturm widmet sich den »Wegen der Backsteingotik« in Neubrandenburg und Umgebung. Im Oktagon des Turms ist eine Multimedia-Show zur Stadtgeschichte untergebracht.
Eintritt 3 € | Tickets für Konzerte: Stargarder Str. 17, Tel. 0395 5 59 51 27 | Mo. – Fr. 10 – 19, Sa. bis 16 Uhr | www.konzertkirche-nb.de

Schauspielhaus

Historisches Theater
Einen Straßenblock südöstlich der Marienkirche steht in der Pfaffenstraße das ehemals herzogliche Schauspielhaus von 1787. In dem zweigeschossigen Fachwerkbau zeigt die Theater- und Orchester-GmbH Neubrandenburg/Neustrelitz 150 Aufführungen pro Jahr.
www.theater-und-orchester.de

Brigitte-Reimann-Literaturhaus

Ein Ort für Literatur
Im Literaturhaus informiert eine Sammlung über Leben und Werk der jung an Krebs verstorbenen Schriftstellerin Brigitte Reimann (1933 – 1973, »Franziska Linkerhand«), die von 1968 bis zu ihrem Tod in Neubrandenburg lebte. Darüber hinaus gibt es eine Velzahl von Literaturveranstaltungen und weitere Sammlungen.
Gartenstr. 6 | Di. 10 – 12, 13 – 18, Mi. bis 16, jeden 1. Sa. im Monat 10 – 16 Uhr | Eintritt 2 € | www.literaturzentrum-nb.de

Mahn- und Gedenkstätte Fünfeichen

Gefangen in der Nachkriegszeit
Am südlichen Stadtrand wurde 1993 eine Gedenkstätte eingeweiht, die an die Opfer der hier eingerichteten Lager erinnert: das 1945 bis 1948 existierende, lange nahezu unbekannte sowjetische NKWD-Lager Nr. 9 »Fünfeichen« und das Kriegsgefangenlager »Stalag II A«, das die Wehrmacht während des Zweiten Weltkriegs betrieb. Am **Gräberfeld** erinnern 59 Bronzetafeln an 5169 deutsche Opfer des NKWD-Lagers. 2012 wurde ein Lehrpfad angelegt. Seit 2015 werden auch die Toten des Kriegsgefangenlagers »Stalag II A« geehrt: 400 Soldaten und Offiziere aus neun Staaten sowie 5100 Rotarmisten werden auf Namenstafeln genannt. Insgesamt sollen von den hier nach und nach internierten 70 000 Soldaten ca. 6000 Sowjet- und 500 Soldaten der Westalliierten ums Leben gekommen sein. Symbol der Gedenkstätte ist ein seitlich abgestütztes Kreuz im Eingangsbereich. Ein Bronzemodell zeigt das frühere Lagergelände.

Rund um Neubrandenburg

★ Tollensesee

Eiszeitliches Naherholungsgebiet
Wie malerisch der Tollensesee in die bewaldete Hügellandschaft eingebettet ist, sehen Sie am besten vom Turm der Behmshöhe am Ostufer oder von Usadel an der äußersten Südspitze. Der beinahe

11 km lange, durchschnittlich nur 1 km breite Tollensesee ist ein beliebtes Erholungsgebiet – von der Altstadt Neubrandenburgs nur etwa 1 km entfernt. Von der Anlegestelle am Nordufer starten Ausflugsschiffe zu Fahrten auf dem See. Wer ein Ruder- oder ein Segelboot leihen möchte, sollte am Oberbach (Nordufer) nachfragen. Auch zu Fuß und per Rad lässt sich die herrliche Umgebung des Tollensesees gut erkunden. Vom Parkplatz Augustabad können Sie in ca. 1,5 Stunden durch den Wald zur Behmshöhe wandern. Am Augustabad beginnt der schöne Uferweg nach Klein Nemerow, ein nettes Ziel mit Lokalen, einem Abenteuerspielplatz und einem Badestrand. Für den Rückweg nach Neubrandenburg können Sie das Fahrgastschiff nehmen, das in Klein Nemerow anlegt. Bademöglichkeiten gibt es auch im Strandbad Broda (südwestlich der Innenstadt), im Augustabad (Ortsteil Lindenberg) und in Buchort am westlichen Seeufer. Das **Naturschutzgebiet Nonnenhof** erstreckt sich auf einer Art Halbinsel zwischen dem Tollensesee und dem wesentlich kleineren See »Lieps«. Im Nonnenhof, den Sie auch mit dem Schiff erreichen, ist der selten gewordene **Eisvogel** zu Hause. Von der gleichnamigen Gaststätte führt ein Wanderweg in das Naturschutzgebiet.

Blickfang für Ausflügler

Broda

Fahren Sie am westlichen Ufer am Tollensesee entlang, ist die erste Station Broda. Am steilen und bewaldeten Ufer baute 1823 Friedrich Wilhelm Buttel das hübsche, an einen dorischen Tempel erinnernde **Belvedere** als Aussichtspunkt für herzogliche Ausflugsgesellschaften. Die Buchen- und Eichenmischwälder des Brodaer Forstes sind ein beliebtes Wandergebiet.

Musterdorf mit Beigeschmack

Alt Rehse

Dann folgt Alt Rehse. Was so idyllisch aussieht, ist ein Werk der Nationalsozialisten. Denn die rissen das alte Dorf bis auf Kirche, Pfarrhaus und Schule ab und bauten ein Musterdorf mit Lindenallee, reetgedeckten Fachwerkhäusern im »Heimatstil« und einem Schloss. Dort richtete der Hartmannbund 1935 die »Führerschule der Deutschen Ärzteschaft Alt Rehse« ein. Ärzte und Apotheker wurden hier auf ihre Rolle im NS-System eingeschworen. Eine Ausstellung in der Erinnerungs- und Begegnungsstätte Alt Rehse informiert über die unrühmliche Vergangenheit.

Penzlin, Am Gutshof 34 | Mai – Sept. Di. – So. 11 – 17, März, Okt. Do. – So. 11 – 16, April bis 17 Uhr | Eintritt frei, Spende wird erbeten
www.ebb-alt-rehse.de

Verhextes Museum

Alte Burg in Penzlin

Die Hauptattraktion des 16 km südwestlich von Neubrandenburg liegenden Penzlin ist die Alte Burg. Von der Anlage aus dem 16. Jh. blieb das aus zwei Flügeln bestehende Backsteingebäude erhalten, der Burg-

hof, der Burggarten und der slawische Wall wurden rekonstruiert. Im Ostflügel befindet sich der Hexenkeller. Das **Museum für Magie und Hexenverfolgungen** in Mecklenburg widmet sich intensiv diesem Thema, zeigt Verliese, Daumenschrauben und Folterwerkzeug.
Warener Chaussee 55a | Mai – Aug. tgl. 10 – 18, April, Sept., Okt. bis 17, Nov. – März Sa., So. 13 – 16.30 Uhr | Eintritt 5 € | www.alte-burg.amt-penzliner-land.de

Ein trauriges Ereignis

Hohenzieritz

Etwa 8 km südlich von Penzlin zweigt kurz vor Peckatel ein Sträßchen nach Westen ab, das an Hohenzieritz vorbeiführt. Der Ort liegt sehr hübsch auf einer Kuppe mit weitem Blick auf die Hügellandschaft südlich des Tollensesees. Die Herzöge von Mecklenburg-Strelitz, die im benachbarten Neustrelitz residierten, erkannten den Reiz von Hohenzieritz und errichteten hier 1751 ein **Schloss**, heute Sitz des Nationalparkamts. Häufiger Gast in Hohenzieritz war Prinzessin Luise von Mecklenburg-Strelitz, besser bekannt als **Königin Luise von Preußen** (▶ Interessante Menschen), die am 19. Juli 1810 im Alter von nur 34 Jahren hier im Schloss verstarb. Ihr Sterbezimmer mit der Totenmaske wurde zur Gedenkstätte umgewandelt. Im Schlosspark erinnert seit 1815 ein Rundtempel an die beliebte Herrscherin.
Schlossplatz 3 | Mai – Sept. Di. – So. 10 – 17, April Sa., So. 10 – 17, Okt. Sa., So. 11 – 17 Uhr, sonst auf Anfrage; Schlossgarten ganzjährig geöffnet | Eintritt 3 € | www.mv-schloesser.de

Über den Dächern einer Landstadt

★ Burg Stargard

Burg Stargard am Ostufer des Sees ist ein sympathisches Landstädtchen mit einigen alten Fachwerkhäusern, stillen Winkeln und holprigen Kopfsteinpflasterstraßen, eingebettet in eine waldreiche Hügellandschaft. Oberhalb der Häuser von Burg Stargard thront die mächtige Backsteinburg, die der Stadt den Namen gab: »stari grad« bedeutet so viel wie »alte Burg«. Sie ist die einzige aus dem Mittelalter erhaltene **Höhenburg** in Norddeutschland und feierte 2009 ihren 750. Geburtstag. Bauherren waren im 13. Jh. die Markgrafen Johann I. und Otto III. von Brandenburg. Später diente die Burg, die immer wieder umgestaltet und ergänzt wurde, den Stargarder Herzögen als Residenz. Die Fahrstraße von der Stadt hinauf zur Burg endet vor dem Burggraben, wo neben dem Parkplatz ein großzügiger Spielplatz liegt. Durch das Torhaus betritt man die Vorburg. Das eingeschossige Gebäude rechts vom Tor ist der Marstall. Im oberen Hof sind u. a. das Herrenhaus erhalten, der 35 m hohe Bergfried und das Gebäude der ehemaligen Münzprägestätte, die heute eine Gaststätte und ein Hotel beherbergt. Vom Bergfried aus bietet sich ein weiter Blick in die Umgebung. In der Burgschneiderei im ehemaligen Herrenhaus werden heute noch mittelalterliche Kostüme genäht, die man für extravagante Hochzeiten auf der Burg oder zu anderen An-

An Luise von Preußen, die auf Schloss Hohenzieritz verstarb, erinnert ein Tempel im Schlosspark.

lässen ausleihen kann. Die nun schon rund 300 Kostüme beleben auch das Burgfest im August. Der Wurz- und Krautgarten bietet auch den Verkauf von Pflanzen, Kräutern, Samen und Brotaufstrichen.
Der Marstall beherbergt heute ein interessantes **Museum zur Alltagsgeschichte**. Im Dachstuhl werden traditionelle Handwerke erklärt, im Erdgeschoss wurden eine Küche aus der Zeit um 1900 und ein Schlafzimmer im Stil der 1920er-Jahre aufgebaut. Im Stall dreht sich alles ums Pferd und andere traditionelle »Transportmittel«. Eine ganz besondere Attraktion der Burg Stargard ist die 720 m lange Sommerrodelbahn, die 30 Höhenmeter überwindet.
Burg/Museum: März – Okt. tgl. 10 – 17 Uhr | Eintritt Museum 2 €, Burgturm 2 €, Kombiticket 3 € | www.hoehenburg-stargard.de
Sommerrodelbahn: Juli – Aug. tgl. 10 – 18, April – Juni, Sept. – Okt. tgl. 11 – 17 Uhr | Fahrt 2,50 €, Kinder bis 14 J. 1,50 €
www.rodelbahn-burgstargard.de

Kleine Stadt mit großem Stein

Altentreptow

Auf einer flachen Anhöhe im Tal der Tollense, 16 km nördlich von Neubrandenburg, liegt die Kleinstadt, die um die Mitte des 13. Jh.s gegründet und auf gitterförmigem Straßennetz planmäßig angelegt wurde. **Fritz Reuter** lebte hier einige Jahre – so manche Gedenktafel an seinen einstigen Quartieren erinnert daran. Die überwiegend aus dem 18. und 19. Jh. stammenden Fachwerkhäuser werden überragt

von der Pfarrkirche St. Peter, einer im 14. Jh. erbauten Hallenkirche mit massigem Westturm. Im 15. Jh. erhielt das Gotteshaus einen Umgangschor; die Restaurierung im Jahr 1865 unter dem preußischen Baumeister Friedrich August Stüler stellte einen neogotischen Innenraum her. Von der Ausstattung blieben der figurenreiche Schnitzaltar, das romanische Taufbecken und das spätgotische Chorgestühl mit Heiligenreliefs auf den Wangen erhalten.
Altentreptow war von einer **Stadtmauer** mit drei Tortürmen umgeben, von denen noch Teile der Mauer, das Demminer Tor und das um 1450 errichtete stattliche Neubrandenburger Tor vorhanden sind.
Am Klosterberg in Altentreptow befindet sich der größte eiszeitliche Findling Mecklenburg-Vorpommerns, der **»Große Stein«**. Er misst oberirdisch 8,2 x 6 x 5,2 m, hat einen Umfang von 23 m und wiegt 360 t. 1915 wurde die Vorderseite mit einem Relief Otto von Bismarcks versehen, und der Findling wurde feierlich »Bismarck-Stein« getauft. 1959 ließ die DDR-Führung dieses Relief entfernen – Spuren davon sind noch zu sehen.

★ NEUSTRELITZ

Kreis: Mecklenburg. Seenplatte | **Höhe:** 83 m ü. d. M. | **Einw.:** 21 600

Neustrelitz ist ein hübsches Städtchen in der Nähe des Müritz-Nationalparks. Die Hauptattraktion der ehemaligen Residenzstadt ist der Schlossgarten, der zu den gepflegtesten und reizvollsten fürstlichen Gärten Mecklenburg-Vorpommerns zählt.

Residenzstadt ohne Residenz

Im 18. Jh. wurde Neustrelitz als Residenz der Herzöge von Mecklenburg-Strelitz gegründet. Heute fehlt das frühere herzogliche Schloss, es brannte 1945 aus und wurde drei Jahre später abgetragen. Alle anderen Insignien einer Residenzstadt, so Schlosskirche, Schlosspark und Orangerie, sind noch in aller Schönheit vorhanden. Südlich von Neustrelitz, das am Zierker See liegt, erstreckt sich die sogenannte Neustrelitzer Kleinseenplatte, eine weitläufige Seenlandschaft mit über 300 Gewässern und zahlreichen Erholungsmöglichkeiten.

Wohin in Neustrelitz?

Im Herzen der Stadt

★ Marktplatz

Im Zentrum der barocken Stadtanlage liegt der beeindruckend weitläufige Marktplatz, dessen Gestaltung von dem herzoglichen Oberbaurat Friedrich Wilhelm Buttel, einem Schüler von Friedrich

NEUSTRELITZ ERLEBEN

TOURIST- UND NATIONALPARKINFORMATION
Strelitzer Str. 1
17235 Neustrelitz
Tel. 03981 25 31 19
www.neustrelitz.de

TOURISTINFORMATION WESENBERG
Burg 1
17255 Wesenberg
Tel. 039832 2 06 21
www.klein-seenplatte.de

RUND UMS WASSER
In der Kanu-Mühle werden ganzjährig Boote vermietet und geführte Touren angeboten. Beliebt ist das Herbst-/Winterspecial mit zweistündiger Fahrt über die stillen Seen und Lagerfeuer. Unterkünfte stehen in Wustrow und Canow sowie in Strasen bereit; schwimmen und tauchen können Sie im Großen Weißen See (Strandbad) westlich von Wesenberg.
Kanu-Mühle
Havelmühle 1
17255 Wesenberg
Tel. 039832 2 03 50
Tgl. geöffnet
www.kanu-muehle.de

RESTAURANT FÜRSTENHOF €€
Die gediegene ländliche Küche lässt sich am besten bei einem Drei- bis Fünf-Gänge-Menü erleben. Auf der Karte findet sich viel Regionales wie frischer Reetzower Ziegenkäse.
Markt 3
Tel. 03981 20 47 74
www.fürstenhof-neustrelitz.de
Mo. geschl.

BOOTSHAUS €€
Speisen auf der schönen Seeterrasse mit Blick auf Jachthafen und den Zirker See. Mit eigenem Bootssteg, Boots- und Radverleih und günstiger Pension.
Useriner Str. 1
Tel. 03981 23 98 60
www.bootshaus-neustrelitz.de

SCHIMMEL'S RESTAURANT UND PENSION
Küche und Feinkostladen haben in Wustrow das schicke Haus Schimmel's berühmt gemacht. Übernachten kann man in drei Gästezimmern und drei Ferienwohnnugen.
Parkstr. 1
Wustrow
Tel. 038220 6 65 00
www.schimmels.de
Do. geschl.

Schinkel, stammt. 1866 wurde das Rondell angelegt und mit zweigeschossigen Häusern umbaut, von denen noch einige erhalten sind. Aus der gleichen Epoche stammt auch das Rathaus (1841 bis 1843), schräg gegenüber steht die Stadtkirche (1768 – 1778). Auf den 45 m hohen Turm können Sie im Juli und August montags bis freitags hinaufsteigen. Der Platz neigt sich übrigens mit einem Gefälle von 4 m zum Zierker See hin. In den Straßen, die sternförmig vom Platz abgehen, stehen noch einige barocke Gebäude aus der

Gründungszeit von Neustrelitz. Hübsch herausgeputzt ist vor allem die Strelitzer Straße, die städtische Einkaufsmeile.

Wo Geschichte und Kultur zu Hause sind

Kulturquartier

Das Alte Postamt in der Schlossstraße, die zum Schlossgarten führt, wurde zum **Kulturquartier** umgebaut. Städtisches Museum, Stadtbibliothek, Archiv des Landestheaters Neustrelitz und Karbe-Wagner-Archiv haben hier ihren Sitz. Eine Ausstellung widmet sich dem früheren Herzogtum Mecklenburg-Strelitz. Das Karbe-Wagner-Archiv umfasst historische Landkarten Mecklenburgs und Literatur aus Mecklenburg ab dem 18. Jh. sowie Nachlässe und historische Fotos.
Kulturquartier: Schlossstr. 12/13 | Mo. 14 – 18, Di. – Fr. 10 – 18, Sa. 10 – 14 Uhr | www.kulturquartier-neustrelitz.de

Würdigung einer exotischen Schönheit

Strelitzienskulptur und Hafengalerie

Die 6 m hohe Strelitzien-Skulptur im Kreisverkehr zum Hafen, das Stadtmaskottchen »Strelitzius« und das jährliche **Strelitzienfest** erinnern an den englischen Naturforscher Joseph Banks, der die südafrikanische Paradiesblume 1773 nach der britischen Queen Charlotte, der Herzogin Sophie Charlotte aus dem Hause Mecklenburg-Strelitz, benannte (strelizia reginae). Zu empfehlen sind das Hafenfest im Juli und die **Hafengalerie** mit Dauerausstellung zum Thema »Strelitzie«.
Hafengalerie: Am Stadthafen 12 | April – Okt. Mi. – Fr. 14 – 17, Sa., So. bis 18 Uhr | www.hafengalerie-neustrelitz.de

Theater mit Leibesgenüssen

Inseltheater Helgoland

Das am kleinen Hafen der Stadt gelegene Inseltheater Helgoland e. V. bietet seit über 40 Jahren regelmäßig Programm für Kinder und Erwachsene. Sogar eine Ballettgruppe gibt es. In der angeschlossenen Gaststätte wird regionale Küche serviert. Die Wirtin führt auch Regie.
www.inseltheater.de

Moderne trifft auf Urzeit

Leea

Mit dem Landeszentrum für erneuerbare Energien (Leea) östlich des Marktplatzes zeigt Neustrelitz sein modernes Gesicht. Die dortige Erlebniswelt sensibilisiert für das Thema »Regenerative Energien«. Star der Ausstellung ist ein »Ur-Ur-Mecklenburger«: Der Schädel des »Müritz-Ötzi«, 2007 in Vietzen an der südlichen Müritz gefunden, ist ca. 5000 Jahre alt.
Kiefernwald 1 | Mi. – So. 11 – 17, in den Schulferien tgl. 10 – 17 Uhr | Eintritt 7,50 € | www.leea-mv.de

Kultur statt Kachelöfen

Kachelofenfabrik

Die alte Kachelofenfabrik wenige Hundert Meter nördlich des Marktplatzes ist heute ein Kulturzentrum. Das Industriedenkmal aus der Mitte des 19. Jh.s diente bis 1963 als Produktionsstätte für Kachel-

öfen. Die mit dem Bundespreis Denkmalschutz ausgezeichnete Anlage hat eine Galerie für moderne Kunst, ein Café, ein Restaurant und ein Öko-Hotel.
Sandberg 3 a | www.basiskulturfabrik.de

★ Schlossgarten

Fürstliche Gartenpracht

Überblick

Größter Besuchermagnet der Stadt ist der gepflegte Schlossgarten. Das herzogliche Residenzschloss aus dem 18. Jh. existiert allerdings nicht mehr, es wurde kurz nach dem Zweiten Weltkrieg abgetragen. Der Schlossgarten wurde unter Großherzog Georg in den ersten Jahrzehnten des 19. Jh.s unter Beibehaltung der barocken Hauptachse in einen englischen Landschaftsgarten umgewandelt. Von einem Aussichtsturm haben Sie einen guten Überblick über den Schlosspark. werden jedes Jahr im Juni/Juli die **Schlossgarten-Festspiele** veranstaltet, ein Operetten-Event im Freien, das das Landestheater Mecklenburg Neustrelitz sowie die Neubrandenburger Philharmonie ausrichten.
www.theater-und-orchester.de

Klassizistisches Winterquartier

Orangerie

Vom Markt kommend, geht man auf die **Orangerie** zu, die 1755 als Wintergarten für exotische Pflanzen errichtet worden war. Großherzog Georg ließ sie 1842 von Friedrich Wilhelm Buttel zum Gartensalon mit Antikensammlung umbauen. Dafür wurden u. a. die Säle im Stil der pompejanischen Wandmalerei ausgemalt und die Nischen mit Abgüssen antiker Statuen sowie mit Nachbildungen klassizistischer Skulpturen geschmückt. Heute dient das ehemalige Pflanzenhaus als Restaurant und Stätte für Kulturveranstaltungen.

Göttlich geschmückte Allee

Skulpturenschmuck

Die barocken Sandsteinplastiken nördlich der Orangerie, die antike Götter und Jahreszeiten verkörpern, bilden die sogenannte Götterallee.

Von den sieben Figuren, die südlich der Orangerie als Pendant dazu aufgestellt waren, stehen heute nur noch vier. Die Hauptachse des einstigen Barockgartens, die ursprünglich auf das Schloss zuführte, schmücken Skulpturen und Prunkvasen. Die Figurengruppe Ildefonso ist die Nachbildung eines antiken Kunstwerks, gefertigt nach einer Kopie aus Schloss Charlottenhof in Potsdam. Das Ende der Hauptachse markiert der runde Hebe-Tempel (1840) von Friedrich Wilhelm Buttel. Im Innern steht eine Kopie der berühmten **Hebe-Statue** von Antonio Canova, das Original befindet sich in der Berliner Nationalgalerie.

Denkmal für die geliebte Königin

Luisentempel

Im nordwestlichen Parkteil, der von schmalen Wegen durchzogen ist, baute der Berliner Architekt Seelig 1891/1892 auf dem künstlich angelegten Kaninchenberg ein Grabdenkmal für **Königin Luise von Preußen**, gebürtige Prinzessin zu Mecklenburg-Strelitz (▶ Interessante Menschen). Der kleine Tempel mit antikisierender Säulenvorhalle unter einem Dreiecksgiebel birgt im Innern eine Nachbildung des Sarkophags und eine Marmorkopie der Grabfigur, die Christian Daniel Rauch für die Verstorbene geschaffen hat.

Rund um das verschwundene Schloss

Weitere Gebäude im Schlossgartenareal

Am Westrand des Parks standen schon in der barocken Gartenanlage ein Reitstall und ein Schauspielhaus. Ein dreiflügeliger Marstall ersetzt seit 1872 das barocke Gebäude, und an die Stelle des Comödienhauses trat 1928 das Landestheater, das nach 1945 ausgebrannt war und 1954 als Friedrich-Wolf-Theater wiedereröffnet wurde.
Geht man zurück in Richtung Orangerie, liegt rechts das Hirschportal, der Eingang zum **Tiergarten**, der 1721 gegründet wurde. Neben dem Hirschportal steht die neogotische Schlosskirche. Der Backsteinbau mit den zierlichen Türmen und einer aufwendigen Fassade im Stil englischer Gotik ist ein Werk Friedrich Wilhelm Buttels. Die **Plastikgalerie** in der restaurierten Schlosskirche gilt als renommiertes Forum für zeitgenössische figürliche Bildhauerkunst und präsentiert wechselnde Ausstellungen.

Tiergarten: Nov. – März tgl. 9 – 16, April, Okt. bis 17, Mai – Sept. bis 18, Juni – Aug. bis 19 Uhr | Eintritt 5,50 € | www.tiergarten-neustrelitz.de
Plastikgalerie: Hertelstr. 2 | Di. – So. 11 – 18 Uhr | Eintritt 4 €
www.bildhauermuseen.de

Rund um Neustrelitz

Moderne Kunst und einstiger Alltag

Am Zierker See

Rund um den Zierker See, der sich westlich der Stadt ausbreitet, begegnen Sie Kunst – im Wald, am Wegesrand, auf Wiesen und an Seeufern. Alle Objekte sind in den 1990er-Jahren im Rahmen von Bildhauersymposien zum Thema **»Natur und Kunst«** entstanden. Das **Slawendorf** am Ostufer des Zierker Sees veranschaulicht Wohnen und Arbeiten in einem frühmittelalterlichen Dorf. Sie können auf Anfrage auch auf einem nachgebauten Slawenschiff in See stechen.

Slawendorf: Mai – Sept. Mo. – Fr. 10 – 17, Okt. bis 16 Uhr, Einlass endet 1 Std. früher | Eintritt 4,50 € | www.slawendorf-neustrelitz.de

Mal eben ein paar Hundert Seen

Neustrelitzer Kleinseenplatte

Zwischen der ▶ Müritz und der ▶ Feldberger Seenplatte erstreckt sich ein bei Wassersportlern sehr beliebtes Seengebiet, das im Süden bis Mirow und Rheinsberg reicht. Rund 300 Seen sollen es sein, die – in bewaldete Hügelketten eingebettet – das Landschaftsbild prägen. Sie sind durch kleine Flüsse oder Kanäle verbunden und hervorragend für Wasserwanderungen geeignet. An vielen Stellen können Sie noch den seltenen **Seeadler** beobachten, aber auch Fischadler, Schreiadler, Kraniche und Schwarzstörche leben hier. In den geschützten Zonen gedeihen neben Beeren und Pilzen u. a. auch einige Orchideenarten wie die Waldhyazinthe und das Knabenkraut.

www.klein-seenplatte.de

Voll der Anmut: Canovas Hebe im Schlosspark von Neustrelitz

Rund um eine Hügelburg

Wesenberg

Von der Burg am Seeufer, die im Dreißigjährigen Krieg weitgehend zerstört wurde, zeugen noch Reste des Bergfrieds und der Umfassungsmauern. Die Burg ist Sitz des Fremdenverkehrsbüros und der **Heimatstube**, die über Fischerei, Handwerk und Regionalgeschichte informiert. Das private Museum für Blechspielzeug und mechanische Musikinstrumente in der **Villa Pusteblume** besitzt auch eine schöne Kollektion von Handpuppen. Am Ortsausgang Richtung Wustrow versammelt der Findlingsgarten »Am Kreigenberg« unterschiedlichste Gesteinsarten. Es gibt eine Aussichtsplattform.
Bereits um 1300 wurden der Chor und der Turmunterbau der Stadtkirche errichtet, im 14. Jh. fügte man das Langhaus an. Chorgewölbe und die mit einem Staffelgiebel geschmückte südliche Vorhalle stammen aus spätgotischer Zeit. Die Ausstattung ist überwiegend barock.

Heimatstube: www.wesenberg-mecklenburg.de

Villa Pusteblume: Burgweg 1 | Sommersaison Mi. – So. 14 – 17 Uhr Eintritt frei | www.villa-pusteblume-wesenberg.de

Insel mit Schatztruhe

★ Mirow

An der Stelle der 1227 gegründeten, später abgebrannten Johanniterkomturei baute Christoph Julius Löwe 1749 bis 1760 ein barockes Schloss. Das äußerlich schlichte Gebäude verfügt über eine **kostbare Innenausstattung**; besonders der Festsaal mit üppiger Stuckdekoration und die Wandvorlagen aus farbigem Marmor bezeugen dies. Erhalten geblieben sind auf der Schlossinsel das Kavaliershaus, die Küchengebäude und ein Renaissance-Torhaus von 1588, über dessen Durchfahrt das mecklenburgische Wappen prangt.
Im als **Drei-Königinnen-Palais** bezeichneten Kavaliershaus mit Tourismusinformation und Café führt seit 2010 eine historische Erlebnisausstellung auf eine Zeitreise ins Herzogtum Mecklenburg-Strelitz und zu seinen drei großen Töchtern Sophie Charlotte, Luise und Friederike. Die Ausstellung ist multimedial, zeigt einmalige Adelsgewänder und verfügt über ein Guckloch, durch das man ins »Gewitterzimmer« blickt. Eine Brücke führt auf die kleine, romantische **»Liebesinsel«.** Hier ist der letzte regierende Großherzog von Mecklenburg-Strelitz, Adolf Friedrich VI., beigesetzt, der im Februar 1918 Selbstmord begangen hatte. Die ab 1709 genutzte Fürstengruft befindet sich an der Nordseite der sanierten gotischen Johanniterkirche. Im Kirchturm mit Aussichtsplattform führt das Johanniter-Museum auf die Spur des Ordens.

Kavaliershaus: Schlossinsel 2a | April – Okt. tgl. 10 – 18, Nov. – März Fr. – Mo. 10 – 16 Uhr | Eintritt 5 € | www.3koeniginnen.de

Aussichtsplattform: Jeden So. nach dem Gottesdienst ab 10.30 Uhr und wie Museum | www.johanniterkirche-mirow.de

Johanniter-Museum: Schlossinsel 1 | Mai – Mitte Okt. Mo. – Sa. tgl. 10 – 18, Mitte – Ende Okt. 10 – 17 Uhr | Eintritt 2 € www.johannitermuseum-mirow.de

Auch Mirows Seeufer hat seinen Reiz.

Mammutbäume statt Erbsen

Bei Granzow liegt der Waldpark Erbsland, der sich bis zum Mirower See erstreckt. Das 7 ha große Arboretum wurde Ende des 19. Jh.s zu Forschungszwecken angelegt. Unter all den aus Übersee importierten Baumarten befinden sich über 40 m hohe Küstenmammutbäume, die in einer solchen Größe in diesen Breitengraden einzigartig sind. Übrigens: Das Erbsland verdankt seinen Namen einfach der Tatsache, dass hier einst Erbsen angebaut wurden.

Erbsland

PARCHIM

Kreis: Ludwigslust-Parchim | **Höhe:** 49 m ü. d. M. | **Einw.:** 18 800

Parchim liegt eingebettet in Wälder und Hügel direkt an der Müritz-Elde-Wasserstraße. Besonders fotogen sind in diesem alten Tuchmacherzentrum die schmucken Giebelfronten der Häuser.

Im Zentrum, vor allem um den Alten Markt und in der Langen Straße bzw. der Lindenstraße, gibt es viele alte Fachwerkhäuser, die mit einer aufwendig gestalteten Giebelseite zur Straße blicken. Zu den schönsten zählt das 1612 erbaute und perfekt sanierte Zinnhaus, in

PARCHIM ERLEBEN

STADTINFORMATION PARCHIM
Blutstr. 5
19370 Parchim
Tel. 03871 7 10
www.parchim.de

CAFÉ MÉLANGE €
Wenn's nur mal ein Kaffee mit leckerem Kuchen sein soll oder ein kleines Gericht zwischendurch, bietet sich das urige Szenecafé Mélange an. Man versinkt im gemütlichen Sofa.
Mittelstr. 18
Tel. 03871 62 99 90

Auf einen Sprung in die Pfütze

dem ein Kunst- und Kulturzentrum mit Restaurant und Galerie eingerichtet ist, im Sommer öffnet ein kleines Museum seine Türen.
Wie so viele Namen der Region hat auch der Ortsname Parchim seinen Ursprung im Sorbischen. Unklar ist jedoch, ob er zum Sonnengott »Parchom« in Beziehung steht oder von dem Wort »parch« abstammt, das man in etwa mit »Ort der wüsten Feldmark« übersetzen kann. Volkstümlich wird Parchim auch »Pütt« genannt, auf Plattdeutsch bedeutet es »Pfütze« und könnte sich auf den nahen, relativ kleinen Wockersee beziehen.

Wohin in Parchim und Umgebung?

Reiches gotisches Erbe

Alt- und Neustadt

Nahe beim Alten Markt überragt die **St. Georgenkirche** die umstehenden Häuser. Die Hallenkirche wurde im 14. Jh. vollendet. Im 1897 neogotisch restaurierten Innern blieben interessante Ausstattungsstücke erhalten, so z. B. der reliefverzierte Taufstein. Im rechten Seitenschiff sind vom einstigen Hochaltar einzelne Tafeln sowie die 1421 entstandenen zwölf Apostelfiguren des Wismarer Meisters Henning Leptow zu sehen. Die Renaissancekanzel mit ihren Schnitzreliefs wurde um 1580 in einer Lübecker Werkstatt gefertigt. Der Kirchturm kann bestiegen werden.
Das **Rathaus** geht auf einen Backsteinbau aus dem 14. Jh. zurück, von dem der südwestliche Staffelgiebel erhalten geblieben ist. Zu Beginn des 19. Jh.s wurde es von dem Ludwigsluster Hofbaumeister Johann Georg Barca im neogotischen Stil umgebaut.
Das **Stadtmuseum** informiert über Heimatliteratur und Geschichte. In der Langen Straße 28 kam am 26. Oktober 1800 der preußische Generalfeldmarschall Helmuth Graf von Moltke zur Welt. Die 1994 eröffnete Gedächtnisstätte erinnert an ihn.
Mitte des 14. Jh.s war die zweite große Pfarrkirche in Parchim, **St. Marien**, für die Neustadt fertiggestellt; der Anbau im Norden

wurde später an die Hallenkirche angefügt. Romanische Schmuckformen wie die Rundbogenfriese am Außenbau waren in dieser Zeit eigentlich schon aus der Mode gekommen. Der spätgotische Schnitzaltar, vermutlich um 1500 in einer lübischen Werkstatt entstanden, sowie die reich verzierte Orgelempore lohnen den Blick ins Innere.

Stadtmuseum: Lindenstr. 38 | Di. – Fr. 10 – 12, 14 – 16, So. 14 – 16 Uhr, Nov. – Febr. So. geschl. | Eintritt 2,50 € | www.parchim.de

St. Marienkirche: Mühlenstr. 40 | Juli, Aug. Mo. – Fr. 10 – 17, Sa. 13 – 15 Uhr

Lebendige Landwirtschaftsgeschichte

Alt Damerow

Der **Pingel-Hof** in Alt Damerow wurde über drei Jahrhunderte lang von der Familie Pingel bewirtschaftet, bevor man ihn im Jahr 1989 in ein kleines agrarhistorisches Museum umgewandelt hat. Wohnhaus, Stall und Scheune blieben erhalten und können besichtigt werden. Im alten Backofen wird noch Brot gebacken

April – Okt. Di. – So. 10 – 17 Uhr | Eintritt 3,50 €
www.pingelhof-museum.de

Bier und Bergfried

Lübz

In Lübz wird seit 1877 Bier gebraut. Die **Brauerei** kann besichtigt werden. Entstanden ist das Städtchen aus einer Grenzburg der Markgrafschaft Brandenburg. Von der Eldenburg, so der Name der Festung, blieb nur der Bergfried aus dem 14. Jh. erhalten, in dem das Stadtmuseum »Amtsturm« untergebracht ist.

Mecklenburgische Brauerei: Eisenbeisstr. 1, Tel. 038731 3 62 04
Führungen nur nach Voranmeldung Mo. – Fr. 9.30, 14 Uhr | Eintritt 5 € inklusive zwei Bierchen | www.luebzer.de

Stadtmuseum: Am Markt 23 | Mai – Sept. Di. – Fr. 10 – 12, 13 – 17, Sa., So. 10 – 12, 13 – 16, Okt. – April Di. – Fr. 10 – 12, 13 – 16 Uhr | Eintritt 4 € | www.luebzerland.de

PASEWALK

Kreis: Vorpommern-Greifswald | **Höhe:** 12 m ü. d. M. | **Einw.:** 10 500

Pasewalk inmitten eines waldarmen Agrargebietes der nördlichen Uckermark ist eine der ältesten Städte Vorpommerns, doch der historische Kern wurde im Zweiten Weltkrieg fast vollkommen zerstört. Schon viel früher war die 1177 erstmals erwähnte Stadt wegen der strategisch günstigen Lage ein Zankapfel zwischen Pommern und Mecklenburg-Strelitz, bis sie 1529 endgültig an Pommern fiel.

PASEWALK ERLEBEN

STADTINFORMATION PASEWALK
Am Markt 12, 17309 Pasewalk
Tel. 03973 25 12 32
www.pasewalk.de

ALTER PASEWALKER BIERKELLER €€
Generalmajor von Knobelsdorff empfängt hier nicht mehr die Gäste seines Weinhandels; das ist lang her. Aber die »Villa Knobelsdorff« steht immer noch, und heute tafeln die Gäste im Alten Bierkeller in einem Gewölbe in uriger Atmosphäre. Zu deftigen und leichten Gerichten gibt es – neben Wein natürlich – frisch gezapftes Störtebeker Bier; der lokale Name ist Pasenelle-Pils. Die Villa ist auch Hotel mit angenehm eingerichteten Zimmern.
Ringstr. 121
Tel. 03973 2 09 10
www.villa-knobelsdorff.de

Kriegstrümmer zu Kunst

An die schweren Kriegszerstörungen erinnert eine begehbare Skulptur des schweizerisch-kanadischen Installationskünstler Ernest Daetwyler. Aus rund 30 t Kriegstrümmern aus Pasewalk und dem polnischen Police formte er eine begehbare Kugel mit 5,5 m Durchmesser und nannte sie **»Pasewalk Police Phönix«** als Symbol für Transformation und Erneuerung. Neben der Kugel befindet sich der Leninhain (Haußmannstr.), die Gedenkstätte für Opfer des Faschismus.

Wohin in Pasewalk und Umgebung?

Internationale Kunst

Rundgang

Vier Backsteintürme und einige Abschnitte der Ringmauer aus Feldstein blieben von der **mittelalterlichen Stadtbefestigung** erhalten: der schlanke »Kiek in de Mark«, der Pulverturm, das Prenzlauer und das Mühlentor. Das Hospital St. Spiritus in der Ringstraße ist ein zweistöckiger Backsteinbau aus der Zeit um 1500. Die Geschichte der einstigen Garnisonsstadt Pasewalk sowie eine Ausstellung mit Werken des vorpommerschen Zeichners Paul Holz werden im **Städtischen Museum** in einem Nebengebäude des Prenzlauer Tors gezeigt. Der **»KunstgARTen Stettiner Haff«** am nördlichen Stadtrand zeigt in einer Parklandschaft Arbeiten internationaler Künstler.
Städtisches Museum: Prenzlauer Str. 23 a | Di. – Fr. 10 – 13, 14 – 16, So. 14 – 18 Uhr | Eintritt 2 € | www.pasewalk.de

Angesagt bei Windmühlenfans

Woldegk

Als Grenzfeste des Markgrafen von Brandenburg entstand Woldegk im 13. Jh., das bald darauf mit einer Stadtmauer, die heute noch zu bestaunen ist, befestigt wurde. Attraktion sind fünf erhaltene Windmühlen (eine mit Café, eine mit Töpferei). Im **Mühlenmuseum**, das sich auf zwei Mühlen verteilt, kann man sogar heiraten.

Mühlenmuseum: Mühlendamm 12 | Apr. – Sept. Di. – So. 10 – 12, 13 – 16 Uhr | Eintritt 3 € | www.windmuehlenstadt-woldegk.de

Eine sportlichen Legende

Klein Luckow

In Klein Luckow, 8 km westlich von Pasewalk, erblickte Boxweltmeister **Max Schmeling** (1905 – 2005) das Licht der Welt. Seit der Wende unterstützten er und die Max-Schmeling-Stiftung Alten- und Jugendarbeit und die Sanierung der Dorfkirche. Die Bronzebüste vor dem Geburtshaus an der Dorfstraße – sie heißt seit November 2011 Max-Schmeling-Straße – schuf der Torgelower Falko Steimer 2006.

Grenzbefestigung mit acht Ecken

Löcknitz

In dem Städtchen an der Randow östlich von Pasewalk stand auf den Fundamenten einer slawischen Burg eine pommersche Grenzfestung. Davon ist noch ein achteckiger Bergfried aus dem 14. Jh. erhalten geblieben. Der südlich von Löcknitz gelegene gleichnamige See ist Brutstätte für viele Vögel und deshalb Landschaftsschutzgebiet.

Ein mächtiger Mühlstein im Mühlenmuseum von Woldegk

Von der Frühgotik zum Frühbarock

Menkin

Die im Kern frühgotische Kirche von Menkin, 6 km südlich von Löcknitz, wurde im 17. Jh. im Übergangsstil von Renaissance zu Barock umgebaut. Sie diente als Kapelle für einen Gutshof der Familie von Winterfeld, die zu den größten Grundbesitzern in Vorpommern zählte.

An der Grenze

Penkun

Auch in Penkun 50 km südöstlich von Pasewalk wachte eine mittelalterliche Burg über das Grenzgebiet zwischen Pommern und Brandenburg. Um 1600 wurde sie zu einem Renaissanceschloss ausgebaut. Über der breiten Durchfahrt des Torhauses ließ der Bauherr sein Wappen mit der Jahreszahl 1614, wohl das Datum der Baufertigstellung, anbringen. Im früheren Verwalterhaus beleuchtet das Grenz- und Zollmuseum die einstige Grenze der DDR zu Polen, außerdem ist eine Ausstellung zur regionalen Geschichte zu sehen.

PLAU AM SEE

Kreis: Ludwigslust-Parchim | **Höhe:** 70 m ü. d. M. | **Einw.:** 5750

Der hübsch gelegene Luftkurort mitten in der Mecklenburgischen Seenplatte zieht im Sommer zahlreiche Wasserwanderer, Urlauber und Ausflügler an. Schon zu DDR-Zeiten war der Plauer See wichtigstes Kapital des beliebten Ferienorts.

Beste Aussichten

Die slawischen Gründer von Plau wählten die Stelle, an der die Elde aus dem Plauer See austritt, als Standort für eine Siedlung. Im 19. Jh. war Plau, das verkehrsgünstig an der Bahnlinie Berlin–Rostock liegt, wichtiger Industriestandort, bevor es zu einem regionalen Fremdenverkehrszentrum wurde. Neues Wahrzeichen ist der Leuchtturm.

Wohin in Plau und Umgebung?

Auf Beobachtungsposten

Eldepromenade

Von seiner schönsten Seite zeigt sich Plau an der Eldepromenade, wo Sie Hobbykapitänen zuschauen können, die hier die Eldeschleuse passieren. Die **Hubbrücke**, die an dieser Stelle seit 1916 die Elde überspannt, gilt heute als schützenswertes technisches Denkmal.

Malerisches Grün

Marktplatz

Typisch für die alte Bebauung von Plau sind die Fachwerkhäuser aus dem 18. und 19. Jahrhundert. Die Fassade des 1888/1889 erichteten

Mit etwas Glück erlebt man in der Plauer Stadtkirche auch ein kleines Konzert.

Rathauses ist fast vollständig von Efeu überwachsen. In der Stadtkirche sind der spätgotische Flügelaltars (um 1500) aus Lübeck und die 1570 in Bronze gegossene Taufe sehenswert.

Burg unter Dampf

Burgturm, Burgmuseum

Plau lag an einem wichtigen Handelsweg, den eine Burg schützte. Sie wurde im 17. Jh. geschleift, der Burgturm aus dem 15. Jh. mit der Turmuhr und 11 m tiefem Verlies blieb erhalten. Das **Burgmuseum** widmet sich Stadtgeschichte, Fischerei und Handwerk, außerdem dem Plauer Erfinder Ernst Alban (1781 – 1856), der die Hochdruckdampfmaschine erfand. Zu sehen ist auch ein Modell des weltweit ersten Wasserflugzeugs (»Amphibien-Flugboot«), das der bayerische Luftfahrtpionier August von Parseval 1909 in der von ihm erbauten Fliegerhalle Plau konstruierte und 1910 erfolgreich startete.

Burgmuseum: Burgplatz 2 | Ostern – Okt. tgl. 10 – 17 Uhr | Eintritt 2,50 €, Turmbesteigung 1,50 € | www.burgmuseum-plau.eu

Sehnsuchtsort für Wasserratten

Müritz-Elde-Wasserstraße, Plauer See

Der rund 180 km lange Wasserweg verbindet die Müritz mit der Unterelbe – etliche »Paddelkilometer« durch unberührte Natur und

PLAU AM SEE ERLEBEN

TOURIST INFO PLAU AM SEE
Marktstr. 20
19395 Plau am See
Tel. 038735 4 56 78
www.plau-am-see.de

SCHAU-IMKEREI UND FACHHANDEL BODE
In Plau am See produzieren 300 Bienenvölker Honig. Den können Sie pur verköstigen oder veredelt als Bier oder Bonbons genießen. Auch Seife und Kerzen sind im Hofladen im Angebot. Wer mehr über Biene wissen möchte, besucht das Museum.
Rostocker Chaussee 61
Plau am See
www.bienen-bode.de

WASSERSPIELE
Bei der Badewannenrallye Ende Juli ist alles zugelassen, was man im Wasser vorwärtsbewegen kann. Je skurriler das Gefährt, desto größer die Gaudi.
www.ilovewanne.de

RESTAURANT SEEBLICK IM SEEHOTEL PLAU AM SEE **€€**
Hier sitzen Sie gemütlich am Ufer des Plauer Sees und lassen sich den frischen Fisch aus dem nahen Gewässer schmecken..
Hermann-Niemann-Str. 6
Plau am See
Tel. 038735 8 40
www.falk-seehotels.de

SEEHOTEL STUERSCHE HINTERMÜHLE **€ – €€**
Romantisches Hotel mit Restaurant (bodenständige Küche) und Terrasse am Südzipfel des Plauer Sees. Mit Sauna, Fahrradverleih und Strand.
Seeufer 6
Bad Stuer
Tel. 039924 7 20
www.falk-seehotels.de

vorbei an hübschen Kleinstädten. An vielen Stellen gibt es Bootsanlegeplätze, die Sie für einen Landgang nutzen können.
Mit einer Fläche von 39 km² ist der Plauer See das **drittgrößte mecklenburgische Gewässer**. Der langgezogene, durchschnittlich 8 m tiefe See eignet sich hervorragend zum Schwimmen, Angeln, Paddeln, Rudern oder Segeln. Badeplätze gibt es rund um den See wie in dem hübschen Plauer Ortsteil Seelust. Mit Schiffen können Sie nach ▶ Malchow oder ▶ Waren/Müritz fahren.

Literaturfähiger Kurort

Bad Stuer

Der Ort an der Südspitze des Plauer Sees war eine bekannte **Wasserheilanstalt**, prominentester Kurgast war Fritz Reuter, der in seinem Buch »Ut mine Stromtid« das Badeleben humorvoll auf die Schippe nahm. Im **Bärenwald** Müritz leben 17 Braunbären.

Bärenwald: Am Bärenwald 1 | Mitte März – Okt. tgl. 9 – 18, sonst 10 – 16 Uhr | Eintritt 11 €, Nov. – Mitte März 6,50 €
www.baerenwald-mueritz.de

Auf lehmiger Spurensuche

Lehm- und Backsteinstraße

Einst existierten mehr als 450 Ziegeleien in Mecklenburg. An dieses uralte Gewerbe erinnert die Themenstraße mit folgenden Stationen: Lehmmuseum, Filzmanufaktur im Reetdachhaus »Ülepüle« (niederdt. für Schmetterling) in Retzow und im Wangeliner Garten, dem größten Kräutergarten Mecklenburgs. Die Kunst der Ziegelherstellung zeigt die Ziegelei in Benzin mit historischem Ringofen.
Lehmmuseum: Gnevsdorf, Steinstr. 64a | Mai – Sept. Di. – So. 10 – 17 Uhr | Eintritt 3 € | www.lehmmuseum.de
Ülepüle: Mitte April – Mitte Okt. Mi. – Fr. 10 – 17, Sa. 13 – 17 Uhr
www.fal-ev.de
Wangeliner Garten: Nachtkoppelweg, Ganzlin, OT Wangelin
Mai–Sept. tgl. 10 – 18, April, Okt. Mo. – Fr. 10 – 16, Sa., So. 12 – 17 Uhr
Eintritt 4,50 € | www.wangeliner-garten.de
Ziegelei: Ziegeleiweg 8, Benzin | ganzjährig nach Anmeldung unter 01522 8 68 91 50) | Mit Café | Eintritt 5 € | www.ziegelei-benzin.de

★ REUTERSTADT STAVENHAGEN

Kreis: Mecklenburg. Seenplatte | **Höhe:** 30 m ü. d. M. | **Einw.:** 5900

Das geruhsame Städtchen am Rand der Mecklenburgischen Seenplatte wird hauptsächlich wegen Fritz Reuter besucht, dem beliebten Nationaldichter, der hier geboren wurde.

Vom Ritter zum Reuter

Die Siedlung, im 13. Jh. im Schutz einer Burg entstanden, wurde nach Ritter Reimbern von Stove benannt und hieß jahrhundertelang einfach Stavenhagen. Der in Mecklenburg-Vorpommern häufig anzutreffende Zusatz »hagen« bedeutet »gerodeter Wald«. Seinen Doppelnamen verdankt das Städtchen **Fritz Reuter** (▶ Interessante Menschen), der 1810 hier geboren wurde. Seit dem 11. Juli 1949, seinem 75. Todestag, ist »Reuterstadt« offizieller Namensbestandteil des Ortes. An vielen Gebäuden erinnern Gedenktafeln an die Bewohner, die Reuter zu Protagonisten seiner humorvollen, feinfühligen Romane machte. Ein Naturdenkmal findet sich am Ortsausgang Richtung Neubrandenburg. Dort erhebt sich auf einer Anhöhe die Reutereiche, die Fritz Reuter 1859 zum Andenken an seine Eltern pflanzte.

BAEDEKER ÜBERRASCHENDES

6X DURCHATMEN

Entspannen, wohlfühlen, runterkommen

1. SICH TREIBEN LASSEN

Huckleberry Finn hatte es nicht so gemütlich bei seiner **Floßfahrt** wie wir: Die Flöße auf den Seen der Mecklenburgischen Seenplatte sind motorisiert, das Feeling ist aber dasselbe – grenzenlose Freiheit und Ruhe in der weiten Natur. (▶ S. 154)

2. URALT UND KNORRIG

Die mit rund 1000 Jahren ältesten Eichen Deutschlands stehen in einem Park beim **Ivenacker See**. Was haben sie schon alles gesehen? (▶ S. 183)

3. MIT ALLEN SINNEN

In **Papendorf bei Lassan** blühen im Duft- und Tastgarten mehr als 300 Pflanzenarten. Sie können vergessene Gemüse, Frauenkräuter, Küchenkräuter, stärkende und Dessertpflanzen mit allen Sinnen erfahren. (▶ S. 52)

4. VERSAILLES?

Schloss und Park in **Ludwigslust** bilden ein herrliches Barockensemble, das mecklenburgische Versailles. In dem rund 130 ha großen Schlosspark mit seltenen Bäumen und Denkmälern finden Sie wunderschöne stille Ecken. (▶ S. 138)

5. MIT HAUSBOOT ODER KANU

Die rund 120 km lange **Müritz-Elde-Wasserstraße** verbindet Müritz und Unterelbe. Sie führt durch unberührte Natur, feuchte Auen, sattgrüne Wiesen und Wälder. Es gibt viele Bootsanlegeplätze für einen Landgang. (▶ S. 154)

6. MITTEN IM MEER

Der Spaziergang auf der **Warnemünder Westmole** ist über einen halben Kilometer lang, das Ziel die Leuchtbake. Dort fühlen Sie sich **mitten im Meer** und sehen die Schiffe zum Greifen nah. (▶ S. 208)

Wohin in Reuterstadt Stavenhagen?

Beim Dichter zu Hause

★ Literaturmuseum

In dem 1788 erbauten alten Rathaus am Markt, dem **Geburtshaus Fritz Reuters**, hat die beachtliche Sammlung des Literaturmuseums einen adäquaten Ausstellungsrahmen gefunden. Die Exponate dokumentieren anschaulich Leben und Werk des Schriftstellers. Das auf 13 Räume verteilte Museum besitzt heute nicht nur eine umfangreiche Sammlung von Manuskripten und handschriftlichen Aufzeichnungen des Dichters, sondern auch andere Zeitdokumente und eine **Bibliothek niederdeutscher Literatur** mit rund 15 000 Bänden. Das Geburtszimmer Fritz Reuters, das mit Mobiliar aus der damaligen Zeit eingerichtet ist, vermittelt einen Eindruck von der Wohnkultur in seinem Elternhaus.

Fritz-Reuter-Literaturmuseum: Markt 1 | April – Okt. tgl. 10 – 17, Nov. – März Di. – So. 10 – 17 Uhr | Eintritt 4 €
www.fritz-reuter-literaturmuseum.de

In Nachdenken versunken

Fritz-Reuter-Denkmal

In nachdenklicher Pose, auf einem Lehnstuhl sitzend und ein Buch auf dem Schoß – so verewigte der aus dem benachbarten Plau am See stammende Bildhauer Wilhelm Wandschneider 1911 Fritz Reuter mit seinem Bronzedenkmal vor dem Rathaus. Bekannte Szenen aus Reuters Werken finden sich als Reliefs an der Lehne.

Rund um Reuterstadt Stavenhagen

Herrschaftssitz mit Seeblick

Schloss Ivenack

Am Ufer des Ivenacker Sees ca. 5 km nordöstlich von Reuterstadt Stavenhagen stand im Mittelalter ein Zisterzienserinnenkloster, das der Gründer von Stavenhagen, Reimbern von Stove, 1252 gestiftet hatte. Die heutige Dorfkirche aus dem 13. Jh. war das Gotteshaus der Zisterzienserinnen. Anstelle des Klosters wurde Ende des 16. Jh.s ein Schloss errichtet. Zu dem einst ausgesprochen stattlichen Adelssitz gehören der halbkreisförmige Marstall und die Orangerie, beide aus dem 18. Jh., sowie das entzückende Teehaus am See.

Uralt und enorm stark

★ Ivenacker Eichen

Die schönste und größte der **Ivenacker Eichen** ist 35 m hoch und hat einen Umfang von 11 m. Mit rund 1000 Jahren sind diese Exemplare die ältesten Eichen Deutschlands. Sie stehen auf der westlichen Seeseite von Ivenack in einem weitläufigen Park mit einem Damwildgehege. Leider nagt der Zahn der Zeit kräftig an den ehrwürdigen Bäumen, die täglich von einer großen Besucherzahl bestaunt werden. Doch bewusst werden die Eichen keinen baumchirurgischen

REUTERSTADT STAVENHAGEN ERLEBEN

STADTINFORMATION STAVENHAGEN
Markt 1
17153 Stavenhagen
Tel. 039954 27 98 35
www.reuterstadtstavenhagen.de

SCHLOSS KITTENDORF
€€ – €€€
Romantisches, liebevoll restauriertes Hotel im strahlendweißen Schloss an der B 194 zwischen Waren und Stavenhagen, dennoch ruhig und idyllisch. Im Café Jardin (tgl. ab 14 Uhr) können Sie nicht nur leckere Kuchen und Torten probieren, sondern auch hausgemachte Konfitüren kaufen. Im edlen Restaurant Lenné (tgl. ab 18 Uhr) geht es ganz klassisch zu.
Dorfstr. 47
Kittendorf
Tel. 039955 5 00
www.schloss-kittendorf.de

Schönheitsoperationen unterzogen, und so gehen auch sie den Weg alles Irdischen: Von den einst elf stehen heute nur noch sechs Eichen. Im Barockpavillon im Tiergarten ist eine Ausstellung zur Lebenszeit von Eichen zu sehen. Über einen 620 m langen **Baumkronenpfad** kann man den Wald mit seinen Eichen von oben erschließen.

Ein Stück England in Mecklenburg

Kittendorf

Einen wuchtigen Westturm aus dem 15. Jh. besitzt die kleine, sehenswerte Dorfkirche in Kittendorf, 10 km südlich von Reuterstadt Stavenhagen (Schlüssel im Pfarrhof). Ein Blick ins Innere empfiehlt sich wegen der reichen Renaissanceausstattung. Im Turm hängt eine der ältesten Glocken Mecklenburgs – sie wurde 1288 gegossen. Das benachbarte **Schloss** von 1853, mittlerweile in ein Luxus-Hotel umgebaut, entwarf der Berliner Architekt Friedrich Hitzig, ein Schinkel-Schüler. Das Anwesen zitiert mit seinen Terrassen, Zinnen und Türmchen die englische **Tudorgotik**.

RIBNITZ-DAMGARTEN

Kreis: Vorpommern-Rügen | **Höhe:** 5 m ü. d. M. | **Einw.:** 16 300

Ribnitz-Damgarten liegt an der Mündung der Recknitz in den Saaler Bodden und am südwestlichen Zugang zur Halbinselkette Fischland-Darß-Zingst. Von hier aus riechen Sie schon das Meer, dessen Bernsteine die Stadt berühmt gemacht haben.

Jahrhundertelang waren das mecklenburgische Ribnitz und das vorpommersche Damgarten zwar benachbarte, aber durch das Flüsschen Recknitz getrennte Gemeinden, bis sie sich im Jahr 1950 zur Doppelstadt Ribnitz-Damgarten zusammenschlossen. Wirtschaftlich bedeutend wurden die beiden Städte erst im 19. Jh. durch die Segelschifffahrt. In den Werften von Ribnitz und Damgarten baute man hauptsächlich Briggschiffe, aber auch Barken und Schoner.

Vom Stapel gelassen

Wohin in Ribnitz-Damgarten?

Erbe aus alten Zeiten

Alte Ortskerne

Den **Marktplatz** des Ortsteils Ribnitz, auf dem ein moderner Brunnen an die Bernsteinfischer erinnert, beherrscht die Stadtkirche **St. Marien** mit ihrem großen Westturm. Sie wurde im 13. Jh. als dreischiffige Backsteinhalle errichtet. Den Chor und den Westturm erhielt sie nach einem Brand 1455. Ihr heutiges Aussehen ist von den Veränderungen nach einem großen Brand 1759 geprägt. Der Kirche gegenüber steht das spätklassizistische Rathaus von 1834 mit Dreiecksgiebel, das Hofbaumeister Johann Georg Barca entwarf.
Als einziges **Relikt der Stadtbefestigung** begrüßt heute das Rostocker Tor die Ankommenden. Den im 15. Jh. errichteten Torturm bekrönt ein achteckiger Aufsatz mit Zeltdach. Sehenswert im Stadtteil Damgarten sind zahlreiche gut erhaltene alte Fachwerkhäuser aus dem 18. Jh. sowie die im 13. Jh. erbaute Stadtkirche.

Kostbarkeiten für Klarissinnen

Klosterkirche

Wegen ihrer kostbaren Ausstattung ist die Kirche des ehemaligen Klarissinnenklosters einen Besuch wert. An Stelle seiner fürstlichen Burganlage hatte Heinrich II. von Mecklenburg 1323 ein Nonnenkloster gegründet, mit dem Bau der Klosterkirche wurde wahrscheinlich zwei Jahre später begonnen. Die Kunstwerke stammen zum Großteil aus dem Mittelalter, so die Tafelbilder und die sogenannten **Ribnitzer Madonnen**, Teile aus Altären oder einzelne Andachtsfiguren aus der Zeit zwischen 1330 und 1520. In der Werkstatt des Niederländers Philipp Brandin entstand 1590 das Renaissancegrabmal für die letzte Äbtissin, Ursula von Mecklenburg. Ausstellungen widmen sich der Kloster- und Stiftsgeschichte und dem Bernstein.
April – Okt. tgl. 9.30 – 18, Nov. – März Di. – So. 9.30 – 17 Uhr | Eintritt Kloster- und Stiftsgeschichte 3 €, mit Bernsteinmuseum 8,50 € | www.kloster-ribnitz.de

Meeresgold

★ Bernsteinmuseum

Im früheren Dominahaus des Klarissinnenklosters ist das Deutsche Bernsteinmuseum untergebracht. Der nahe Darß galt schon vor Jahrhunderten als eine der wichtigsten Fundstellen für baltischen

RIBNITZ-DAMGARTEN ERLEBEN

TOURISTINFORMATION RIBNITZ-DAMGARTEN
Am Markt 14
18311 Ribnitz-Damgarten
Tel. 03821 22 01
www.ribnitz-damgarten.de

TOURISTINFORMATION GRAAL-MÜRITZ
Rostocker Str. 3
18181 Ostseeheilbad Graal-Müritz
Tel. 038206 70 30
www.graal-mueritz.de

AQUADROM
Badefreunde treffen sich in der Wasserwelt des Aquadroms von Graal-Müritz. Angeschlossen sind Saunen, Hamam und Rhassoul, ein türkisches Dampfbad.
Buchenkampweg 9
Graal-Müritz
Tgl. 11 – 21.30 Uhr
Eintritt ab 7,40 €
www.aquadrom.net

ALTE DAMPFBÄCKEREI €
Eng und verwinkelt sind die Räume in der historischen Bäckerei. Das Kuchenangebot ist aber ganz neuzeitlich und lecker.
Damgarten
Barther Str. 52
Tel. 0176 63 04 95 56

LANDHOTEL ZUM HONIGDIEB €€
Um Honigbienen dreht sich alles in diesem netten Landhotel in der Nähe des Freilichtmuseums Klockenhagen. Im Hofladen der Berufsimkerei können Sie Honig und andere Naturprodukte kaufen; Kindern (und Erwachsenen) wird in der hauseigenen Schauimkerei alles über Bienen und Honiggewinnung erläutert; Sie können auch selbst Hand anlegen.
Bäderstr. 6 a
Klockenhagen

Tel. 03821 70 67 37
www.zum-honigdieb.de

Bernstein. Im Museum wird die Naturgeschichte des »Goldes des Meeres« anschaulich präsentiert (▶ Baedeker Wissen, S. 190). Zu den spektakulärsten Fundstücken zählen die sogenannten **Inklusen**, Bernsteinstücke, in die Insekten oder Pflanzen eingeschlossen und über Millionen von Jahren konserviert wurden. In einem der Bernsteine ist sogar eine Eidechse eingeschlossen. Das Museum zeigt zudem Kunsthandwerksarbeiten, aus Bernstein geschnitzte oder gedrehte Kleinplastiken, die nicht selten mit Gold oder Elfenbein zu Preziosen hochstilisiert wurden. Sie können bei der Bernsteinverarbeitung zusehen, und es gibt eine Verkaufsausstellung.
April – Okt. tgl. 9.30 – 18, Nov. – März Di. – So. 9.30 – 17 Uhr | Eintritt 8,50 € | www.deutsches-bernsteinmuseum.de

Ehrung eines berühmten Kurgasts

Kunstverein

Der Kunstverein Ribnitz-Damgarten präsentiert im Haus am Klosterhof ein Kabinett mit Zeichnungen, Holzschnitten und Comics von **Lyonel Feininger**, die er 1905 während seines Ribnitz-Aufenthaltes schuf, sowie Ausstellungen aktueller Künstler der Region.

Im Kloster 9 | Di. - Sa. 11 - 17 Uhr, Jan., Nov., Dez. Mi. - Sa. 11 - 17 Uhr | www.galerie-ribnitz.de

Hand anlegen am Gold des Meeres

Bernstein-Schaumanufaktur

Im Gewerbegebiet von Damgarten direkt an der B105 ragt eine gelbblaue Pyramide in die Höhe: Es ist die Bernstein-Schaumanufaktur. Besucher können dort bei Führungen zuschauen, wie Bernstein bearbeitet wird, auch selbst Hand anlegen und sich versuchen oder Bernsteinschmuck kaufen.

An der Mühle 30 | Mo. - Fr. 9.30 - 18, Sa. bis 16. Uhr | Eintritt: 3 € inkl. 2 € Einkaufsguthaben | www.ostseeschmuck.de

★★ Freilichtmuseum Klockenhagen

April - Mitte Juni, Mitte Sept. - Ende Okt. tgl. 10 - 17, Mitte Juni - Mitte Sept. bis 18 Uhr | Eintritt 6 - 8 €
www.freilichtmuseum-klockenhagen.de

Ländliches Leben liebevoll

Rundgang

Interessant – nicht nur für Stadtkinder – ist das Freilichtmuseum 5 km westlich von Ribnitz-Damgarten. Ausgangspunkt der Museumsanlage war ein Gehöft mit Wohnhaus, Scheune und Ziehbrunnen. Das Wohnhaus, ein typisch niederdeutsches Hallenhaus eines Mecklenburger Bauern zwischen 1600 und 1900, bewohnte zuletzt der Bauer Heinrich Peters, dessen **Wohnzimmer komplett erhalten** ist. Die anderen Objekte auf dem Museumsgelände wurden aus ganz Mecklenburg zusammengetragen: zwei weitere Hallenhäuser, eine Fachwerkdorfkirche mit frei stehendem Glockenstuhl, das Backhaus, das aus Sievershagen bei Bad Doberan hierher versetzt wurde, ein Spritzenhaus, eine Windmühle sowie zwei Scheunen. Auf vielen mecklenburgischen Bauernhöfen stand neben dem großen Hallenhaus ein zweites kleineres, der sogenannte Katen, den vor allem die ärmere Bevölkerung, meist Landarbeiter oder Fischer, bewohnte. Von den Katen in Klockenhagen ist einer in der Breite geteilt: Der Volksmund nannte diese Variante des zweiteiligen Hallenhauses deshalb Tweipott. Im **schönen Bauerngarten** können Sie sehen, welche Kräuter und Blumen früher angepflanzt wurden, die Heil- und Würzkräuter gehen auf Überlieferungen von Hildegard von Bingen zurück; hier werden auch Führungen veranstaltet. Vervollständigt wird die ländliche Idylle durch Schafe, Pommernenten, Gänse und andere typische Haustiere, die sich frei auf dem

Gelände bewegen. Hausmannskost gibt es in der Gaststätte »Up dei Däl« im Bauernhaus aus Strassen. Bei den alljährlichen Museumsfesten – Ostern, Pfingsten sowie beim Tonnenabschlagen (▶ S. 373/374)– werden ländliche Tänze aufgeführt und alte Handwerkstechniken vorgeführt. Und jeden zweiten Samstag im Monat wird im Holzbackofen Brot gebacken.

In die Rostocker Heide

Aus der Schatzkiste der Natur

Neuheide

In Neuheide bei Klein Müritz, am Südrand des unter Naturschutz stehenden Ribnitzer Großen Moores bzw. auf dem Weg nach Graal-Müritz, kann man sich im Bestimmen von Pilzen üben: Rund 250 Arten zeigt die **Naturschatzkammer mit Edelstein- und Bernsteinzentrum.** Dazu kommen 400 ausgesuchte Exemplare von Bernsteinen, 2000 Edelsteine aus 70 Ländern, Präparate der heimischen Fauna, Perlen, Muscheln, Schnecken und Mineralien. Im Paradiesgarten blühen Rosen und Stauden. Am Ribnitzer Landweg 3 präsentiert das **Infozentrum »Wald & Moor«** die Naturentwicklung vom Toteisloch zum Hochmoor. Hier beginnt der **Naturlehrpfad** durchs Große Ribnitzer Moor.

Naturschatzkammer: Ribnitzer Landweg 2 | tgl. 9 – 18 Uhr
Eintritt 6 € | www.naturschatzkammer.de
Infozentrum »Wald & Moor«: Mai – Okt. tgl. 10 – 17 Uhr, Führungen Mi. 10 Uhr | Eintritt frei, Führung 8 € | www.ribnitz-damgarten.de

Erholung unter Rhododendren

Ostseeheilbad Graal-Müritz

Umgeben von Mischwäldern mit hohen alten Bäumen liegt das aus zwei Orten zusammengewachsene Ostseeheilbad. Die ersten Badegäste kamen zu Beginn des 19. Jh.s hierher, und um 1900 war Graal-Müritz ein Kurort mit schönen Hotels und Pensionen. Breit und sehr gepflegt ist der Strand, und auch eine Seebrücke gibt es. Im Mai und Juni, wenn alles blüht ist der Rhododendronpark die Hauptattraktion (▶ Abb. S. 190).

Im Küstenwald und durch Moore

Rostocker Heide

Westlich von Ribnitz-Damgarten und nordöstlich von ▶ Rostock erstreckt sich bis zur Halbinsel ▶ Fischland die Rostocker Heide, ein ca. 6000 ha großes Gebiet mit Torfstichen, Mooren, Wäldern und landwirtschaftlichen Nutzflächen. In den Wäldern dominieren Buchen, Kiefern und bis zu 300 Jahre alte Eichen. Richtig außergewöhnlich aber sind die Eiben, die hier teilweise ein **Alter von 500 Jahren** erreicht haben.

Idealer Ausgangspunkt für Wanderungen ist **Wiethagen** am Südrand der Rostocker Heide. Hier können Sie im Köhlerhof zwei Teeröfen, Scheune, Wohnkaten, Modellpark und Märchenwald erkunden.

In **Gelbensande** zwischen Rövershagen und Ribnitz-Damgarten ist das romantische **Jagdschloss** eine Stippvisite wert. Gotthilf Ludwig Möckel baute es 1887. Einige technische Details wie die Warmluftheizanlage sind noch original erhalten.

Köhlerhof: April – Sept. Di. – Fr. 9 – 17, Sa., So. ab 10, Okt. – Mitte Dez. Di. – Fr. 9 – 16, So. 10 – 16 Uhr | Eintritt 4 € | www.koehlerhof-wiethagen.de
Jagdschloss: Mai – Okt. tgl. 10 – 17, Nov. – April tgl. 11 – 16 Uhr | Eintritt 4,50 € | www.museum-jagdschloss-gelbensande.de

Östlich und südlich von Ribnitz-Damgarten

Alles Kranich oder was?

Kranichmuseum

Im denkmalgeschützten **Gutshof Hessenburg** östlich von Ribnitz-Damgarten ist im Kranichmuseum eine ungewöhnliche Präsentation zeitgenössischer Kunst zum Thema »Kranich« zu sehen. Der Gutshof wurde eigens für dieses Projekt ausgewählt, restauriert und ausgebaut. Zu sehen sind 16 Installationen..

Dorfplatz 2 | Juni – Okt. Sa., So. 11 – 17 Uhr | Eintritt 3 €
www.kranichmuseum.de

DAS GOLD DES MEERES

Bernstein ist, obwohl er so heißt, im eigentlichen Sinn kein »Stein«, auch kein Mineral, sondern ein fossiles Baumharz, das vor vielen Millionen Jahren von Nadelbäumen abgesondert wurde. Bäche und Flüsse haben das Harz ins Meer geschwemmt – und von dort wird es an die Strände der Ostsee gespült.

Nach einem winterlichen Sturm sind die Chancen am besten, bei einer Strandwanderung ein Bernsteinstück zu finden. Die unregelmäßig geformten, oft nierenförmigen Schmucksteine sind auf den ersten Blick unscheinbar, da sie zumeist von einer sandig-erdigen Verwitterungskruste überzogen sind. Die typische **gelbliche bis bräunliche Färbung** zeigen sie erst, wenn man sie poliert und bearbeitet. Manchmal kommen auch **Inklusen** (Einschlüsse) zum Vorschein: kleine Luftbläschen, Sandkörner oder auch Reste von Pflanzen und Tieren aus der Tertiärzeit, die bei der Verfestigung des Harzes eingeschlossen und konserviert wurden.
Vor der Wende wurde Bernstein in großen Mengen aus dem Bitterfelder Braunkohletagebau gewonnen. Seit dort nicht mehr abgebaut wird, greifen Ribnitzer Schmuckproduzenten auf die Vorkommen in Kaliningrad (Königsberg) zurück, die überwiegend im Tagebau gewonnen werden. Das »Gold des Meeres«, das am Ribnitzer Strand angespült wird, würde nicht ausreichen, um die Nachfrage zu decken.

Leicht brennbar

Von ähnlichen Harzen unterscheidet er sich vor allem durch seine Säure. Außerdem ist er relativ leicht, **schwimmt auf Salzwasser** und verbrennt schnell mit einem hoch aromatischen Geruch. Diese Eigenschaft hat dem fossilen Harz auch zu seinem **Namen** verholfen: »Bern« kommt vom niederdeutschen **»börnen«**, was so viel wie »brennen« bedeutet.
Von Imitaten lässt sich der Naturbernstein u. a. durch einen simplen **Test** unterscheiden: Reibt man ihn mit einem Wolltuch oder Fell, so lädt er sich elektrisch auf und zieht z. B. kleine Papierschnipsel an. Die verhältnismäßig einfache Bearbeitung und die sehr unterschiedliche Färbung machten den

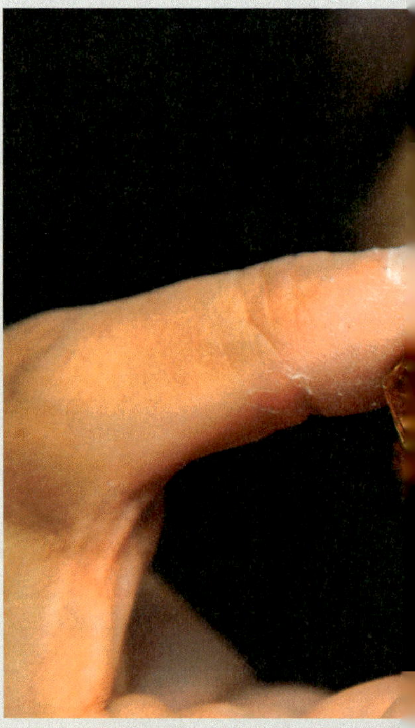

Bernstein seit Menschengedenken zu einem beliebten Material für Schmuck, aber auch für andere Zwecke.

Beliebter Schmuck

Bereits in der Bronzezeit verarbeitete man ihn zu Halsbändern, Ohranhängern oder Ringen, später wurden sogar Möbel- und Wandverkleidungen aus Bernstein hergestellt. Das berühmteste Beispiel dafür ist das legendäre **Bernsteinzimmer**, ein Geschenk des preußischen Königs Friedrich Wilhelm I. an den russischen Zaren Peter den Großen. Seit dem Zweiten Weltkrieg ist das einzigartige Juwel verschwunden; die **Nationalsozialisten** hatten es nach Königsberg verschleppt, doch dort verliert sich seine Spur. Ist es beim Untergang des Königsberger Schlosses verbrannt? Oder an einem unbekannten Ort versteckt? Der Mythos Bernsteinzimmer rief Schatzsucher aus aller Herren Länder und sogar die Stasi auf den Plan. Russische Experten stellten von 1979 bis 2003 eine **Rekonstruktion** her, die heute an ihrem Originalplatz in St. Petersburg eine Attraktion ist.
In **Ribnitz-Damgarten** gibt es ein **Museum** zum Thema Bernstein, und wer seine Liebe zum »Gold des Nordens« entdeckt hat, kann hier oder in der **Schaumanufaktur** (An der Mühle 30) recht preisgünstig schönen Bernsteinschmuck kaufen.

Im Mai und Juni blüht in Graal-Müritz der Rhododendron.

Den Vögeln ganz nah

Marlow Hauptattraktion von Marlow, 13 km südöstlich von Ribnitz-Damgarten gelegen, ist der **Vogelpark** an der Flussniederung der Recknitz. Hier können Sie tropische und heimische Vogelarten bewundern und ihnen beim Schaufüttern und in der Tiershow »Begegnung mit Tieren« ganz nah kommen, und die großen Greifvögel führen ihre Flugkünste vor.

Mitte März – Okt. tgl. 10 – 19, Nov. – Mitte März. tgl. 10 – 15 Uhr, Tiershow mit unterschiedlichen Tierarten in der Hauptsaison tgl. 14 Uhr, Flugshow Mitte März – Okt. tgl. 12 und 15.30 Uhr | Eintritt 13,90 € (Nov. – März 8 €) | www.vogelpark-marlow.de

Das Salz in Sülze

Bad Sülze

In Bad Sülze waren bereits 1229 Solequellen bekannt. Ab 1744 bestimmten die mecklenburgischen Herzöge über die Salzquellen. Dreißig Jahre später wurde ein Gradierwerk gebaut, das bis 1944 bestand. Zum Kurort wurde Bad Sülze durch die Initiative des herzoglichen Leibarztes Samuel Gottlieb Vogel, der hier 1822 das erste Solebad einrichtete. Das klassizistische Kurhaus entstand 1824 nach Plänen von Carl Theodor Severin, der für den Großherzog bereits in ▶ Bad Doberan aktiv war. Das frühere Salzamt beherbergt heute das **Salzmuseum** und die Touristeninformation.

Salzmuseum: Saline 9; Mai - Okt. Di. - Fr. 10 - 16.30, Sa., So. 14 - 16.30, Nov. - April Di. - Fr. 10 - 16, Sa., So. 14 - 16 Uhr
Eintritt 3 € | www.salzmuseum-badsuelze.de

★★ ROSTOCK

Kreisfreie Stadt | **Höhe:** 13 m ü. d. M. | **Einw.:** 207 500

Riesige Frachtschiffe laufen in den Überseehafen ein und jenseits der Docks und Werften weht Großstadtluft: Rostock ist eine der bedeutendsten Hafenstädte an der deutschen Ostseeküste. Fußgängerzonen und Einkaufspassagen, Restaurants und zahlreiche kulturelle Einrichtungen lohnen den Besuch der alten Hansestadt.

Metropole mit Meeresluft

Rostock ist deutlich größer als die Landeshauptstadt ▶ Schwerin. Als ein wichtiges Zentrum der Rüstungsindustrie des Dritten Reiches war die Stadt schon 1940 Ziel von Luftangriffen, die im Verlauf des Krieges andauerten. Viel von der historischen Bausubstanz ist dadurch verloren gegangen. Vor allem zwischen Stadthafen und Rosengarten sowie zwischen Altem Markt und Kröpeliner Tor wurden Häuser zum Teil aufwendig saniert und historisierend neu gebaut. Die Kröpeliner Straße mit schönen Giebelhäusern aus dem 17. bis 19. Jh. ist belebte Fußgängerzone, ebenso die Lange Straße. Geprägt wird die Stadt vor allem durch ihre Lage am Meer, ihren Hafen und die 1419 gegründete Universität sowie weitere Hochschulen und Forschungseinrichtungen. Bekanntester Bürger der Stadt ist der 1940 in Rostock geborene frühere Bundespräsident Joachim Gauck.
Keine 15 km vom Herzen der Hafenstadt entfernt, lockt ungetrübtes Badevergnügen am Strand von **Warnemünde**. Dass das bekannte Seebad vor den Toren von Rostock ursprünglich ein kleines Fischerdorf mit bunten Kapitänshäuschen und urigen Kneipen war, macht auch heute noch den Charme des Ferienorts aus.

ROSTOCK UND WARNEMÜNDE ERLEBEN

TOURIST-INFORMATION ROSTOCK
Universitätsplatz 6
18055 Rostock
Tel. 0381 3 81 22 22
www.rostock.de

TOURISTINFORMATION WARNEMÜNDE
Am Strom 59
18119 Rostock-Warnemünde
Tel. 0381 3 81 22 22
www.rostock.de

KURVERWALTUNG OSTSEEBAD NIENHAGEN
Strandstr. 30
18211 Nienhagen
Tel. 038203 8 11 63
www.ostseebadnienhagen.de

ROSTOCK CARD
Für 24 oder 48 Stunden (12 € bzw. 16 €), Museen, Führungen und ÖPNV kostenlos
www.rostock.de

WINDJAMMERTREFFEN HANSE SAIL IM AUGUST
► Baedeker Wissen, S. 204

❶ CAFÉ PANORAMA €€
Bei hausgemachtem Kuchen und Kaffee genießen Sie in Mecklenburg-Vorpommerns höchstgelegenem Café einen wunderbaren Blick aus der 19. Etage.
im Hotel Neptun
Seestr. 19
Warnemünde
Tel. 0381 77 77 73
www.hotel-neptun.de
Tgl. 7.30 – 12 Uhr Frühstück à la carte (30 €), 13 – 18 Uhr Café

❷ ZUM STROMER €€€
Das älteste Restaurant am Ort hat eine maritim-italienisch-irische Einrichtung und ist wirklich sehr gemütlich. Die Küche glänzt mit Fisch und Pasta, alles in ausgezeichneter, überwiegend Bio-Qualität. Die Auswahl an schottischen Single Malts ist einfach sensationell. Unbedingt reservieren.
Am Strom 32
Warnemünde
Tel. 0381 8 57 97 87
www.restaurant-stromer.de

❸ TEEPOTT RESTAURANT €€
Direkt neben dem Leuchtturm am Beginn der Seepromenade steht dieses architektonisch ungewöhnliche Restaurant. Das zum Ort passende Meeresfeeling ist garantiert.
Seepromenade 1
Warnemünde
Tel. 0381 5 48 45 88
www.teepott-restaurant.de

❹ GRILLSTUBE BROILER €-€€
DDR-Nostalgiker aufgepasst: Broiler! Die Schlangen vor der Hähnchenbraterei verraten, dass es aber vor allem die Qualität ist und die sehr leckeren, hausgemachten Saucen, deren Rezeptur als Geheimnis gehütet wird, die den Kultstatus der Grillstube seit den 1970er-Jahren rechtfertigen.
Im Hotel Neptun
Seestr. 19
Warnemünde
Tel. 0381 77 77 73
www.hotel-neptun.de

❺ PLANB.RESTAURANT €€
Solide Küche mit Pasta, Schnitzeln, Burgern und Tapas. Umfangreiches Frühstücksbuffet.
Doberaner Str. 147, Rostock
Tel. 0381 8 17 09 94
www.planb-rostock.de
Mo. – Fr. ab 9, Sa., So. ab 10 Uhr.

🍴🍷

1 Café Panorama
2 Zum Stromer
3 Teepott Restaurant
4 Grillstube Broiler
5 Plan B Restaurant
6 Hopfenkeller
7 Rostocker Fischbratküche

🏠

1 Hotel Neptun
2 Fischerhus
3 Zum Kater
4 Gutshaus Neu Wendorf

6 HOPFENKELLER €€

In dem niedrigen Kellergewölbe aus dem 15. Jh. wurden einst Bierfässer und Hopfen gelagert. Heute wird hier klassische, deftige Küche serviert.

Kröpeliner Str. 18, Rostock
Tel. 0381 2 03 62 47
www.am-hopfenmarkt.com
Mo., So. geschl.

7 ROSTOCKER FISCHBRATKÜCHE €

Ostsee- oder Müritzfisch, direkt vom Fischmarkt am Pier , als Backfisch mit Kartoffelsalat, als Filet, im Brötchen: Frischer geht es nicht.

Warnowpier 431, Rostock
Tel. 0381 8 11 12 21
www.rostocker-fischmarkt.de

1 HOTEL NEPTUN €€€€
Direkt hinter dem Strand, gegenüber dem Kurhaus, ragt das Neptun-Hotel in die Höhe. Es war bereits zu DDR-Zeiten eine renommierte Adresse und ist es heute wieder.
Seestr. 19
Warnemünde
Tel. 0381 77 70
www.hotel-neptun.de

2 FISCHERHUS €€ – €€€
Liebevoll gestaltete Hotel-Pension mitten im alten Warnemünde.
Alexandrinenstr. 124
Warnemünde
Tel. 0381 54 83 10
www.vogel-hotels.m-vp.de

3 ZUM KATER €€
Gemütliche kleine Pension in der Parallelstraße zum Alten Strom. Im Pub mit irischen und einheimischen Bieren können Sie Fußball schauen, und es darf geraucht werden.
Alexandrinenstr. 115/116
Warnemünde
Tel. 0381 54 82 10
www.zum-kater-warnemuende.de

4 GUTSHAUS NEU WENDORF €-€€
Rund 17 km östlich von Rostock liegt das um 1805 erbaute schöne Gutshaus Neu Wendorf. Die Zimmer sind gemütlich und traditionell eingerichtet. Es gibt Spargel aus eigenem Anbau, auch eigene Rinder werden gehalten.
Am Gutshaus 7
Sanitz OT Neu Wendorf
Tel. 038209 3 40
www.gutshaus-neu-wendorf.de

Hochburg der Schifffahrt

Seehafen

Hafen, Schifffahrt und Schiffbau spielen nach wie vor eine große Rolle in der Region Rostock. Werften sind hier ansässig, mehrere Kreuzfahrtreedereien haben ihren Sitz in Rostock. TUI Cruises nutzt Warnemünde als Basishafen, AIDA Cruises ist mit 6000 Beschäftigten der größte private Arbeitgeber Mecklenburg-Vorpommerns.
Ein 12 m tiefer Seekanal ermöglicht großen Schiffen die Zufahrt zum Überseehafen, der 1957 – 1960 am rechten Ufer der Unterwarnow ausgebaut wurde. Mit einem Güterumschlag von mehr als 20 Mio. t ist Rostock neben Lübeck viertgrößter deutscher Hafen und größter deutscher Ostseehafen, dank Warnemündes Kreuzfahrthafen mit 205 Schiffsankünften im Jahr 2018 größter Kreuzfahrthafen. Mit 1,5 Mio. Übernachtungen, davon 900 000 in Warnemünde, ist auch der Tourismus ein **wesentlicher Wirtschaftsfaktor**.

Von der Burg zur Metropole

Geschichte

Am rechten Warnowufer gab es bereits im späten 12. Jh. eine Handelsniederlassung der Westslawen bei einer Burg Roztoc. Auf der linken Seite des Gewässers ließen sich um 1200 einige deutsche Kaufleute nieder. Zentrum dieser Siedlung war seinerzeit der Alte Markt mit der Petrikirche. Westlich davon entstand ab 1232 die sogenannte Mittelstadt um den Neuen Markt. Und ab 1252 wuchs noch weiter westlich die Neustadt mit ihrem Markt heran, der heute Universitätsplatz heißt. In der zweiten Hälfte des 13. Jh.s wuchsen die drei Siedlungen allmählich zusammen. Ab 1270 gab es eine gemeinsame Stadtbefestigung und Rostock entwickelte sich zu einem wichtigen Seehandelsplatz.

Während der **Hansezeit**, als Rostock Handelsbeziehungen bis Riga, Bergen und Brügge unterhielt, blühte die Stadt wirtschaftlich auf. Seit der Erbteilung Mecklenburgs war Rostock ab 1229 Sitz des Fürstentums Rostock, 1314/1323 fiel die Stadt an das Fürstentum und spätere Herzogtum Mecklenburg. Die 1419 gegründete **Universität**, die älteste Nordeuropas, machte Rostock auch zu einem geistigen und kulturellen Mittelpunkt.

Nach dem Dreißigjährigen Krieg (1618 – 1648) und der Auflösung der Hanse folgte der wirtschaftliche Niedergang. In der zweiten Hälfte des 18. Jh.s sorgte die blühende Segelschifffahrt für einen Aufschwung. Ab 1830 wuchs die Stadt über ihr mittelalterliches Stadtgebiet hinaus. Bedeutend für die wirtschaftliche Entwicklung Rostocks nach dem Zweiten Weltkrieg war der Ausbau des Überseehafens und

Zur Hanse Sail, wenn sich der Mastenwald auf der Unterwarnow ausbreitet, schlagen die Herzen der Windjammerfans höher.

der Werftindustrie. Gleichzeitig entstanden vorwiegend am Westrand der Stadt und am rechten Warnowufer neue Wohngebiete in Form gigantischer Betonstädte wie Reutershagen, Lütten Klein, Evershagen oder auch Lichtenhagen.

Neuer Markt und Marienkirche

Im Herzen von Rostock

★ Neuer Markt

Die einstige Bedeutung des Neuen Markts ist auch heute in seiner beeindruckenden Größe (80 x 90 m) spürbar. Die mittelalterlichen Giebelhäuser verschwanden hinter schmucken bis schlichten Fassaden des 17. bis 19. Jh.s. An der Nord- und an der Südseite rissen die Bomben des Zweiten Weltkriegs große Löcher in die Bebauung. Sie wurden teils durch historisierende Neubauten gefüllt, etwa die Alte Post an der Südseite (1953 – 1956). Heute hat in dem modernen Gebäude mit den Sandsteinarkaden auch die Tourist-Information ihr Domizil. Für den Verkehr ist der Platz gesperrt.

Großes Kleinod

★★ Marienkirche

Das beherrschende Bauwerk am Platz ist die Marienkirche, die einstige Patriziats- und Ratspfarrkirche von Rostock. Sie nimmt unter den Kirchen der Backsteingotik eine **herausragende Stellung** ein. Der Backsteinbau wurde 1260 als Hallenkirche begonnen und ab 1290 nach dem Vorbild der Lübecker Marienkirche zunächst als querschifflose Basilika mit Chorumgang und Kapellenkranz fortgeführt, dann aber doch mit einem Querschiff versehen. Mitte des 15. Jh.s waren die Bauarbeiten im Wesentlichen beendet. Sehr auffallend ist das ungewöhnliche Verhältnis zwischen dem kurzen Langhaus und den weit ausholenden Querhäusern.

Im Innenraum warten einige kostbare Kunstwerke. Eines der schönsten Stücke ist die knapp 3 m hohe **Bronzetaufe**. Sie ist wohl das größte und künstlerisch bedeutendste Taufbecken ihrer Zeit im norddeutschen Küstengebiet. Den im Jahr 1290 vermutlich in einer Rostocker Werkstatt gegossenen, auf vier knienden männlichen Figuren ruhenden Kessel schmücken Reliefszenen bzw. Einzelfiguren. Stilistische und technische Unterschiede zwischen Kessel und Deckel weisen darauf hin, dass das Werk nicht die Arbeit nur eines Künstlers ist. Ein technisches und künstlerisches Denkmal ist die **astronomische Uhr**, die 1472 in Nürnberg von Hans Düringer gefertigt, 1643 erneuert und mit einem Rahmen im Stil der Spätrenaissance versehen wurde. Auf den beiden Zifferblättern (15. Jh.) sind oben die Monatsbilder und unten die Tierkreiszeichen dargestellt. Aus dem 16. Jh. stammen der sogenannte Rochus-Altar und die Kanzel. Im 18. Jh. erhielt die Kirche einen barocken, reich dekorierten Aufsatz für den Hauptaltar, und gegenüber, an der Westseite des Mittel-

Seit über 650 Jahren zeigt die Uhr der Marienkirche die Zeit und noch viel mehr an.

schiffs, wurde die Fürstenloge eingebaut. Den Raum über ihr füllt die 1769 entstandene Orgel aus, die zusammen mit der Loge eine optische Einheit bildet.

Mai – Sept. Mo. – Sa. 10 – 18, So. 11.15 – 17, Okt. – April Mo. – Sa. 10 – 16, So. 11.15 – 12.15 Uhr | Eintritt frei, Spende erbeten | Führung Mai – Okt. tgl. 11 Uhr, 5 €; Turm-/Gewölbe-, Glockenführung Mo. und Mi. 11 Uhr, 5 € | www.marienkirche-rostock.de

Ausdruck bürgerlichen Selbstbewusstseins

Interessante Gebäude

An der Südseite der Marienkirche (Am Ziegenmarkt 3) stehen zwei zu einer Fassade zusammengefasste **spätgotische Giebelhäuser**, vom 16. bis zum späten 18. Jh. Sitz der städtischen Münze. Blickfang des Gebäudes ist das Sandsteinportal im Stil der Spätrenaissance mit der geschnitzten Rokoko-Tür. Rechts daneben steht ein schlichtes zweistöckiges Wohnhaus mit Treppengiebel, das vor allem wegen der angebauten »Bude«, wie man die schlichten Fachwerkwohnhäuser der ärmeren Bevölkerung nannte, Beachtung verdient.

Aus dem Zusammenschluss von drei Giebelhäusern entstand an der Ostseite des Neuen Markts im 13. Jh. das Rathaus. Von seiner schönen Schaufassade in Backstein ist nur der oberste Teil der Spitzbogenblenden zu sehen; den unteren Teil verdeckt der dreistöckige barocke Vorbau mit Rundbogenarkaden im Erdgeschoss und geschwungenem Giebelaufsatz, der 1727/1729 an der Stelle der mittelalterlichen Ratslaube errichtet wurde.

Eine Vorstellung von den mittelalterlichen Bürgerhäusern vermittelt das Eckgebäude östlich hinter dem Rathaus, um 1470 für den Bürgermeister Bartold Kerkhoff erbaut. Der **farbige Terrakottaschmuck** aus Friesen und Medaillonporträts kam Mitte des 16. Jh.s. dazu. Beim Kerkhoffhaus gibt es in der Großen Wasserstraße (Nr. 30 bzw. 30 a) noch ein gotisches Wohnhaus aus dem 15. Jh. zu bestaunen. Über dem modern umgestalteten Erdgeschoss setzen sieben Blendbögen an, die bis in den zinnenbekrönten Giebel geführt werden.

Jenseits des Neuen Markts

Rostocker Mauerreste

Stadttore

Die vom Neuen Markt abzweigende Steinstraße endet vor dem Steintor, früher Teil der südlichen Stadtmauer. An der Stelle des mittelalterlichen Tores wurde 1577 dieses Renaissancetor erbaut, eines der vier erhaltenen Stadttore von Rostock. Die mittelalterliche Stadtbefestigung bestand aus einem Mauerring mit Wiekhäusern und Mauertürmen sowie 22 Stadttoren. Zwischen der Steinstraße und der Grubenstraße blieben ein Abschnitt der Stadtmauer sowie der achteckige Lagebuschturm erhalten. Den Abschluss bildet das **Kuhtor** aus dem 13. Jh., der älteste Torturm der Stadt.

Türme, Erker und Arkaden

Ehemaliges Ständehaus

Neben dem Steintor befindet sich das Ständehaus (1889/1893). Die Entwürfe für das mit neogotischen Formen verzierte Backsteingebäude, in dem früher die Landstände Mecklenburgs zusammenkamen, stammen von Gotthilf Ludwig Möckel, der ansonsten vor allem in Bad Doberan tätig war. Tagsüber können Sie auch einen Blick in den prächtigen Lichthof werfen.

Lang aufgebaut, schnell zerstört

Nikolaikirche

Im 13. Jh. wurde in der Südostecke der Altstadt mit dem Bau einer dreischiffigen Hallenkirche begonnen, die Arbeiten zogen sich über zwei Jahrhunderte hin. 1942 wurde die Kirche zerstört. Seit dem Wiederaufbau dient sie auch für Ausstellungen und Konzerte. Unterm Kirchendach werden fünf Gästezimmer vermietet.
www.nikolaikirche-rostock.de

Dem Himmel nah

Petrikirche, Slüterdenkmal

Auch die Petrikirche ist nach erheblichen Kriegsschäden wiedererstanden, sie blickt von einem 12 m hohen Plateau an der Nordseite des Alten Marktes auf die Warnow. Vom 14. Jh. an wurde sie als querschifflose Basilika errichtet, ihr Westturm ist mit 117 m das höchste Bauwerk der Stadt. Zur **Aussichtsplattform** in 44 m Höhe gelangen Sie über die Wendeltreppe oder per Lift. Den Bombenangriff über-

lebt hat u. a. die 1512 geschaffene Bronzetaufe. An der Stadtmauer nordöstlich befindet sich ein Denkmal für den Rostocker Reformator Joachim Slüter, in das die Grabplatte von 1532 integriert wurde.
Tgl. Mai – Sept. 10 – 18, Okt. – April 10 – 16 Uhr | Aussichtsplattform 3 € | www.petrikirche-rostock.de

Zwischen Neuem Markt und Kröpeliner Tor

Grüße aus der Gotik

Kröpeliner Straße

In der belebten Kröpeliner Straße stammen die meisten Giebelhäuser aus dem 17. bis 19. Jh., nur einige wenige Häuser aus dem Mittelalter stehen dazwischen. Die modernen Gebäude sind mit Backstein- und Giebelfassaden verziert, wobei die Elemente der gotischen Wohnhäuser aufgenommen und spielerisch zitiert werden. Ein solcher Neubau ist das 1986 an der Nordseite des Universitätsplatzes errichtete Fünf-Giebel-Haus. Gegenüber vom Haus Ratschow öffnet sich der Rostocker Hof, eine beliebte Ladenpassage.
Ein Gebäude in der Kröpeliner Straße sticht ins Auge: Haus Nr. 82 bzw. das **Haus Ratschow**, heute Stadtbibliothek. Es gehörte einem reichen Kaufmann und ist neben dem Kerkhoffhaus ein hervorragendes Beispiel für die Backsteingotik in Rostock. Besonders fein untergliedert ist der Blendschmuck im gestaffelten Giebel.

Wo einst Hopfen den Besitzer wechselte

Universitätsplatz

Auf halber Länge weitet sich die Kröpeliner Straße zum Universitätsplatz, einstmals der Hopfenmarkt. An warmen Sommertagen ist hier der **»Brunnen der Lebensfreude«** mit seinen Wasserspielen ein beliebter Treffpunkt. An der Südseite des Platzes baute 1750 Jean Laurent Legeay das Saalgebäude mit dem langgestreckten Barocksaal im Obergeschoss, der für festliche Veranstaltungen und Konzerte genutzt wird (www.barocksaal-rostock.de). Daran anschließend erhebt sich das dreigeschossige ehemalige herzogliche Palais.
Die Westseite des Platzes nimmt das **Hauptgebäude der Universität** ein, das der in Schwerin tätige Baumeister Hermann Willebrand 1867 – 1870 erbaute. Die Fassadengliederung mit Standbildern und Terrakottaschmuck ist den fürstlichen Renaissancebauten in Mecklenburg nachempfunden, insbesondere dem Fürstenhof in Wismar. Vor dem Universitätsgebäude steht das Denkmal für den preußischen Generalfeldmarschall und Napoleon-Bezwinger Gebhard Leberecht von Blücher, der 1742 in Rostock geboren wurde.

Museum hinter Klostermauern

★ Kulturhistorisches Museum

Vom Universitätsplatz sind es nur wenige Schritte bis zum ehemaligen Kloster zum Heiligen Kreuz an der südwestlichen Stadtmauer, dem am besten erhaltenen mittelalterlichen Stadtkloster in Rostock.

Die Gebäude des um 1270 gegründeten Zisterzienserinnenkonvents stammen im Wesentlichen aus dem 14. Jh.; im 18. Jh. kamen die einstöckigen Klosterhäuser im Südosten des Klausurbereichs hinzu. Der Kreuzgang und ein Teil der Klausurgebäude beherbergen die sehenswerten Sammlungen des Kulturhistorischen Museums. Im Refektorium mit den gotischen Gewölbemalereien werden mittelalterliche Kunstwerke aus Rostock, darunter der Dreikönigsaltar mit einer der frühesten Stadtansichten Rostocks, sowie Plastiken aus dem 20. Jh. gezeigt. Neben Exponaten zur Stadtgeschichte besitzt das Kulturhistorische Museum auch eine Sammlung niederländischer Malerei und Grafik sowie Werke von Vertretern der Künstlerkolonien in Ahrenshoop und Schwaan.
Klosterhof 7 | Di. – So. 10 – 18 Uhr | Eintritt frei, Führung 3 €
www.kulturhistorisches-museum-rostock.de

Echolot

Kempowski-Archiv, Stasi-Dokumentations- und Gedenkstätte

Das **Kempowski-Archiv** im Klosterhof Haus Nr. 3 zeigt Erstausgaben von Walter Kempowskis Werken sowie viele Gegenstände, die in seinen Büchern eine Rolle spielen. Stadtrundgänge auf den Spuren der Familie Kempowski finden nach Vereinbarung statt (4 €).
Ende der 1950er-Jahre wurde in der Hermannstr. 34 b ein Gefängnis der Stasi eingerichtet. In den winzigen Zellen von gerade mal 7,5 m^2 saßen zwischen 1960 und 1989 insgesamt mehr als 4900 Frauen und Männer. Der Zellentrakt inklusive der Dunkelzellen im Keller kann besichtigt werden. Eine **Dokumentations- und Gedenkstätte** informiert über den Staatssicherheitsdienst und die U-Haftanstalt. Zurzeit ist die Gedenkstätte wegen Sanierungsarbeiten geschlossen.
Kempowski-Archiv: Di. – So. 14 – 17, Do. 9.30 – 12 Uhr | Eintritt frei
Tel. 0381 2 03 75 40 | www.kempowski-archiv-rostock.de
Dokumentations- und Gedenkstätte: http://rathaus.rostock.de

Zeugnis alter Wehrhaftigkeit

Kröpeliner Tor

Den Abschluss der Kröpeliner Straße bildet das 54 m hohe Kröpeliner Tor mit einer Ausstellung zur Stadtgeschichte. Zwischen Tor und Schwaanscher Straße blieb Stück der Stadtbefestigung mit halbrunden Wiekhäusern aus dem 14. Jh. erhalten. In der Nähe des Klosters zum Heiligen Kreuz wurde ein Stück des Wehrgangs rekonstruiert.
März – Okt. tgl. 10 – 18, Nov. – Jan. bis 17 Uhr | Eintritt 3 €, Führung 4 € | www.geschichtswerkstatt-rostock.de

Zwischen Langer Straße und Stadthafen

Stalin und Backsteingotik

Lange Straße

Großstädtisch präsentiert sich Rostock in der Langen Straße. Im Krieg zerstört, bekam sie in den 1950er-Jahren ein neues Gesicht.

Interessant ist der mittlere Abschnitt mit den fünf- bis elfstöckigen Gebäuden, an denen monumentale Architektur stalinistischer Prägung mit Bauschmuck im Stil der Backsteingotik verkleidet wurde. Auf halber Höhe der Straße setzt das Backsteinhochhaus mit Staffelgiebel und Laubengang einen weithin sichtbaren Akzent.

Zwischen Plattenbauten und Hausbaumhaus

Nördliche Altstadt

Zwischen Langer Straße und Warnow-Ufer mit dem Stadthafen wurde hier noch bis in die 1980er-Jahre großzügig alte Bausubstanz abgerissen, und man zog neue Giebelhäuser in Plattenbauweise hoch. Vom Abbruch verschont blieb u. a. ein spätgotisches Backsteinhaus in der Wokrenterstraße (Nr. 40) mit durch Blenden gegliedertem Staffelgiebel. Es wird **»Hausbaumhaus«** genannt, weil ein Eichenmast die gesamte Balkenkonstruktion des Gebäudes trägt. Früher prägten auch große Speicher das Bild dieses Viertels.

Hafen für Kulturgenießer

Stadthafen

Der Stadthafen am Warnow-Ufer hat sich zur beliebten **Spazier- und Kulturmeile** gemausert, Sie flanieren an Jachten, Großseglern, Passagierschiffen, Restaurants und Cafés vorbei. Sehenswert sind ein Tretkran, ein Nachbau des Originals aus dem 18. Jh., und die Speicher. Die »Stubnitz«, früher ein Kühlschiff der DDR-Hochsee-Fischfangflotte, ist nun Kulturschiff.

ms.stubnitz.com

Wohin außerhalb der Altstadt?

Schiffsbau durch die Zeiten

Schiffsbaumuseen, IGA

Lohnend ist der Besuch im Haus des früheren **Schifffahrtsmuseums** in der Nähe des Steintors: Hier pflegt der Verein Societät Rostock maritim die Sammlung, zu der eine Hansekogge, eine chinesische Dschunke und eine arabische Dhau gehören. Die Ausstellung zeigt **Handel und Schifffahrt zur Hansezeit**, das Obergeschoss ist der Marine in Rostock gewidmet. Im Atrium steht ein Deckshaus als Spielplatz für Kinder. Das Untergeschoss widmet sich dem Tauchen und der Geschichte des Rostocker Flugzeugbaus.
Wer einen Blick in ein echtes Frachtschiffs werfen will, muss zum IGA-Park hinausfahren, etwa auf halber Strecke zwischen der Altstadt und Warnemünde (S-Bahnhaltestelle Lütten Klein). Nach Abschluss der Internationalen Gartenbauausstellung 2003 wurde das Gelände auf der Höhe von Schmarl am Ufer der Warnow in einen **Erholungspark** verwandelt. Es gibt einen Weidendom, die japanischen und kenianischen Gärten leuchten in exotischer Pracht. Geblieben ist auch die maritime Bummelmeile am Fluss. Hier liegt das **Traditionsschiff »Dresden«** vor Anker, ein 10 000-Tonnen-Frach-

SCHIFFE, WIND UND MEER

Seit 1991 strömt jedes Jahr am zweiten Augustwochenende über eine Million Besucher zur Rostocker Hanse Sail. Die Veranstaltung der Superlative besitzt Tradition, geht sie doch auf die Ostseewoche zu DDR-Zeiten zurück, die von 1958 bis 1975 abgehalten wurde.

Jährlich docken bis zu 250 Gastschiffe im Rostocker Stadthafen und an der Warnemünder Mole an: Traditionssegler, Museumsdampfer, Briggs und Barkinen, Vollschiffe, Schoner, Koggen, Schaufelraddampfer, Küstenstreifenboote, Feuerschiffe, Zeesenboote, Lofoten- und Rennkutter. Seit 2009 ist der 1967 in Leningrad (St. Petersburg) vom Stapel gelaufene Eisbrecher **»Stephan Jantzen«** immer vor Ort. Er fuhr von 1967 bis 2005 unter DDR- bzw. bundesrepublikanischer Flagge mit den Heimathäfen Rostock bzw.Stralsund.

Leinen los!

Sehenswert sind auch die Haikutter, die seit 2009 die Hanse Sail bereits am Abend vor dem offiziellen Start eröffnen. Am Eröffnungstag selbst sammeln sich Tausende auf der 4,5 km langen Begegnungsmeile im Rostocker Stadthafen und an der **Bummelmeile** an Leuchtturm und »Pier 7« in Warnemünde, um zwischen Rollmops und Rummel Bühnenshows zu sehen und erste »Schiffsmeldungen« zu erhaschen. Im Stadthafen ertönt im Bereich Christinenhafen **Livemusik**: Polen war 2005 erstes Hanse-Sail-Partnerland, seither öffnet hier der interessante Polnische Markt. Partnerland der Hanse Sail ist jeweils das Land, das gerade den Vorsitz im Ostseerat innehat.

Spektakel an Land ...

Am Stadthafen gibt es den Internationalen Schlemmermarkt und den Brandenburg-Markt, an den historischen Stadthafen-Kränen bittet man zur Briefmarkenbörse **HANSEPHIL**, im Museumshafen des Stadthafens locken der **Mittelaltermarkt** »Historia Spectaculum« und der **Tauchcontainer** mit Tauchgängen unter Anleitung. Im CITTI Kids- und Funpark im Kapuzenhof wird ein abwechslungsreiches Programm für die ganze Familie geboten. Kinder sind auch die Adressaten im IGA-Park, wo seit 2010 die Mini-Sail mit Schiffs- und Wasserflugmodellen beheimatet ist. Sportliche greifen im Segelstadion zu Stechpaddel und Surfbrett, um am trendigen »Stand up Paddling«, Wasserski- und Segelrennen teilzunehmen. Und selbstverständlich kommt auch das Kulinarische nicht zu kurz!

... und auf See

Am Tag vor der offiziellen Erföffnung starten vom dänischen Nystad aus die Haikutter, kleine schnellen Fischerboote, zu ihrer Regatta. Sieger ist, wer zuerst die Molenköpfe in Warnemünde passiert. Samstags finden Segelwettbewerbe statt, und, sofern genügend Schiffe vor Ort sind, die Regatta der Traditionssegler, die allerdings bislang 2015 zum letzten Mal stattgefunden hat. Der Sail-Samstag endet um 22.30 Uhr mit dem **Großfeuerwerk** im Stadthafen und in Warnemünde. Den Abschluss der Hanse Sail bildet am Sonntagabend die **Windjammerparade der Nationen** auf der Warnow samt Böllern, Fontänen und Tanz.

Auch finstere Gesellen zieht es zur Hanse Sail.

Ahoi an Bord!

Viele Teilnehmer nehmen Gäste zum Segeln mit. Die Angebote reichen von halbstündigen bis zu Tagestörns, teils mit Übernachtung, sogar Glühweinabende und »Golf an Bord« sind möglich! Die Buchung muss früh erfolgen, denn »Landratten« wollen jedes Jahr die Bordplanken entern. Mitsegeln allerdings hat seinen Preis. Aber auch das restliche Jahr können Sie in See stechen: Die Hanse-Sail-Macher bieten viele Langtörns an.

BUCHUNG VON SEGELTÖRNS

TALL-SHIP-BUCHUNGSZENTRALE
Tagestörns ab ca. 40 €
Tel. 0381 3 81 29 75
www.hansesail.com

ter, der 1957 in Warnemünde gebaut wurde und bis 1970 im Einsatz war; eine ab Bord Ausstellung informiert über die Geschichte des Schiffbaus in Rostock und Mecklenburg. Außer der historischen Bootswerft sind der 1905 in Duisburg gebaute Schwimmkran »Langer Heinrich«, das Betonschiff »Capella«, das Hebeschiff »1. Mai« und der Dampfschlepper »Saturn« Attraktionen im neuen Schifffahrtsmuseum.

Haus August-Bebel-Str. 1: tgl. 10 – 18 Uhr | Eintritt 3 €, Führung 5 € | www.srm-hro.de
IGA-PARK: April – Okt. tgl. 9 – 18, Nov. – März 10 – 16 Uhr | Eintritt 1 €, mit Schifffahrtsmuseum 4 € | www.iga-park-rostock.de
Schifffahrtsmuseum: Dorf Schmarl 40 | April – Okt. Di. – So. 10 – 18, Nov. – März Di. – So. 10 – 16 Uhr | Eintritt (mit IGA-Park) 4 € www.schifffahrtsmuseum-rostock.de

Herausragend unter den europäischen Zoos

Zoo und Darwineum

Der Rostocker Zoo ist der größte an der deutschen Ostseeküste, er wurde 2015 als »bester Zoo Europas« in der Kategorie B (bis 1 Mio. Besucher jährlich) ausgezeichnet, zudem als besonders familienfreundlich. Er ist u. a. für seine sehr erfolgreiche **Eisbärenaufzucht** bekannt. Größte Attraktion ist das **Darwineum** mit neue Außengehegen für Menschenaffen, Naturwaldparzellen und der spektakulären Zeitreise »Abenteuer Evolution«, die auf die Spur von 40 bedrohten Tierarten führt (u. a. Axolotl, Opossum, Seepferdchen, Malawi-Buntbarsche). Neuestes Projekt ist das Polarium für Eisbären und Pinguine.

Rennbahnallee 21, Eingänge: Trotzenburg, Barnsdorfer Ring | März, April, Sept., Okt. tgl. 9 – 17, Mai – Aug. bis 18, Nov. – Feb. bis 16 Uhr Eintritt 17,50 €, Familien 52 € | www.zoo-rostock.de

Moderne Kunst des Nordens

Kunsthalle

Nordwestlich der Altstadt, an der B 105, steht am Schwanenteich die 1969 eröffnete Kunsthalle. Der einzige Neubau eines Kunstmuseums in der DDR hat sich vor allem durch Ausstellungen zeitgenössischer norddeutscher und nordeuropäischer Kunst einen Namen gemacht.

Hamburger Str. 40 | Di. – So. 11 – 18 Uhr | Eintritt frei (außer Sonderausstellungen) | www.kunsthallerostock.de

★★ Warnemünde

Charmant und beliebt

Überblick

An schönen Sommerwochenenden ist es schwer, ein Zimmer in Warnemünde zu bekommen, denn das Seebad an der Warnowmündung steht hoch im Kurs. Die hübsch renovierten Kapitäns- und Fischer-

1 Café Panorama
2 Zum Stromer
3 Teepott Restaurant
4 Grillstube Broiler

1 Hotel Neptun
2 Fischerhus
3 Zum Kater

häuschen in der Alexandrinenstraße erinnern daran, dass Warnemünde einst ein Fischerdorf war. Große und kleine Schiffe – vom Frachter über Luxuskreuzer bis zur Jolle – liegen im Hafen, Bade- und Sportmöglichkeiten haben Sie am langen Sandstrand oder, wenn das Wetter nicht mitspielt, im Bade- und Wellnesspark beim Neptun-Hotel. Es gibt jede Menge Geschäfte, Kneipen und Cafés.

Zuerst Fischerhütten, dann Ozeanriesen

Geschichte

Die Lage an der Warnowmündung und damit am Zugang zur Ostsee war wohl entscheidend dafür, dass der Rostocker Rat 1323 den Fischerort vom mecklenburgischen Fürsten erwarb. Als zu Beginn des 19. Jh.s das Baden im Meer in Mode kam, entwickelte sich auch Warnemünde allmählich zum Seebad – **Theodor Fontane** bescheinigte ihm bei seinem Besuch 1870 aber noch:

» Es wäre reizend, wenn es nicht so reizlos wäre. «

Neben dem Badebetrieb und der Fischerei gab und gibt es auch Industrie: in den 1930er-Jahren die Rüstungsindustrie, später Werften. Seit 2005 ist das Warnemünde Cruise Center am Passagierkai ein sichtbares Zeichen für den Wandel zum **Kreuzfahrthafen**. Täglich können mehr als 2500 Passagiere ein- und auschecken, 2018 wurden 205 Kreuzfahrtschiffanläufe registriert.

Flanieren und Schauen

Am Alten Strom, Edvard-Munch-Haus

Das Herz des alten Fischerstädtchens und Seebades bildet die **Flaniermeile Am Strom**. Die frühere Warnowmündung mit der 1903 als Drehbrücke konzipierten Bahnhofsbrücke nur für Fußgänger ist heute Jachthafen. Hier stehen Giebelhäuschen mit breiten Veranden, in denen Gaststätten, urige Kneipen und Geschäfte eingerichtet sind. In einer ehemaligen Fischerkate in der Alexandrinenstr. 31 wartet das **Heimatmuseum** mit einer sehr Sammlung auf, die die Lebens- und Arbeitswelt der Warnemünder anschaulich beleuchtet. Die Jahre 1907/1908 verbrachte der norwegische Expressionist **Edvard Munch** im Fachwerkhaus Am Strom 53. Heute steht es Stipendiaten zur Verfügung und ist Veranstaltungs- und Ausstellungsraum.

Fernweh kommt bei einem Spaziergang auf der 541 m langen Westmole auf, wo Sie sehen, wie die riesigen Frachter und Kreuzfahrtschiffe die Küste hinter sich lassen und in die Weite des Meeres entschwinden. Noch besser ist der Blick von dem 1898 errichteten, 37 m hohen **Leuchtturm**, dem Wahrzeichen von Warnemünde. Am Leuchtturm beginnt der Warnemünder **Planetenwanderweg** mit 12 Stationen (www.warnemuender-gedenktafeln.de). Das **Ostsee-Welten Erlebniszentrum** am Leuchtturm ermöglicht einen Blick in die Unterwasserwelt sowie Einblicke in das Ostsee-Piratenleben und zeigt Filme und Dokumentationen in 4-D und 5-D. Bereits 1926 gab es gleich neben dem Leuchtturm ein Café, 1968 baute man den heutigen **»Teepott«**, ein in Spritzbetontechnik erstelltes Kuriosum mit einem eigenwilligen Dach, vergleichbar dem Haus der Kulturen der Welt in Berlin. Er steht unter Denkmalschutz.

Heimatmuseum: April – Okt. Di. – So. 10 – 17, Nov. – März Mi. – So. 10 – 17 Uhr | Eintritt 4 € | www.heimatmuseum-warnemuende.de
Edvard-Munch-Haus: Sa. 11 – 17 Uhr | Eintritt frei
www.edvard-munch-haus.de
Leuchtturm: Ostern – Anf. Okt. tgl. 10 – 19 Uhr | Eintritt 2 € | www.warnemuende-leuchtturm.de
Ostsee-Welten: Am Leuchtturm 15 | www.ostsee-welten.de

Bäderarchitektur trifft Bauhaus

Strandpromenade

Vom Leuchtturm führt die Strandpromenade Richtung Westen. Das Kurhaus an der parallel zur Strandpromenade verlaufenden Seestraße entstand zwischen 1914 und 1925 nach Plänen von Gustav Berringer und Walter Butzek im Bauhausstil. Daneben ragt das Neptun-

Hotel in die Höhe. Weiter westlich stehen an der Promenade noch mehrere Häuer in alter Bäderarchitektur.
Etwa **4 km lang** und 100 m breit ist der feine **Sandstrand** von Warnemünde. Ganz im Westen erstreckt sich ein steil zum Meer abfallender, bewaldeter Küstenstreifen, die Stoltera.

Rund um Rostock

Gewachsene Fantasiewelt

Nienhagen

Etwa 10 km westlich von Warnemünde kommen Sie nach Nienhagen, das seit dem ausgehenden 19. Jh. als Ostseebad besucht wird. Der Buchenwald am Westrand des Ortes oberhalb der Klippen wird **»Gespensterwald«** genannt – und das nicht ohne Grund: Durch den Küstenwind skurril geformt, ragen die filigranen Äste der Bäume wie Skelette in die Höhe – ein Anblick, der durchaus schaurige Fantasien hervorrufen kann.

Klettervergnügen im Flachland

Hohe Düne, Markgrafenheide

Hohe Düne liegt östlich von Warnemünde auf der schmalen Nehrung jenseits des Neuen Stroms und ist am schnellsten von Warnemünde mit der Autofähre zu erreichen. In dem Rostocker Stadtteil gründete Ernst Heinkel 1922 die Flugzeugwerke, die später nach Rostock-Marienehe verlegt wurden. Das anschließende Markgrafenheide ist ein traditionell gern besuchtes Ostseebad, es liegt in der waldreichen

In Warnemünde geht's natürlich an den Strand.

Rostocker Heide unmittelbar nordöstlich von Rostock. Abenteuerlustige können sich hier von Baum zu Baum schwingen: auf acht Parcours im spektakulären **Kletterwald** »Hohe Düne«.

Kletterwald: Juni – Aug. Di. – So. 10 – 19.30, sonst in der Regel Di., Fr. – So. 11 – 18/19 Uhr | Eintritt 21 € | www.kletterwald.de

Exklusive Welt der Jachten

Jachthafen Hohe Düne

Die großzügig geplante und allen Ansprüchen genügende Anlage mit Jachthafen (750 Liegeplätze), Hotel, Residenzen, Restaurants, Bars, Wellness-Einrichtungen, Kinderclub, Jachtclub und Kongresszentrum will nicht nur ambitionierte Skipper aus aller Welt anlocken, sondern auch Erholungsgäste aus nah und fern. Das Ostseesegelrevier vor Warnemünde gilt als eines der schönsten in Europa.

★★ RÜGEN

Kreis: Vorpommern-Rügen | **Höhe:** 1 – 161 m ü. d. M. | **Einw.:** 77 000

Lange, gepflegte Sandstrände, dichte Wälder, hübsche Badeorte und malerische Fischerdörfer machen die größte deutsche Ostseeinsel zu einem wahren Urlaubsidyll. Radfahren, Wandern, Baden, Kreidefelsen bestaunen – alles ist hier möglich.

Mit 926 km² ist Rügen die größte und – so sagen viele – auch die schönste deutsche Ostseeinsel. So ist es kein Wunder, dass der Tourismus hier zum Wirtschaftsfaktor Nummer eins avanciert ist. Wahrzeichen Rügens ist die **weltberühmte Kreideküste** – sie besteht aus leuchtend weißen, mächtigen Felsen, die Besucher sowohl von einem Wanderweg an der Abbruchkante als auch von einem der Ausflugsboote aus bewundern können. Vom Festland ist Rügen nur durch den ungefähr 1 km breiten Strelasund getrennt. Über die Meerenge führen seit 1936 der 2,5 km lange Rügendamm und seit Oktober 2007 außerdem die 4,1 km lange Rügenbrücke.

Urlaubsparadies für alle Sinne

Von spektakulär bis lieblich

Landschaft

Während der Südwesten der Insel relativ flach ist, prägen bewaldete Hügel den Nordosten. Die Halbinseln Wittow und **Jasmund** im Norden Rügens gehören wegen ihrer landschaftlichen Schönheit zu den attraktivsten Regionen der Insel. Imposant ist die wildromantische Kliffküste Wittows mit dem 47 m hohen Kap Arkona, der nördlichsten Stelle Rügens.

Dieser Anblick brachte schon manchen Künstler ins Schwärmen.

Wie mit einer Nabelschnur sind Wittow und Jasmund durch eine ca. 11 km lange, schmale Landzunge, die Schaabe, verbunden, an deren Ostküste ein wunderbarer Sandstrand verläuft. Die wie ein Pult nach Osten aufragende Halbinsel Jasmund, deren höchste Erhebung der Piekberg (161 m) bildet, ist von schönen Buchenwäldern bedeckt. Hier ragen die berühmten, strahlend weißen **Kreidefelsen** auf, die zum Steilufer der Stubnitz gehören.
Im Süden geht der Jasmund in die Schmale Heide über, eine Landzunge, die ebenfalls einen langen, breiten Sandstrand zu bieten hat, der in den Sommermonaten zahlreiche Badegäste anlockt. Sie stellt die Verbindung zur **Granitz** her. An der Ostküste dieser Halbinsel reihen sich die beliebten großen **Ostseebäder** Binz, Sellin und Göhren mit ihren viel besuchten Sandstränden aneinander. Höchste Erhebung der Granitz ist der 107 m hohe Tempelberg. Mönchgut, der südöstliche Zipfel von Rügen, ist bekannt für seine malerische, von Wiesen und Weiden geprägte Landschaft.
Die rund 600 km lange Küste Rügens ist vor allem im Norden durch **Bodden** stark gegliedert und zerklüftet; der Jasmunder Bodden schiebt sich weit ins Innere der Insel hinein und trennt die beiden nördlichen Halbinseln vom südwestlichen Teil Rügens.

Unschätzbar wertvoll

Naturschutzgebiete

Die vielfältige und überwiegend noch intakte Natur ist Rügens größtes Kapital. Weite Teile der Insel stehen bereits unter Naturschutz: Der **Nationalpark Jasmund** umfasst die Kreideküste mit Hinterland und die Stubnitz mit dem **UNESCO-Weltnaturerbe Alte Buchenwälder**. Mönchgut, Granitz und das Küstengebiet südlich von Putbus mit der Insel Vilm bilden das **Biosphärenreservat Südost-Rügen**. Der **Nationalpark Vorpommersche Boddenlandschaft** reicht bis an die Westküste von Rügen.

Wege nach Rügen

Über Rügendamm und Rügenbrücke

Der Landweg nach Rügen führt über den Rügendamm. Die zweite Verbindung ist die 2007 eröffnete Rügenbrücke, eine Hochbrücke, die dem Autoverkehr vorbehalten ist. Beide queren bei Stralsund die »Strelasund« genannte Meerenge. Entlastung bringen nach wie vor die Autofähren Stahlbrode-Glewitz (Zudar) und Stralsund-Altefähr. Die Eisenbahn verkehrt über den Rügendamm bis nach Binz und weiter nach Sassnitz. Fährverbindungen werden u. a. von Stralsund, Greifswald, Lubmin und der Insel Usedom angeboten.

Zuckelndes Vergnügen

★ Rasender Roland

Eine Fahrt mit dem Dampfzug »Rasender Roland« gehört zu den Hauptattraktionen (▶ Das ist ..., S. 12ff.). Die 1895 vornehmlich als Transportmittel für die wohlhabenden Badegäste eröffnete **Schmalspurbahn** verkehrt zwischen Lauterbach (bei Putbus), Binz, Sellin,

Baabe und Göhren. Unterwegs wird mehrmals angehalten, auch unterhalb des Jagdschlösschens Granitz. Für die knapp 25 km benötigt der Zug etwa 75 Minuten, er ist also nichts für Eilige.
Fahrkarte Putbus-Göhren: 11 €, Familie 23 € | www.ruegensche-baederbahn.de

Vom Rügendamm nach Putbus

Tor auf die Insel

Altefähr

Der erste Ort nach Überquerung des Rügendamms ist Altefähr gegenüber von ▶ Stralsund und deshalb ein guter Standort für einen Panoramablick auf die alte Hansestadt. Die kleine Ortschaft besitzt zudem den einzigen nennenswerten Strand entlang der Südküste.

Älteste und kleinste Rügen-Siedlung

Garz

Die Fahrt durch den Süden der Insel folgt zunächst der Deutschen Alleenstraße. Garz ist bis heute sehr dörflich geblieben, obwohl der Ort 1317 als erste Siedlung auf Rügen das Stadtrecht erhalten hat. Von einer slawischen Fürstenburg mit Tempel, 1168 durch die Dänen zerstört, blieb ausschließlich der Wall erhalten. Zu den schönsten Gebäuden zählt das alte Pfarrhaus, ein reetgedeckter Fachwerkbau in der Wendorfer Str. Nr. 17. Die Stadtkirche St. Petri ist ein schlichter Backsteinbau mit überwiegend barocker Ausstattung. Dem patriotischen Dichter **Ernst Moritz Arndt** (▶ Interessante Menschen),

BAEDEKER MAGISCHE MOMENTE

EINE FARBSYMPHONIE

Die Kreidefelsen in Ruhe genießen, geht das? Ja, wenn Sie sehr früh aufstehen. Dann können Sie das Schauspiel des Sonnenaufgangs an den Felsen fast allein genießen. Zudem erstrahlen sie im Licht der aufgehenden Sonne in einem ganz eigenen Licht. Anfangs erscheinen sie fast rot, gehen dann schnell in ein Goldgelb über und leuchten schließlich in gleißendem Weiß. Das Wunder der Steilküste harmoniert mit dem Grün der Buchenwälder und dem Blau von Himmel und Meer.

RÜGEN ERLEBEN

TOURISMUSZENTRALE RÜGEN
Circus 16
18581 Putbus
Tel. 03838 80 77 80
www.ruegen.de

HAUS DES GASTES BINZ
Heinrich-Heine-Str. 7
18609 Ostseebad Binz
Tel. 038393 14 81 48
www.ostseebad-binz.de

KURVERWALTUNG GÖHREN
Poststr. 9
18586 Ostseebad Göhren
Tel. 038308 6 67 90
www.goehren-ruegen.de

PUTBUS-INFORMATION
Alleestr. 2
18581 Putbus
Tel. 038301 4 31
www.ruegen-putbus.de

KURVERWALTUNG BAABE
Am Kurpark 9
18586 Baabe
Tel. 038303 14 20
www.baabe.de

TOURIST-SERVICE SASSNITZ
Strandpromenade 12
18546 Sassnitz
Tel. 038392 64 90
www.insassnitz.de

AUSFLUGSSCHIFFE
Im Sommerkann man von Sassnitz aus eine etwa zweistündige Ausflugsfahrt mit der »MS Alexander« entlang der Küste des Jasmund unternehmen. Auch von den größeren Badeorten wie Binz und Göhren werden Schiifstouren zur Kreideküste angeboten.
»MS Alexander«: in der Saison tgl. 10, 12, 14, 16 Uhr; 15 €
www.ms-alexander.de

FREUSTIL €€€ – €€€€
Der Binzer Starkoch Ralf Haug verwöhnt mit »natürlich feiner Kost« im Hotel Vierjahreszeiten. Sein Rezept sind Produkte bester Qualität und natürlich der Kick Kreativität Dass ein Sternekoch auch volkstümlich kann, lässt sich im Canteen nebenan begutachten: rustikales Ambiente und ein unschlagbarer Preis!
Zeppelinstr. 8, Binz
Tel. 038393 5 04 44
www.freustil.de
Mo., Di. geschl.

KLIESOWS REUSE €€
Rustikales Restaurant in einer reetgedeckten Bauernscheune aus dem 16. Jahrhundert. Ländlich und ehrlich ist auch die Küche.
Dorfstr. 23 a
Alt-Reddevitz
Tel. 038308 21 71
www.kliesows-reuse.de
Di. geschl.

OMAS KÜCHE €€
Erst kommt das Sich-Umschauen in dem mit allerlei Skurrilitäten vollgestellten Restaurant, dann das Staunen über die großen Portionen klassischer Fisch- und Fleischgerichte, zubereitet »wie bei Oma«. Nicht zu jedermanns Freude sind Kinder erst ab 14 Jahren auch abends willkommen.
Proraer Chaussee 2 a
Binz
Tel. 038393 1 35 56
www.omas-kueche-binz.de

❶ RESTAURANT KÖNIG GUSTAV €€

Das »schwedische« Restaurant bietet nordische Fischspezialitäten, das größte Schnitzel auf Rügen und ausgezeichnete Desserts. Bestellen Sie das Smørrebrød!
Hauptstr. 10a
Sassnitz
Tel. 038392 2 23 59
www.koenig-gustav.de
Mi. geschl.

❷ GASTMAHL DES MEERES €€

Hier gibt‘s Fisch in allen nur erdenklichen Variationen: gebraten, gegrillt, gekocht und geräuchert. Angeschlossen ist ein kleines Hotel.
Strandpromenade 2
Sassnitz
Tel. 038392 51 70
www.gastmahl-des-meeres-ruegen.de
Tgl. 7 –23 Uhr

RUGARD €€

Tradition wird im Rugard großgeschrieben, es gehört zu den ältesten Restaurants auf Rügen. Traditionell, gediegen und gut ist auch die Küche in dem schönen Haus neben dem Ernst-Moritz-Arndt-Turm.
Rugardweg 10
18528 Bergen
Tel. 03838 2 01 90
www.rugard.de

ZUM GOLDENEN ANKER €€

Gleich am Eingang des denkmalgeschützten Fischerdörfchens bietet das Restaurant deftige Hausmannskost (z. B. Vitter Fischsuppe) in rustikalem Ambiente.
Vitt Nr. 2
Putgarten
Tel. 038391 1 21 34
www.gasthof-vitt.de
Nov. – März geschl.

SCHILLINGS GASTHOF €€

Vor der Haustür holen die Schillings den Fisch direkt vom Hiddensee-Kutter, und nur einen Steinwurf entfernt liegt die Salzwiesen-Insel Öhe, wo ihre Rinder und Schnucken mit viel Auslauf grasen. Die Qualität des Fleisches ist unübertroffen. .
Hafenweg 45
Schaprode
Tel. 038309 12 16
www.schillings-gasthof.de

PIER 32 €€ – €€€

Labskaus ist nicht jedermanns Sache. Aber wenn Sie dieses typisch nordische Gericht mögen, sollten Sie im Pier 32 einen Tisch reservieren. Der schöne Blick auf den Hafen und Kap Arkona trägt zum Wohlfühlen bei.
Hauptstr. 32, Glowe
Tel. 038302 5 31 99
www.pier32.eu
Mo., Di. geschl.

GRAND HOTEL BINZ €€€€

Moderner Luxus im Stil der Bäderarchitektur. Hotelgäste können Schwimmbad, finnische Sauna, Duftsauna, türkisches Dampfbad sowie den Fitnessbereich nutzen. Wer das Besondere sucht, findet es im Thai Bali SPA: traditionelle Thai-Massagen und ayurvedische Anwendungen.
Strandpromenade 7
Binz
Tel. 038 39 31 50
www.grandhotelbinz.com

ROEWERS PRIVATHOTEL €€€€

Fünf denkmalgeschützte Villen an Sellins Promenade im Stil der Bäderarchitektur machen dieses luxuriöse Hotel aus; das sechste Gebäude ist das Spa & Health Resort. Die Villen sind durch einen unterirdischen Gang verbunden. Auf der Villa Sella lockt ein Dach-Pool mit Aussicht.
Wilhelmstr. 34, Sellin
Tel. 038303 12 20
www.roewers.de

HOTEL HANSEATIC €€€
Auf der Spitze der Nordperd thront das »Hanseatic«. Vom Turm aus überblicken Sie Göhren, das Umland und das Meer. Großzügige Zimmer.
Nordperdstr. 2
Göhren
Tel. 038308 5 15
www.hotel-hanseatic.de

SCHLOSSHOTEL SPYKER €€ – €€€
Eines der ältesten und stattlichsten Herrenhäuser Rügens in ruhiger Lage am Spykerschen See beherbergt ein kleines, feines Hotel. Im Salon verwöhnt das Restaurant »Vier Jahreszeiten«.
Schlossallee 1
Glowe-Spyker
Tel. 038302 7 70
www.schloss-spyker.de

WREECHER HOF €€
Inmitten einer großen Gartenanlage stehen diese sieben Reetdachhäuser mit komfortabel ausgestatteten Zimmern und Suiten. Komplettiert wird das Ganze durch ein Hallenbad, eine Sauna und ein Dampfbad.
Kastanienallee 1
Putbus-Wreechen
Tel. 038301 8 50
www.wreecher-hof.de

❶ PARKHOTEL DEL MAR €€
Ein schönes, stattliches Patrizierhaus beherbergt das komfortable Hotel, das auch über eine Suite und mehrere Appartements mit Küchenzeile verfügt. Der Wellness-Bereich zeichnet sich duch verschiedene Saunen aus.
Hauptstr. 36
Sassnitz
Tel. 038392 69 50
www.parkhotel-del-mar.de

VILLA GRANITZ €€
Im traditionellen Bäderstil neu erbautes Hotel mit gut eingerichteten Zimmern mit Balkon oder Terrasse. Abends können Sie in der Bar, die aus einem umgebauten Ostseekutter besteht, entspannen. Gäste können kostenlos die Baabener Bäderbahn nutzen.
Birkenallee 17
Baabe
Tel. 038303 14 10
www.villa-granitz.de

---

der im Gutshaus von Groß Schoritz (7 km südlich) zur Welt kam, ist ein Museum gewidmet.

Ernst-Moritz-Arndt-Museum: An den Anlagen 1 | Mai – Okt. Di. – Sa. 10 – 16, Nov. – April Mo. – Fr. 11 – 15 Uhr | Eintritt 2 € | www.stadt-garz-ruegen.de

Der »Himmel«

Silmenitz

Auf ein beeindruckendes Hügelgrab stoßen Sie etwa 8 km östlich von Garz bei Silmenitz an der Straße nach Dumsevitz. Das Grab, »Himmel« genannt, ist überwachsen und bildet einen sieben Meter hohen Hügel, auf dem zwei alte Eichen stehen.

Reichtum an Vögeln und Exoten

Halbinsel Zudar

Die flache, dünn besiedelte Halbinsel südlich von Garz ist ein **Vogelparadies** und Teil des **Biosphärenreservats Südost-Rügen**, zu dem auch Putbus und das Mönchgut gehören (www.biosphaerenreservat-suedostruegen.de). Im Dorf Lösenitz ließ Moritz von Dyke zwischen 1794 und 1811 ein Arboretum mit exotischen Gehölzen anpflanzen. Von Glewitz an der Südspitze der Halbinsel pendelt eine Fähre nach Stahlbrode auf dem Festland.

Betriebszeiten der Fähre: April, Sept., Okt. tgl. 6 – 20.10, Mai – Aug. tgl. 6 – 21.40 Uhr | www.ruegen-schifffahrt.de, www.weisse-flotte.de

Weiße Planstadt

★ Putbus

Die »Weiße Stadt« erreichen Sie von Garz aus über die Deutsche Alleenstraße. Putbus gilt als bedeutendes Beispiel für eine nach einheitlichem Plan angelegte **spätklassizistische Residenzstadt**. Ihren Namen erhielt sie von den hier ansässigen Grafen von Putbus, die 1807 in den Fürstenstand erhoben wurden. 1808 begann Fürst Wilhelm Malte I. (1783 – 1854) mit dem Bau der Residenz. Wie sein Vorbild ► Bad Doberan, wo die Familie die Sommerfrische genoss, sollte auch die Residenzstadt das Erscheinungsbild eines Badeorts bekommen.

Den Angelpunkt der Stadtanlage bildet der **kreisrunde Circus**, den zwei- und dreigeschossige weiße Gebäuden mit klassizistischen Fassaden einfassen und an den Circus im englischen Bath erinnert. Acht baumgesäumte Wege führen auf den Obelisken in der Platzmitte zu, der 1845 hier aufgestellt wurde. An der Westseite steht das Pädagogium, ursprünglich als Eliteschule für adelige Sprösslinge.

Die vom Circus wegführende **Alleestraße** ist die Nahtstelle zwischen Stadt und Schlosspark. Wo sich die Straße zum Marktplatz öffnet, steht das klassizistische Theater, 1819 nach Plänen von Wilhelm Steinbach erbaut. Der Stuckfries über den Eingängen stellt Apoll und die Musen dar. Nicht weit entfernt lohnt der Besuch des Historischen **Uhren- und Musikgeräte-Museums**.

Aus einem ehemaligen Barockgarten entstand 1825 der **Schlosspark** im Stil englischer Landschaftsgärten. Mit seinen Teichen, den alten, teils exotischen Bäumen und dem Wildgehege gehört er zu den schönsten Parks in Mecklenburg-Vorpommern. Oberhalb des Schwanenteichs stand das Schloss, das 1960 gesprengt wurde. Auf der anderen Seite des Teichs befindet sich der 1846 von Friedrich August Stüler und Gottfried Steinmeyer errichtete Kursalon, der 1892 zur Schlosskirche umgestaltet wurde. Der Marstall, die Ruine des Fasanenhauses und das Affenhaus gehören ebenfalls zu den herrschaftlichen Parkbauten. Im Affenhaus ist außer einem kleinen Café auch ein **Spielzeug- und Puppenmuseum** zu finden. An Fürst Wilhelm Malte I. erinnert ein 1859 von Friedrich Drake geschaffenes Denkmal zwischen dem ehemaligen Schloss und der Lindenallee.

Im oberen Parkbereich stehen das neugotische Mausoleum mit den Sarkophagen von Mitgliedern des Fürstenhauses, sowie die **Orangerie**. Die beiden Löwen vor der Gartenfassade flankierten ursprünglich das Schlossportal. In der Orangerie sind die Sammlung der Kulturstiftung Rügen, ein Eiscafé, eine Töpferschauwerkstatt und der Tourismus Service Putbus untergebracht. Das »Rosencafé« im ehe-

Aus der Vogelperspektive wird klar, womit der Circus seinen Namen verdient hat.

maligen Gärtnerhaus, auch »Villa Löwenstein« genannt, ist für seine kreativen Torten und Kuchen bekannt.

Uhren- und Musikgeräte-Museum: Alleestr. 13 | Mai – Okt. tgl. 10 – 18, Nov. – April tgl. 11 – 16 Uhr | Eintritt 5 €

Puppenmuseum: Kastanienallee 1 | tgl. 10 – 18 Uhr | Eintritt 3,50 € www.puppenmuseum-putbus.de

Orangerie: Alleestr. 35 | Mai – Okt. Mi. – So. 10 – 17, Nov. – April Mi. – Sa. 11 – 16, So. 13 – 16 Uhr | Eintritt frei | www.kulturstiftung-ruegen.de

Seebad kopfüber

Lauterbach

Was Heiligendamm für Bad Doberan war, sollte das Fischerdorf Lauterbach für Putbus werden: ein zugehöriges Seebad. Am Ortsrand am Ende einer Allee steht das Badehaus »an der Goor«, das Wilhelm Malte I. 1817 bauen ließ. Vornehm schlicht ist die weiße Fassade mit monumental wirkender Säulenvorhalle. Heute beherbergt es ein Hotel mit Wellnessbereich, der auch als Day Spa genutzt werden kann. An der Straße von Putbus nach Lauterbach gibt es den Indoor-Spielplatz **»Pirateninsel«** und das verwirrende **»Haus-Kopf-über«**, bei dem das gesamte Haus mitsamt Einrichtung auf den Kopf gestellt ist.

Pirateninsel: Lauterbacher Str. 10 | Mo. – Fr. 13 – 19, Sa., So. 10 – 19, in den Ferien tgl. 10 – 19 Uhr | Eintritt 4,10 €, Kinder 7,20 €
www.pirateninsel-ruegen.de
Haus-Kopf-über: Lauterbacher Str. 10 | April – Okt. tgl. 10 – 19, Nov. bis März tgl. 12 – 16 Uhr | Eintritt 5,90 € | www.pirateninsel-ruegen.de

Zugang beschränkt

Insel Vilm

Zu DDR-Zeiten war Vilm vor der Südküste Rügens Ferienziel hochrangiger Politiker. Auch die Honeckers verbrachten hier einige Male ihre Ferien. Seit 1990 gehört Vilm zum **Biosphärenreservat Südost-Rügen** und darf nur noch im Rahmen von Führungen besucht werden. Mit maximal 30 Passagieren tuckert die **»MS Julchen«** die 3 km vom Hafen Lauterbach hinüber zur Insel. An der Anlegestelle beginnt dann die rund zweistündige Wanderung. Sie führt durch die Siedlung zum Kochufer, der Abbruchküste auf der Ostseite. Danach geht es am Wasser entlang bis zum Großen Haken an der Nordspitze und über den Grünen Berg zurück zum Karkenufer. Die reetgedeckten Häuser der Siedlung entstanden ab 1960 als Feriendomizil der DDR-Ministerriege, ab diesem Zeitpunkt war Vilm bis 1989 für die Allgemeinheit gesperrt. Danach träumten Investoren von einem Luxusferienresort, doch ab 1990 zog die internationale Naturschutzakademie in die Häuser, heute arbeiten hier Wissenschaftler des Bundesamtes für Naturschutz.
Lange bevor die DDR-Minister hier Urlaub machten, wurde Vilm im 19. Jh. die Malerinsel genannt, und auch Caspar David Friedrich ließ sich 1810 durch den Blick auf Vilm zu seinem Bild »Landschaft auf Rügen mit Regenbogen« inspirieren.
»MS Julchen« und Führung: März – Okt. tgl. 10, auch 13.30 Uhr Gebühr 18 € | Tel. 038301 6 18 96 | www.vilmexkursion.de

Wohnen auf dem Wasser

Wasserferienwelt »im-jaich«

Die Wasserferienwelt »im-jaich« bei **Gustow** bietet neben einer Marina mit 300 Liegeplätzen, einer Segelschule und einer Jachtcharter-Niederlassung spektakuläre, auf dem Ostseewasser schwimmende Ferienhäuser und Pfahlbauten, ein Jugendgästehaus sowie einige luxuriöse Ferienapartments.
www.im-jaich.de

★★ Binz

Das »Nizza des Ostens«

Überblick

Das größte und **bekannteste Ostseebad Rügens** liegt an der Ostküste der Insel und am nördlichen Rand der Höhenzüge der Granitz. Mit dem Bau des »Rasenden Roland« (▶ Das ist ..., S. 12) 1895 nahm der Fremdenverkehr einen raschen Aufschwung. Bis zum Ersten

Sonne, Sand und Meer vor dem altehrwürdigen Kurhaus von Binz

Weltkrieg entstand ein vornehmer Badeort mit einer 550 m langen Seebrücke, einer 4 km langen Strandpromenade, einem Kurhaus und Hotels und Pensionen. Auch in den 1920er-Jahren stand der Ort, der auch als »Nizza des Ostens« bezeichnet wurde, bei den Urlaubern hoch im Kurs. Heute lockt Binz mit dem Charme eines altehrwürdigen Seebads, mit vielen Freizeitmöglichkeiten, Geschäften, Cafés und Restaurants sowie einem breiten Sandstrand. Die 1942 zerstörte Seebrücke wurde wiederaufgebaut. Hier legen die Ausflugsschiffe zu den Kreidefelsen, zu Fahrten rund um Rügen und zur Insel Usedom ab. Stehen Sie auf der Seebrücke, haben Sie den besten Blick auf das imposante, hufeisenförmig angelegte, dreiflügelige Kurhaus, das 1908 entstanden ist.

★★ Bäderarchitektur

Weiße Villen mit Stil

In keinem anderen Ostseebad auf Rügen finden sich so viele Beispiele für die sogenannte Bäderarchitektur: Villen und Pensionshäuser mit kleinen Ecktürmchen, zierlichen Erkern und Giebeln. Der heitere, verspielte Charakter dieser Häuser wird durch die Holzbalkone und die verglasten Veranden in Fachwerkkonstruktion noch unterstrichen. Das **Museum Ostseebad Binz** im Kleinbahnhof informiert über die aufregende Zeit der Entstehung des Ostseebads.

Museum Ostseebad Binz: Bahnhofstr. 56 | tgl. geöffnet | Eintritt 3 €

Sellin und Schloss Granitz

Steilküste, See, Sellin

★ Sellin

Sellin gehört neben Binz und Göhren zu den bedeutendsten Seebädern auf Rügen. Der alte Kern von Sellin – 1225 erstmals als Fischerdorf erwähnt – liegt am gleichnamigen See. Das Seebad entstand aber erst 1896 nach dem Anschluss an die Schmalspurbahn. Besonders reizvoll ist die Lage an der Steilküste, an der sich der 2,6 km lange, feinsandige Strand entlangzieht.

In der Verlängerung der Wilhelmstraße ragt die wiedererrichtete **Seebrücke** in die Ostsee. Der zweistöckige Aufbau ähnelt demjenigen, der in den 1940er-Jahren hier gestanden hat. Auf der Steilküste verläuft der Hochuferweg vom Südstrand bis nach Binz. Das Selliner Bernsteinmuseum mit Werkstatt ist dem »Gold der Ostsee« gewidmet, das **Museum Seefahrerhaus** der Arbeitswelt von Fischern und Seefahrern.

Bernsteinmuseum: Granitzer Str. 43 | Juni – Sept. Mo. – Fr. 10 – 13, 14 – 17, Sa. 10 – 12, sonst Mo. – Fr. 10 – 12, 14 – 17, Sa. 10 – 12 Uhr Eintritt 1,50 € | www.bernsteinmuseum-sellin.de

Seefahrerhaus: Seestr. 17 b | März – Okt. tgl. 10 – 16, Nov. – Feb. Di. – Sa. 10 – 16 Uhr | Eintritt frei | www.ostseebad-sellin.de

Jagdschloss mit Panoramablick

★ Jagdschloss Granitz

Nur wenige Kilometer südlich von Binz, auf der höchsten Erhebung der waldreichen Granitz, dem 107 m hohen Tempelberg, ließ Fürst Wilhelm Malte I. sich 1836 von Johann Gotthard Steinmeyer ein Jagdschloss errichten, das heute zu den **meistbesuchten Ausflugszielen auf Rügen** zählt. Sie erreichen das Schloss entweder zu Fuß über einen Waldweg vom südlichen Ortsrand von Binz aus oder mit einer der Jagdschloss-Express-Pendelbahnen, die von der Seebrücke und vom Parkplatz am Fuß des Tempelbergs starten.

Die Vierflügelanlage, mit ihren vier zinnenbekrönten Ecktürmen an eine Burg erinnernd, wird von einem 38 m hohen Aussichtsturm überragt, den 1844 Karl Friedrich Schinkel errichtet hat. Innen windet sich 154 Stufen lang eine kunstvolle **gusseiserne Wendeltreppe** nach oben. Zu besichtigen sind die Räume im Hauptgeschoss, die zum Teil ihrer ursprünglichen Funktion gemäß wieder eingerichtet wurden (Speisezimmer, Salon, Damensalon und Marmorsaal mit einem Kamin aus Carrara-Marmor). Im Hauptgeschoss befinden sich auch die Ausstellungen des **Jagdmuseums**. Neben ausgestopftem Wild und Exponaten zum Thema »Die Jagd auf Rügen« beinhaltet das Museum Gemälde des in den Tier- und Landschaftsmalers Max Hünten (1869 – 1936) sowie ein Kabinett mit Stichen von Johann Elias Riedlinger.

April, Okt. tgl. 10 – 17, Mai – Sept. bis 18, Nov. – März Di. – So. 10 – 16 Uhr | Eintritt 6 € | www.mv-schloesser.de

Frühe Inselbewohner

Zeugnisse der steinzeitlichen Besiedlung sind die fünf gut erhaltenen **Megalithgräber** bei Lancken-Granitz. Um zu den Hünengräbern zu gelangen, die entlang eines Feldweges aufgereiht sind, fahren Sie von der Straße Putbus–Sellin in Richtung Dummertevitz ab.

Lancken-Granitz

Halbinsel Mönchgut

Einst eine Region für sich

Die Halbinsel Mönchgut, die den südöstlichsten Zipfel Rügens bildet, gehört mit ihrer zerlappten Binnenküste, der sanften Hügellandschaft und den alten Fischer- und Bauerndörfern zu den schönsten Landstrichen auf Rügen. Ab 1360 war die Halbinsel mehrere Jahrhunderte lang im Besitz des Zisterzienserklosters Eldena bei Greifswald, wodurch sich der Name Mönchgut sowie die Traditionsverbundenheit und die Herausbildung einer ganz eigenen regionalen Kultur erklären lassen. Die historische Grenze des Klosterbesitzes bildete der sogenannte Mönchsgraben am nördlichen Ortsrand von Baabe.

★ Mönchgut

Welt der Inselfischer

Baabe entwickelte sich erst um 1900 zum Badeort und ist heute das kleinste der rügenschen Ostseebäder. Das kleine **Küstenfischermuseum** zeigt die Lebenswelt der Mönchgut-Fischer; zu sehen sind in dem Freilichtmuseum u. a. das Motorschiff »Ossi«, ein Reusenschiff, eine Heringssortiermaschine und das Landungsboot »Polt«.

Küstenfischermuseum: Ecke Bollwerk-/Dorfstr. | tgl. geöffnet
Eintritt frei | www.baabe.de

Baabe

Baden, wo einst Mönche wohnten

Göhren ist eines der drei großen Bäder auf Rügen. Es liegt im äußersten Südosten auf einem waldbedeckten Höhenzug, der am 60 m hohen Nordperd in die Ostsee hineinragt. Das seit dem Mittelalter existierende Bauern-, Fischer- und Lotsendorf entwickelte sich in den 1880er-Jahren zum Seebad; seit 1899 ist es duch den »Rasenden Roland« mit Putbus und den nördlichen Seebädern verbunden. Reizvoll sind die alten Pensions- und Ferienhäuser im Stil der Bäderarchitektur. Als Außenstandort der Internationalen Gartenausstellung 2003 gestaltete Göhren den Bereich rund um die Strandpromenade zu einer ansprechenden Parkanlage um. An der ruhigen Strandstraße mit Geschäften und Restaurants steht ein 170 Jahre altes Reetdachhaus, in dem das **Heimatmuseum** Trachten und Exponate zum Alltagsleben zeigt. Außerdem werden frühgeschichtliche Funde präsen-

★ Göhren

Alles aus einem Guss: Die Wendeltreppe hinauf zum Aussichtsturm von Schloss Granitz wurde in Berlin gefertigt.

tiert und die Entwicklung Göhrens zum Seebad veranschaulicht. In der Nähe des Rookhus steht die 1930 im expressionistischen Stil gebaute Backsteinkirche, unmittelbar dahinter erhebt sich der Speckbusch, ein 3000 Jahre altes Großsteingrab. Schön ist eine Wanderung um den Nordperd. Nördlich und südlich davon gibt es Strände.
www.moenchguter-museen-ruegen.de

Wo sich die Seejungfrauen treffen

Der Gottesstein

Vor dem nördlichen Strandabschnitt von Göhren reckt der »Buskam« sein dunkles Haupt aus den Wellen. Er ist mit rund 40 m Umfang der **größte Findling der deutschen Ostseeküste**. Sein Name aus dem Slawischen bedeutet »Gottesstein«. Ob hier heidnische Rituale gefeiert wurden, ist unbekannt, angeblich sollen sich an dem Stein aber zur Mittsommernacht Seejungfrauen treffen.

Viele Museen

Middelhagen

Auch in der Nachbarschaft von Göhren laden Museen ein: In Middelhagen wurde das kleine **Schulmuseum** in einem reetgedeckten Fachwerkbau von 1825 eingerichtet. Im Klassenzimmer finden sogar historische Schulstunden statt.
Am Ortsrand von **Groß Zicker** steht das 1723 erbaute Pfarrwitwenhaus, ein besonders gut erhaltenes Beispiel für ein Hallenhaus im »Zuckerhutstil«. Auf dem Friedhof bei der alten Dorfkirche sind die Grabsteine aus dem 17. bis 19. Jh. sehenswert.
In **Thiessow**, dem südlichsten Dorf auf dem Mönchgut, können Sie die alte Lotsenwache und den Lotsenturm besichtigen. Ausstellungen im Turm und der Historischen Lotsenwache beleuchten die Geschichte der Thiessower Lotsen.
Schulmuseum: Dorfstr. 4 | Mai, Sept., Okt. Di. – So. 10 – 16, Juni – Aug. bis 17 Uhr; Historische Schulstunde Mai, Sept., Okt. Mi. 10, Juni – Aug. Di., Mi. 10 Uhr | Eintritt 3 €, mit Schulstunde und Zeugnis 7 € | www.middelhagen.de
Pfarrwitwenhaus: April, Mai, Okt. Mo. – Fr. 11 – 16, Sa., So. 13 – 16, Juni, Sept. jeweils bis 17, Juli, Aug. bis 18 Uhr | Eintritt 2 €
www.kirche-auf-moenchgut.de
Lotsenturm: Lotsenberg 1 | jederzeit zugänglich; Ausstellungen April – Okt. tgl. 9 – 18 Uhr | Eintritt frei, Aussichtsplattform 1 €
www.ruegen-inselinfo.de

In den Norden der Insel

Koloss am Meer und Luxusresidenz

★ Prora

Etwa 4 km nördlich von Binz steht im Binzer Ortsteil Prora ein gewaltiges Bauwerk: ein sechsgeschossiger Gebäudekomplex, der sich über ganze 4,5 km parallel zum Strand zieht (▶ Baedeker Wissen,

Fast karibische Impressionen am Hauptstrand von Göhren

S. 226). Den grauen Block aus Stahl und Beton ließen die Nationalsozialisten zwischen 1936 und 1939 als Ferienanlage für 20 000 »Volksgenossen« bauen, die Fertigstellung wurde jedoch durch den Beginn des Zweiten Weltkriegs verhindert. 1950 zog die Nationale Volksarmee (NVA) in einen Teil und nutzte den Sandstrand als Truppenübungsplatz. Nach der Wiedervereinigung wurde der Koloss unter Denkmalschutz gestellt und Museen, Galerien und Cafés zogen ein. Das **Dokumentationszentrum Prora** widmet sich der Geschichte der Anlage. Die Blöcke 1 und 2 sind privatisiert und zu Hunderten exklusiven Eigentumswohnungen umgebaut. Die Gemeinde Binz rechnet zwar damit, dass die Sanierung aller Blöcke bis 2022 abgeschlossen ist, doch nach der Insolvenz einer Immobiliengesellschaft könnte sich dieser Termin verschieben.

In Block 5 ist Europas längste Jugendherberge eingerichtet. Hier veranstaltet der gemeinnützige Verein **Prora-Zentrum** Ausstellungen zur Geschichte von Prora in DDR-Zeiten und die Außenausstellung »Zeitsplitter«.

Dokumentationszentrum: Strandstr. 74 (Block 3/Querriegel) | tgl. Jan., Nov. 10 – 16, Febr. bis 17, März, April, Sept., Okt. bis 18, Mai – Aug. 9.30 – 19 Uhr | Eintritt 6 €, Führung plus 3 €
www.proradok.de

Prora-Zentrum: Mukraner Str. 12 (Block 5) | Mai – Okt. tgl. 10 – 18, Nov. – April tgl. 10 – 16 Uhr | Eintritt 4 € | www.prora-zentrum.de

7
1
8
4
3
2

DER KOLOSS VON RÜGEN

Im Mai 1936 erfolgte der erste Spatenstich des von Clemens Klotz für die nationalsozialistische Ferienorganisation »Kraft durch Freude« entworfenen Seebads an einem der schönsten Strände Rügens. Drei Jahre später stand der Rohbau der etwa 4,5 km langen Anlage, die 20 000 urlaubende »Volksgenossen« aufnehmen sollte. Doch der Betonkoloss wurde nie fertiggestellt.

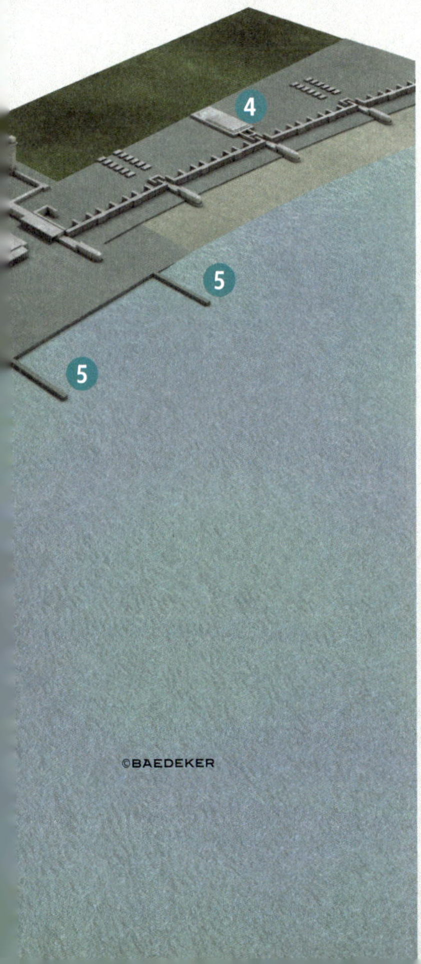

1 Dokumentationszentrum
Das Dokumentationszentrum informiert über Entstehung und Nutzung des Monumentalbaus.

2 Bettenhäuser
Fünf der geplanten acht sogenannten Bettenhäuser sind noch erhalten und werden zum Teil genutzt. Im nördlichen Block 5 eröffnete 2011 eine Jugendherberge.

3 Gemeinschaftshäuser
In den Gebäuden sollten u. a. Läden, Restaurants und Kegelbahnen untergebracht werden.

4 Schwimmhallen
Der nördliche und südliche Teil des durch die Festhalle und den Festplatz unterbrochenen Baus sollte jeweils eine Schwimmhalle erhalten.

5 Seebrücken
Die beiden Seebrücken waren als Landungsstege für Kreuzfahrtschiffe geplant.

6 Festhalle
Hinter der Festhalle wurde ein Fest- und Aufmarschplatz angelegt.

7 »Tonfilmhalle«
Auch ein Kino durfte im »Seebad der 20 000« nicht fehlen.

8 Museen, KulturKunststatt
In Block 3 befand sich die KulturKunststatt mit mehreren Museen. Sie musste im November 2018 schließen.

Über den Wipfeln

Naturerbe Zentrum Rügen

Das Naturerbe-Zentrum Rügen befindet sich in einem hügeligen Waldgebiet bei Prora. Highlight ist der **Aussichtsturm des Baumwipfelpfades**, der einem Adlerhorst nachempfunden ist. Der Baumwipfelpfad führt durch einen **jahrhundertealten Buchenwald** und informiert an Erlebnisstationen über Natur und Umwelt. Auf ihm nähern Sie sich langsam dem zentralen Aussichtsturm, der eine Buche umschließt, die irgendwann einmal so groß sein wird, dass sie die Aussichtsplattform des Adlerhorsts überragt. Spiralförmig schrauben Sie sich leicht ansteigend 40 m in die Höhe und erreichen nach 600 m die Aussichtsplattform. Über allen Baumkronen können Sie bei guter Sicht die Kirchturmspitzen von Stralsund und die Pylonen der Rügenbrücke sehen und mit etwas Glück auch einen Seeadler in den Lüften. Beim Blick in Richtung Norden erkennen Sie über dem Boddenufer auch das **Schlösschen Lichtenstein** mit seinem schlanken Turm, eine 1868 erbaute, verkleinerte Kopie von Schloss Lichtenstein bei Reutlingen auf der Schwäbischen Alb. Thematische Wechselausstellungen runden den Besuch ab.

Naturerbe Zentrum: Forsthaus Prora 1 | April, Okt. tgl. 9.30 – 17.30, Mai – Sept. bis 19.30, Nov. – März bis 16 Uhr | Eintritt 11 €
www.nezr.de

Zum Feuermachen

Feuersteinfelder von Neu Mukran

Neu Mukran ist ein Fährhafen zwischen Binz und Sassnitz für den Fähr- und Eisenbahngüterverkehr. Sehenswert ist es vor allem wegen der Feuersteinfelder in seiner Nähe. Der kürzeste Fußweg dorthin (ca. 30 Min.) beginnt beim Parkplatz auf der links vor dem Ortseingang. Das grauschwarze Gestein, das auch Flint genannt wird und hier recht eindrucksvoll weite Flächen bedeckt, wurde einst zum Feuermachen und zur Herstellung von Werkzeugen genutzt. Interessante Führungen bietet das Naturerbe Zentrum Rügen in Prora (s. o.).

Das Tor nach Skandinavien und zum Jasmund

Sassnitz

Sassnitz ist die zweitgrößte Stadt auf Rügen und Hauptort auf der Halbinsel Jasmund. In der zweiten Hälfte des 19. Jh.s war es ein prominentes Seebad. Durch das Kreidewerk sowie durch Fischfang und Fischverarbeitung entwickelte sich die Stadt nach 1945 zu einem Industrieort. Seit 1909 war Sassnitz als Fährhafen von überregionaler Bedeutung, denn die kürzeste Verbindung von Mitteleuropa nach Skandinavien verläuft zwischen Neu Mukran und dem schwedischen Trelleborg. Sassnitz ist eine durch den Hafenbetrieb geprägte Stadt, die vor allem als Ausgangspunkt für Wanderungen im Nationalpark Jasmund geschätzt wird. Im Stadthafen beschäftigt sich das **Fischerei- und Hafenmuseum** mit der Sassnitzer Fischereigeschichte der letzten 150 Jahre. Im **U-Boot-Museum** kan man das 90 m lange britische U-Boot »H. M. S. Otus« (Baujahr 1963) besichtigen.

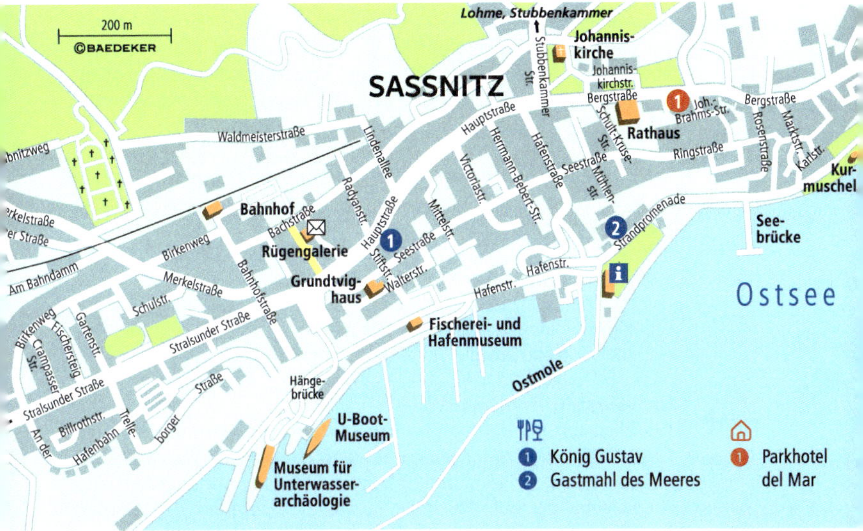

Fischerei- und Hafenmuseum: April – Okt. tgl. 10 – 18, sonst 11 – 17 Uhr | Eintritt 5 € | www.hafenmuseum.de
U-Boot-Museum: tgl. Mai – Okt. 10 – 18, Nov. – April bis 16, Ferienzeit bis 19 Uhr | Eintritt 7,50 € | www.hms-otus.com

★★ Nationalpark Jasmund

Nationalparkzentrum: Ostern – Okt. tgl. 9 – 19, Nov. – Ostern tgl. 10 – 17 Uhr | Eintritt 9,50 € | www.koenigsstuhl.com

Das wahre Naturparadies

Überblick

Jedes Jahr fahren Hunderttausende nach Rügen, um die leuchtend weißen **Kreidefelsen** (▶ Das ist ..., S. 16) der Stubnitz im Nationalpark Jasmund zu sehen, die Wahrzeichen der Insel. Der 1990 gegründete Nationalpark erstreckt sich zwischen Sassnitz im Süden und Lohme im Norden an der Ostküste der Halbinsel Jasmund. Den größten Anteil hat ein etwa 2500 ha großes Buchenwaldgebiet, das seit 2011 zum UNESCO-Weltnaturerbe »Alte Buchenwälder Deutschlands« gehört. In geradezu spektakulärer Weise sind hier am Steilufer die bis zu 120 m hohen, weiß leuchtenden Sedimente des Kreidemeers freigeleg. rund 70 Mio. Jahre alt, sehr reich an Fossilien und von dunklen Feuersteinbändern durchzogen. Nicht nur die Steilküste, auch die abwechslungsreiche Landschaft im Hinterland mit Bächen und Seen (u. a. dem sagenumwobenen Hertha-See), Feucht-

wiesen und Mooren ist ausgesprochen reizvoll. An den Uferhängen wachsen Wildobstarten, in den Mooren Moos- und Krähenbeeren. Zeugnisse einer langen Besiedlung der Halbinsel Jasmund sind neolithische Megalithgräber, bronzezeitliche Hügelgräber und Erdwälle slawischer Fliehburgen (wie der Herthaburg, 8. – 12. Jh.).
Die Anfahrt in den Nationalpark, zum Königsstuhl bzw. zur Stubbenkammer ist nur bis zum Parkplatz in Hagen möglich. Von dort läuft man zu Fuß (2,8 km) oder nimmt den kostenpflichtigen Pendelbus zum **Nationalparkzentrum Königsstuhl**. Parkmöglichkeiten und Busverkehr gibt es auch in Sassnitz; mit dem Königsstuhl-Ticket (20 € inkl. Eintritt) erreicht man von ganz Rügen aus die Bushaltestelle am Nationalparkzentrum. Dort lohnt eine Ausstellung zur Natur- und Kulturgeschichte des Nationalparks. Zum Königsstuhl kommen Sie nur über das Nationalparkzentrum, der Zugang ist kostenpflichtig.

Im wahrsten Sinne malerisch

★★ Stubbenkammer, Königsstuhl

Die höchsten Kreidefelsen an der Steilküste des Jasmund sind die Große Stubbenkammer im Norden und die südlichere Kleine Stubbenkammer. Der 118 m hohe Königsstuhl ist der wohl berühmteste Aussichtsbalkon auf die spektakulären Kreidefelsen der Großen Stubbenkammer, die **Caspar David Friedrich** in seinem romantischen Gemälde »Kreidefelsen auf Rügen« (um 1818) verewigt hat. Bei klarem Wetter ist das Zusammenspiel von weißen Felsen, grünen Buchenwäldern und blauem Meer sehr beeindruckend. Auch vom Strand aus bietet die Küste einen grandiosen Anblick, doch die steilen Treppen, die einst vom Königsstuhl hinunter zum Wasser führten, gibt es aus Sicherheitsgründen nicht mehr: Ein Teil des Hangs gilt als äußerst abbruchgefährdet. Zudem ist der Strand unterhalb davon sehr schmal.
Auch von anderen Aussichtspunkten, wie der etwas tiefer gelegenen »Viktoriasicht« (frei zugänglich), haben Sie herrliche Ausblicke. Die Viktoriasicht erhielt ihren Namen durch den preußischen König Wilhelm I., der den Aussichtsfelsen nach seiner Schwiegertochter, Kronprinzessin Viktoria, benannte. Das zweite bekannte Kreidekliff der Stubbenkammer waren die **Wissower Klinken** südlich des Königsstuhls. Am 24. Februar 2005 stürzten die beiden größten Felsen, durch Erosion instabil geworden, in die Tiefe. Sie erreichen die Stelle am besten über den Hochuferweg von Sassnitz aus, können sie aber auch von der B 96 aus erwandern. 3 km nördlich von Sassnitz steht das ehemalige Gasthaus »Waldhalle« mit der Außenstelle des UNESCO-Welterbeforums.

Bergauf, begab zu den Naturschönheiten

Wanderwege

Die Stubnitz ist ein ausgesprochenes Wanderparadies mit ausgeschilderten Routen. Besonders empfehlenswert ist der Hochuferweg, der von Sassnitz entlang der Steilküste zur Stubbenkammer führt – etwa

9 km –, und den man weiter nach Lohme gehen kann (weitere 4 km). Er ist gespickt mit herrlichen Ausblicken auf die Kreidefelsen (Gehzeit ca. 3 – 4 Std.) und daher in der Hochsaison von ganzen Wandererscharen bevölkert. Unterwegs geht es immer wieder bergauf und bergab. Kürzer ist der Rundwanderweg von Sassnitz über die Wissower Klinken zur Waldhalle und zurück. Am Parkplatz Hagen beginnen geführte Rundwanderungen durch den Nationalpark. **Warnhinweise und aktuelle Wegsperrungen müssen unbedingt beachtet werden!** Auf Nummer sicher gehen Sie mit geführten Wanderungen, die das Nationalparkzentrum oder der Tourist Service Sassnitz anbieten.

Von Sagard zum Kap Arkona

Ältester Badeort der Insel

Sagard ist der zweitgrößte Ort auf der Halbinsel Jasmund. Hier kreuzten sich schon in slawischer Zeit die wichtigsten Verkehrswege. Sagard

LUFTIGE IMPRESSIONEN

Mittlerweile gibt es auf Rügen mehrere Möglichkeiten, die Insel von oben zu betrachten, doch die 270 m lange Hängebrücke von der Sassnitzer Altstadt hinunter zum Hafen toppt alles. Wenn sie im Wind leicht schwingt, schwebt man beinahe und genießt einen einmaligen Gratisblick aufs Meer.

Das Nationalpark-Zentrum verkündet stolz seine Erhebung zum Weltnaturerbe.

Um die Mitte des 18. Jh.s setzte der Badetourismus ein. Schon 1794 wurde eine »Brunnen-, Bade- und Vergnügungsanstalt« gegründet. An der B 96 südlich liegt der Dobberworth, ein großes bronzezeitliches Hügelgrab. Das Geheimnis der Rügener Schreibkreide wird im **Kreidemuseum** gelüftet. Das Museum steht an einem originalen Abbauplatz, in der Ex-Werkhalle des Gummanzer Kreidewerks.

Kreidemuseum: Gummanz 3 a | Ostern – Okt. tgl. 10 – 17, Nov. bis Ostern Di. – So. 10 – 16 Uhr | Eintritt 4,80 € | www.kreidemuseum.de

Sagenumwobener Hügel

Der Dobberworth

Anfang des 19. Jh.s gab es noch mehr als 200 **Großsteingräber** auf Rügen, seitdem wurden drei Viertel zerstört, und auch die restlichen wurden im Laufe der Zeit mehr oder weniger beschädigt. Denn die Steine wurden immer wieder als Baumaterial für Straßen und Häuser genutzt oder fielen neuen Ackerflächen zum Opfer. Heute stehen alle unter Schutz. Am Südrand von Sagard befindet sich der Dobberworth, das **größte Hügelgrab Rügens**. Rund 22 000 m^3 Erde wurden vermutlich in der Bronzezeit zu einem 12 m hohen Hügel aufgetürmt. Der Name könnte von »Wurt« herrühren, was einen erhöhten Platz bezeichnet. Um den Hügel ranken sich Sagen und Legenden, eine Version handelt von einem Riesen, der die Furt zwischen dem Großen und dem Kleinen Jasmunder Bodden zuschütten wollte und dabei aus Versehen Erde verlor. Eine weitere Sage behauptet, dass Unterirdische oder Zwerge im Dobberworth wohnen und dort Schätze verbergen.

Barocke Zugaben

Bobbin

Bobbin, 4 km nördlich von Sagard, erkennen Sie schon von Weitem an seiner Feldsteinkirche, die in leicht erhöhter Lage über den Ort blickt. Im Innern bewahrt sie ein sehenswertes Barockensemble aus einem Altar von 1668, einer Kanzel von 1662 und einer Patronatsloge; der Taufstein stammt aus der Zeit um das Jahr 1300.

Feiner Sand und kräftige Brise

Schloss Spyker, Schaabe

Nur wenige hundert Meter hinter Bobbin zweigt links eine schmale Straße zum Schloss Spyker ab. Das 1318 erstmal erwähnte Schloss ist einer der wenigen erhaltenen Schlossbauten der Renaissance auf Rügen. Um 1650 fügte der damalige Besitzer, Gouverneur Carl Gustav Wrangel, die runden Ecktürme hinzu. Das rot getünchte Gebäude mit seinem kleinen Rosengarten ist heute Hotel mit Restaurant.
Am Spycker See lädt das **Dinosaurierland** Rügen Groß und Klein zu einem Spaziergang auf einem 1,5 km langen Erlebnispfad, auf dem Modelle von T-Rex, Spinosaurus, Triceratops oder »Langhals« Diplodocus bestaunt werden können.
Die **Schaabe**, der kilometerlange breite Sandstrand zwischen den Halbinseln Jasmund und Wittow, gilt als einer der schönsten – allerdings auch windigsten – Badeplätze auf Rügen. Haben Sie den Wald und die Dünen durchquert, breitet sich in der weiten Bucht des Tromper Wieks ein endlos langer, feinsandiger Strand vor Ihnen aus. Der Ort **Glowe** liegt am südlichen Ende der Schaabe. Es ist ein großzügiger Badeort mit langem Sandstrand.
Dinosaurierland: März, Nov. tgl. außer Fr. 10 – 15, April, Mai, Sept., Okt. tgl. bis 17, Juni – Aug. bis 18 Uhr | Eintritt 8,50 €, Kinder bis 12 J. 6,50 € | www.dinosaurierland-ruegen.de

Wo der Name Programm ist

Altenkirchen

Altenkirchen bleibt vom Tourismus noch weitgehend unberührt. Das vermutlich kurz nach der Eroberung der slawischen Feste Arkona im Jahr 1168 gegründete Dorf besitzt eine von einem schönen alten Friedhof umgebene Kirche. Ihr Chor stammt aus der Zeit kurz vor 1200; das dreischiffige Langhaus wurde im 14. Jh. vollendet. In die Außenwand zum südlichen Choranbau ist ein alter slawischer Grabstein eingemauert, einen bärtigen Mann mit Horn darstellend. Der mit vier plastischen Männerköpfen verzierte Taufstein wurde auf Gotland geschaffen. Bemerkenswert ist auch der 1724 entstandene Altaraufsatz aus der Werkstatt des Elias Keßler aus Stralsund.

★ Kap Arkona

Leuchtende Wahrzeichen

Das Kap

Kap Arkona bildet den **nördlichsten Punkt** Rügens. Bei gutem Wetter können Sie bis zur dänischen Insel Møn sehen. Von Putgarten kommen Sie zu Fuß, per Rad oder vom kostenpflichtigen Parkplatz auch per Kutsche oder Arkona-Bahn zur 1,2 km entfernten Nordspitze.

Von der slawischen Tempelburg, die 1168 von den Dänen erobert wurde, sind nur noch die Reste des Burgwalls erkennbar. Das Wahrzeichen von Kap Arkona sind seine beiden **Leuchttürme**. 1827 entwarf Karl Friedrich Schinkel den quadratischen, ca. 20 m hohen Backsteinturm. Neben diesem steht der schlanke, 39 m hohe Rundturm von 1902. Im **Schinkelturm** sind Ausstellungen zum Schaffen des Baumeisters in Vorpommern und auf Rügen sowie zur Geschichte von Leuchtfeuer, Seezeichen und Seenotrettung zu sehen. Im Leuchtturmwärterhaus können Sie übernachten. Benannt wurde es nach Leuchtturmwärter Schilling, der hier im 19. Jh. viel Prominenz beherbergte. Zum Museum gehört der begehbare **Marinepeilturm** am slawischen Burgwall. Auch der **Marineführungsbunker** der 6. Flotte der DDR-Volksarmee ist bei Führungen zu besichtigen. Im **Rügenhof**, einem alten Gutshof in Putgarten, werden Traditionshandwerk und Kunsthandwerk ausgestellt und verkauft. Zum Stöbern lädt der Rügen-Markt ein.

Schinkelturm: Eintritt 2 € | www.kap-arkona.de/schinkelturm.html

Marinepeilturm: tgl. bis 17 Uhr | Eintritt 3 €, Aussichtsplattform 3 € | www.sallqa-pacha.de

Bunker: Führungen tgl. zur vollen Stunde 11 – 15 Uhr; Eintritt 5 € www.foerderverein-kap-arkona.de

Rügenhof: April – Okt. tgl. ab 10 Uhr | www.kap-arkona.de/ruegenhof.html

Ein Ort unter Denkmalschutz

★ Vitt

Ebenfalls nur zu Fuß, mit dem Fahrrad oder per Kutsche erreichbar ist von Putgarten aus das **Bilderbuchdorf** Vitt, dessen reetgedeckte Fischerkaten sich in eine geschützte Mulde schmiegen. Keine Neubauten stören die Idylle. Im urigen »Gasthof zum Goldenen Anker« können Sie eine Rast einlegen. »Vitt« bezeichnete früher die nur zu Fangzeiten aufgesuchten, mit Salzhäusern ausgestatteten Fischhandelsplätze, aus denen mit der Zeit feste Siedlungen entstanden. An der Straße nach Arkona ließ sich Pfarrer Gotthard Ludwig Theobul Kosegarten für seine Predigten vor den Fischern 1806 eine weiß geschlämmte achteckige Kapelle bauen. Das von seinem Zeitgenossen Philipp Otto Runge (▶ Interessante Menschen) geschaffene Altarbild ist eine Kopie; das Original hängt in der Hamburger Kunsthalle. Schön, wenngleich keineswegs einsam, ist die ca. 1,5-stündige Rundwanderung von Putgarten zum Kap Arkona und zurück über Vitt.

Hier geht es runter zum kleinen Hafen von Vitt.

Von Wiek nach Bergen

Einst wichtiger Hafen, heute charmanter Urlaubsort

Von Altenkirchen erreichen Sie nach 3 km Wiek am gleichnamigen Bodden. Das Dorf war bis ins 19. Jh. ein bedeutender Hafenplatz; die Bewohner lebten u. a. vom Bootsbau. Sehenswert ist neben den reetgedeckten Häusern die Dorfkirche aus dem 15. Jh. mit einem spätromanischen Taufstein, einer gotischen Triumphkreuzgruppe, einer Plastik des hl. Georg zu Pferd sowie einem barocken Altaraufsatz. Im nahen **Dranske** zeigt das **Marinehistorische und Heimatmuseum** die Dorfgeschichte samt Exponaten zu Militär, Fischerei und Tourismus sowie die Fossiliensammlung »Die Steine des Mimen« des DEFA-Schauspielers Willi Neuenhan. Wiek

Marinehistorisches u. Heimatmuseum: Dranske, Schulstr. 19 | Mitte April – Okt. Mo. – Sa. 11 – 16 Uhr | Eintritt 5 € | www.bug-wittow.de

Fähre mit Wartezeit

Um die Halbinsel Wittow Richtung Süden wieder zu verlassen, müssen Sie nun mit der Wittower Fähre den Breetzer Bodden nach Zentralrügen überqueren. Wittower Fähre

Mehr als das Tor nach Hiddensee

Schaprode

Schaprode ist den meisten nur als Fährhafen zur Insel ▶ Hiddensee bekannt, obwohl das Dorf 11 km südwestlich des Wittower Fährhafens auch eine Kirche besitzt, deren älteste Teile aus dem 13. Jh. stammen. Das Langhaus mit der trutzigen Westfassade erhielt im 15. Jh. seine heutige Form. Innen bilden die bemalte spätgotische Triumphkreuzgruppe mit den barocken Ausstattungsstücken (Kanzel, Altaraufsatz, Taufe und Beichtstuhl) ein harmonisches Ensemble.

Handwerk mit Geschichte

Gingst

Gingst, knapp 18 km südlich von Schaprode gelegen, ist das Zentrum des touristisch weniger frequentierten Westteils von Rügen. In zwei reetgedeckten Fachwerkhäusern aus dem 18. Jh. informieren die **Historischen Handwerkerstuben** über rund 30 einst hier ausgeübte Handwerksberufe. Die Pfarrkirche St. Jakobi aus dem 14./15. Jh. besitzt eine schöne, qualitätvolle Barockausstattung.
Im **Rügen-Park** können Sie einen Nachbau Rügens sowie 80 Modelle von berühmten Bauwerken im Maßstab 1 : 25 bewundern, darunter den schiefen Turm von Pisa, Notre Dame oder die Pyramiden. Dazu eine Parkbahn, eine Superrutsche und ein Wildwasserrondell.

Historische Handwerkerstuben: Mai – Okt. Di. – So. 10 – 16 Uhr
Eintritt 3 € | www.historische-handwerkerstuben-gingst.de
Rügenpark: April – Juni Di. – So. 10.00 – 18.00, Juli, Aug. tgl. bis 19, Sept. Di. – So. 10 – 18, Okt. bis 17 Uhr | Eintritt 9,40 €
www.ruegenpark.de

»Hauptstadt« des Inselparadieses

Bergen

Bergen ist die größte Stadt auf Rügen und das Verkehrs-, Verwaltungs- und Handelszentrum der Insel. Nahe dem Marktplatz erhebt sich die Marienkirche, die um 1180, also schon wenige Jahre nach der dänischen Eroberung Rügens, gestiftet und seinerzeit vermutlich auch von dänischen Bauleuten errichtet wurde. Romanische Formen finden sich noch am Chor mit Apsis, am Querhaus sowie am Westwerk, über dem später der Turm aufgerichtet wurde. Das Langhaus und die Turmobergeschosse des Backsteinbaus stammen aus dem 14. Jh., die nördlichen Kapellen kamen im 15. Jh. dazu. Im Klosterhof informiert das **Stadtmuseum** über die Geschichte von Bergen und über die Gründung des Zisterzienserklosters.
Das Geburtshaus des berühmten Chirurgen Theodor Billroth (1829 bis 1894) ist die Nr. 17 in der nach ihm benannten Straße. Eine prächtige Sicht genießen Sie vom nahe gelegenen Rugard, einst Standort einer slawischen Burg. Seit 1877 steht auf dem 91 m hohen Hügel der Ernst Moritz Arndt gewidmete Backsteinturm mit drei Aussichtsterrassen.

Stadtmuseum: Billrothstr. 20 a | Mai – Okt. Di. – Sa. 10 – 16.30, Nov. – April Di. – Fr. 11 – 15, Sa. 10 – 13 Uhr | Eintritt 2 €
www.stadtmuseum-bergen-auf-ruegen.de

Ein Fest für einen Piraten

Ralswiek

Einer der größten Seehandelsplätze der slawischen Ranen befand sich etwa 5 km nordöstlich von Bergen in Ralswiek am Ufer des Großen Jasmunder Bodden. In der tief eingeschnittenen Ralswieker Bucht mit einem kleinen Segelhafen und einem Wassersportcenter geht es noch schön geruhsam zu. Allerdings nicht, wenn die 1992 wiederbelebten **Störtebeker-Festspiele** Tausende von Zuschauern anlocken. Auf einer großen Freilichtbühne werden dann die Abenteuer des berühmt-berüchtigten Ostseepiraten Klaus Störtebeker, der im 14. Jh. lebte, mit Hunderten von Mitwirkenden, mehreren Schiffen, zahlreichen Pferden und großem Getöse nachgespielt.
Auf der Anhöhe oberhalb der Naturbühne thront das 1894 für Hugo Sholto Graf Douglas erbaute Schloss im Stil der französischen Loire-Schlösser. Das Gebäude ist heute ein luxuriöses Hotel. Graf Douglas ließ auch die schmucke Schwedenkapelle in Ralswiek erbauen.

Festspiele: www.stoertebeker.de

Eine schwäbische Attraktion im Norden

Schlösschen Lichtenstein

Unweit von Ralswieck liegt das Dörfchen **Lietzow**. Für das dortige Schlösschen, das ursprünglich als Wohnhaus konzipiert war, diente das in der Nähe von Reutlingen (Baden-Württemberg) gelegene Schloss Lichtenstein als architektonische Vorlage.

★★ SCHWERIN

Kreisfreie Stadt | **Höhe:** 40 m ü. d. M. | **Einw.:** 95 800

Schwerin liegt wunderbar an den Ufern des Schweriner Sees. Hauptattraktion der Landeshauptstadt ist das Schloss, einst Residenz der Herzöge von Mecklenburg. See, Schloss, viele Museen und Freizeiteinrichtungen sowie eine breite Palette an Veranstaltungen machen Schwerin zu einem erstrangigen Reiseziel.

Stadt am Wasser und Kulturoase

Schwerin, die Residenz der mecklenburgischen Herzöge, ist die Hauptstadt von Mecklenburg-Vorpommern und die zweitgrößte Stadt des Landes. Viele der Behörden und Institutionen sitzen in den herzoglichen Repräsentativbauten des 19. Jh.s, die nach umfangreichen Renovierungsmaßnahmen in alter Pracht erscheinen. 2009 wurde in Schwerin die Bundesgartenschau veranstaltet, zu der u. a. sieben Gärten im südwestlichen Bereich des Sees gehörten.

Von der Inselburg zur Landeshauptstadt

Geschichte

In den Urkunden erwähnt wurde der Ort erstmals im 11. Jh., als das Gebiet von slawischen Obodriten bewohnt war. Deren Fürst Niklot herrschte von einer Burg auf der heutigen Schlossinsel von Schwerin aus. Im Zuge der Ostkolonisation nahm der Sachsenherzog Heinrich der Löwe im Jahr 1160 das Gebiet ein. Die Burg ließ Heinrich als Sitz für die neu gegründete Grafschaft Schwerin wieder aufbauen, die Erhebung zum Bischofssitz folgte.
1358 erwarben die mecklenburgischen Herzöge die Grafschaft Schwerin und machten Schwerin zur **Residenz**. Nur 1628 – 1631 und 1756 – 1837, als der Hof in Ludwigslust residierte, wurde diese Tradition unterbrochen. Wegen mehrerer Stadtbrände ist von der mittelalterlichen Bausubstanz, abgesehen vom Dom, fast nichts übrig geblieben. Ab 1705 wuchs im Norden der Altstadt aus einem Fischerdorf die »Neustadt auf der Schelfe« heran, die 1832 mit Schwerin vereinigt wurde. Als Großherzog Paul Friedrich 1837 die Residenz von Ludwigslust wieder nach Schwerin verlegte und das Schloss umbauen ließ, begann eine neue Ära der Stadtgeschichte. Nach der Abdankung der Großherzöge wurde Schwerin 1918 **Landeshauptstadt** von Mecklenburg-Schwerin; den Zweiten Weltkrieg überstand es fast unbeschadet. 1990 wurde Schwerin Landeshauptstadt des Bundeslands Mecklenburg-Vorpommern.

★★ Schloss

Eingang am Schlossgartenflügel | Mitte April – Mitte Okt. Di. – So. 10 – 18, Mitte Okt. – Mitte April Di. – So. 10 – 17 Uhr | Eintritt 8,50 €, Führungen zzgl. 3 € | www.mv-schloesser.de

Märchenschloss im See

Wohin im Schloss?

Die fünfflügelige Schlossanlage nimmt die Stelle des Fürstensitzes der elbslawischen Obodriten und der späteren Burg der Grafen von Schwerin ein. Überwiegend im 16. und 17. Jh. entstanden die protestantische Schlosskirche im Erdgeschoss des Nordflügels sowie die beiden seeseitig liegenden Flügel, Großes Haus und Bischofshaus genannt. Weil der Dreißigjährige Krieg dazwischenkam, wurden von den umfassenden Plänen Herzog Adolph Friedrichs I. nur der Küchenflügel im Südosten und der Nordflügel über der Schlosskirche verwirklicht.
Herzog Friedrich Franz II. beschloss die Rückverlegung der Residenz von Ludwigslust nach Schwerin und die Umgestaltung der Residenz, für die zwischen 1843 und 1845 alle außer den genannten Gebäuden abgerissen wurden. Als Baumeister verpflichtete er Georg Adolph Demmler, der sich an französischen Renaissanceschlössern orientierte. Er baute den 70 m hohen, überkuppelten Hauptturm, den Burggarten-, den Schlossgarten- und den Burgseeflügel. Als Demm-

ler 1851 wegen seiner demokratischen Gesinnung aus herzoglichen Diensten entlassen wurde, führte Friedrich August Stüler bis 1857 die Arbeiten fort. Unter seiner Leitung wurden u. a. das Reiterstandbild des Obodritenfürsten Niklot in dem Rundbogen über dem Eingang postiert, die Terrassen und die Orangerie angelegt sowie die gesamte Innenausstattung des Schlosses gefertigt. Im Mai 1857 konnte die neue Residenz der mecklenburgischen Herzöge übergeben werden.1913 vernichtete ein Feuer den Burgseeflügel bis auf die Grundmauern, den Schlossgartenflügel teilweise.

Die Räume der Residenz sind im durchaus **schwülstigen Stil des 19. Jh.s** ausgestattet. Zur natürlich dennoch kostbaren Einrichtung gehören u. a. Möbel und Kunsthandwerk aus dem 18. und 19. Jh., Prunkvasen aus Russland und Porzellan aus Berlin.

SCHLOSS SCHWERIN

Festetage
1 Niklotraum
2 Schlössergalerie
3 Ahnengalerie
4 Thronsaal
5 Raucherzimmer
6 Billardzimmer
7 Adjudantenzimmer
8 Bibliothek

Beletage
1 Rote Marmortreppe
2 Vorraum
3 Schlosscafé
4 Säulenzimmer
5 Sylvestergalerie
6 Speisezimmer
7 Rote Audienz
8 Teezimmer
9 Blumenzimmer
10 Winterzimmer
11 Wohnzimmer
12 Obotritentreppe

Seit Oktober 1990 hat im Burgsee- und im Eingangsflügel der **Landtag von Mecklenburg-Vorpommern** seinen Sitz.

In drei Etagen der einstigen Residenz ist das **Schlossmuseum** untergebracht. Besichtigen können Sie die Wohn- und Gesellschaftsräume der Großherzogin in der Beletage, in der Festetage die Wohnung des Großherzogs sowie die Fest- und Repräsentationsräume. Hinzu kommen eine Galerie mit Gemälden aus Mecklenburg und Porzellan.

Porzellan vom Feinsten

Porzellangalerie

Die Porzellangalerie in den Kinderzimmern des Schlosses ermöglicht einen Überblick über nahezu drei Jahrhunderte Porzellanherstellung. Gezeigt werden 380 Exponate aus Meißen, der ersten europäischen Manufaktur, ebenso aus Berlin, Fürstenberg und Petersburg sowie aus anderen, kleineren Porzellanmanufakturen. Zum Abschluss der Besichtigung lädt das stilecht renovierte **Schlosscafé** ein.

Das Schloss gibt auch eine prächtige Kulisse für sommerliches Freilufttheater ab.

Unterm Sternenzelt

Schlosskirche

Von der ursprünglichen Ausstattung sind die Kanzel von den Brüdern Georg und Simon Schröter aus Torgau, das hofseitige Portal von Hans Walther und sechs Alabasterreliefs mehrerer niederländischer Künstler noch vor Ort. Im Zuge des Schlossneubaus wurde 1855 der saalartige Kirchenraum von Carl Gottfried Pfannschmidt ausgemalt und um einen neogotischen Chor erweitert.

Lennéstraße | begleitete Besichtigungen Mai – Okt. Mi., Fr., Sa. 14, 15, 16, Nov. – April Mi., Fr., Sa. 14 Uhr | Mittagskonzerte Juli – Aug. Mi. 14 Uhr | www.schlosskirche-schwerin.de

Bezaubernde Gärten

Burg- und Schlossgarten

Auch der Burggarten ist eine Schöpfung des 19. Jh.s. Er wurde gleichzeitig mit der Residenz auf den alten Bastionen angelegt. Der Berliner Bildhauer Christian Daniel Rauch schuf 1849 die Statue des Großherzogs Paul Friedrich, die seit 1935 vor dem Burgseeflügel steht.
Vom Burggarten führt eine gusseiserne Drehbrücke in den Schlossgarten, den Jean Laurent Legeay 1748 – 1756 als barocken Park an-

legte. Das Zentrum der Anlage bildet der **Kreuzkanal** mit Kopien von 14 Sandsteinplastiken aus der Werkstatt von Balthasar Permoser, Darstellungen antiker Götter und Allegorien der vier Jahreszeiten. Im 19. Jh. kamen der Gartenpavillon, heute ein beliebtes Café, die Laubengänge und das bronzene Reiterstandbild von Großherzog Friedrich Franz II. hinzu. Über eine Brücke kommen Sie in den sogenannten Grünhausgarten, der nach Entwürfen des Gartenarchitekten **Peter Joseph Lenné** im Stil eines englischen Landschaftsgartens entstand. Das Marmordenkmal von Großherzogin Alexandrine schuf Hugo Berwald im Jahr 1907.
Die historische **Schleifmühle** aus dem 18. Jh. im äußersten Süden des Schlossgartens wird für Besucher in Betrieb genommen. Im Obergeschoss befindet sich eine kleine Ausstellung zur Geschichte der Mühle. Die Sammlung geschliffener Minerale und Halbedelsteine erinnert daran, dass die Steinschleifer hier auch wertvolle Steine zu Schmuckstücken verarbeitet haben.
Es empfiehlt sich, einmal vom Schlossgarten aus durch die Waldschneise in der Achse des Kanals hinaufzuwandern – von dort haben Sie den schönsten Blick auf Schloss und Park!
Schleifmühle: Schleifmühlenweg 1 | April – Okt. tgl. 10 – 18, Nov. bis März tgl. 10 – 14 Uhr | Eintritt 3 € | www.schleifmuehle-schwerin.de

Vom Schloss zum Markt

Start zur Besichtigungstour

Altstadt

Der Rundgang durch die Altstadt beginnt auf dem weitläufigen Platz am Ufer des Schweriner Sees. Bis zum 18. Jh. erstreckte sich hier eine zur Residenz gehörende Grünanlage. Die nach dem Krieg 1870/1871 aufgestellte Siegessäule ist das Werk von Hermann Willebrand.

Sammlung von internationaler Bedeutung

★★ Galerie Alte und Neue Meister

An der Ostseite des Alten Gartens führt eine Freitreppe bis vor den Säulenportikus des Staatlichen Museums. Den von Hofbaumeister Demmler als herzogliches Palais begonnenen Bau vollendete 1882 Hermann Willebrand als Museum für die von Herzog Christian Ludwig II. begründete Sammlung. Sie umfasst heute Werke des 17. bis 21. Jh.s, über 3000 Gemälde, 35 000 grafische Blätter, mittelalterliche Plastik aus Mecklenburg, deutsche Malerei des 18. bis 20. Jh.s, Gold- und Silberschmiedekunst sowie zeitgenössische Arbeiten. Nur wenige Museen in Deutschland haben eine so exquisite Sammlung **niederländischer Malerei** des 17. und 18. Jh.s; Höhepunkte sind die »Torwache« (1654) von Carel Fabritius und die beiden Knabenporträts von Frans Hals. Außer der mit 90 Werken größten deutschen Sammlung von Marcel Duchamp (1887 – 1968) und der Ernst Bar-

HERZOGLICHE PRACHT

BAEDEKER WISSEN

Das Wahrzeichen von Schwerin und eines der bedeutendsten Baudenkmäler des Historismus in Deutschland ist das ehemalige Residenzschloss. Zusammen mit Burggarten und Schlossgarten bildet der malerisch auf der Insel gelegene Schlosskomplex mit seiner vergoldeten Kuppel und den vielen Türmen und Giebeln ein romantisches, geradezu märchenhaftes Ensemble.

❶ Thronsaal
In der Festetage befindet sich der Thronsaal aus dem Jahr 1858. Er übertrifft mit zum Teil vergoldetem Stuckdekor und dem feinteiligen Intarsienboden alle anderen Räume an Pracht. Über der Portalzone prangen die 40 Stadtwappen des Großherzogtums Mecklenburg-Schwerin.

❷ Ahnengalerie
Ebenfalls beeindruckend ist die über zwei Räume reichende Ahnengalerie mit den Porträts der mecklenburgischen Herzöge von der Mitte des 14. Jh.s bis kurz vor 1800.

❸ Schlössergalerie
Die auf Gemälden festgehaltenen großherzoglichen Schlossbauten sind bis auf zwei Ausnahmen (Dargun und Herrensteinfeld) alle erhalten.

❹ Beletage
Wandvertäfelungen aus Vogelaugenahorn, filigraner Stuck und Seidendamast an den Wänden schmücken die Beletage. Im 19. Jh. befanden sich hier die Wohn- und Gesellschaftsräume der Großherzogin. Über die große Freitreppe gelangte man in den Burggarten.

❺ Schlosskapelle
Zu den ältesten Gebäudeteilen gehört die 1560 – 1563 von Johann Baptist Parr errichtete Schlosskapelle im Nordflügel. Als Vorbilder dienten ihm die Schlosskapellen in Torgau und Dresden.

❻ Kinderzimmer
In den ehemaligen herzoglichen Kinderzimmern ist die Dauerausstellung »Europäische Porzellane und höfische Malerei« zu besichtigen.

❼ Felsengrotte
Unter der Aussichtsterrasse befindet sich eine künstlich angelegte Felsengrotte.

❽ Orangerie
In der Orangerie kann man in der Sommerzeit Kaffee und Kuchen genießen.

SCHWERIN ERLEBEN

TOURIST-INFORMATION
Am Markt 14
19055 Schwerin
Tel. 0385 5 92 52 12
www.schwerin.com

SCHWERIN-TICKET
Mit dem Schwerin-Ticket (24 Std. Gültigkeit: 5,50 €, 48 Std.: 8 €) nutzen Sie den gesamten öffentlichen Nahverkehr kostenlos und haben ermäßigten Eintritt in Museen, bei Stadtführungen, günstigere Tarife beim Bootsverleih, bei der Pfaffenteichfähre etc.
Erhältlich bei den Verkaufsstellen Marienplatz und
Platz der Freiheit
www.nahverkehr-schwerin.de

WEISSE FLOTTE
Zwischen Marstall und Schlossinsel legt die Weiße Flotte zu Ausflugsfahrten auf dem Schweriner See ab.
Werderstr. 140
19055 Schwerin
Tel. 0385 55 77 70
www.weisseflotteschwerin.de

❶ SCHLOSSCAFÉ UND ORANGERIE IM BURGGARTEN €€
Die Orangerie bietet den stimmungsvollen Rahmen für kulinarische Genüsse: Unter Glas und Gusseisen speisen Sie von April bis Oktober mit Blick aufs Schloss.
Lennéstr. 1,
Tel. 0385 5 25 29 15
www.schweriner-schloss-localitaeten.de

❷ RESTAURANT »AURUM« €€ – €€€
Gehobene Kreativküche nach strengen ökologischen Kriterien, überwiegend mit regionalen Erzeugnissen aus nachhaltiger Landwirtschaft; fair gehandelte Produkte werden bevorzugt. Die hausgemachten Frühstücksmarmeladen, natürlich in Bio-Qualität, werden auch verkauft. Probieren Sie »Blutorange«!
Speicherstr. 11
Tel. 0385 5 00 30
www.speicher-hotel.com

❸ WEINHAUS UHLE €€€€
Zuerst wandern die Blicke nach oben an die Decke, die die Geschichte des Weinhauses erzählt. Doch ebenso spannend ist ein Blick in die kleine Speisekarte und in die eindrucksvolle Weinkarte,. Ob À-la-carte oder Sieben-Gang-Menü: die Küchenchefs Ronny Bell und Holger Mootz haben sich ihre Auszeichnungen redlich verdient.
Schusterstr. 13 – 15
Tel. 0385 48 93 94 30
www.weinhaus-uhle.de

❹ RESTAURANT & CAFÉ HERZOGLICHE DAMPFWÄSCHEREI €€ – €€€
Manches an Interieur und Architektur erinnert immer noch an die Vergangenheit des Hauses. Doch wo einst die herzogliche Wäsche gewaschen wurde, wird heute in edlem Ambiente klassische Küche mit modernem Touch serviert.
Großer Moor 56
Tel. 0385 56 29 56
www.herzogliche-dampfwaescherei.de

❺ RESTAURANT CAFÉ PRAG €€
Fast könnte man sich in einem klassischen Wiener Kaffeehaus wähnen.

1 Altes Palais
2 Staatliches Museum, Kunstsammlungen
3 Staatstheater
4 Schlachtermarkt
5 Altstädt. Rathaus
6 Neues Gebäude

1 Café und Orangerie im Schloss
2 Restaurant »Aurum«
3 Weinhaus Uhle
4 Herzogliche Dampfwäscherei
5 Café Prag
6 Gourmet-Fabrik
7 Restaurant Friedrichs
8 Kartoffelhaus Schwerin

1 Niederländischer Hof
2 Speicher am Ziegelsee
3 Biohotel Amadeus
4 Hotel Arte

Fußgängerzone

Die Atmosphäre im Café Prag mit seinen hohen Räumen und den großen Fenstern ist jedenfalls entsprechend.
Schlossstr. 17
Tel. 0385 56 59 09
www.restaurant-cafe-prag.de

6 GOURMET-FABRIK €€€

In der Gourmetfabrik kocht das junge Team um Chef Daniel Bockholt kreativ und ganz ausgezeichnet. Ob Adlerfisch mit Süßkartoffel-Blumenkohl-Curry oder Simmentaler Rinderfilet in Dunkelbiersauce: Diese Fabrik lohnt einen Besuch. Mittags gibt es ein preisgünstiges Business-Lunch.
Werderstr. 74 b
Tel. 0385 76 09 85 70
www.gourmetfabrik.de
Mo. geschl.

7 RESTAURANT FRIEDRICHS €€

In dem schönen neoklassizistischen Haus am Südufer des Pfaffenteichs geht es, was Ambiente und Speisekarte angeht, sehr gediegen zu.
Friedrichstr. 2
Tel. 0385 55 54 73
www.restaurant-friedrichs.com

8 KARTOFFELHAUS SCHWERIN €€

Über dem reichen Fischangebot auf allen Speisekarten in Schwerin vergisst man manchmal, dass Mecklenburg-Vorpommern vor allem ein Kartoffelland ist. Wenn Sie Kartoffeln lieben, sind Sie im Kartoffelhaus gut aufgehoben.
Buschstr. 14
Tel. 0385 5 57 10 71
www.kartoffelhaus-schwerin.de
Di. geschl.

1 NIEDERLÄNDISCHER HOF €€€ – €€€€

Das Hotel am Pfaffenteich kann auf eine große, wechselvolle Geschichte zurückblicken. IDie Zimmer sind stilvoll englisch eingerichtet und verfügen über edle Marmorbäder – angemessen und gut genug für Gäste wie das dänische Kronprinzenpaar. Und für Sie.
Alexandrinenstr. 12/13
Tel. 0385 59 11 00
www.niederlaendischer-hof.de

2 HOTEL SPEICHER AM ZIEGELSEE €€ – €€€

Das erste klimaneutrale Hotel Mecklenburg-Vorpommerns war einst ein Getreidespeicher. Die modernen Zimmer in dem riesigen denkmalgeschützten Backsteinbau sind mit ausgezeichneten Betten ausgestattet. Buchen Sie möglichst ein Zimmer zur Seeseite.
Speicherstr. 11
Tel. 0385 5 00 30
www.speicher-hotel.com

3 BIOHOTEL AMADEUS €€ – €€€

Die schön sanierte Stadtvilla an der Paulskirche liegt nur drei Gehminuten vom Pfaffenteich entfernt. Das Frühstück genügt selbst strengsten ökologischen Kriterien. Sauna und Pool gibt es zur Abrundung.
Franz-Mehring-Str. 26
Tel. 0385 51 20 84
19053 Schwerin
www.biohotel-amadeus.de

4 HOTEL ARTE €€

Unweit von Schwerins Innenstadt steht in ländlicher Atmosphäre dieses Kunsthotel mit efeubewachsenem Turm. Dass hier Künstler am Werk waren – und sind –, merkt man an der mediterran-leichten Atmosphäre und den wechselnden Kunstausstellungen im Haus.
Dorfstr. 6
Krebsförden
Tel. 0385 6 34 50
www.hotel-arte-schwerin.de

lach Stiftung Bölkow beherbergt das Museum auch eine Werkschau zu Günther Uecker (geb. 1930). Außerdem werden Arbeiten von Lovis Corinth, Max Liebermann, Lyonel Feininger und Sigmar Polke gezeigt. Im Neubau wird die umfangreiche Sammlung Neue Medien präsentiert, u. a. mit Installationen und Videos.

April – Okt. Di. – So. 11 – 18, Nov. – März bis 17 Uhr | Eintritt: 8,50 €
Führungen (Sa. 12, So. 11 Uhr) plus 3 € | www.museum-schwerin.de

Repräsentatives Arbeiten und Wohnen

Altes Palais, Schlossstraße, Puschkinstraße

Etwas geduckt wirkt daneben (Ecke Alter Garten / Schlossstraße) das Alte Palais, ein schöner Fachwerkbau aus den Jahren 1791/1799, ehemals herzoglicher Witwensitz der Mecklenburger.
Das gegenüber dem Alten Palais am Beginn der Schlossstraße liegende Kollegiengebäude aus dem Jahr 1834 (heute Regierungsgebäude) entwarf Georg Adolph Demmler. Mit dem repräsentativen Bau verbunden ist das Regierungsgebäude von 1890. Im weiteren Verlauf der Schlossstraße, aber auch in der Puschkin-, der Schuster-, der Schmiede- und der Buschstraße gibt es noch einige Wohnhäuser und **Adelspaläste** aus dem 17. bis 19. Jahrhundert. Vermutlich ältestes Gebäude der Stadt neben dem Dom ist der ehemalige Domhof in der Puschkinstr. 34 von 1574. An der Ecke Schloss-/Puschkinstraße können Sie im Café-Restaurant Prag eine Pause einlegen.

Rund um den Markt

Meisterwerk der Backsteingotik

★★ Dom

Nördlich oberhalb des Marktplatzes erhebt sich der über zwei Vorgängerbauten errichtete Dom St. Maria und St. Johannes. Die erste Bischofskirche entstand im Jahr 1171 nach der Verlegung des Domkapitels nach Schwerin. 1228 ist die Weihe der zweiten Kirche, einer spätromanischen Basilika, überliefert, von der noch die Paradiespforte am südlichen Turmunterbau erhalten geblieben ist. Der bestehende Kirchenbau wurde in knapp 150-jähriger Bauzeit, zwischen 1280 und etwa 1420, als dreischiffige Backsteinbasilika nach dem Schema nordfranzösischer Kathedralen errichtet. Der 118 m hohe, schlanke **Turm allerdings** ist eine Ergänzung aus dem späten 19. Jahrhundert.
Unerwartet hell erscheint beim Eintreten das Innere, denn Wände, Pfeiler und Gewölbe im Querhaus liegen unter strahlend weißem Verputz. Bedeutendstes Stück der neugotischen Ausstattung ist die 1871 geweihte **Orgel** von Friedrich Ladegast. Die mittelalterliche Kirchenausstattung fiel leider größtenteils den Renovierungen des 19. Jh.s zum Opfer. Reste der mittelalterlichen Ausmalung aus dem 13. und 14. Jh. finden sich noch in der Mariä-Himmelfahrt-Kapelle, wo auch das bronzene Taufbecken aus dem frühen 14. Jh. steht.

Beim Eintritt in den Chor schreiten Sie unter dem prächtigen, im Jahr 1420 für die Marienkirche in Wismar geschaffenen Triumphkreuz hindurch. Den Flügelaltar, nach seinem Stifter Conrad Loste benannt, schmückt ein 1440 entstandenes Sandsteinrelief mit einer Kreuzigungsszene. Typische Renaissance ist das Grabmal (1595) für Herzog Christoph und seine Frau Elisabeth von Schweden im Chor.

Mo. – Sa. 11 – 15, So., Feiert. 12 – 15, Führung Di., Sa. 11 Uhr | Eintritt frei, Turmaufstieg 1,50 €, Führung 1 € | www.dom-schwerin.de

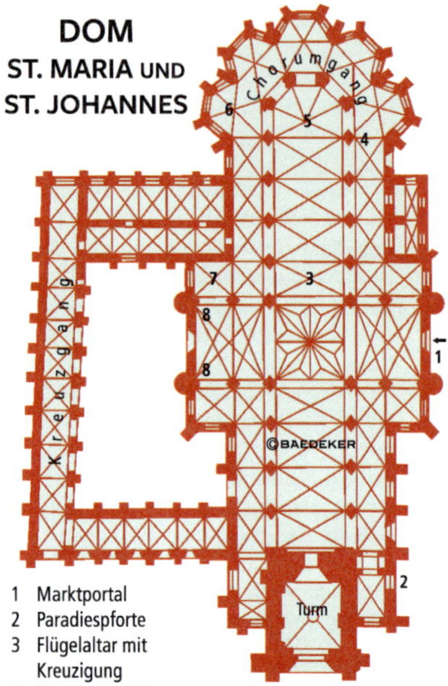

Stilvolle Plätze für Handel und Wandel

Altstadtmarkt, Schlachtermarkt

Die Puschkinstraße führt ins Herz der Altstadt, zum Markt, wo auf der rechten, östlichen Seite das **Altstädtische Rathaus** steht. Dem 1351 erstmals urkundlich genannten Bau wurde im Jahr 1835 von Georg Adolph Demmler eine Fassade im Stil der Tudorgotik vorgeblendet; dahinter verbergen sich vier Fachwerkgiebelhäuser aus dem 17. Jh. Auf dem Zinnenkranz des Hauses steht die kleine goldene Reiterstatue des Stadtgründers, Heinrichs des Löwen, die auch das Stadtwappen schmückt.

Im Norden wird der Platz von einem markanten Bau mit klassizistischer Säulenhalle an der Schauseite begrenzt, für den sich der Name **Neues Gebäude** eingebürgert hat. Hofbaumeister Johann Joachim Busch baute es 1785 für Herzog Friedrich den Frommen.

Hinter dem Rathaus, zwischen Markt und Schlachterstraße, öffnet sich der Schlachtermarkt, ein an allen vier Seiten geschlossener Platz mit Charme, auf dem mittwochs von 10 bis 18 Uhr ein Markt abgehalten wird. Im Haus Nr. 5 ist die Gedenkstätte der jüdischen Landesgemeinde eingerichtet, im Hof wurde an der Stelle der 1938 zerstörten Synagoge ein Mahnmal aufgestellt.

Vom Markt zum Pfaffenteich

Einkaufsvergnügen mit Sightseeing

Altstadtstraßen und Pfaffenteich

Das hübscheste Viertel der Altstadt liegt zwischen der Puschkinstraße bzw. dem Markt und der Mecklenburgstraße. Dies gilt besonders für die **1. und 2. Enge Straße**, die zum Bummeln und Einkaufen einladen. Die **Mecklenburgstraße** ist die Einkaufsmeile von Schwerin. Sie führt auf den Pfaffenteich im Nordwesten der Altstadt zu. Bis heute prädgen historistische Bauten des 19. Jh.s das Erscheinungsbild dieses Stadtteils. Eines der ersten Wohnhäuser war die Villa von Baumeister Georg Adolph Demmler am Südufer, Ecke Arsenal/Mecklenburgstraße. Auf dem Pfaffenteich pendelt die **»Petermännchen«-Fähre.**

Fähre: Mai – Sept. Di. – So. 10 – 18 Uhr | Ticket 2 €
www.schifffahrt-schwerin.de

Ein Arsenal als Startschuss

Arsenal

Als Waffenlager und Kaserne erbaute Georg Adolph Demmler 1840 – 1844 an der südwestlichen Ecke des Pfaffenteichs den kastellartigen Quaderbau im Stil der Tudorgotik, der den Auftakt für die städtebauliche Erschließung des Gebiets um den Binnensee bildete.

Ein Muss für Eisenbahnfans

Paulskirche und Hauptbahnhof

Westlich hinter dem Arsenal steht die Paulskirche von 1869, nördlich der Kirche der 1888/1889 erbaute Hauptbahnhof. Hier zeigt das **Mecklenburgische Eisenbahn- und Technikmuseum** eine große Auswahl von Dampf- und Dielselloks, historische Signale und eine Modellanlage. Herz des Museums ist die Lokwerkstatt der früheren Friedrich-Franz-Eisenbahn.

Mecklenburgisches Eisenbahn- und Technikmuseum: Am Bahnhof 13 | März – Sept. letzter Sa. im Monat 10 – 17, Okt. – April letzter Sa. im Monat 10 – 16 Uhr | Tel. 0385 2 00 04 86 | Eintritt 3 € | www.mef-schwerin.de

Erinnerungsort für Diktaturopfer

Dokumentationszentrum für die Opfer der Diktaturen

Bemerkenswert ist das Dokumentationszentrum des Landes für die Opfer der Diktaturen am südwestlich des Bahnhofs liegenden Dremmlerplatz. In einem Teil des Justizkomplexes werden drei Ausstellungen zu Justiz und Terror 1933 – 1945, Justiz und Besatzungswillkür 1945 – 1949/53 sowie zur Arbeit von Staatssicherheit und Justiz der DDR 1949 – 1989 gezeigt.

Dokumentationszentrum: Obotritenring 106 | Di. – Fr. 12.30 – 16 Uhr und nach Vereinbarung, Tel. 0385 74 52 99 11 | Eintritt frei
www.dokumentationszentrum-schwerin.de

Heinrich der Löwe – in nicht seiner Zeit entsprechendem Outfit – schaut vom Alten Rathaus aus auf seine Stadt.

Von der Schelfstadt zurück zur Schlossinsel

Altstadtquartier aus dem 18. Jahrhundert

Schelfstadt

Östlich des Pfaffenteichs liegt die Schelfstadt, die ab 1705 zu einer geschlossenen Siedlung heranwuchs und erst 1832 mit der Schweriner Altstadt vereint wurde. Der Name dieses Stadtteils kommt von »schelf«, was so viel wie »flache Insel« bedeutet. Den zentralen Schelfmarkt, ein rechteckiger Platz, der von alten Fachwerkhäusern umgeben ist, beherrscht die **St.-Nikolai-Kirche**, auch Schelfkirche genannt. Im Eckhaus Kirchstraße 2 wohnte während seiner Anstellung als Intendant am Schweriner Hoftheater 1858 bis 1863 der Opernkomponist Friedrich von Flotow (1812 – 1883). Sein bekanntestes Werk ist die komische Oper »Martha«.

Repräsentativer Witwensitz

Neustädtisches Palais

Auf dem Weg in Richtung Altstadt über die Puschkinstraße kommen Sie am Neustädtischen Palais vorbei. Die Dreiflügelanlage um einen Ehrenhof entstand 1776 nach Plänen von Johann Joachim Busch als Witwensitz für Charlotte Sophie von Sachsen-Coburg-Saalfeld, Schwägerin des regierenden Herzogs Ludwig. Auch Großherzogin Marie wählte nach dem Tod von Friedrich Franz II. im Jahr 1883 das Haus zum Witwensitz.

★ Um den Schweriner See

Nr. 4 in Deutschland

Der See

Der gut 20 km lange und 3 bis 6 km breite Schweriner See ist mit einer Wasserfläche von ca. 63 km^2 nach der Müritz der zweitgrößte See in Mecklenburg-Vorpommern und der viertgrößte deutsche See. Als Rinnensee erhielt er durch Gletscherbewegung seine ausgeprägte Nord-Süd-Ausrichtung. Unter den Inseln des Außensees ist die 2 km lange Lieps die größte. Im Binnensee liegen u. a. das unter Naturschutz stehende Kaninchenwerder sowie das etwas kleinere Ziegelwerder, das für Besucher gesperrt ist. Durch die schöne landschaftliche Umgebung hat sich der Schweriner See zur Erholungsregion entwickelt. Vor allem für Wassersport, aber auch für Wanderungen und Radtouren rundum bietet er beste Voraussetzungen.

Eine grüne Arche

Schweriner Zoo

Der Schweriner Zoo liegt zwischen dem Faulen See und dem Südufer des Schweriner Sees. Uralte Bäume und ein Moor prägen das Landschaftsbild des Zooareals. Etwa 1850 Tiere bzw. rund 150 verschiedene Arten leben hier. Großzügig bemessen ist die Vogelwiese mit verschlungenen Bächen und kleinen Teichen. Im Schweriner Zoo werden u. a. **Sibirische Tiger** gezüchtet. Damit es den Menschenkindern nicht langweilig wird, gibt es einen Bauernhof, auf dem man Kaninchen und Schafe streicheln und füttern kann, einen Ponyreitplatz und viele Spielplätze.

April – Okt. Mo. – Fr. 9 – 18, Sa., So. 9 – 19 Uhr, Nov. – März tgl. 10 Uhr bis Einbruch der Dunkelheit | Eintritt März – Okt. 12,50 €, Nov. – Feb. 10,50 €, Familie 30 bzw. 25 € | www.zoo-schwerin.de

Sammlungsort der Floriansjünger

Feuerwehrmuseum

Südöstlich des Zoos ist die Halle am Fernsehturm Heimstatt für 16 000 Exponate des größten Feuerwehrmuseums in Deutschland. Allein 112 Fahrzeuge und Großgeräte von 1840 bis 1990 sind ausgestellt. Imponierend ist die Ordenssammlung mit ca. 1000 Exemplaren.

Hamburger Allee 68 | April – Okt. Di. – So. 10 – 18 Uhr | Eintritt 5 €
www.ifm-schwerin.com

Ein Hauch von England

Raben Steinfeld

Der nächste Ort am Südufer ist Raben Steinfeld, wo über dem Hochufer des Schweriner Sees Hofgärtner Theodor Klett um die Mitte des 19. Jh.s einen englischen Landschaftspark anlegte. In den Jahren 1886/1887 kam das von Hermann Willebrand entworfene Neorenaissance-Schloss hinzu. An das einstige herzogliche Gestüt in Raben-Steinfeld erinnern noch die sieben Gestütswärterhäuser an der Durchgangsstraße nach Leezen und der Marstall, für den Georg Adolph Demmler die Pläne lieferte.

Gedenken an den Holocaust

Gedenkstätte für KZ-Opfer

An der Brücke über die Stör, direkt neben der B321, steht die Gedenkstätte für den Todesmarsch Tausender KZ-Häftlinge aus dem Lager Sachsenhausen Anfang Mai 1945.

Strand- und Wassergenuss

Zippendorf und Umgebung

Ein beliebtes Ausflugsziel am Südufer ist der eingemeindete Ort Zippendorf, der wegen seines Sandstrands im Sommer ein beliebtes Ausflugsziel für Wasserratten und Sonnenhungrige ist. Am Grünhausgarten, im Ostteil des Schlossparks, beginnt ein ausgesprochen schöner Wanderweg, der sogenannte Franzosenweg, der von Schwerin nach Zippendorf führt. Da der Weg zumeist direkt am Ufer verläuft, bieten sich immer wieder Blicke auf den See und die beiden Inseln Ziegelwerder und Kaninchenwerder. An der Uferpromenade von Zippendorf starten Ausflugsschiffe zur Insel Kaninchenwerder.

Dorfidyll pur

Freilichtmuseum Mueß

An Zippendorf schließt sich der Stadtteil Mueß an, ein idyllisch am See gelegenes altes Fischer- und Bauerndorf, das 1936 zu Schwerin eingemeindet wurde. Mit einem niederdeutschen Hallenhaus aus dem 17. Jh. mit Scheune wurde 1970 das **Freilichtmuseum** eröffnet, das mittlerweile auf 17 Objekte angewachsen ist, darunter eine Dorfschmiede aus dem 18. Jh., eine Scheune mit landwirtschaftlichen Geräten, eine Hirtenkate, ein Bauern- und Kräutergarten, eine Dorfschule und das Spritzenhaus von Mueß. Ein wichtiger Erwerbszweig war die Binnenfischerei, über die eine Ausstellung informiert..

Alte Crivitzer Landstr. 13 | Mitte Mai – Sept. Di. – So. 10 – 18, Okt. 10 – 17 Uhr | Eintritt 5 € | www.schwerin.de

Rund um Schwerin

Freskenfund im in der Hallenkirche

Crivitz

Etwa 12 km östlich vom Südufer des Schweriner Sees liegt das Ackerbürgerstädtchen Crivitz. In der Stadtkirche, einer um 1380 erbauten

Backsteinhalle mit einem gedrungenen Turm, kamen im Rahmen von Renovierungsarbeiten im Chor Wandmalereien aus unterschiedlichen Zeiten zum Vorschein. Aus der Entstehungszeit der Kirche datieren die Fragmente eines Freskenzyklus im Chor, Apostelfiguren zwischen den Fenstern, Szenen aus dem Leben Christi an den Nord- und Südseiten sowie eine Schutzmantelmadonna an der Nordwand. Die hölzerne, von einer Mosesfigur getragene Kanzel kam einst aus Wittenburg, der spätgotische Schnitzaltar aus Teterow in die Kirche.

Allee zum Jagdglück

Friedrichsthal

Im Stadtteil Friedrichsthal steht das 1798 von Johann Heinrich von Seydewitz erbaute ehemals herzogliche Jagdschloss. Eine Besonderheit ist die gleichzeitig mit dem Schlossbau gepflanzte **Lärchenallee**, die auf das Fachwerkgebäude zuführt.

STERNBERG

Kreis: Ludwigslust-Parchim | **Höhe:** 37 m ü. d. M. | **Einw.:** 4500

Einst pilgerten Wallfahrer ins schöne Sternberg. Heute wird das charmante Städtchen wegen seiner reizvollen Umgebung gerne von Wanderern aufgesucht. Zudem können Sie am Großen Sternberger See und am Luckower See baden und Boote mieten.

Der **»Sternberger Kuchen«** ist nicht etwa ein originelles Gebäck, sondern ein paläontologischer »Gesteinsklumpen«, wie er für die mecklenburgische Landschaft ganz typisch ist. Seine Besonderheit sind die darin eingeschlossenen Fossilien. Rund um Sternberg sind die »Kuchenstücke« besonders häufig.

Garantiert nicht essbar

Etwas jüngeren Datums ist die nicht unwesentliche Rolle, die das geruhsame Landstädtchen, das auf halber Strecke zwischen Schwerin und Güstrow liegt, spielte: 1549 beschlossen die Landstände an der Sagsdorfer Brücke über die Warnow, etwa 3 km außerhalb von Sternberg, in Mecklenburg die **Reformation** einzuführen.

Wohin in Sternberg und Umgebung?

Zierde eines Landstädtchens

Marktplatz

Rund um den Marktplatz, an dem im 18. und 19. Jh. ansehnliche zweigeschossige **Fachwerkhäuser** gebaut wurden, zeigt sich Sternberg von seiner schönsten Seite. Typisch sind die Kopfsteinpflaster-

TU CARCEREM, ILLE GEHENNAM
1896.

straßen und die Verzierungen, etwa an den Balken, die über dem Erdgeschoss der Wohnhäuser eingezogen wurden. An der Nordseite des Marktes wurde um 1850 das neogotische Rathaus errichtet.

Heimatkundliche Briefschatulle

Heimatmuseum

Hinter der Kirche im ältesten Bürgerhaus der Stadt zeigt das Heimatmuseum eine geologische Sammlung, ur- und frühgeschichtliche Funde, stadtgeschichtliche Dokumente – u. a. einen **Brief von Martin Luther** – sowie Exponate zur Volkskunde und Alltagskultur.

Heimatmuseum: Mühlenstraße 6 | Mai–Okt. Di., Mi., Do. 10 – 15 Uhr
Eintritt 3 € | www.heimatmuseum.stadt-sternberg.de

Wallfahrtsort für 100 Jahre

St. Maria und St. Nikolaus

Der wuchtige Turm der Stadtkirche St. Maria und St. Nikolaus aus dem 13./14. Jh. beherrscht das Stadtbild, er ist ein hervorragender Aussichtspunkt. Eine angebliche Hostienschändung löste 1492 ein Judenpogrom in der Stadt aus. Für die geschändeten Hostien baute man 1496 die Kapelle des Heiligen Blutes an die Stadtkirche. Für die nächsten 100 Jahre wurde Sternberg zum Wallfahrtsort. Die Versammlung an der Sagsdorfer Brücke 1549, bei der die Landstände die Einführung der Reformation in Mecklenburg beschlossen, ist in einem Wandgemälde aus dem 19. Jh. in der Turmhalle dargestellt.

Mai – Sept. Mo. – Sa. 10 – 12, 14 – 17 Uhr | Führung Fr. 11 Uhr

Geburtsort eines Verlegers, Lernort eines Gartengenies

Brüel

In dem 8 km nordwestlich von Sternberg gelegenen Städtchen wurde der **Verleger Carl Hinstorff**, der u. a. die Werke von Fritz Reuter verlegte, geboren. Der Übergang von der Romanik zur Gotik lässt sich an der Stadtkirche aus dem 13. Jh. ablesen. Den Turmbau fügte man 100 Jahre später an. Sehenswert sind das ganzfigurige Porträt Heinrichs von Plessen und seiner Frau, die barocke Kanzel mit geschnitzten Evangelisten am Korb und die Orgel von 1710 Die **Heimatstube** zeigt Wohn- und Schlafzimmer sowie Hausrat einer historischen Wohnung und Geschichten über »Schausting« Harms, ein Original der Stadt. In Brüel absolvierte der Peter Joseph Lenné die Gärtnerlehre bei seinem Onkel.

Kirche: nach Anmeldung im Pfarrhaus, Tel. 038483 2 03 34
Heimatstube: August-Bebel-Str. 1 | Di. 14 – 16.30, Do. 9 – 11.30 Uhr
Eintritt frei

Open-Air im Kloster

Tempzin

Etwa 3 km nördlich von Brüel entstand 1222 ein Kloster mit Hospital. Von dem Gebäudekomplex steht noch die **Klosterkirche** aus dem

In der Turmhalle der Sternberger Kirche zeigt dieses Gemälde die Einführung der Reformation in Mecklenburg.

STERNBERG ERLEBEN

TOURISTINFORMATION
Am Markt 3
19406 Sternberg
Tel. 03847 44 45 35
www.tourismus.stadt-sternberg.de

SCHLOSS UND PARK KAARZ €€€
Romantisches Schloss (8 km westlich von Sternberg) aus dem 19. Jh., ideal für einen Entspannungs- oder Familienurlaub. Es gibt einen Tennissandplatz, eine Reitschule, Rad- und Kajakverleih.
Obere Dorfstr. 6
Weitendorf
OT Kaarz
Tel. 038483 30 80
www.schlosskaarz.de

HOTEL & RESTAURANT DREIWASSER €€
Direkt am Sternberger See gelegenes Hotel im ehemaligen Kulturhaus von Sternberg. Das Restaurant serviert gute regionale Küche.
Johannes-Dörwaldt-Allee 4
Sternberg
Tel. 03847 4 36 80 81
www.hotel-dreiwasser.de

frühen 15. Jahrhundert. Das Innere der schlichten Backsteinkirche schmücken schöne Gewölbe. Der prächtig gemalte Flügelaltar von 1411 befindet sich allerdings im Staatlichen Museum in Schwerin. An Ort und Stelle blieben u. a. die überlebensgroße hölzerne Sitzfigur des hl. Antonius (Anfang 15. Jh.) und die spätgotische Kanzel. Die Klosteranlage wird auch als Freilichtbühne genutzt.
Besichtigung über Klosterherberge Tempzin e. V., An der Klosterkirche 3, Tel. 038483 2 83 29 | www.pilger-kloster-tempzin.de

Naturpark mit fahrbaren Untersätzen

Naturpark Sternberger Seenland

Nördlich von Sternberg wurde das größte Durchbruchstal Mecklenburgs am Zusammenfluss von Mildenitz und Warnow zum 54 000 ha großen Naturpark Sternberger Seenland umgewandelt. Information sind im **Naturparkzentrum** Warin erhältlich. Im Naturpark liegt das Dörfchen Kobrow II, in dem das Mecklenburgische **Kutschenmuseum** mit rund 200 Kutschen und viel Zubehör Besucher anzieht.
Naturparkzentrum: Am Markt 1 | Mai – Sept. Mo. – Sa. 10 – 18, Okt. bis April Mo. – Fr. 10 – 16 Uhr | www.naturpark-sternberger-seenland.de
Kutschenmuseum: Dorfstr. 10 | April – Okt. Di. – So. 10 – 17 Uhr Eintritt 5 € | www.kutschenmuseum-mv.de

Ein Muss für Archäologiebegeisterte

Groß Raden

Im etwa 4 km von Sternberg entfernten Groß Raden gibt es mit dem **Archäologischen Freilichtmuseum** eine ganz besondere Attraktion. Die Halbinsel war im 9. und 10. Jh. Heiligtum der Warnower, eines Teilstammes der elbslawischen Obodriten. Archäologen entdeckten an diesem Ort die Fundamente von zwei Kultstätten und eine Häusergruppe und ergruben Gegenstände aus dem Alltagsleben der Bewohner dieser Siedlung.

Das auf der Halbinsel gelegene **rekonstruierte Slawendorf** dokumentiert zwei aufeinanderfolgende Siedlungsphasen. Die erste Siedlung aus dem 9. Jh. war durch Graben, Palisadenzaun und ein Tunneltor zum Festland hin befestigt. Gewohnt hat man in einräumigen, ca. 20 m² großen Flechtwandhäusern, die links und rechts eines gebohlten Hauptwegs angeordnet waren. Diese Häuser bestanden aus einem »Gerüst« aus Stabbohlen, das mit einem Flechtwerk aus Weidenruten und Lehm gefüllt wurde. Etwas abseits der Wohnhäuser stand der Tempel. Eine Brücke führte in der Verlängerung des Hauptwegs hinüber zur vorgelagerten Insel, auf der ebenfalls Flechtwandhäuser standen. In der zweiten Siedlungsphase im 10. Jh. wurden Blockhäuser, ein Mahlhaus, eine Werkstatt und mehrere Kuppelbacköfen errichtet und auf der Insel ein Wall mit überdachtem Wehrgang angelegt, der den nicht mehr vorhandenen Tempel ersetzte.

Archäologisches Freilichtmuseum: Kastanienallee | April – Okt. tgl. 10 – 17.30, Nov. – März Di – So. 10 – 16.30 Uhr | Eintritt 3,50 €, Familie 7 € | www.freilichtmuseum-gross-raden.de

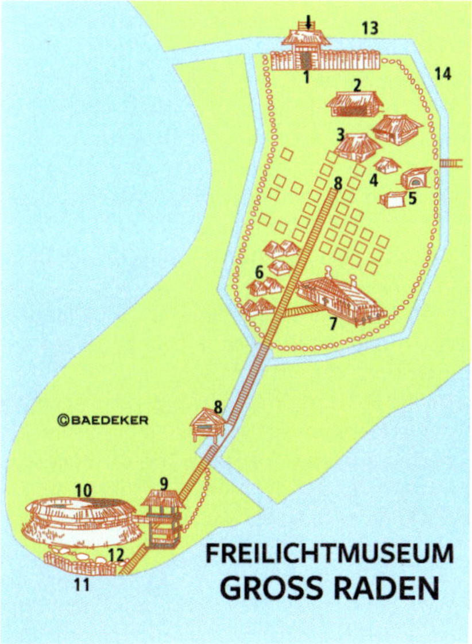

1 Eingangsbereich (9.Jh.)
2 Werkstatt (Schmiede; 10. Jh.)
3 Blockhäuser (10. Jh.)
4 Mahlhaus (10. Jh.)
5 Backöfen (10. Jh.)
6 Flechtwandhäuser (9. Jh.)
7 Tempel (9. Jh.)
8 Bohlenweg, Brücke, Brückenhaus (10. Jh.)
9 Bastion (10. Jh.)
10 Ringwall (10. Jh.)
11 Brückenkopf
12 Uferbefestigung
13 Gartenbau
14 Schafzucht

★★ STRALSUND

Kreis: Vorpommern-Rügen | **Höhe:** 9 m ü. d. M. | **Einw.:** 59 500

Als ehemalige Hansestadt blickt Stralsund auf eine glanzvolle Vergangenheit zurück, die sich heute noch am Stadtbild ablesen lässt. Das »Venedig des Nordens«, wie Stralsund gerne genannt wird, gehört zu den beeindruckendsten Reisezielen an der deutschen Ostseeküste und zählt zum UNESCO Weltkulturerbe.

Maritimes Erbe

Die größte Stadt in Vorpommern liegt an der Strelasund genannten Meerenge, die die Insel ▶ Rügen vom Festland trennt. Neben ▶ Rostock ist sie die bedeutendste Wirtschafts- und Kulturmetropole im nördlichen Mecklenburg-Vorpommern. Schiffbau und Hafenwirtschaft haben Stralsund zu einem wichtigen Wirtschaftsstandort an der deutschen Ostseeküste gemacht. Der auf die **Küstenschifffahrt** ausgerichtete Hafen ist der drittgrößte in Mecklenburg-Vorpommern. Zu DDR-Zeiten entwickelte sich in Stralsund, ähnlich wie in anderen Städten an der Ostsee, die Werftindustrie zum wirtschaftlichen Rückgrat der Region. Nach der Wiedervereinigung geriet diese Industriebranche jedoch in eine tiefgreifende Krise, die Stadt verlor allein durch die Neustrukturierung der Volkswerft Stralsund rund 5000 Arbeitsplätze. Inzwischen hat sich die Lage ein wenig gebessert. Wirtschaftlichen Aufschwung brachte aber auch der Tourismus.

Auf und Ab in kriegerischen Zeiten

Geschichte

Neben dem slawischen Fischer- und Fährdorf Stralow entstand zu Beginn des 13. Jh.s eine deutsche Kaufmannssiedlung, deren Kern sich rund um den Alten Markt und die Nikolaikirche befand. Südlich davon lag um den Neuen Markt mit der Marienkirche die Neustadt. Nachdem der mächtige Konkurrent Lübeck die Stadt 1249 überfallen hatte, begannen die Stralsunder, eine Stadtbefestigung mit elf Toren zu errichten, die auch die Neustadt mit einschloss. 1293 trat die Stadt der **Hanse** bei, trieb Handel insbesondere mit Skandinavien, dem Baltikum und Russland und gehörte schon bald zur Riege der einflussreichsten Hansestädte an der Ostseeküste.

Mit der Hanse trat Stralsund 1361 auch in den Krieg gegen Dänemark um die Vorherrschaft im Ostseeraum ein. Der 1370 in Stralsund geschlossene Frieden sicherte dann aber für lange Zeit die politische und wirtschaftliche Vormachtstellung der Hanse. Mit ihrer abnehmenden Bedeutung gegen Ende des 15. Jh.s war auch Stralsunds Blütezeit überschritten. Der Belagerung durch den Feldherrn Albrecht von Wallenstein während des Dreißigjährigen Kriegs 1628 hielt die Stadt stand, mit dem Ende des Krieges 1648 fiel sie zusammen mit Vorpommern an Schweden. Stralsund hatte schwer unter den Plünderungen während der **Nordischen Kriege** zu leiden und erstarkte erst wieder, als Schweden 1720 den Regierungssitz von Schwedisch-Pommern hierherverlegte. Nach dem Wiener Kongress 1815 gehörte Stralsund ebenso wie Rügen und Vorpommern zu Preußen. Die Rolle Stralsunds als Tor zur Insel Rügen verstärkte sich durch den Bau des Rügendamms 1936. Stark zerstört im Zweiten Weltkrieg, entwickelte sich die Stadt später rasch zu einer Industrie- und Hafenstadt.

Reich an historischen Bauten

Historisches Stadtbild

Die fast rundum von Wasser umgebene Altstadt besitzt mit ihren drei mächtigen Backsteinkirchen, dem stolzen Rathaus, den Klöstern und unzähligen Wohn- und Geschäftshäusern aus der Zeit vom Mittelalter bis zum Klassizismus eine unglaubliche Fülle an historischer Bausubstanz und wurde 2002 zum **UNESCO-Welterbe** erklärt. Obgleich auch dieses Kulturgut im Laufe seiner Geschichte schwere Schäden hinnehmen musste, ist ein Spaziergang durch die Altstadt der ehrwürdigen Hansestadt ein beeindruckendes Erlebnis.
Schöne alte Häuser aus unterschiedlichsten Bauepochen, viele renoviert, findet man auch in der Franken-, Mönch-, Mühlen-, Ravensberger-, Baden-, Böttcher- und der Semlowerstraße. Charakteristisch für die mittelalterliche Bebauung der Stadt sind die hohen, in der Regel etwa 9 m breiten **Giebelhäuser** aus Backstein, die seit dem

Die Hanse war reich und zeigte es: Davon kündet das Rathaus am Stralsunder Markt.

STRALSUND ERLEBEN

TOURISMUSZENTRALE STRALSUND
Alter Markt 9
18439 Stralsund
Tel. 03831 25 23 40
www.stralsundtourismus.de

Anfang Juli findet das Sundschwimmen, Deutschlands bedeutendstes Langstreckenschwimmen statt. Die Teilnehmer müssen eine 2315 m lange Strecke über den Strelasund durchschwimmen.
Zum Seglarträff Anfang August kommen viele Traditionssegler.
Ende Oktober wird beim Rügenbrückenmarathon die Brücke über den Strelasund überquert.
www.sundschwimmen.de
www.seglartraeff.de
www.ruegenmarathon.de

HANSEDOM
Vergnügen rund ums Wasser verspricht der Freizeit- und Erholungspark HanseDom. Vom palmengesäumten Wellenbecken mit Strömungskanal, Wasserfall und Wildwasserbach über nachgebaute Tempelruinen und James-Bond-Felsen bis zur Wellness-Abteilung ist alles geboten, was Entspannung verspricht. Dazu Fitness-Club, Tennis-, Badminton, Squash und Kletterwand.
Grünhufer Bogen
(beim Tierpark)
Erlebnisbad So. – Do. 9.30 – 21.00, Fr., Sa. bis 22 Uhr
Eintritt ab 12 €
www.hansedom.de

ZUR FÄHRE
In der ältesten Hafenkneipe gibt es frisch gezapftes Bier und einen exklusiven Kümmelschnaps, das Fährwasser – und gelegentlich Livemusik.
Fährstr. 17
Tel. 03831 29 71 96
www.zurfaehre-kneipe.de
Tgl. ab 18 Uhr

❶ WULFLAMSTUBEN **€€**
Ob Pasta »Fluss und Meer«, Rumpsteak, Fischtopf oder Zander und Lachs: Hier wird rustikale Traditionsküche serviert.
Alter Markt 5
Tel. 03831 29 15 33
www.wulflamstuben.de

❷ SCHEELS **€€**
Uralte Holzbalken, im Zentrum der »Hausbaum«, auf dem die gesamte Statik des Hauses beruht, rote Klinkerwände – urig und gemütlich ist es in der Kellerkneipe Scheels. Die Küche ist ausgezeichnet, getrunken werden vor allem Störtebeker-Biere. Von Oktober bis Mai wird jeden Samstag ab 20 Uhr Live-Musik geboten.
Fährstr. 24
Tel. 03831 2 83 31 14
www.scheelehof.de

❸ HIDDENSEER RESTAURANT **€€**
Gemütliches Restaurant, das an eine Hafenkneipe erinnert. Es gibt leckere Fischvariatione, pfiffige Süppchen.
Hafenstr. 12
Tel. 03831 2 89 23 90
www.hotel-hiddenseer.de

1 Wulflamstuben
2 Scheels
3 Hiddenseer Restaurant
4 Brasserie Gran Café
5 Fischhandel & Räucherei Henry Rasmus

1 Romantik Hotel Scheelehof
2 Hotel Kontorhaus
3 Hotel Hiddenseer

4 BRASSERIE GRAND CAFÉ €€

Wie der Name suggeriert, kann man sich in der Brasserie mit Biergarten tatsächlich ein bisschen wie in Paris fühlen. Die Küche verbindet Französisches, Deutsches und Internationales.
Neuer Markt 2
Tel. 03831 70 35 14
www.brasserie-stralsund.de

5 FISCHHANDEL UND RÄUCHEREI HENRY RASMUS €

Sie sollten unbedingt einen originalen Bismarckhering probieren, den es nur bei Henry Rasmus gibt.
Heilgeiststr. 10
Tel. 03831 28 15 38
www.bismarckhering.com

1 ROMANTIKHOTEL SCHEELEHOF €€€
Der historische Scheelehof in der Altstadt erstreckt sich auf fünf restaurierte Häuser. Stimmungsvolle Zimmer mit Balken und rohen Ziegelwänden.
Fährstr. 23 – 24
Tel. 0381 28 33 00
www.scheelehof.de

2 HOTEL KONTORHAUS €€ – €€€
Schiffe gucken! Dafür müssen Sie eines der komfortabel eingerichteten Zimmer zur Hafenseite buchen. Einen besonders tollen Ausblick haben Sie von einem der Appartements im Dachgeschoss. Gleich gegenüber das Ozeaneum.
Am Querkanal 1
Tel. 03831 28 98 00
www.hotel-kontorhaus-stralsund.de

3 HOTEL HIDDENSEER € – €€
In einem Ensemble von zwei denkmalgeschützten Häusern am Hafen und einem stilsicher hinzugefügten Neubau. In unmittelbarer Nachbarschaft zum Ozeaneum.
Hafenstr. 12 b
18439 Stralsund
Tel. 03831 2 89 23 90
www.hotel-hiddenseer.de

ausgehenden 13. Jh. die Holzbauten ersetzten. Im Innern der Gebäude befanden sich im Erdgeschoss die Wohn- und Geschäftsräume und darüber die Speichergeschosse. Blendbögen, pfeilerartige Vorlagen und Türmchen bilden den Schmuck der Giebelfassaden.

★★ Alter Markt und nordöstliche Altstadt

Highlight der norddeutschen Backsteingotik

Rathaus

Ein Juwel der norddeutschen Backsteingotik ist das Rathaus, das mit der nördlichen Schmalseite an den restaurierten Alten Markt stößt. Die prächtige Fassade, die sich mit den Türmen der Nikolaikirche zu einem eindrucksvollen **Ensemble gotischer Baukunst** verbindet, entstand nach dem Vorbild des Rathauses in Lübeck, dem großen Konkurrenten aus Hansezeiten. Hinter den Arkaden im Erdgeschoss liegt eine zweischiffige Laubenhalle, die ehemalige Gerichtslaube, und darüber, im Obergeschoss, der sogenannte Löwensche Saal. Durch die Laubenhalle gelangen Sie in den Innenhof des Gebäudes, der durch ein Glasdach zur Passage umgewandelt wurde. Als älteste Teile waren vermutlich in der zweiten Hälfte des 13. Jh.s die Längsflügel entstanden – ursprünglich zwei schmale Giebelhäuser mit zum Innenhof offenen Verkaufsräumen im Erdgeschoss. Sie wurden durch einen südlichen, später auch durch einen nördlichen Querbau verbunden. An dessen Stelle trat um 1400 der Neubau mit der marktseitigen Schaufront. Erst um 1680 erhielt der Innenhof die hölzerne Galerie. Im 18. Jh. wurde die Westseite barock umgestaltet. Aus dieser Zeit stammt das Portal mit dem Wappen der Stadt.

Traumhäuser aus alter Zeit

Rund um den Marktplatz

Im Olthofschen Palais direkt neben der Tourismuszentrale zeigt die UNESCO-Welterbe-Ausstellung zu Stralsund und Wismar in fünf Kabinetten auch Wissenswertes zu anderen Welterbestätten in Deutschland. Im Hof steht ein Tonmodell der Altstadt. Sehenswert ist auch der barocke Hackertsche Tapetensaal von 1765.
An der Nordwestseite des Alten Markts steht das **Wulflamhaus**, eines der schönsten und am besten erhaltenen mittelalterlichen Bürgerhäuser, vermutlich um 1380 für den Bürgermeister Bertram Wulflam errichtet. Charakteristisch ist der durch Pfeilervorlagen gegliederte Staffelgiebel mit reichen Blendarkaden.
Das dreigeschossige Traufenhaus von 1746 an der Ostseite (Alter Markt 14) war einst Sitz der schwedischen Kommandantur. Die Mitte des schlichten Barockbaus betont ein spitzer Dreiecksgiebel.
Olthofsches Palais: Ossenreyerstr. 1 | tgl. 10 – 17 Uhr; Führung Tapetensaal Do. 16 Uhr | Eintritt frei | www.wismar-stralsund.de

Schutzpatron der Seeleute

St. Nikolaikirche

Hinter dem Rathaus erhebt sich St. Nikolai, Stralsunds älteste, dem Schutzpatron der Seeleute geweihte Pfarrkirche. Auftraggeber des 1270 begonnenen und um 1360 vollendeten Gotteshauses waren die Patrizier und Ratsherren der Stadt. Die dreischiffige, querschifflose Basilika greift das Grundschema der nordfranzösischen Kathedralgotik auf, das bereits bei der Lübecker Marienkirche, dem Vorbild von St. Nikolai, zur Anwendung kam. Die beiden mächtigen Westtürme wurden in der 2. Hälfte des 14. Jh.s hinzugefügt. Nach einem Brand 1662 setzte man dem Südturm eine barocke Haube auf, der Nordturm ist bis heute nur mit einem flachen Zeltdach gedeckt.
Hochgotische Architektur und eine **überreiche Ausstattung** aus der Zeit der Gotik bis zum Barock verbinden sich zu einem harmonischen Gesamteindruck. Die wirkungsvolle Ausmalung aus dem 14./15. Jh. wurde in ihrer ursprünglichen Farbigkeit wiederhergestellt. Besondere Beachtung verdienen die szenischen Darstellungen an den Wänden der Seitenschiffkapellen. Eines der ältesten Ausstattungsstücke ist die vor 1280 entstandene Figurengruppe der Anna Selbdritt, ein bedeutendes Werk der Plastik im Ostseeraum jener Zeit. Das gotische Kruzifix über dem Hochaltar wurde als Triumphbogenkreuz angefertigt. Die astronomische Uhr vollendete Nikolaus Lilientag am Nikolaustag 1394. An der Seite ist sein Porträt zu sehen. Sehenswert sind verschiedene Einbauten aus gotischer Zeit, so die Chorschranken mit reichem Schnitzwerk, die Empore im Chorscheitel mit gemalten Heiligen sowie die oberhalb der Arkadenreihe verlaufende Holzbrüstung mit gemalten Wappen.
Von den spätmittelalterlichen Wandelaltären sollten Sie sich vor allem den **Hochaltar** anschauen, der im Schrein eine Kreuzigungsdarstellung zeigt. Beinahe unüberschaubar ist die Zahl der mittelal-

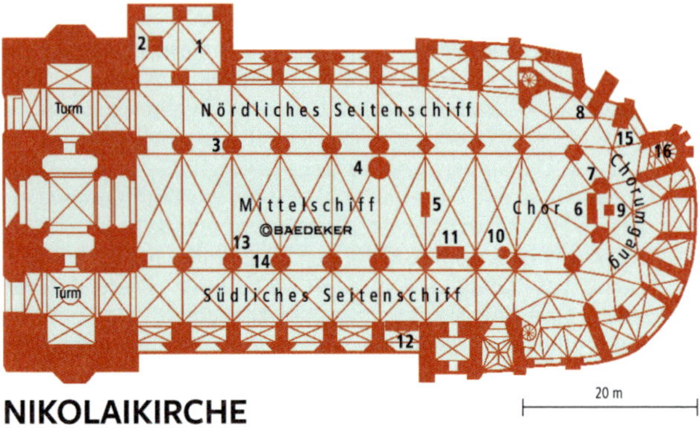

NIKOLAIKIRCHE

1 Bürgermeisteraltar, um 1500-1516
2 Taufgehäuse, 1714
3 Christus mit Kreuz, um 1400
4 Kanzel, 1611
5 Hauptaltar, 1708
6 Hochaltar, um 1480
7 Altar der Schneider, 15 Jh.
8 Altar der Familie Junge, um 1430
9 Astronomische Uhr, 1394
10 Taufbecken
11 Nowgorodfahrer-Gestühl, um 1420
12 Ratsgestühl, 1652
13 Kramergestühl, 1574
14 Bergenfahreraltar
15 Anna Selbtritt, vor 1280
16 Chorkapelle mit Sterngewölbe

terlichen und frühneuzeitlichen Grabsteine und Epitaphe. Zu den herausragenden Ausstattungsstücken aus nachmittelalterlicher Zeit gehört die 1611 geschaffene **Sandstein-Kanzel** mit Alabasterreliefs. Für den barocken Hochaltar (1708) lieferte der Berliner Bildhauer Andreas Schlüter die Entwürfe.

Nov. – März Mo. – Sa. 10 – 16, So., Fei. 12 – 15; April, Mai, Sept., Okt. 10 – 18, Juni – Aug. 10 – 19, So., Fei. 12 – 16 Uhr; Führung Juni – Sept. Mo., Di., Do., Fr. 12.30, 15 Uhr | Eintritt 3 €, So. kostenlos, Führung kostenlos, Spende erbeten | www.hst-nikolai.de

An der alten Stadtmauer

Kniepertor und Johanniskirche

Die mittelalterliche Stadtbefestigung mit den Wiekhäuschen wurde im nördlichen und nordwestlichen Abschnitt zwischen Johanniskloster und Kütertor restauriert. Von den Tortürmen stehen noch das Kniepertor und das Kütertor aus dem 15. Jahrhundert. Vom Alten Markt führt die schmale Knieperstraße hinab zu dem gleichnamigen Torturm aus der 1. Hälfte des 15. Jahrhunderts.

Östlich vom Kniepertor, an der alten Stadtmauer, errichteten ab 1254 Franziskanermönche ein Kloster. Im Zuge der Reformation gelangte es in den Besitz der Stadt, die es zum Armenhaus umbaute. Vom Chor der Klosterkirche, der nach einem Brand 1624 wiederaufgebaut wurde, stehen seit dem Zweiten Weltkrieg nur noch die Außenmauern. Als Mahnmal für die Gefallenen des Ersten Weltkriegs

wurde hier 1988 eine Nachbildung der **»Pietà« von Ernst Barlach** aufgestellt. Im Hof erinnert die 1988 ursprünglich in der Judenstraße zur Erinnerung an die Reichspogromnacht 1938 und an die damals dort zerstörte Synagoge aufgestellte Judenstele an die Vertreibung und Vernichtung der Stralsunder Juden. Im Kapitelsaal wurden gotische Fresken freigelegt. In der Klausur ist das Stadtarchiv zu Hause.
Stadtarchiv/Kloster: www.stralsund.de/stadtarchiv

Wurzeln eines Sauerstofffans

Geburtshaus von Carl Wilhelm Scheele

Das Geburtshaus des Chemikers **Carl Wilhelm Scheele** (1742 bis 1786), Entdecker des Sauerstoffs, mit seiner sehenswerten Renaissance-Fassade von 1660 bildet heute einen Blickfang an der Fährstraße (Nr. 23). Genutzt wird das denkmalgeschützte Haus als Romantikhotel einschließlich Kaffeerösterei und mehreren Restaurant.

Lehrreiches und Skurriles

★ Hafeninsel

Anziehungspunkte am Hafen sind der Fischmarkt, die Fähranleger der Weißen Flotte, von denen die Schiffe nach Hiddensee und Rügen starten, das Forschungsschiff »Professor Albrecht Penck« und das 1933 gebaute Segelschulschiff **»Gorch Fock I«** sowie die restaurierte Speicherstadt. Im Koggenspeicher ist mit dem **Skurrileum** ein Museum für »komische« Kunst eingerichtet, das nicht nur gute Wechselausstellungen zeigt, sondern auch ein neues Stralsund-Maskottchen zu bieten hat: den stets gute Laune verbreitenden Holz-»lol«, der draußen vor der Tür steht und im Museumsshop als Aufkleber oder Keks zu haben ist.
»Gorch Fock I«: Mitte März – Mitte Okt. tgl. 10 – 18, sonst bis 16 Uhr
Eintritt 5 €, Seemannsknotenschule und Führung gegen Aufpreis
www.gorchfock1.de
Skurrileum: Hafenstr 7 | tgl. 11 – 18 Uhr | Eintritt 6 € |skurrileum.de

Vom Alten Markt zum Neuen Markt

Mehr als nur Mühlen

Mühlenstraße

An der Westseite des Alten Markts beginnt die Mühlenstraße mit einigen sehenswerten alten Gebäuden. Das Giebelhaus Nr. 1 stammt aus der Zeit um 1400 und gehört zu den ältesten Backsteinhäusern Stralsunds. Das **gotische Dielenhaus** (Nr. 3) wurde 1975 bis 1979 wiederhergestellt und dient heute als Kunstgalerie. Der als Kampischer Hof (Nr. 23) bekannte Dreiflügelbau gehörte einst zum Zisterzienserkloster Neuenkamp.

Frühe Klostergründung

Katharinenkloster

In dem Gebäudekomplex des ehemaligen Dominikanerklosters St. Katharinen an der Mönchstraße sind die großen Museen von

Die Riesen des Meeres im Ozeaneum – einfach grandios!

Stralsund untergebracht, das **Deutsche Meeresmuseum** und das **Stralsund Museum**. Das 1525 säkularisierte Kloster war eines der ältesten Klöster im Ostseeraum. Zum ersten Mal urkundlich erwähnt wurde es 1251. Die gotische Substanz ist fast vollständig erhalten.

★★ Deutsches Meeresmuseum

Ein Kloster für Meeresbewohner

Das Deutsche Meeresmuseum, zu dem das Ozeaneum und das Natureum in Darßer Ort (► S.88) gehören, zeigt die größte naturkundliche Ausstellung in Norddeutschland und ist dank ihrer Präsentation für Erwachsene ebenso interessant wie für Kinder und Jugendliche. In den Aquarien im alten Klostergebäude können Sie u. a. Haie und Kraken beobachten, wie sie schwimmen, sich eingraben oder um die Wette fressen. Ständig etwas geboten ist in dem 350 000 l fassenden Meeresschildkröten-Becken, in dem sich auch Schwarzspitzen-Riffhaie tummeln. Eine Sensation ist der präparierte 6 m lange Riesenkalmar, denn nur rund 20 Museen weltweit können mit solch einem sagenumwobenen Riesenkraken aufwarten. Weitere Themen sind u. a. die Geschichte der Fischerei und die Wale; im ehemaligen Chor der Kirche hängt das Skelett eines Finnwals, der im Jahr 1825 an der Küste von Rügen strandete.

Mönchstr./Bielkenhagen | Apr. – Okt. tgl. 10 – 17, Nov. – März Di. – So. 10 – 17 Uhr | Eintritt 10 €, Kombiticket mit Ozaneum 23 €
www.deutsches-meeresmuseum.de

Ein Museum zum Abtauchen

★★ Ozeaneum

Unbedingt gesehen haben sollten Sie das Ozeaneum. Die Ausstellung wird in einem spektakulären Bau des Stuttgarter Architekturbüros Behnisch führt sie von der Ost- und der Nordsee bis ins Polarmeer. Mindestens so grandios wie das 2,6 Mio. l fassende Schwarmfischbecken sind die Riesenmodelle von Walen.
Tgl. Juni – Sept. 9.30 – 20, Okt. – Mai 9.30 – 18 Uhr | Eintritt 17 €, Kombiticket mit Meeresmuseum 23 €
www.deutsches-meeresmuseum.de/ozeaneum

Auf zur See!

Marinemuseum

Der dritte Standort des Stralsund Museums ist das Marinemuseum auf der kleinen **Insel Dänholm** im Strelasund. Es ist gut mit dem Pkw oder dem Stadtbus 2 und fünf Minuten Fußweg erreichbar. Dokumentiert ist die Geschichte der Marine Stralsunds und Dänholms als Wiege der preußischen Marine. Zu sehen sind Uniformen, Waffen, Flaggen, Dokumente, 200 Wracks, die rund um Rügen geborgen wurden, ein Marinehubschrauber und zwei Schnellboote.
Zur Sternschanze 7 | Mai – Okt. Di. – So. 10 – 17 Uhr | Eintritt 6 € (auch Kombiticket) | www.stralsund-museum.de

Das größte Exponat: ein Museum

★ Stralsund Museum

Zum Stralsund-Museum, dem ältesten Museum in Mecklenburg-Vorpommern, gehören die Sammlung im **Katharinenkloster**, das Museumshaus sowie das Marinemuseum auf der Insel Dänholm (s.o.).
Im Katharinenkloster bilden vor allem im Erdgeschoss, wo zwei Kreuzgänge und das Refektorium erhalten sind, Architektur und Exponate ein ausgesprochen geglücktes Ensemble. Zu den bedeutendsten frühgeschichtlichen Ausstellungsstücken zählt der prächtige Hiddenseer Goldschmuck (▶ Baedeker Wissen, S. 124). Das Mittelalter ist vor allem durch Altäre, Plastiken und Kruzifixe aus Stralsunds Kirchen vertreten. Auch einige kostbare Truhen und Schränke aus dem 16. bis 18. Jh. sind zu sehen.
Das größte Exponat ist das **Museumshaus** in der Mönchstr. 38. Hinter der unscheinbaren Fassade des Giebelhauses von 1320 verbergen sich ein ungewöhnlichen Konzept und spannende Einblicke: Anstatt das Gebäude in den vermeintlichen Originalzustand zurückzuversetzen, haben die Restauratoren entschieden, die Geschichte seiner Nutzung, die großen und kleinen Veränderungen, Um- und Einbauten, ja sogar Abnutzung und Vernachlässigung zum Thema zu machen.
Di. – So. 10 – 17 Uhr (alle Museen) | Eintritt Katharinenkloster 6 €, Museumshaus 5 €, auch Kombiticket | www.stralsund-museum.de

DOKUMENT AUS STEIN

Bescheiden reiht sich das Haus Nr. 38 in die Häuserfront der Mönchstraße ein. Um 1320 erbaut, ist das gotische Giebelhaus eines der ältesten in Stralsund – und birgt hinter seinen Türen eine wahre Schatzkiste: Statt das Haus, das einem Krämer gehörte, umzubauen, beließ man alle Zimmer im ursprünglichen Zustand. Als Besucher begibt man sich auf eine Zeitreise vom 14. bis ins 20. Jahrhundert.

1 Eingang

2 Schwarzküche
Mittelalterliche Küchen hatten keine Fenster und wurden daher »Schwarzküche« genannt. Die geschwärzte Fettschicht an den Wänden, die nie entfernt wurde, verstärkt den düsteren Gesamteindruck. Bis 1979 war das Haus bewohnt, und hier wurde immer noch gekocht.

3 Gute Stube
Der größte Wohnraum des Hauses ist die »Gute Stube«, die nur bei besonderen Gelegenheiten benutzt wurde. Die Ausstattung datiert ins Jahr 1680. Damit sind die hölzerne Verkleidung der Wände und der Wandschrank auf der linken Seite des Raumes die ältesten Teile im Haus. Einst war der Raum so niedrig wie alle anderen Zimmer, doch dann ließ der Besitzer die Decke anheben, um einen Empfangsraum mit Fenstern zur Straße zu schaffen.

4 Stube
In dieser Biedermeierstube sind die Tapeten der wichtigste Befund: 20 übereinander geklebte Schichten kamen hier zum Vorschein. Sie liefern eine eindrucksvolle Stilgeschichte der Tapetenmoden. Die weiße Tischdecke mit Lochstickerei hat eine Stralsunderin, die hier im Haus geboren wurde, dem Museum geschenkt.

5 Küche
Auch diese Küche hatte kein Fenster ins Freie, sondern nur auf die Diele hinaus. So blieb allen anderen Familien im Haus nicht verborgen, was auf dem Kohleherd gebrutzelt wurde. Der Küchentisch ist ausziehbar und diente auch als Spüle.

6 Dachboden
Der mittelalterliche Warenaufzug reicht vom Keller bis zum obersten Speicherboden, funktioniert seit 700 Jahren anstandslos und wurde bei der Sanierung des Hauses 1996 – 1999 überholt.

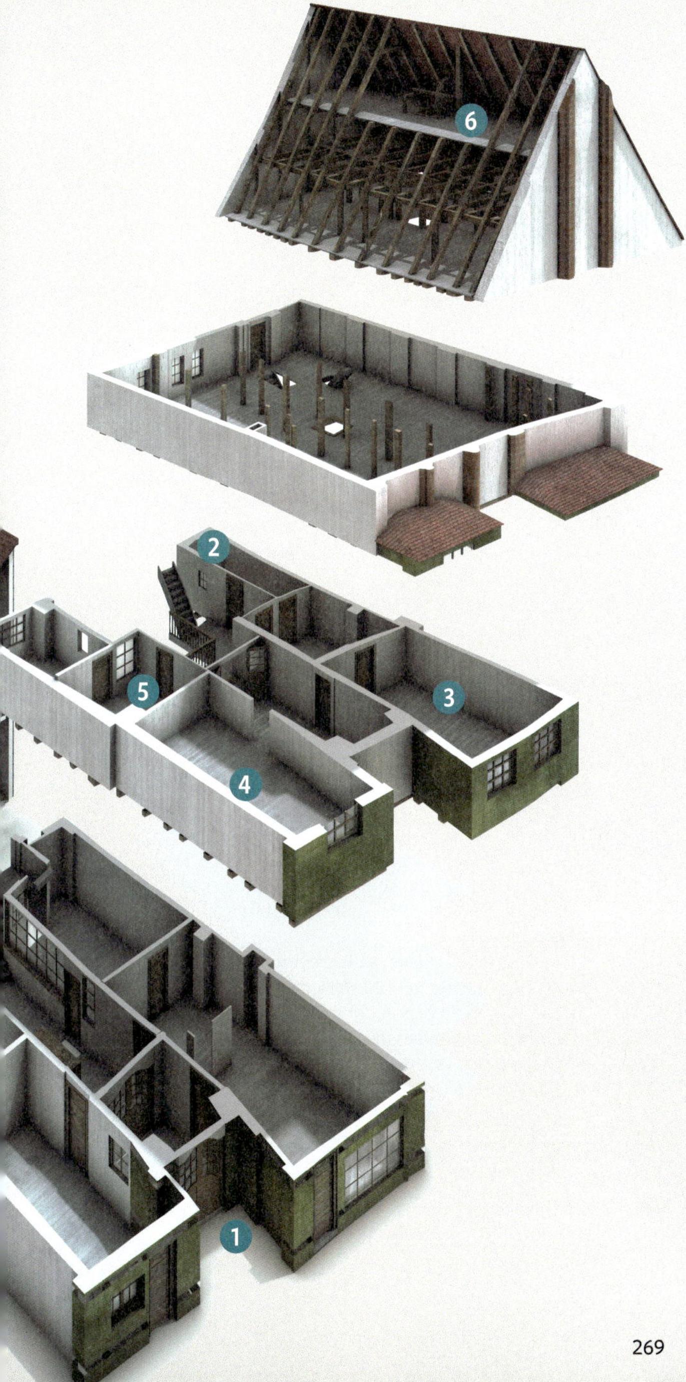
6
2
5
3
4
1

★★ Marienkirche

April, Okt. tgl. 10 – 17, Mai – Sept. tgl. 9.30 – 17.30, Nov. – März Mo. – Fr. 11 – 15, Sa. 10 – 12, So., Fei. nach dem Gottesdienst ca. 11 – 12 Uhr; Führung Jul. – Sept. Fr. 13, Sa. 11 Uhr
www.st-mariengemeinde-stralsund.de

Bollwerk des Glaubens

Außenansicht

Durch die Mönchstraße kommen Sie auf den zweiten großen Stadtplatz, den Neuen Markt, Mittelpunkt der südlichen Altstadt. Er wird von der dritten und größten Stadtkirche, St. Marien, überragt.
Der mächtige Backsteinbau wurde als dreischiffige Basilika mit Querhaus und kapellenbesetztem Umgangschor angelegt und im Lauf des 15. Jh.s weitgehend fertiggestellt. Wie ein Bollwerk wirkt der trutzige Westbau mit seinen drei monumentalen Fenstern. Über dem quadratischen, von zierlichen Ecktürmchen begleiteten Unterbau ragt der 104 m hohe, achteckige Turm auf, der von einer barocken Haube bekrönt wird. Es heißt, dass der Kirchturm vor seiner Zerstörung durch einen Blitzschlag Mitte des 17. Jh.s etwa 150 m hoch war und damit seinerzeit das höchste Bauwerk der Welt.
Auf einem Spaziergang über den Weidendamm ans Wulflamufer zeigt sich die Marienkirche von ihrer schönsten Seite.

Schlicht, aber riesig

Innenraum

Die schlichte Monumentalität setzt sich auch innen fort. Vor allem die Architektur selbst bzw. ihre **enormen Ausmaße** beeindrucken, das Mittelschiff ist 96 m lang und 32 m hoch. Den fulminanten Auftakt bildet das Westwerk, wo sich auch der Eingang befindet. Drei quadratische Hallen erheben sich zu schwindelerregender Höhe, überspannt werden sie von Netz- bzw. Sterngewölben. Das Langhaus ist in Mittel- und Seitenschiffen kreuzrippengewölbt. Die Langhauswände sind nahezu ohne Bauschmuck. An den Arkadenbögen des nördlichen und im Gewölbe des südlichen Seitenschiffs finden sich gotische Malereien.
Von der reichen mittelalterlichen **Ausstattung** – die Kirche besaß u. a. 44 große, von den städtischen Zünften gestiftete Altäre – blieb fast nichts erhalten. Was nicht schon durch die Bilderstürmer oder durch Kriegsplünderungen abhandengekommen war, wurde während der Restaurierung Mitte des 19. Jh.s entfernt. Die ältesten erhaltenen Ausstattungsstücke sind die **drei Schnitzfiguren** neben dem nördlichen Querhausportal und ein Kruzifix an der Westturmwand aus dem 15. Jahrhundert. Die 1659 fertiggestellte, 2008 perfekt restaurierte **Barockorgel** war das letzte Werk des Lübecker Orgelbauers Friedrich Stellwagen. Regelmäßig werden Orgelkonzerte veranstaltet, die Stellwagen-Orgeltage Ende August. Sehenswert sind auch Taufgehäuse und Taufbecken, der **Marienkrönungsaltar** aus dem 15. Jh. und im nördlichen Chor die Bruderschaftskapelle. Erhalten sind zudem die

Grabkapelle der Grafen Küssow und im südlichen Chorumgang das Grabmal des schwedischen Grafen Johannes von Lilljenstedt mit einem schwarzen Marmorsarkophag. Die **Gedenkstätte für die Gefallenen der zwei Weltkriege** erhielt 2005 das Nagelkreuz von Coventry. Bemerkenswert sind zudem die neu bemalten Kirchenfenster und die mittelalterlichen Gewölbemalereien in den Säulenzwickeln. Sie zeigen Handwerk und Zünfte, aber auch Fratzen.

Südöstliche Altstadt

Beter – Baustoffe – Bildung

Jakobikirche

An der Grenze zwischen Alt- und Neustadt steht die Ende des 13. Jh.s gegründete Jakobikirche. Zunächst als Halle angelegt, wurde die chorlose Kirche im 15. Jh. zur Basilika umgebaut. Aus dieser Zeit stammt der 68 m hohe Westturm. Die Kirche wurde 40 Jahre lang als Baustofflager genutzt, wird von der Deutschen Stiftung Denkmalschutz restauriert und dient samt Café als **Kulturkirche**.

Jacobiturmstr. 28a | www.kdw-hst.de

Heilende Hände für Bedürftige

Heilgeisthospital

Das Hospital nahm seit dem Mittelalter Hilfsbedürftige auf und pflegte Kranke, es war die größte Wohltätigkeitseinrichtung der Stadt. Die dreischiffige Backsteinhalle aus dem frühen 15. Jh. blieb erhalten. Sie wird von der Heilgeist-Gemeinde genutzt und kann besichtigt werden. Die anderen Gebäude wurden zu Wohnungen umfunktioniert.

Wasserstr. 49 | April – Okt. Mo. – Sa. 10 – 17, So. 14 – 17 Uhr

Werkstatt für Spielkarten-Enthusiasten

Spielkartenmuseum

Ein **»arbeitendes Museum«** ist in den Räumen der Vereinigten Stralsunder Spielkarten-Fabriken innerhalb der Altstadtmauern im Speicher am Katharinenberg 35 eingerichtet. Spielkarten wurden in Stralsund von 1765 bis 1931 hergestellt. Regelmäßig werden Kurse zum Herstellen von Karten angeboten.

Mo. – Fr. 11 – 13, 15 – 19 Uhr | www.spiefa.de

Rund um Stralsund

Der Zug der Kraniche

Groß Mohrdorf

Wer im Herbst in die Region von Groß Mohrdorf bzw. in das Gebiet des Nationalparks Vorpommersche Boddenlandschaft (▶ Fischland-Darß-Zingst) kommt, hat gute Chancen, Kraniche zu beobachten, die hier auf ihrem langen Weg in den Süden zu Zehntausenden rasten (▶ Baedeker Wissen, S. 90). Wie man sich den Vögeln am besten nähert, ohne sie zu stören, und vieles mehr erfahren Sie im **Kranich-**

Informationszentrum in Groß Mohrdorf 15 km nordwestlich von Stralsund. Auch Rangertouren werden angeboten und mit dem 450 000 € teuren **Kranorama** ist eine innovative Beobachtungsstation am Kranich-Rastplatz Günzer See entstanden.

Kranichinformationszentrum: Groß Mohrdorf, Lindenstr. 27 | März, April tgl. 10 – 16, Mai – Juli, Nov. Mo. – Fr. 10 – 16, Aug. tgl. 10 – 16.30, Sept., Okt. tgl. 9.30 – 17.30 Uhr | Eintritt frei | www.kraniche.de
Kranorama: Zur Kranichbeobachtungszeit tgl. 9.30 – 17 Uhr | Eintritt frei, Gruppen (ab 8 Pers.) 2 € | www.kraniche.de

Am Haken

Deviner Haken, Kormorankolonie

Stille, erholsame Natur finden Sie noch an vielen Stellen in der Umgebung von Stralsund, u. a. im Deviner Haken, rund 6 km südlich. Wie ein Haken schiebt sich die kleine Halbinsel, die seit 1990 unter Naturschutz steht, in den Strelasund. Etwas weiter südlich, in Niederhof, brüten Kormorane und Graureiher in einem ebenfalls unter Schutz gestellten Landschaftspark, der ursprünglich zu einem Gut gehörte.

TETEROW

Kreis: Rostock | **Höhe:** 30 m ü. d. M. | **Einw.:** 9100

Exakt in der Mitte des Landes Mecklenburg liegt das Städtchen Teterow. Es ist für Ausflüge in die Seenlandschaft der Mecklenburgischen Schweiz ein hervorragender Standort. Jährlich an Pfingsten ist die Kleinstadt an der Peene gut besuchter Schauplatz heißer Rennen.

Denken ist Glückssache

An einen Schildbürgerstreich erinnert der 1914 eingeweihte bronzene Hechtbrunnen auf dem Marktplatz. Zwei Fischer des Orts, so erzählt der Volksmund, hatten im Teterower See einen großen Hecht gefangen. Um ihn bis zum Schützenfest am Leben zu halten, wurde er mit einer Glocke um den Hals wieder freigesetzt. Damit sie den Fisch leichter wiederfinden würden, schnitten die Fischer an der Stelle, wo sie ihn freigelassen hatten, eine Kerbe in ihren Kahn.

Wohin in Teterow und Umgebung?

Tore in die Vergangenheit

Innenstadt

Die alte Innenstadt umschließt eine Ringstraße, an der zwei von ursprünglich drei Toren erhalten sind: das Rostocker Tor, ein Backsteinbau vom Anfang des 15. Jh.s mit reichem Blendschmuck, und das etwas spärlicher dekorierte Malchiner Tor (Mitte 15. Jh.). Im Malchiner Tor, im angrenzenden Rats- und Polizeidienerhaus sowie auf dem Museumshof hat das **Stadtmuseum** Ausstellungen aufgebaut, die über die Slawenzeit, den Dreißigjährigen Krieg und Alltag und Handwerk in Teterow informieren. Im Malchiner Tor gehören auch Gefängniszellen dazu, in denen bis 1927 die Häftlinge auf Strohlagern schlafen mussten. Eine Museumsaußenstelle sind die Gutsschmiede und die Backstube Teschow (Am Südring 1); Spezialinteressen bedienen das Bergring- und Eisenbahn- sowie das Feuerwehrmuseum im Spritzenhaus.

Stadtmuseum: Südliche Ringstr. 1 | Di. – Do. 10 – 12, 13 – 17, Fr. 13 – 17, Sa. 10 – 16 Uhr | Eintritt 2 € | www.teterow.de

Wandmalereien

St. Peter und Paul

Die schlichte Backsteinbasilika St. Peter und Paul wurde 1215 durch den Landesherrn Heinrich Borwin I. gestiftet. Der Chor und die Sakristei entstanden zwischen 1225 und 1250, das Langhaus und der Turm später. Im Gewölbe des Chors schildern Wandmalereien aus der Mitte des 14. Jh.s Szenen aus dem Leben und der Passion Christi. Der gotische Flügelaltar zeigt eine geschnitzte Marienkrönung zwischen Heiligen und Aposteln.

Hinüber mit der Seilfähre

Teterower See, Burgwallinsel

Die Burgwallinsel auf dem schilfumgürteten Teterower See ist ein empfehlenswertes Ausflugsziel. Auf der Insel befand sich eine slawische Fliehburg, deren Modell im Stadtmuseum zu besichtigen ist. Burg und Vorburg nahmen den Nordteil der Insel ein, auf der Südseite des langen, schmalen Eilands gab es in slawischer Zeit eine ca. 750 m lange Bohlenbrücke zum Festland. Die Insel ist per **Seilfähre** (auch Pkw) sowie mit der **Barkasse »Regulus«** zu erreichen.

Seilfähre: Ostern – Mitte Okt. tgl. 9.30 – 16 Uhr

»Regulus«: ab Badestrand Teterow stdl. 10 – 18, ab Badestrand Teschow Mo. – Do. 11.30, 13.30, 15.30, 17.30, Fr. – So. stdl. 10.30 bis 17.30 Uhr

Für den Überblick

Heidberge

Einen weiten Blick auf Teterow, die Hügelkuppen und Seen der Mecklenburgischen Schweiz genießen Sie vom Aussichtsturm auf der südlichsten Erhebung der Teterower Heidberge, die im Nordwesten von Teterow bis zu einer Höhe von 100 m ansteigen.

Museumsgut in ländlicher Beschaulichkeit

Tellow

Im kleinen Dorf Tellow, 11 km nördlich von Teterow gelegen, lebte von 1810 bis zu seinem Tod 1850 der **Agrarwissenschaftler Johann Heinrich von Thünen**, Begründer der landwirtschaftlichen Betriebslehre und einer der bedeutendsten Wirtschaftstheoretiker und Land-

TETEROW ERLEBEN

TOURIST-INFORMATION TETEROW
Östliche Ringstr. 105
17166 Teterow
Tel. 03996 17 20 28
www.teterow.de

GRASBAHNRENNEN
Seit 1930 wird jedes Jahr an Pfingsten ein internationales Grasbahnrennen ausgetragen auf dem nördlich der Stadt gelegenen, 1877 m langen Teterower Bergring. Morgens ab 11 Uhr brausen dann Motorräder mit und ohne Seitenwagen über Bahn und Sprungschanzen.
www.bergring-teterow.de

WENDENKRUG € – €€
Serviert wird bodenständige Küche mit Produkten aus der Region. Ein fachen Zimmer im Obergeschoss des Reetdachhauses. Abenteuerspielplatz, Naturbadestrand, Rad- und Bootsverleih sorgen für Ausgleich.
Burgwallinsel
Tel. 03996 15 77 05
www.burgwall-teterow.de

SEESCHLOSS SCHORSSOW €€€
Sich fühlen wie ein Fürst: In dem klassizistischen Dreiflügelbau von 1812, wunderschön in einem englischen Landschaftspark am Seeufer gelegen, können Sie das in einem der individuell eingerichteten Zimmer – oder in der großen Fürstensuite. Beauty- und Wellnessbereich mit Schwimmbad und Solarium. Für das leibliche Wohl nach Slow-Food-Regeln sorgen das Restaurant »von Moltke« und das Café Rose.
Am Haussee 3, Schorssow
Tel. 039933 7 90
www.schloss-schorssow.de

wirtschaftsreformer des 19. Jh.s. Um seinen ehemaligen Wohnsitz, ein Gutshaus aus der Zeit um 1800, ist ein kleines **Freilichtmuseum** entstanden mit einer original eingerichteten Neubauernkate, landwirtschaftlichen Geräten und einer Scheune, in der Märkte und Konzerte veranstaltet werden. Hofladen und Café bieten nicht nur Schmuck, Keramik und Literatur zu von Thünen, sondern auch Wildgerichte und täglich frischen Mecklenburger »Platenkauken«, den es als Zucker,- Streusel- und Obstkuchen gibt. Im Guts- und Gärtnerhaus sowie einem Nebengebäude befinden sich Ferienwohnungen.
Freilichtmuseum: Tellow 15, Warnkenhagen | Mai – Okt. Di. – So. 11 – 17, Nov. – April Fr. – So. 13 – 16 Uhr | Eintritt 3 € | www.thuenen-museum-tellow.m-vp.de

TV-Leben im Gutshaus

Belitz Mit einem Kleinod der Renaissancebildhauerei kann die Dorfkirche in Belitz nördlich von Tellow aufwarten. Das Epitaph für den 1596 verstorbenen M. Schmecker entstand vermutlich um 1600 in der Werkstatt von Claus Midow, einem der führenden Baumeister und Bildhauer seiner Zeit in Mecklenburg-Vorpommern. Das Gutshaus Belitz von 1906 wurde aufgrund seines authentischen Gesamteindrucks aus 50 Mecklenburger Gutshäusern ausgewählt und zum Drehort der erfolgreichen ARD-Living-History-Reihen »Abenteuer 1900 – Leben im Gutshaus« und »Abenteuer 1927 – Sommerfrische« gemacht.

UECKERMÜNDE

Kreis: Vorpommern-Greifswald | **Höhe:** 5 – 10 m ü. d. M. | **Einw.:** 10 200

Der Name sagt es bereits: Ueckermünde liegt an der Mündung der Uecker ins Stettiner Haff, im äußersten Nordosten des Bundeslands. Noch ist diese Ecke Mecklenburg-Vorpommerns ruhig, weil wenig bekannt. Vor allem Aktivurlauber kommen hierher, denn die Natur ist Ueckermündes größtes Kapital.

Zwischen Haff und Heide

Als Ausgangspunkt für Segeltouren ins Stettiner Haff ist Ueckermünde durch die neue »Lagunenstadt«, eine Feriensiedlung mit Liegeplätzen an der Ueckermündung, noch attraktiver. Zum Baden geht es an die Sandstrände der geschützten Hafflandschaft; Wandern und Radwandern lässt es sich am besten in der Ueckermünder Heide, die vor den Toren der Stadt beginnt und von einem Wander- und Radwanderwegenetz von rund 300 km Länge durchzogen wird. Sportliche und kulturelle Veranstaltungen geballt gibt es bei den Ueckermünder Hafftagen am letzten Juliwochenende.

Wohin in Ueckermünde und Umgebung?

Bummeln durch alte Gassen

Marktplatz und Umgebung

Mittelpunkt des Stadtzentrums ist der verkehrsberuhigte Marktplatz mit seinen herausgeputzten Häusern. Das Haus Hospitalstraße 1 ist das älteste Gebäude am Platz. Das alte Küsterhaus in der Ueckerstraße 84 mit einer Sonnenuhr ist ein typisches Beispiel für die Traufenhäuser in der Innenstadt. Der hohe Backsteinturm links der Straße gehört zur 1752 – 1766 erbauten barocken Pfarrkirche St. Marien.

Reste alten Glanzes

Schloss

An der Stelle des Schlosses stand im 12. Jh. bereits eine Burg. Die pommerschen Herzöge nutzten sie als Quartier bei der Jagd. Herzog

Ueckermünde verdankt seinen Namen den Ukrern oder Ukranen. Wie sie vor 1000 Jahren lebten, zeigt das Freilichtmuseum Ukranenland bei Torgelow.

Philipp I. ließ 1546 anstelle der Burg unter Einbeziehung des Bergfrieds ein Renaissanceschloss errichten. Während des Nordischen Krieges beherbergte das Schloss Ueckermünde so berühmte Gäste wie Zar Peter I., Kurfürst August den Starken und den preußischen König Friedrich Wilhelm I. Doch bereits zu Beginn des 18. Jh.s verfiel das Bauwerk, 1730 wurde es abgerissen. Daher sind heute von der einstigen Vierflügelanlage nur noch der Südflügel mit einem Treppenturm und der Bergfried zu sehen. Am Treppenturm gibt es zwei sehenswerte Details: die seltenen Vorhangbogenfenster und die Stabwerkverzierungen am Portal. Die Geschichte von Stadt und Schloss sowie das Alltagsleben eines Gemeinwesens, das lange Zeit von Schifffahrt und Fischfang geprägt war, werden im Haffmuseum lebendig, das sich im Schloss befindet. Gezeigt werden aber auch Funde aus der Ur- und Frühgeschichte der Gegend.

Am Rathaus 3 | März – Mai, Sept., Okt. Mi. – Fr. 10 – 12, 13 – 17, Sa. 13 – 17, Juni – Aug. Di. – So. 10 – 17, Nov. – Feb. Do., Fr. 10 – 15.30 Uhr
Eintritt 3 €

Segel dicht an dicht

Hafen

Vom Schloss sind es nur ein paar Schritte zum einstigen Fischerei- und Handelshafen an der Uecker, heute Jachthafen und Anlegestelle. Vom Stadthafen legen Ausflugsdampfer nach Kamminke (Usedom),

UECKERMÜNDE ERLEBEN

TOURISTIK-INFO UECKERMÜNDE
Altes Bollwerk 9
17373 Ueckermünde
Tel. 039771 2 84 84
www.ueckermuende.de

BACKBORD € – €€
Es gibt Fischgerichte, die sich Aufdampfer, Aufkommer oder Austörner nennen, Klabautermann-Salat und den (leeren) Piratenteller für die Kleinen, die eben bei ihren Eltern räubern müssen. Da gehört es sich, dass neben Bier auch Rum zu bestellen ist.
Altes Bollwerk 2
Tel. 039771 5 47 67
www.backbord-ueckermuende.de

HOTEL AM MARKT € – €€
In einem historischen Speicherhaus am denkmalgeschützten Marktplatz können Sie in einfachen Zimmern übernachten. Direkt nebenan befindet sich das Brauhaus Stadtkrug.
Markt 3
Tel. 039771 8 00
www.hotel-ueckermuende.de

Swinoujscíe (Swinemünde) und Neuwarp (Nowe Warpno) ab (Fahrpläne: www.reederei-peters.de). Eine Fähre pendelt nach Schweden (80 Min.). Auf den **»Poetischen Segeln«** an weißen Holzmasten kann man Kurt Tucholsky, Heinrich Heine, Joachim Ringelnatz und Pablo Neruda lesen
Im **Tierpark** leben rund 400 Tiere aus 100 Arten, es gibt ein begehbares Damwildgehege, ein Streichelgehege sowie einen Affenwald.
Tierpark: Chausseestr. 76 | März – Okt. tgl. 10 – 18, Nov. – Feb. tgl. 10 – 15 Uhr | Eintritt 10 € | www.tierpark-ueckermuende.de

Feinsandiges Strandvergnügen
Ueckermünde besitzt einen besonders für Familien geeigneten Sandstrand. Lohnend ist der Ausflug ins westlich liegende Seebad Mönkebude mit schönem Badestrand und Jachthafen. In der musealen **Fischerstube** erfahren Sie alles über Aalstecher, Quatzenschiff oder Ölträufelbeutel und die allererste und verlorene Seeschlacht Preußens am 10. September 1759 im Stettiner Haff gegen die Schweden. Strand, Mönkebude
Fischerstube: Am Kamp 13 | Mai – Sept. Mo. – Fr. 9 – 12, 14 – 16, Juni – Aug. auch Sa. 14 – 16 Uhr | Eintritt frei
www.tourismusverein-moenkebude.de

Teehaus im Park und Blütenvielfalt im Garten
Etwa 9 km von Ueckermünde baute der Berliner Baumeister Eduard Knoblauch 1847 an Vogelsangs Haffküste ein neogotisches Schloss. Sehenswert ist der im Stil der China-Mode erbaute Teepavillon im Vogelsang, Luckow-Christiansberg

Park. In Luckow-Christiansberg liegt ein privater **Schaugarten**, mit Pfingstrosen, Magnolien und Alpinum ist er ein grünes Paradies.
Schaugarten: tgl. 9 - 20 Uhr | keine Haustiere | Eintritt 5 €
www.botanischer-garten-christiansberg.de

Lebendige Geschichte mit Zeitsprüngen

Torgelow

13 km südlich von Ueckermünde liegt Torgelow, wo vor allem die Verarbeitung des Raseneisenerzes (auch als Brauneisen bekannt) eine lange Tradition hat. 1753 gründete Friedrich der Große hier eine Eisenhütte, 150 Jahre später waren es rund ein Dutzend. Die nur noch als Ruine existierende Burg bestand vermutlich schon im 12. bzw. 13. Jh. Als **Castrum Turglowe** ist sie nun zu besichtigen. Im stadtauswärts liegenden **Freilichtmuseum Ukranenland** an der Uecker wurde eine slawische Siedlung mit Flechtwand-, Block- und Bohlenhäusern nachgebaut. In der Werft entstanden bisher die fahrtüchtigen historischen Boote »Svarog«, »Svantevit« und »Agnes«; die Pommern-Kogge »Ucra« ist noch in Arbeit.
Castrum Turglowe: Mai - Sept. Mo. - Sa. 10 - 16, Juli, Aug. tgl. bis 17, Okt. Mo. - Fr. 10 - 16 Uhr | Eintritt 6 €, mit Ukranenland 10 €
Ukranenland: Mai - Sept. tgl. 10 - 16, Juli, Aug. bis 17, Okt. Mo. - Fr. 10 - 16 Uhr | Eintritt 6 €, mit Castrum Turglowe 10 €
www.ukranenland.de

★★ USEDOM

Kreis: Vorpommern-Greifswald | **Höhe:** 1 - 69 m ü. d. M. |
Einw.: 31 500 (mit polnischem Inselteil 76 500)

Usedom hat zwei unterschiedliche Gesichter. An der Küste mit ihren feinsandigen Stränden und den »Kaiserbädern« herrscht im Sommer Hochbetrieb. Im Hinterland und an der Haffküste entdecken Sie ein ganz anderes Usedom: stille Seen, Wiesen und Pferdeweiden – ideal für einen ruhigen Natururlaub.

Naturschönheit mit Badestrand

Schon zu wilhelminischer Zeit kamen die Hauptstädter zur Sommerfrische nach Usedom, weshalb die Insel seitdem den Beinamen »Badewanne der Berliner« führt. Die Faszination der weißen Strände und der Kaiserbäder Ahlbeck, Heringsdorf und Bansin ist bis heute geblieben, doch auch ruhigere Bäder wie Karlshagen oder Trassenheide und das Achterwasser werden immer beliebter.
Der Name der zweitgrößten deutschen Ostseeinsel nach Rügen geht auf das slawische Wort »uznam« zurück, das so viel wie Mündung

bedeutet. Tatsächlich liegt die 42 km lange und an manchen Stellen nur wenige Kilometer schmale Insel vor dem Mündungsdelta der Oder. Usedom besitzt eine fast durchgängig von einem breiten Sandstreifen und Kiefernwäldern gesäumte Ostseeküste. Die Binnengewässer, Achterwasser und Krummer Wiek genannt, sind relativ flach; die extreme Verzahnung von Land und Wasser wird durch die Inselseen (Schmollensee, Gothensee, Wolgastsee) noch verstärkt. Während der Nordwestteil von Usedom recht eben ist, wird der Südosten wegen seiner gewellten Landschaft als »Usedomer Schweiz« bezeichnet. Die höchste Erhebung ist der 69 m hohe Golm. Die von der Eiszeit geformte Landschaft vereint unterschiedlichste Vegetationsformen und bietet zahlreichen, zum Teil bedrohten Tierarten Lebensraum. Obgleich Usedom als eine alte Kulturlandschaft gilt, gibt es auf der Insel noch naturbelassene Wälder und von Mooren umgebene Seen.

Seit Urzeiten beliebt

Geschichte

Schon in der Jungsteinzeit war Usedom besiedelt. Später wohnten die slawischen Stämme, die auf die germanischen folgten, in Runddörfern und hinterließen Burgwallanlagen, wie man sie u. a. in Mellenthin noch erkennen kann. Die Missionstätigkeit führte um 1225 Bischof Otto von Bamberg auf die Insel, der den Grundstein für die Marienkirche in der Stadt Usedom legte. Nach der Landung Gustav Adolfs auf Usedom 1630 gehörte die Insel bis 1721 zu Schweden. Das heute polnische Swinemünde (Świnoujście) machte 1824 den Anfang mit dem Badebetrieb. Nachdem 1876 die Bahnverbindung Berlin–Ahlbeck fertiggestellt war, entwickelten sich Heringsdorf und vor allem Ahlbeck zu viel besuchten Ferienzielen. Seit 1945 gehören von den 445 km² der Insel 354 zu Mecklenburg-Vorpommern, der kleinere, östliche Teil liegt auf **polnischem Gebiet**.

Alles, was man braucht

★ Strände

Usedoms Strände sind Legende: rund 40 km weißer, bis zu 60 m breiter Sandstrand von Ahlbeck bis Zinnowitz mit Gastronomie, Strandkorb-, Surfbrett- und Bootsverleih, FKK-Abschnitten und separaten Hundestränden. Da der **Strand fast überall sehr flach** ins Meer übergeht, ist Usedom für Kinder bestens geeignet.

Von Anklam nach Ahlbeck

Denkmäler einer Überbrückung

Verbindungen zum Festland

Nur an zwei Stellen überqueren Brücken den Peenestrom und verbinden Usedom mit dem Festland: in ▶ Wolgast und östlich vom Städtchen ▶ Anklam bei Zecherin. Wer sich für technische Denkmäler interessiert, sollte von Anklam kommend gleich hinter dem Über-

Mit ewas Glück findet man an Usedoms Stränden auch mal einen Bernstein. Genau hinschauen!

gang über den Peenestrom rechts abbiegen in Richtung Karnin. Dort ragt noch das Mittelstück der bei Kriegsende von der Wehrmacht gesprengten Eisenbahnhubbrücke aus dem Peenestrom. Der Torso steht seit 1990 unter Denkmalschutz. Die heutige Bahnlinie nach Usedom führt über Wolgast, früher gab es eine Direktverbindung von Berlin nach ▸ Ahlbeck. Die 1876 eröffnete Bahnlinie überquerte bei Karnin mittels einer Drehbrücke die Peene. 1933 wurde sie durch eine Hubbrücke – damals die modernste Europas – ersetzt. Für Fernradler und Wanderer: Eine **Fahrrad- und Personenfähre** pendelt zwischen Karnin und Kamp.

Fähre: tgl. ab 11 Uhr; Ticket 7 €, mit Fahrrad 9,50 €, Rückfahrt am selben Tag frei | www.fähre-kamp-karnin.de

Beschaulichkeit ist Trumpf

Stadt Usedom

Die erste Stadt im Südwesten ist Usedom am gleichnamigen See. Die 700 Jahre alte Stadt ging aus einer slawischen Ansiedlung hervor und war im Mittelalter wirtschaftliches und politisches Zentrum der Insel. Heute ist es ein beschauliches Städtchen mit einem kleinen Hafen. Sehenswert ist die Ausstellung zum Naturpark Usedom im **Besucherzentrum**. Historisches Landwirtschaftsgerät zeigt das **Museum der Traktoren Welt** Usedom.

Aus der Blütezeit Usedoms stammt das um 1450 errichtete Anklamer Tor, als einziges von ursprünglich drei Stadttoren erhalten. Der Backsteinturm, das städtische Wahrzeichen, beherbergt die Heimatstube. In der spätgotischen, dreischiffigen **Marienkirche** erinnert ein großes Granitkreuz an der Stelle der ehemaligen Burg von Usedom an die Missionstätigkeit Ottos von Bamberg. Aus der Inschrift geht hervor, dass sich der slawische Adel Pfingsten 1128 hier taufen ließ.

Besucherzentrum: Bäderstr. 5 | Mai – Sept. Mo. – Fr. 10 – 18, Sa. 10 – 14, Okt. – April Mo. – Fr. 10 – 16 Uhr | Eintritt frei
www.naturpark-usedom.de

Traktoren Welt: Stolper Str. 1 d | Mi. – So. 11 – 16 Uhr | Eintritt 5 €
www.traktoren-welt-usedom.de

Heimatstube: Mitte Mai – Mitte Sept. Mo. – Fr. 10 – 15 Uhr | Eintritt frei | Historische Stadtführung Mai – Sept. Di., Do. 12.30 Uhr, Buchung: Tel. 038372 7 08 90; »Handgeld« 3 € inkl. Wegezoll
www.stadtinfo-usedom.de

Im stillen Eckchen

Lieper Winkel

Der halbinselartig ins **Achterwasser** hineinragende Landstrich nördlich von Usedom wird Lieper Winkel genannt. Hier haben Sie sogar in der Hochsaison Ruhe. Idyllisch liegt der Ort Rankwitz mit einem kleinen Fischerhafen am Bodden. Im »Rankwitzer Hof« bekommen Sie frischen Fisch und andere leckere usedomtypische Spezialitäten. Knapp 1 km weiter, in Quilitz, bietet sich ein schöner Blick auf den Peenestrom. Auf dem Weg zur Spitze der Halbinsel kommen Sie durch Liepe, das eine sehr hübsche alte Feldsteinkirche besitzt; auch die kleinen Fischerhäuser sollten Sie genauer in Augenschein nehmen.
Den Lieper Winkel sollten Sie zu Fuß erkunden – am besten geht das auf jenem Wanderweg, der einmal rund um die Halbinsel führt. Dazu einfach immer dem grünen Querbalken auf weißem Grund folgen!

Zollschranken vor dem Schloss

Mellenthin

Bevor Sie über die B 110 nach Ahlbeck fahren, können Sie einen kurzen Abstecher nach Mellenthin machen, das in eine stille Heidelandschaft eingebettet ist. Das Wasserschloss in Mellenthin erhebt von Besuchern »Brückenzoll« (www.wasserschloss-mellenthin.de). Der Obolus kann als Verzehrcoupon im hauseigenen Restaurant wieder eingelöst werden. Bauherr des 1575 errichteten Schlosses war Rüdiger von Neuenkirchen. In der gotischen Dorfkirche sprechen die alten Gewölbemalereien eine derbe, volksnahe Sprache.

Unterwegs mit Fahrrad und Skizzenblock

Benz

Wenige Kilometer weiter nordöstlich liegt Benz. Die Dorfkirche St. Petri war ein Lieblingsmotiv des Malers **Lyonel Feininger** (1871 – 1956). Feininger war einer der bedeutendsten Vertreter der klassischen Moderne und passionierter Radfahrer. Von 1908 bis

USEDOM ERLEBEN

USEDOM TOURISMUS
Hauptstr. 42
17459 Seebad Koserow
Tel. 038375 2 04 15
www.usedom.de

KURVERWALTUNG AHLBECK
Dünenstr. 45
17419 Seebad Ahlbeck
Tel. 038378 49 93 50
www.kaiserbaeder-auf-usedom.de

KURVERWALTUNG BANSIN
An der Seebrücke
17429 Seebad Bansin
Tel. 038378 4 70 50
www.kaiserbaeder.de

KURVERWALTUNG HERINGSDORF
Kulmstr. 33
17424 Seebad Heringsdorf
Tel. 038378 24 51
www.kaiserbaeder.de
www.kaiserbaeder-auf-usedom.de

KURVERWALTUNG ZINNOWITZ
Neue Strandstr. 30
17454 Zinnowitz
Tel. 038377 49 20
www.zinnowitz.de

KURVERWALTUNG ÜCKERITZ
Bäderstr. 5
17459 Seebad Ückeritz
Tel. 038375 25 20
www.usedomer-bernsteinbaeder.de/ueckeritz

ERLEBNISBÄDER
Die Ostseetherme Usedom am westlichen Ortsende von Ahlbeck hat sechs Schwimmbecken mit Wasserfällen und Rutsche, Sauna, Dampfbad, Solarium. Alternative: die Bernsteintherme in Zinnowitz mit Meerwasserbad, Saunen, Solarien, Thermalbad mit Innen- und Außenpools und eigenem Strandzugang.
Ostseetherme Usedom:
Mai – Okt. Mo. – Sa. 10 – 22, So. bis 20 Uhr, sonst Mo. – Sa. 10 – 21, So. bis 20 Uhr; Eintritt ab 16 €, mit Kurkarte ab 12 €
www.ostseetherme-usedom.de
Bernsteintherme: tgl. 10 – 22 Uhr; Eintritt ab 15,80 €, ab 20 Uhr 5,50 €
www.bernsteintherme.de

BÄDERBAHN
Wer sich Staus und Warteschlangen sowie die Parkplatzsucherei ersparen möchte, steigt auf die Inselbahn um, die im Stundentakt, in der Hauptsaison halbstündlich, zwischen Świnoujście und Stralsund bzw. Barth sowie zwischen Peenemünde und Zinnowitz verkehrt.
Fahrplan: www.ubb-online.com

RESTAURANT 1900 €€€
Das schöne Restaurant im St. Hubertus Hotelressort hat sich mit der Erfindung der Marke »Neue Pommersche Küche« mehr als einen Marketinggag geleistet. Hier werden uralte regionale Rezepte auf neuzeitliche Art interpretiert; so gibt es etwa Kidasch (Vorspeise u.a. mit Krebsfleisch, Schafskäse, Lachs ...) und Pomuchel (Dorsch) – probieren!
Grenzstr. 1
Heringsdorf
Tel. 038378 4 77 60
www.aurelia.net

WEISSER SALON IM HOTEL ESPLANADE €€€€

Sehr weiß, sehr edel: Im Gourmetrestaurant Weißer Salon gibt es feinste kulinarische Genüsse. Insbesondere Vegetarier kommen auf ihre Kosten.
Seestr. 5
Heringsdorf
Tel. 038378 7 00
www.seetel.de
So. – Di. geschl.

1 LA BRASSERIE IM AHLBECKER HOF €€ – €€€

Frankreich ist es nicht gerade. Aber die typisch französische Atmosphäre einer Brasserie kann man hier genießen, auch wenn das Speisenangebot regionaltypisch ist. Ideal für die kleine Mahlzeit zwischendurch.
Dünenstr. 47
Ahlbeck
Tel. 038378 6 20
www.seetel.de

2 SEEBRÜCKE AHLBECK €€

Hierher kommen Sie nicht, weil Sie besonders raffinierte Gerichte erwarten. Aber in dem maritim eingerichteten Restaurant haben Sie einfach den besten Blick auf das Kommen und Gehen an der Seebrücke. Einfache, deftige Gerichte.
Dünenstr. 37
Ahlbeck
Tel. 038378 2 83 20
www.seebruecke-ahlbeck.de

ZUM SMUTJE €€

Was beim Smutje aus der Kombüse kommt, ist – Fisch! Fangfrisch und sehr lecker zubereitet.
Vinetastr. 5
Zinnowitz
Tel. 038377 4 15 48
www.zum-smutje.de

KELCH'S FISCHRESTAURANT €€

Einmal nicht direkt am Strand. Seit 1896 gibt es Kelch`s schon, und mit langer Erfahrung werden ausgezeichnete Fischgerichte zubereitet.
Karlstr. 17
Koserow
Tel. 038375 2 04 58
www.kelchs.de

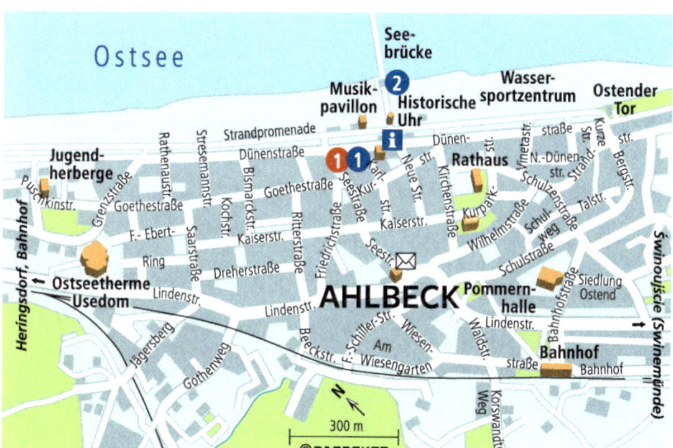

1 La Brasserie
2 Seebrücke Ahlbeck
1 Ahlbecker Hof

KOSEROWER SALZHÜTTE €€

Die urige Gaststätte in einer ehemaligen Salzhütte versteckt sich in den Dünen an der Seebrücke. Hier wird der Fisch noch selbst geräuchert. Von Steinbutt bis Zander gibt es eine große Auswahl.

Am Strande 1
Koserow
Tel. 038375 2 06 80
www.koserower-salzhuette.de
Mo. geschl.

VEERMASTER €€

Die Einrichtung des »Viermasters« ist maritim, gediegen, viel Holz. Schöner sitzt man aber draußen: Die Terrasse ist direkt am Jachthafen, man riecht das Meer, auch auf dem Teller, denn natürlich gibt es Fisch.

Am Hafen 2
Karlshagen
Tel. 038371 2 10 12
www.restaurant-veermaster.de

NASCHKATZE €

Hier gibt es selbstgebackenen Kuchen und herzhafte Kleinigkeiten. Mit viel Liebe gestalteter Garten.

Dorfstr. 25, Krummin

MARITIM HOTEL KAISERHOF HERINGSDORF €€€

Direkt an der Strandpromenade haben Sie das Meer und die Seebrücke immer im Blick. Mittelpunkt des Hotels ist der subtropische Palmengarten. Sonnengarten, Außenpool, Liegeterrasse, Meerwasserschwimmbecken, Thalasso, Physiotherapie, naturheilkundliche Behandlungen, Fitness und Sauna.

Strandpromenade
Heringsdorf
Tel. 038378 65-0
www.maritim-usedom.de

STRANDIDYLL €€€ – €€€€

Großes Theater, und die Architektur spielt eine Hauptrolle. In diesem wunderschönen Haus ist alles perfekt inszeniert. Nobel eingerichtete Zimmer, edle Restaurants, eine prächtige Lobby-Bar.

Delbrückstr. 10
Heringsdorf
Tel. 038378 3 35 36
www.travelcharme.com

1 ROMANTIK SEEHOTEL AHLBECKER HOF €€€€

Mit die beste Adresse in ganz Usedom. Das Haupthaus, zwei damit verbundene Villen und eine Residenz mit Suiten bilden ein Ensemble, in dem keine Wünsche offen bleiben.

Dünenstraße 47
Ahlbeck
Tel. 038378 6 20
www.seetel.de

STRANDHOTEL SEEROSE €€

In dem modernen Haus unter Bäumen zwischen Strand und Kölpinsee kann Ihnen sicher nicht langweilig werden. Es gibt einen großen Spa-Bereich, Sportliche finden eine Bowlingbahn, und am Strand gibt es allemal genug zu tun und zu sehen. Oder Sie leihen sich ein Fahrrad.

Strandstr. 1
Seebad Kölpinsee/Loddin
Tel. 038375 5 40
www.strandhotel-seerose.de

FORSTHAUS DAMEROW €€

Das Forsthaus ist eine große, reetgedeckte Hofanlage an der schmalsten Stelle von Usedom, ganz in der Nähe des Ateliers von Otto Niemeyer-Holstein. Sie finden hübsch eingerichtete Zimmer, ein Restaurant mit Hirschgeweihen an den Wänden und einen Wellnessbereich. Großes Angebot für Sportliche, u. a. mit Kanu-, Kajak- und Fahrradverleih.

Damerow 1 (an der B 111)
Koserow
Tel. 038375 5 60
www.urlaub-auf-usedom.de/hotel-forsthaus-damerow

WASSERSCHLOSS MELLENTHIN
€€ – €€€
Der slawische Name bedeutet »Mittelpunkt«. Gemeint ist die geografische Lage, aber für einen Aufenthalt kann das auch in übertragenem Sinn gelten. Im Westflügel liegen die stilvoll eingerichteten Zimmer. Sie speisen in mittelalterlichem Ambiente, Ritter(-Rüstungen) schauen Ihnen dabei zu. Zum Schloss gehören eine Brauerei und eine Rösterei.
Schlossallee 5
Mellenthin
Tel. 038379 2 87 80
www.wasserschloss-mellenthin.de

1913 kam er immer wieder nach Usedom und fuhr mit seinem Rennrad kreuz und quer über die Insel, den Skizzenblock hatte er immer dabei. Nach diesen Skizzen entstanden Aquarelle und Ölbilder. Der Lyonel-Feininger-Radweg führt zu 45 Orten, an denen der Künstler gezeichnet hat. An all diesen Orten sind Bronzeplatten in den Boden eingelassen, die allerdings oft nicht leicht zu finden sind. Hilfreich bei der Suche ist das Buch »Papileo auf Usedom«. Am besten Sie beginnen die Radtour im Künstlerdorf Benz, denn gleich neben der Kirche befindet sich das Kunst-Kabinett Usedom mit vielen Feininger-Drucken und Büchern.
Radweg: www.papileo.de
Kunst-Kabinett: Kirchstr. 14 a | Juni – Okt. Mi. – So. 11 – 16 Uhr und Sonderöffnungszeiten | Eintritt 2 € | www.kunstkabinett.de

So war's einmal

Dargen

Voll auf »Ostalgie« setzt das **DDR-Museum**, u. a. mit einem Ikarus-22SL-Regierungsbus, einer Minol-Tankstelle und einem Konsum. In der Gaststätte ist es in der »Roten Ecke« besonders heimelig.
Bahnhofstr. 7 | April – Okt. tgl. 10 bis 18, Nov. – März bis 15 Uhr | Eintritt 7,50 € | www.museumdargen.de

Eine Tragödie

Zirchow

Am 12. März 1945 wurde die Swinemünde Ziel eines verheerenden Bombenangriffs. Kurz vor Kriegsende hielten sich gerade zahllose Flüchtlinge und Soldaten dort auf, mehr als 20 000 Menschen kamen im Bombenhagel um. Die Opfer wurden auf dem **Golm**, der höchsten Erhebung Usedoms, östlich von Zirchow an der deutsch-polnischen Grenze begraben.
Auf dem nahen Flughafen präsentiert die **Erlebniswelt Hangar 10** teil noch flugfähige historische Flugzeuge (u. a. Messerschmitt Bf-109, Mustang P-51, Spitfire Mk IX) und Militärfahrzeuge. Dazu kommt eine Spielewelt.
Info-Pavillon Kriegsgräberstätte: Kamminke, Dorfstr. 33
tgl. 9 – 17 Uhr | Eintritt frei | www.jbs-golm.de
Hangar 10: Zirchow, An der Haffküste 1 | Mai – Okt. Mo., Mi. – So. 10 – 18 Uhr | Eintritt 10 € | www.hangar10.de

★★ Ahlbeck

Einer der großen Favoriten unter den Ostseebädern

Geschichte

Ahlbeck war vor seinem Aufstieg zum Modebad ein Fischerdorf, das 1771 am Ausfluss des Thurbruchs gegründet wurde. Nachdem der Lehrer und Kantor Johann Koch 1852 erstmals Zimmer vermietete, bestimmten bald Feriengäste im Sommer die Szenerie des Orts, der mehr und mehr auf Fremdenverkehr setzte. Zwischen 1900 und 1930 dürfte Ahlbeck das meistbesuchte Bad an der Ostseeküste Vorpommerns gewesen sein. Da es vor den Toren der deutschen Hauptstadt lag, traf sich dort halb Berlin – als »Badewanne Berlins« hatte Ahlbeck bald seinen Ruf weg. Mittlerweile ist es das **größte Seebad auf Usedom** und noch immer populär. Es gibt viele hübsche alte Pensionen mit kleinen Gärten und Glasveranden im Bäderstil. Dass Familien gern Urlaub in Ahlbeck machen, ist nicht zuletzt an den vielen Spielplätzen, am Trubel auf der Strandpromenade und am breiten Sandstrand zu erkennen. Prächtige Gründerzeitvillen stehen vor allem entlang der Strandpromenade – etwa das Luxushotel Ahlbecker Hof – oder in der Kur- bzw. in der Kaiserstraße.

Wo die Welt sich trifft

Strandpromenade

Die Strandpromenade ist mit zwei breiten Fußgängerwegen unter Bäumen, Rasenflächen, einem Musik- und mehreren kleinen Restaurant- und Imbisspavillons der **Treffpunkt schlechthin** für Einheimische und Besucher in Ahlbeck. Ein Kurgast machte dem Seebad die gusseiserne Jugendstiluhr zum Geschenk, die am Beginn der Seebrücke aufgestellt wurde. Ein Spaziergang über den im Jahr 1898 eröffneten, 280 m langen Steg ist ein Muss – schließlich ist die Seebrücke das bekannteste Bauwerk von Ahlbeck. Im Rathaus Ahlbeck dokumentiert die **heimatgeschichtliche Ausstellung** die Entwicklung des erst seit 1817 verbürgten Fischerdorfs.

Rathaus: Kurparkstr. 4 | Mo. – Do. 9 – 12, Di. auch 14 – 17 Uhr
Eintritt frei

Besuch beim Nachbarn

Ausflug nach Świnoujście

2 km östlich von Ahlbeck verläuft die deutsch-polnische Grenze, direkt dahinter liegt, zu beiden Seiten der Swine, Świnoujście. Swinemünde war vor dem Zweiten Weltkrieg ein prominentes Seebad und das Verwaltungszentrum von Usedom. Heute zieht vor allem der riesige **Flohmarkt** mit all seinen echten und vermeintlichen Schnäppchen Tagesbesucher in die Stadt. Mittlerweile wurde die Strandpromenade bis Świnoujście verlängert, sie bietet die beste Möglichkeit, den Ort mit dem Fahrrad zu erkunden. Von der Seebrücke Ahlbeck legen in der Saison Ausflugsschiffe zum polnischen Nachbarort ab.

Stilvolle Zeiten müssen das gewesen sein, als Ahlbeck noch die »Badewanne Berlins« war.

★ Heringsdorf

Ostseebad mit Superlativen

Geschichte

Sandstrand, Uferpromenade, die Villen und Ferienhäuser reißen nicht ab zwischen Ahlbeck und Heringsdorf. Die Ortsgeschichte begann erst im Jahr 1818, als der Gutsbesitzer von Bülow hier Fischer mit ihren Familien ansiedelte. Mit dem 1821 eröffneten Seebad Swinemünde verbanden Heringsdorf regelmäßig verkehrende Schiffe. 1825 ließ von Bülow die ersten drei Logierhäuser bauen, u. a. auch das sogenannte Weiße Schloss auf dem Kulmberg. Der Berliner Hugo Delbrück initiierte 1872 die »Aktiengesellschaft Seebad Heringsdorf«, durch die der Fischerort eine rasante Entwicklung zum vornehmsten Seebad an der vorpommerschen Ostseeküste nahm. Bald schon war Heringsdorf eine bevorzugte Sommerfrische der vornehmen Gesellschaft, die hier in den eleganten Pensionen abstieg. Seinen Namen erhielt das Seebad von ganz oben: Als 1820 der preußische Kronprinz Friedrich Wilhelm den Ort besuchte, taufte er ihn nach den dortigen Heringssalzereien »Heringsdorf«.

Heringsdorfs Wahrzeichen ist seit 2014 der **weltgrößte Strandkorb** an der Strandpromenade. Er hat schon 91 Personen gleichzeitig Platz geboten und wurde von der Heringsdorfer Strandkorb-Manufaktur Korbwerk aus 3,5 m^3 Holz, 85 m^2 Stoff und 3 km Flechtband gebaut.

Das Korbwerk baute auch den Korb zum G8-Gipfel 2007 in Heiligendamm und fertigt individuelle Strandkörbe.
Korbwerk: Waldbühnenweg 2 | www.korbwerk.de

Prominentes Künstlerquartier

★ Villa Irmgard

In der 1907 erbauten Villa Irmgard erholte sich 1922 der russische Dichter **Maxim Gorki** von seinem Lungenleiden. Er bewohnte das »Arabische Zimmer«. Auch Leo Tolstoj wohnte einst hier. Im Haus erinnert eine Ausstellung an die illustren Gäste.
Maxim-Gorki-Str. 13 | Jun. – Sept. Di., Do. – Sa. 12 – 18, sonst bis 16 Uhr, So. nach Vereinbarung | Eintritt 6 €

Weißes Zuckerwerk in Strandnähe

Kulmberg

Von der glanzvollen Vergangenheit Heringsdorfs künden weiß getünchte Prachtvillen am Hang des Kulmbergs, die sich oft dezent in parkartigen Gärten verstecken. Viele dieser mit Säulen, Ecktürmchen, Holzveranden und verglasten Wintergärten geschmückten Sommerresidenzen wurden grundlegend renoviert und in Hotels umgewandelt oder in luxuriöse Ferienappartements aufgeteilt, so auch eines der ehemals vornehmsten Häuser, die 1873 entstandene Villa Staudt in der Delbrückstraße 6. Sie zählte damals auch **Kaiser Wilhelm** zu ihren Gästen. In der benachbarten Villa Oppenheim (Nr. 10/11), die Villen von Palladio zum Vorbild hat, verbrachte zwischen 1909 und 1912 der Maler **Lyonel Feininger** mit seiner Familie die Sommermonate.

Panorama mit Störfaktoren

Seebrücke

50 m östlich der alten weihte Heringsdorf 1995 die 508 m lange neue Seebrücke ein. An ihr stehen zwei Dutzend Geschäfte und Souvenirläden sowie ein Bistro. Vom Restaurant im futuristisch anmutenden, pyramidenförmigen Pavillon am Ende der Seebrücke genießen Sie einen herrlichen Blick aufs weite Meer. Weit weniger attraktiv ist die Aussicht auf die monströse Kurklinik, die man 1979 hinter der Strandpromenade, an der Stelle eines großen Nobelhotels, hochgezogen hat. In das Bild des vornehmen Seebades mit Parks und Gründerzeitvillen passt der Hochhauskomplex samt Einkaufs- und Freizeitzentrum auch nach einer Fassadenkosmetik nicht recht. Ähnlich verhält es sich mit dem benachbarten Forum Usedom, das die sowjetische Besatzungsmacht als Kulturhaus erbaut hatte.

Bansin

Nesthäckchen unter den Kaiserbädern

Geschichte

Das jüngste der drei großen Seebäder ist Bansin, das sich an der Küste zwischen dem Schloonsee und dem bewaldeten Langen Berg erstreckt und durch die Gründung einer Aktiengesellschaft 1897 zum Badeort aufstieg. Auch Bansin besitzt eine Seebrücke, die allerdings weitaus schlichter gehalten ist als die von Ahlbeck oder Heringsdorf. Die schönsten Villen stehen in der See- bzw. in der parallel zur Strandpromenade verlaufenden Bergstraße.

Erinnerungsstätte für prominente Schriftsteller

Bansins ehemaliges Spritzenhaus wurde im Jahr 2000 zum zweistöckigen **Literaturhaus**. Es beherbergt im Parterre das Arbeitszimmer und die Bibliothek des durch die Gruppe 47 bekannt gewordenen Schriftstellers Hans-Werner Richter. Er wurde 1908 in Neu-Sellenthin (Bansin) geboren und nach seinem Tod 1993 auf Bansins Friedhof beigesetzt. Zu seinen bedeutendsten Werken zählen die »Geschichten aus Bansin« (1980) sowie »Spuren im Sand« von 1967. Im Haus ist außerdem eine Ausstellung zu der in Ahlbeck geborenen Publizistin Carola Stern zu besichtigen.

Hans-Werner-Richter-Haus

Waldstr. 1 a | Juli, Aug. Di. – Fr. 10 – 18, Sa., So. 12 – 18, Sept. – Juni Di. – Fr. 10 – 16, Sa., So. 12 – 16 Uhr | www.kaiserbaeder-auf-usedom.de/hans-werner-richter-haus

Die ferne Welt auf Usedeom

Exotisch wird es im Tropenzoo, der in eine Ferienappartementanlage integriert ist. In dem Minizoo werden rund 150 Tiere gehalten, u. a. Schlangen, Kaimane, Vogelspinnen, Skorpione und andere tropische Tiere. Zu sehen sind auch Drachenbäume und Dattelpalmen.

Tropenzoo

Goethestr. 10 | Mai – Sept. tgl. 10 – 18, Okt. – April 10 – 16 Uhr
Eintritt 8 € | www.tropenhaus-bansin.eu

Unterwegs zu Inselseen

Kontrastprogramm zum Strandleben ist eine Wanderung zum ca. 2 km entfernten Mümmelkensee, einem stillen **Moorsee**. Eine Alternative für geübte Wanderer ist der knapp 20 km lange Weg um den naturgeschützten Gothensee, das größte Gewässer auf Usedom.

Ausflug zum Mümmelkensee

Von Bansin nach Zinnowitz

Was »hinten« ist, ist auch nicht ohne

»Achter« kommt aus dem Niederdeutschen und heißt so viel wie »hinter«, Achterwasser ist demnach das »Wasser hinter der Ostsee«. Das nur ca. 3 m tiefe, doch 85 km² große Gewässer ist eine Ausbuchtung des Peenestroms und wird besonders von Surfern und Seglern geschätzt. Der Nordwesten und der Südosten Usedoms sind hier durch eine Landenge zwischen Zempin und Ückeritz miteinander verbunden. Das idyllische Fischerdorf Ückeritz ist von Wald umgeben und war zeitweise eine Künstlerkolonie. Im Ortsteil Neu-Pudagla lohnt der Usedo-

Im Achterwasser

Als ob Otto Niemeyer gleich zur Tür hereinkäme ...

mer **Gesteinsgarten** am Forstamt. Sehr informativ sind die Führungen, die das **Waldkabinett** miteinschließen.

Gesteinsgarten: Ganzjährig rund um die Uhr; Waldkabinett tgl. 7.30 – 18 Uhr | Eintritt frei | www.wald-mv.de

Zwischen Meer und Achterwasser

Koserow

Bei Koserow kommen sich Ostsee und Achterwasser ziemlich nahe. Das alte Dorf liegt unmittelbar am 60 m hohen Streckelsberg, dessen Steilküste jedes Jahr um ein weiteres kleines Stück abgetragen wird. Von der bewaldeten Höhe haben Sie einen schönen Ausblick über das Meer bis hinüber zur Greifswalder Oie. Dass Koserow bis weit ins 19. Jh. hinein ein ärmliches Fischerdorf war, erfahren Besucher in den **Salzhütten** am westlichen Ortsrand bei der Seebrücke. Neben dem Fischrestaurant mit einer eigenen Räucherei fungiert ein alter Katen als Heimatstube »Uns Fischers Arbeitshütt« und Standesamt. Seit Jahren wird darüber diskutiert, wie die baufällige und deshalb gesperrte Seebrücke von Koserow durch einen Neubau ersetzt werden kann. Mittlerweile hat man sich immerhin auf einen Entwurf geeinigt, ohne weitere Verzögerungen könnte die neue Brücke vielleicht schon 2019 fertig werden.

Geplant als Feriendomizil

★ Atelier Otto Niemeyer-Holstein

An der schmalsten Stelle von Usedom hatte der 1896 in Kiel geborene und 1984 in Koserow verstorbene, von den Nazis mit Ausstellungsverbot belegte Maler Otto Niemeyer-Holstein zu Beginn der 1930er-Jahre seinen Wohnsitz aufgeschlagen – und war über 50 Jahre lang geblieben. Zunächst hatte sein Heim, das er » Lüttenort« nannte, nur aus einem ausrangierten Berliner S-Bahn-Wagen bestanden, dem er im Lauf der Jahre aber manche Anbauten hinzufügte. Auf seinen Wunsch hin blieb diese **ungewöhnliche Wohn- und Arbeitsstätte**, mittlerweile mit diversen Kunstwerken zeitgenössischer Künstler angereichert, nach seinem Tod unverändert und kann heute als Museum besichtigt werden. Der eigenwillige Künstler ist auf dem alten Friedhof in Benz beigesetzt.

Mitte April – Mitte Okt. tgl. 10 – 18, Mitte Okt. – Mitte April Mi., Do., Sa., So. 10 – 16 Uhr; Führung Wohnhaus und Atelier 11, 12, 14, 15 Uhr | Eintritt Garten 1,50 €, Garten und Galerie 4 €, Führung 7 €
www.atelier-otto-niemeyer-holstein.de

Weniger Seebad als Fischerdorf

Zempin

Nächste Station auf der Fahrt in Usedoms Norden ist Zempin, das »kleinste Seebad« der Insel. Wer die Nähe zur Natur schätzt, wird sich hier wohlfühlen, denn Zempin ist trotz des Titels »Seebad« ein Fischerdorf mit schilfgedeckten Häusern am Achterwasser.

Zinnowitz und der Norden

Juwel der Bäderarchitektur

★ Zinnowitz

Der **größte Badeort im Nordwesten** der Insel ist von Wäldern umgeben. 2009 feierte er sein 700-jähriges Bestehen. Das Gesicht von Zinnowitz prägen schöne alte Pensionshäuser, Villen und Hotels. Für sportlich Aktive gibt es eine gute Meeresschwimmhalle. An prominenter Stelle, direkt am Anfang der neuen, 315 m langen Seebrücke, steht das älteste Hotel am Ort, der Preußenhof mit den verspielten Ecktürmchen, in dem einst der preußische Kronprinz Wilhelm logierte. Die ersten Badegäste kamen Mitte des 19. Jh.s nach Zinnowitz, nachdem das Seebad offiziell gegründet worden war. An die Anfangszeit des Fremdenverkehrs erinnert eine kleine Ausstellung im Museumscafé des Hotels Preußenhof. Die Entwicklung vom Fischerdorf zum 1851 gegründeten Seebad, die Bernsteintradition und die Enteignungsaktion »Rose« dokumentiert das **Heimatmuseum** im Bahnhof Zinnowitz; neu ist das Eisenbahnmuseum. An der Neuen Strandstraße erinnert ein historischer Eiswagen an die »gute alte Zeit«.
Ein Muss für Theatergänger sind die **Vineta-Festspiele** von Juli bis September. Aufgeführt werden die Stücke um die sagenumwobene Stadt, die manche bei Zinnowitz vermuten, auf der Ostseebühne.

Heimatmuseum: Mo. – Fr. 10 – 17, Sa., So. 14 – 17 Uhr | Eintritt 4 €
www.heimatmuseum-zinnowitz.de
Vineta-Festspiele: Ostseebühne Zinnowitz, Seestr. | Kartenbestellung Tel. 03971 20 89 25 | www.vorpommersche-landesbuehne.de/vineta-festspiele

VERSUNKENE STADT

Um die reiche Hafenstadt des slawischen Volks der Wenden ranken sich märchenhafte Sagen. So sollen die Kirchenglocken aus purem Silber, die Spindeln der Mädchen aus Gold gewesen sein. Aber wo lag Vineta tatsächlich?

Wie endete die reiche Stadt Vineta? Versank sie – wie einst Atlantis – nach einem Sturm im Meer? Wurde sie von Eindringlingen zerstört? Seit jeher macht es Archäologen stutzig, dass Vineta seit dem vermutlichen Ende im 12. Jh. lange Zeit aus den Chroniken verschwunden war. Vineta überdauerte nur in Legenden – was dazu führte, dass es heute an unterschiedlichen Stellen verortet wird: Noch im 16. Jh. vermuteten viele Vineta vor Koserow auf Usedom. Auf der Höhe zwischen Koserow und Zinnowitz lag im Meer das Vinetariff, heute **Vinetabank** genannt: An der Untiefe wurden Reste der einstigen Stadt vermutet, denn dort kamen Dachziegel ans Licht . Auch Koserows Vorwerk Damerow kam als Standort in Betracht. Bis 1700 aber »wanderte« Vineta auf Usedom gen Norden. Nun galt eine Stelle östlich der Insel Ruden vor der Peenemündung als Vineta.
Heute geht man allerdings davon aus, dass der Nordwesten Usedoms niemals slawisch besiedelt war. Geblieben ist aber die Faszination für das **»Venedig der Ostsee«**, Stoff für Geschichten, Gedichte, Opern, Festspiele – und Souvenirs.

Viele Theorien

Die älteste Vineta-Überlieferung geht auf Ibrāhīm ibn Yaʿqūb zurück. Der Gesandte des Kalifen von Coórdoba besuchte um 965 oder 973 Kaiser Otto I. und berichtete später sowohl vom Dorf Mecklenburg als auch von der reichen **Meermetropole** »mit zwölf Toren« und einer allen Völkern des Nordens überlegenen Streitmacht. Eine andere Quelle besagt, dass schon 935 auf der Insel Wollin (nun Polen) die Wikingerfestung Jomsburg/Jumme gegründet worden wäre, in der König Harald Blauzahn am 1. November 987 starb. Die Festung soll das sagenhafte Vineta geschützt oder sogar mit der Stadt identisch gewesen sein, vermutete zumindest der Berliner Professor Rudolf Virchow 1872.
Adam von Bremen indes beschrieb 1075 in der »Hamburger Kirchengeschichte« Lage und Aussehen der Stadt genauer: »Es ist wirklich **die größte von allen Städten**, die Europa birgt. (...) Die Stadt ist angefüllt mit Waren aller Völker des Nordens, nichts Begehrenswertes oder Seltenes fehlt (...). Von dieser Stadt aus setzt man in kurzer Ruderfahrt nach der Stadt Demmin in der Peenemündung über, wo die Ranen wohnen ...«

Versunken im Meer?

1043 soll Vineta erstmals vom dänisch-norwegischen König Magnus I. erobert, 1159 schließlich durch eine dänische Flotte (oder einen Sturm?) zerstört worden sein. Anfang des 20. Jh.s versuchten Forscher wie Carl Schuchardt, die Existenz der Stadt am westlichen der drei Oderarme nachzuweisen, **an der Mündung des Peenestroms**. Dass die Vineta-Festspiele in Zinnowitz stattfinden, kommt also nicht von ungefähr.

Als fundierter erwiesen sich jedoch die Grabungen des Archäologen Wladislaw Filipowiak. Auf der polnischen Nachbarinsel **Wollin** entdeckte er **Überreste slawischer Siedlungen**. Der Stettiner Professor legte vier Häfen, mehrere Handwerksviertel und Friedhöfe frei. Einige Hafenbauten datierten aus dem 8. Jh. – zumindest also hatte Filipowiak einen wichtigen Seehandelsplatz des 10. bis 12. Jh.s entdeckt, wenn auch nicht sicher war welchen.

Begraben im Schlamm?

Für den Wissenschaftler Klaus Goldmann hingegen spricht vieles für die Lage Vinetas im **Barther Bodden**. Mit Satellitenaufnahmen und durch genaue Beobachtung des Verlaufs des Jahrhunderthochwassers der Oder 1997 hat er die ursprüngliche Odermündung ausfindig gemacht. Goldmanns Erkenntnis daraus: Nach dem Abschmelzen der Eiszeitgletscher floss die Oder westlich von Rügen bei Ribnitz-Damgarten ins Meer. Das von Fluten geformte **Urstromtal** bildet bis heute die natürliche Grenze zwischen Mecklenburg und Pommern. Da Vineta an der Odermündung gelegen haben soll, könnte es also durchaus im Schlamm des Barther Boddens begraben sein.

Barth, Zinnowitz, Wollin?

Nach Goldmanns Theorie besaß Vineta ein **ausgeklügeltes Damm- und Deichsystem**, das den Bodden entwässerte. Durch dessen Zerstörung könnte die Stadt tatsächlich versunken sein. Weitere Untersuchungen sollen folgen. Der Stadt Barth zumindest kam diese Entwicklung sehr entgegen, mehr Tourismus und das **Vineta-Museum** (▶ S. 89) sind die Folge. Auch Zinnowitz profitiert. Aber eifrige Vineta-Sucher sollten auch eine Visite der Insel Wollin in Betracht ziehen ...

Eines wird bei den Vineta-Festspeilen nicht geklärt: Wo die sagenhafte Stadt lag.

Mehr als bloß Möwen

Halbinsel Gnitz

Wer etwas Zeit hat, sollte unbedingt zur Südspitze der ins Achterwasser hineinragenden Halbinsel Gnitz wandern (15 km). Besonders reizvoll ist das Landschaftsbild im Naturschutzgebiet Möwenort. Hier treffen Sie noch auf eine weitgehend unberührte Natur, stille Küsten, Wiesen mit Wacholder- und Holundersträuchern sowie, ganz entgegen dem Namen, eine stattliche Anzahl an der Küste heimischer Vögel.

Die beiden Jüngsten

Trassenheide, Karlshagen

Die spät gegründeten Ostseebäder Trassenheide (1913) und Karlshagen (1929) standen immer schon im Schatten der drei älteren »Schwestern«, und dies erst recht, nachdem das benachbarte Peenemünde zur Raketenversuchsstation ausgebaut worden war. Trassenheide besitzt heute mit rund 2000 Tieren Europas größte Schmetterlingsfarm. Von Karlshagens **Naturschutzzentrum** Usedom aus werden Tagesausflüge organisiert.

Schmetterlingsfarm: Trassenheide, Wiesenweg 5 | tgl. März – Okt. 9.30 – 17.30 (letzter Einlass), Nov. – Febr. 10 – 16 Uhr (letzter Einlass) | www.schmetterlingsfarm.de

Naturschutzzentrum: Karlshagen, Dünenstr. | Mai – Sept. Di. – So. 10 – 17, Okt., Feb. – April Di. – So. 13 – 17, Nov. – Jan. Di. – Sa. 10 – 16 Uhr | Eintritt frei | www.karlshagen.de

Spuren dunkler Vergangenheit

Peenemünde

Bis 1989 war Peenemünde Jahrzehnte lang militärisches Sperrgebiet. 1936 richtete die Wehrmacht hier eine **Raketenversuchsanstalt** ein, in der **Wernher von Braun** und seine Mitarbeiter die Rakete A 4, die spätere V 2, entwickelten. Gebaut wurde die V 2 großenteils in Thüringen in den Bergwerksstollen des KZ-Außenlagers Mittelbau-Dora – rund 20 000 Häftlinge starben bei der Herstellung der »Vergeltungswaffe«. Sie kam 1944/1945 zum Einsatz bei Angriffen auf London, Antwerpen und Lüttich. Von Braun machte nach dem Krieg Karriere bei der NASA.

Als die Briten im August 1943 die Anlage bombardierten, wurden vor allem die Wohnsiedlungen der Mitarbeiter und die Unterkünfte der Häftlinge getroffen. Große Gebiete um den Ort dürfen wegen militärischer Altlasten immer noch nicht betreten werden, und überall gibt es Reste von Bunkern, Abschussrampen, Wohnsiedlungen und dem Sauerstoffwerk. Keine Spur vom Glanz der Kaiserbäder, und einen Sandstrand gibt es auch nicht. Trotzdem zählt Peenemünde wegen des **Historisch-Technischen Museums** im ehemaligen Kraftwerk der Heeresversuchsanstalt zu den meistbesuchten Zielen auf Usedom. Das Museum am Hafen zeigt sehr detailliert die Entwicklung der Raketentechnik, versteht sich aber auch als Ort, an dem die gesellschaftlich-politische Rolle von Wis-

senschaft und Technik diskutiert werden soll. Der Rundweg »Denkmal–Landschaft« führt über 25 km zu 20 Stationen und historisch interessanten Punkten. Im Hafen liegt das sowjetische U-Boot »U-461« als **Maritim Museum Peenemünde**.
Eine vergnügliche Art, sich mit Physik und Naturwissenschaft auseinanderzusetzen, ist die **Phänomenta**, wo über 200 Experimente auf neugierige Besucher mit der Bereitschaft zum Ausprobieren warten. Das Museum **»Spielzeug(en), Kinder- und Märchenwelten«** Peenemünde zeigt Spielzeug aus 300 Jahren. Unter den 25 000 Exponaten sind Puppen und Teddybären, Blechspielzeug und DDR-Typisches wie das Sandmännchen, Pionieruniformen und Militärspielzeug.

Historisch-Technisches Museum: Im Kraftwerk | Apr. – Sept. tgl. 10 – 18, Okt. bis 16, Nov. – März Di. – So. 10 – 16 Uhr; Eintritt 8 €
www.museum-peenemuende.de
»Juliett U-461«: Mai, Juni, Mitte Sept. – Mitte Okt. tgl. 10 – 17, Juli – Mitte Sept. 9 – 19, Mitte Okt. – April 10 – 15 Uhr | Eintritt 7 €
www.u-461.de
Phänomenta: Museumsstr. 12 | Mitte März – Okt. und in den Weihnachts- und Winterferien tgl. 10 – 18 Uhr | Eintritt 8,50 €
www.phaenomenta-peenemuende.de
Spielzeugmuseum: Museumsstr. 14 | Mai – Sept. tgl. 10 – 18, Okt. – April bis 16 Uhr | Eintritt 7 €;
www.usedom-spielzeugmuseum.de

Klein und sehr natürlich

Ruden, Greifswalder Oie

Auch die Inselchen vor der Nordwestspitze von Usedom waren jahrzehntelang militärisches Sperrgebiet. Heute kann man diese Naturparadiese besuchen, im Sommer auch per Ausflugsschiff (Informationen über Abfahrtszeiten erhalten Sie bei den Tourismusbüros der Seebäder). Ein schöner Wanderweg erschließt die Insel Ruden. In den Flachwasserbereichen rasten häufig Wasservögel, und auf der Greifswalder Oie lebt eine Herde ausgewilderter Shetlandponys.

★★ WISMAR

Kreis: Nordwestmecklenburg | **Höhe:** 2 – 38 m ü. d. M. | **Einw.:** 43 000

Wismar ist die zweitgrößte Handels- und Hafenstadt in Mecklenburg und mit ihren charmanten Altstadtgassen auch eine der schönsten des Landes. Mit herausragenden Beispielen gotischer Sakralbaukunst zieht sie zusätzlich Besucher an.

Traumhafte Altstadt

Schlendern Sie durch die historische Altstadt, die zu den besterhaltenen Deutschlands zählt, kommen Sie zu imposanten Backsteinkirchen, schön restaurierten Giebelhäusern und – als Höhepunkt – dem weitläufigen Marktplatz mit der Wasserkunst, einem Brunnenbauwerk im Renaissancestil aus dem 17. Jahrhundert. Nicht umsonst zählt die Altstadt seit 2002 zum UNESCO-Welterbe.

Alter Schwede!

Geschichte

Hervorgegangen ist Wismar aus einer kurz vor 1200 gegründeten Kaufmanns- und Handwerkersiedlung. Südlich der sogenannten Grube, damals noch ein schiffbarer Wasserlauf, entstanden um die Marienkirche und später um die Georgenkirche weitere Stadtteile.
Die an der alten Handelsstraße von Lübeck über Rostock zu den baltischen Küstenorten gelegene Stadt entwickelte sich bald zu einem wichtigen Handelsplatz – sowohl für Produkte aus dem osteuropäischen Raum als auch für westeuropäische Waren, die hier verschifft wurden, z. B. das bei Lüneburg gewonnene Salz. Bis heute hat sich die Form des historischen Hafens nicht verändert, allerdings ist er nicht mehr von wirtschaftlicher Bedeutung. So wie der **Beitritt zur Hanse** 1358 die wirtschaftliche und politische Macht der Stadt förderte, so bedeutete umgekehrt auch der im 16. Jh. einsetzende Niedergang der Hanse das Ende ihrer Blütezeit.
1648 fiel die Stadt an Schweden und wurde zu einer der größten Seefestungen Nordeuropas ausgebaut. An die **Schwedenherrschaft** erinnern heute noch die hölzernen »Schwedenköpfe« vor dem Baumhaus im Alten Hafen. Sie sind originalgetreue Kopien jener Köpfe aus dem 17. Jh., die einst in der Hafeneinfahrt standen. Das Baumhaus selbst war Sitz der sogenannten »Bohmschlüter«. Sie bewachten die Hafeneinfahrt, die nachts mit einem Baumstamm gesperrt wurde. An die Schwedenzeit erinnert auch das im August gefeierte Schwedenfest, das einerseits die Besatzungszeit aufleben lässt, aber auch die heute guten Beziehungen zum Nachbarn dokumentiert.
1803 verpfändeten die Schweden Wismar für 100 Jahre an Mecklenburg, dem es ab 1903 durch den Verzicht Schwedens endgültig zugehörte. Ab 1893 wurde der Neue Hafen angelegt, Wismar entwickelte sich zu einer wichtigen Industriestadt. Bis heute sind der Hafen und die Werft die wirtschaftlichen Standbeine der Stadt.

Wohin in Wismar?

Luxuriöse Wasserversorgung

★ Marktplatz mit Wasserkunst

Mittelpunkt und Wahrzeichen der Stadt ist der Marktplatz. Allein schon seine Größe – 100 x 100 m – macht ihn so beeindruckend. Dazu kommen ringsum schön renovierte Häuser aus allen Epochen sowie ein nicht zu übersehender kunstvoller Brunnen, die sogenann-

So könnte es fast auch noch zu Zeiten der Hanse am Alten Hafen von Wismar ausgesehen haben.

te Wasserkunst: Der von einer geschwungenen Kupferhaube bedeckte Pavillon an der Südostseite des Markts zeugt von der hoch entwickelten **Wasserversorgung** der Stadt. Seit etwa 1570 wurde das Wasser der südlich von Wismar gelegenen Metelsdorfer Quellen über Röhren aus Holzstämmen in einen Wasserkasten auf dem Marktplatz geleitet und gelangte von dort zu den einzelnen Häusern. Mit dem Entwurf für ein Gehäuse, das den hölzernen Wasserkasten ersetzen sollte, beauftragte man 1580 den Baumeister Philipp Brandin, der einen Pavillon im Stil der niederländischen Renaissance entwarf. 1602 war das kleine Meisterstück fertiggestellt.

Klassizismus trifft Mittelalter

Rathaus

Beinahe die gesamte Nordseite des Marktplatzes beansprucht das Rathaus, ein breiter Bau mit kurzen, von Dreiecksgiebeln bekrönten Seitenflügeln. Die Pläne für das 1819 errichtete Gebäude lieferte der herzogliche Hofbaumeister Johann Georg Barca. Vom mittelalterlichen Vorgängerbau aus dem 14. Jh. wurden der Gewölbekeller mit seinen beachtenswerten Fragmenten gotischer Malerei sowie die Gerichtslaube als Saal in den Neubau integriert. Im **Rathauskeller** ist bis Ende 2020 die Ausstellung »Wismar – Bilder einer Stadt« mit Stadtmodellen und auch Exponaten aus dem restaurierten Schab-

WISMAR ERLEBEN

TOURIST-INFORMATION
Lübsche Str. 23 a
23966 Wismar
Tel. 03841 1 94 33
www.wismar.de

1 ALTER SCHWEDE €€
Das Meer ist im Restaurant des gotischen Gebäudes präsent mit Schiffsmodel unter der Decke. Und aus dem Meer stammt natürlich auch ein großer Teil des Speiseangebot, und selbstverständlich gibt es auch Schwedenhappen.
Am Markt 22
Tel. 03841 28 35 52
www.alter-schwede-wismar.de

2 GALERIERESTAURANT TO'N OSSEN €€
Im gediegenen Ambiente mit viel Holz und Messing kommt leckere Regionalküche mit mediterranem Touch auf den Tisch. Gelegentlich gibt es auch Krimi-Dinner. Wenn Sie sich danach nicht mehr auf die Straße trauen, können Sie auch im Haus komfortabel – und natülich sicher – übernachten.
Bohrstr. 12
Tel. 03841 21 17 46
www.hotel-alter-speicher.de

1 REUTERHAUS €€
Gemütlich-rustikales Restaurant am Marktplatz. Gekocht wird gutbürgerlich, wie es sich für eine Hafenstadt gehört natürlich mit Betonung auf Fisch.
Am Markt 19
Tel. 03841 2 22 30
www.phoenixhotelbetriebe.de

4 ALTSTADTHOF WISMAR €€
Das urige Szenelokal hat rohe Backsteinwände, Holzbalken und -fußboden; in rustikaler Atmosphäre wird gespeist, dazu gibt es häufig Livemusik.
St.-Marien-Kirchhof 19
Tel. 03841 4 71 03 97

5 HAPPEN POEL €
Der mobile Imbiss, der von März bis Oktober auf dem Parkplatz gleich hinter dem Damm zur Insel Poel aufmacht, ist für alle da: Fischesser, Fleischliebhaber, Vegetarier oder Veganer. Köstlich ist das alles; die Produkte kommen aus der Region, Saucen, Senf und Pesto sind selbstgemacht. Pflichtstopp!
Parkplatz am Damm
Insel Poel, Fährdorf
Tel. 01577 3 95 02
www.happenpoel.com

6 GLÜDERS SCHLEMMER-STÜBCHEN € – €€
Hübsches, gemütliches Restaurant mit maritimer Einrichtung. Die Portionen sind gewaltig, der Service sehr nett.
Strandstr. 7 c
Insel Poel, Kirchdorf
Tel. 038452 2 05 83
https://gluders-schlemmer stubchen.business.site/

1 HOTEL REINGARD € – €€
In diesem zentral gelegenen Hotel ist jedes Zimmer ein Unikat: Es gibt das »Bauhauszimmer«, das »Jugendstilzimmer«, das »Bauernzimmer« oder das »Biedermeierzimmer«. Im Sommer können Sie im hofseitigen Gärtchen draußen sitzen. Bitten Sie die Chefin um eine Führung durch die Patchwork- und Knopfausstellung.

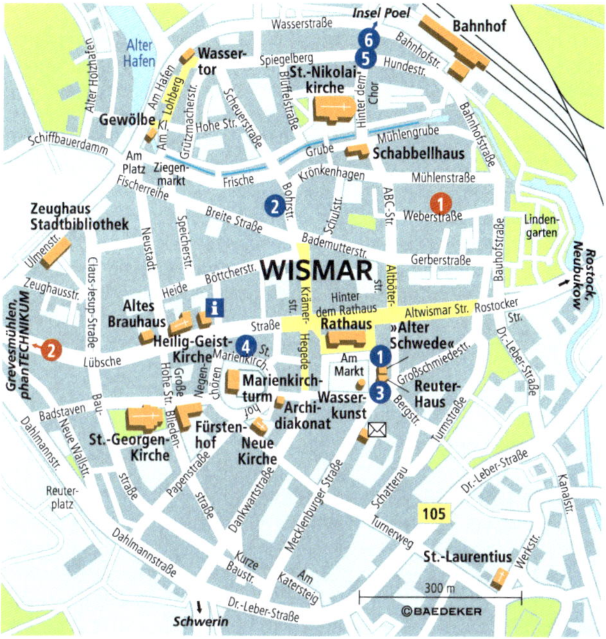

Restaurants
1 Alter Schwede
2 Galerierestaurant To'n Ossen
3 Reuterhaus
4 Altstadthof
5 Happen Poel
6 Glüders Schlemmerstübchen

Hotels
1 Hotel Reingard
2 Wonnemar Ressort-Hotel

Weberstr. 18
Tel. 03841 28 49 72
www.hotel-reingard.de

2 WONNEMAR RESORT-HOTEL €€€
Modern, stilvoll, luxuriös: In diesem Resort-Hotel stimmt einfach alles. Eine Bar und das »Erlebnisbad Miramar« mit Restaurant » Vistamar« gehört auch dazu.
Bürgermeister-Haupt-Str. 36
Tel. 03841 3 74 20
www.wonnemar-resorts.de

bellhaus eingerichtet. Gleich um die Ecke stellen Wismars Künstler in der **Galerie »Hinter dem Rathaus«** ihre Werke aus.

Rathauskeller: Am Markt 1 | April - Sept. tgl. 9 - 17, Okt. - März 10 - 16 Uhr | Eintritt 3 € | www.wismar.de

Galerie Hinter dem Rathaus: Hinter dem Rathaus 8 | Di. - Fr. 12 - 18, Sa. 11 - 16 Uhr | www.galeriewismar.de

Backstein-Methusalem

★ Alter Schwede

An der Ostseite des Markts steht das älteste noch in seiner ursprünglichen Form erhaltene, um 1380 erbaute Backsteinhaus mit seinem durch Pfeiler gegliederten Staffelgiebel. Zusätzlich belebt wird die Fassade durch dunkel glasierte Ziegelsteine an den Profilen von Portal, Fenstern und Blendbögen. Seit 1878 beherbergt es die Gaststätte »Alter Schwede«, in der schon Königin Silvia von Schweden speiste.

Aus alt mach neu

Weitere Häuser am Markt

Das Gebäude rechts neben dem Gasthaus »Alter Schwede«, die ehemalige Hinstorff'sche Hof- und Verlagsbuchhandlung, wurde 1988 wegen Baufälligkeit abgetragen und originalgetreu wieder aufgebaut. Hinstorff war der Verleger von Fritz Reuter, deshalb der Name **Reuterhaus**. Ein Beispiel für die Nachahmung der mittelalterlichen Architektur im 19. Jh. ist das Staffelgiebelhaus von 1856 links neben dem »Alten Schweden« mit der Jugendstil-Fassadenmalerei. 1858 baute derselbe Architekt an der Südwestseite des Marktplatzes (Nr. 11) das Stadthaus.

Schönheitspreis für ein Backsteingebäude

Archidiakonat

Vom Marktplatz sind es nur ein paar Schritte zum Marienkirchhof. Dort steht das um 1450 errichtete Archidiakonat. Nach schwerer Beschädigung im Zweiten Weltkrieg 1962/1963 wieder aufgebaut, zählt es heute zu den schönsten Backsteinbauten der Stadt. Die Zierde des Hauses bildet der steile, zinnenbekrönte Staffelgiebel mit reicher Blendgliederung; der südliche Giebel wurde modern gestaltet.

Mahnmal des Krieges

Turm der Marienkirche

Wie ein mahnender Finger ragt der 80 m hohe Turm der im 14. Jh. gebauten Marienkirche empor. Im Untergeschoss widmet sich eine Ausstellung der Backsteingotik. Ein 3D-Film zeigt die Geschichte der Kirche: Beim Bombardement im April 1945 war das Kirchenschiff schwer beschädigt worden, 1960 ließ das SED-Regime die Kirche sprengen. Die Wrangel-Uhr im Kirchturm ist von 1647. Das Glockenspiel erklingt um 12, 15 und 19 Uhr jeweils mit einem Choral.

Ausstellung: April – Sept. tgl. 9 – 17, Okt. – März 10 – 16 Uhr | Turmführungen April – Sept. 10 – 16, Okt. – März 11 – 15 Uhr jeweils zur vollen Stunde | Eintritt Ausstellung frei, Turmführung 3 €, 3D-Film 3 € | www.kirchen-in-wismar.de

Spiegel europäischer Einflüsse

Fürstenhof

Der zweiflügelige Bau war einst die **Stadtwohnung der mecklenburgischen Herzöge**. Den als Altes Haus bezeichneten Westflügel ließ 1512/1513 Herzog Heinrich erbauen. Kunsthistorisch bedeutender ist das nördlich anschließende Neue Lange Haus (1553 – 1556), ein dreigeschossiger Bau mit Tordurchfahrt und Treppenturm. Er entstand für Herzog Johann Albrecht I. nach dem Vorbild oberitalienischer Renaissancepalazzi. Der reiche Schmuck, zu großen Teilen im 19. Jh. ausgetauscht, verrät niederländische Einflüsse. An der nördlichen Straßenseite des Neuen Langen Hauses sticht das Sandsteinportal der Tordurchfahrt ins Auge, das von Satyrpaaren gerahmt wird. Die unter den Fenstern umlaufenden Friese zeigen an der Straßenseite im ersten Obergeschoss Reliefszenen aus dem Trojanischen Krieg, im zweiten Porträtmedaillons berühmter Personen.

Bomben, Böen, Backsteingotik

Georgenkirche

Auch die gotische Georgenkirche wurde in der Bombennacht kurz vor Kriegsende schwer beschädigt, 1990 brachte dann ein Orkan den Giebel zum Einsturz. Mittlerweile ist die Kirche wieder aufgebaut. Ein Fahrstuhl führt zur 34 m hohen Aussichtsplattform, von der der Blick über Wismar schweift. In St. Georgen wird die Ausstellung »Wege zur Backsteingotik: Gebrannte Größe – Bauten der Macht« gezeigt.

April – Sept. tgl. 9 – 17, Okt. – März 10 – 16 Uhr | Eintritt frei
www.kirchen-in-wismar.de

Beten unter Blättern und Putten

Heilig-Geist-Spital

Durch die Große Hohe Straße gehen Sie hinab zur kopfsteingepflasterten Lübschen Straße. An der Ecke Lübsche Straße/Neustadt gruppieren sich um einen intimen, zur Straße abgeschlossenen Hof die Gebäude des Heilig-Geist-Spitals, das Mitte des 13. Jh.s gegründet wurde. Der schlichte Saalraum der Kirche ist vor allem wegen der bemalten Balkendecke von 1665 sehenswert. Die Deckenfelder zeigen alttestamentarische Szenen.

Lübsche Str. 31 | Mai – Sept. Mo. – Sa. 10 – 18, So. 11 – 18, Okt. – April Mo. – Sa. 10 – 16, So. 11 – 16 Uhr | Eintritt frei
www.kirchen-in-wismar.de

Infozentrum und Zeugnis in einem

Welt-Erbe-Haus

Seit 2002 ist Wismars Altstadt Teil des UNESCO-Weltkulturerbes. Das **Welt-Erbe-Haus** dokumentiert den urbanen Schatz und beeindruckt vor allem im »Tapetenzimmer« mit Panoramabildern, kunstvollen, 1823 in Paris hergestellten Papierdrucken.

Lübsche Str. 23 | April – Sept. tgl. 9 – 17, Okt. – März 10 – 16 Uhr
Eintritt frei | www.wismar.de

Eine Erfolgs- und Einkaufsgeschichte

Krämerstraße und Lübsche Straß

In der Krämerstraße und in der Lübschen Straße finden Sie viele **Geschäfte und nette Lokale**. Ein besonderer Tipp ist die **Hanse-Sektkellerei**, in der es Kellerführung und Verkostung im »Alten Gewölbe« gibt. In der Bohrstraße 12 lohnt der Besuch des Galerierestaurants »To'n Ossen« im Hotel Alter Speicher. Dann geht es weiter zur »Grube«, dem Wasserkanal von der nördlichen Altstadt zum Alten Hafen.

Er wurde im 13 Jh. angelegt und diente zur Versorgung der Stadtbewohner und für den Mühlenbetrieb.
Die Karstadt-Kaufhäuser kennt wohl jeder, dass aber die Wurzeln des Konzerns in Wismar liegen, wissen die wenigsten. Bei dem Jugendstilgebäude an der Ecke Lübsche/Krämerstraße handelt es sich um das **erste Karstadt-Kaufhaus**. Im Jahr 1881 hat Rudolph Karstadt hier seine Warenhauskette gegründet, also vor fast 140 Jahren.
Hanse-Sektkellerei: Turnerweg 4 | Führungen Mo. – Sa. (Jan., Feb. nur Mo. – Fr.) 10 – 16 Uhr | Ticket ab 7,50 €; Anmeldung Tel. 03841 48 48 12 | www.hanse-sektkellerei.de

★★ Nikolaikirche

Die Kirche der Fischer und Seefahrer

Die Dächer der nördlichen Altstadt überragt die monumentale Backsteinbasilika St. Nikolai, an der von 1380 bis 1508 gebaut wurde. Errichtet wurde sie für die Fischer und Seefahrer. Als einzige der drei großen mittelalterlichen Kirchen in Wismar blieb St. Nikolai weitgehend unversehrt. Sie ist verhältnismäßig eng umbaut und lässt sich nur von der Frischen Grube aus mit dem nötigen Abstand betrachten. Von dort aus blicken Sie direkt auf den querschiffartigen Kapellenanbau. Seinen Giebel schmücken Reihen von glasierten Formziegeln. Zu sehen sind außerdem Fabelwesen und Grimassen schneidende Masken sowie Maria und Nikolaus, der Titelheilige der Kirche.
Der **Innenraum** der Nikolaikirche gehört mit zum Schönsten, was die norddeutsche Backsteingotik hinterlassen hat. Das in den Marienkirchen von Lübeck und Wismar entwickelte Architektursystem wird hier mit beeindruckender Klarheit und Kühnheit weitergeführt. Durch den einheitlichen Wandaufbau von Chor und Mittelschiff werden diese Räume ein Ganzes. Ebenso wie im Chor lösen sich die Langhauswände im oberen Teil in Fenster- bzw. Blendfensterflächen auf.

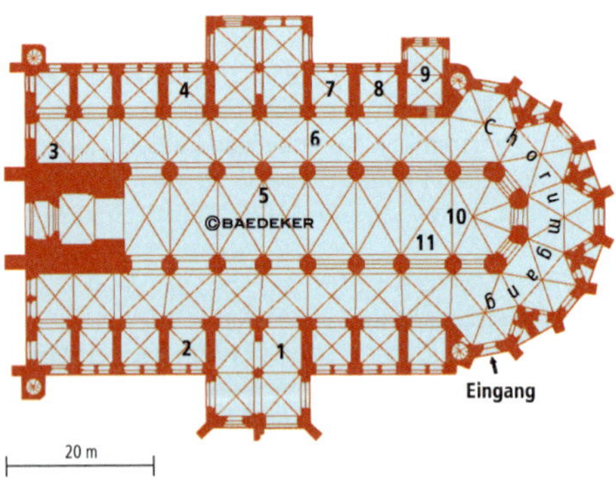

NIKOLAIKIRCHE

1 Krämeraltar
2 Wrangelkapelle
3 Mittelalterliche Wandmalereien
4 Kapelle mit Taufumgang
5 Kanzel
6 Bronzetaufe
7 Kapelle mit der Grabplatte von Herzogin Sophie und Thomasaltar
8 Kapelle mit Schifferaltar
9 Sakristei
10 Hauptaltar
11 Granittaufe

Mit einer Höhe von 37 m gehört das Langhaus der Nikolaikirche zu den höchsten Kirchenschiffen Deutschlands. Von der Ausmalung aus dem 15. Jh. blieben Reste in den Langhauskapellen und in den Turmhallen erhalten.
Zahlreiche Kunstwerke aus der zerstörten Marien- und der Georgenkirche fanden bei der Ausstattung der Nikolaikirche einen neuen Platz. Mit dem ehemaligen **Hochaltar der Georgenkirche** besitzt St. Nikolai einen der größten gotischen Schnitzaltäre des Ostseeraums. Er wurde um 1430 vermutlich in Wismar gefertigt und ist in geöffnetem Zustand fast 10 m breit. Aus der Marienkirche stammen u. a. die Bronzetaufe von 1335 sowie der um 1420 geschnitzte Krämeraltar mit Maria im Strahlenkranz im Mittelfeld. Die spätgotische Triumphkreuzgruppe am Übergang vom Langhaus zum Chor befand sich bis 1880 in der Dominikanerklosterkirche. Beachtenswert ist auch die Bronzegrabplatte der Herzogin Sophie von Mecklenburg. Die Kanzel, das hölzerne Taufgehäuse sowie der zweigeschossige Aufsatz des Hochaltars mit einer Kopie der Rubens'schen Kreuzabnahme stammen aus der Barockzeit.
April, Okt. Mo. - Sa. 10 - 18, So. 11.30 - 18, Mai - Sept. Mo. - Sa. 8 - 20, So. 11.30 - 20, Nov. - März Mo. - Sa. 11 - 16, So. 11.30 - 16 Uhr; Gewölbeführungen im Sommer tgl. zwischen 10 und 15 Uhr | Eintritt 2 € | www.kirchen-in-wismar.de

Repräsentativ und prunkvoll

Schabbellhaus

Jenseits des Grube-Kanals ist das Schabbellhaus zu finden, es ist an seinem prächtigen, der Kirche zugewandten Volutengiebel zu erkennen. Das im Stil der niederländischen Renaissance gehaltene Backsteingebäude mit Portal- und Fensterrahmungen aus Sandstein ließ sich der Ratsherr und Brauer Hinrich Schabbell 1569/1571 von Philipp Brandin bauen. Brandin hatte auch die Pläne für die Wasserkunst auf dem Marktplatz geliefert. Zusammen mit dem Nachbarhaus Schweinsbrücke und den dazugehörenden Höfen bildet das Schabbellhaus das **Stadtgeschichtliche Museum**.
Schweinsbrücke 6/8 | Nov. - März Di. - So. 10 - 16, sonst bis 18 Uhr
Eintritt 8 € | www.wismar.de

Letzte Mauerzeugnisse

Wassertor, Am Lohberg

Wismar war im Mittelalter von einer Stadtbefestigung mit Türmen und fünf Toren umgeben, die bis auf den Wasserturm und das Wassertor sowie einige Mauerreste nicht erhalten geblieben sind. Das Wassertor in der Nähe des Alten Hafens ist ein wuchtiger Torturm mit spitzbogiger Durchfahrt und schlichter Blendverzierung am Giebel. Eine schmale Straße, Am Lohberg, führt vom Wassertor nach Süden. Hier stehen noch einige schöne alte Speicher. In den dortigen Gaststätten und Kneipen können Sie u. a. auch das Wismarer Bier probieren, etwa im »Brauhaus am Lohberg«.

Schöner kann Backsteingotik kaum wirken als in der Nikolaikirche.

Maritimes Treiben

Alter Hafen

Der alte Hafen feierte 2011 seinen 800. Geburtstag. Seit dem Bau des neuen Hafenbeckens 1893 – 1895 dient er als Fischereihafen, ist nun neu gestaltet und Flaniermeile und Ausgangspunkt für Rundfahrten, Törns mit Traditionsseglern und Ausflüge zur Insel Poel. Das Hafenamt im **Baumhaus** aus dem 18. Jh. hat nun Kunstausstellungen Platz gemacht. Früher war von hier die Hafeneinfahrt nachts mit Baumstämmen gesperrt worden (▶ Abb. S. 297).

Erlebnis Technik und Natur

phanTECHNIKUM

Das phanTECHNIKUM zeigt die Sammlungen der Technikschau Wismar und des aufgelösten Schweriner Technischen Landesmuseums, geordnet nach den vier Elementen Feuer, Wasser, Erde, Luft.
Zum Festplatz 3 | Juli – Aug. tgl. 10 – 18, Sept. – Juni Di. – So. 10 – 17 Uhr | Eintritt 8 € | www.phantechnikum.de

Rund um Wismar

Uralte farbige Kirchenfenster als Highlight

Neukloster

Keimzelle des ruhigen Städtchens Neukloster war, wie der Name schon andeutet, ein Kloster, das Heinrich Borwin I. 1219 hier gegründet hatte. Etwas versteckt zwischen den hohen Bäumen des malerischen Kirchhofs steht die ehemalige Klosterkirche, ein in der ersten Hälfte des 13. Jh.s errichteter, schlichter Backsteinbau. Die kostbarsten Ausstattungsstücke sind die mittelalterlichen Glasmalereien in den Chorfenstern, die zu den **ältesten farbigen Kirchenfenstern** im Norden Europas zählen, und der spätgotische Schnitzaltar aus dem 16. Jahrhundert. Leider schon Ruine ist der achteckige Glockenturm südöstlich der Kirche, wogegen sich die einstige Probstei, ein stattlicher Bau mit Staffelgiebeln, in gutem Zustand zeigt.

Eintauchen in eine unentdeckte Seenlandschaft

Seengebiet

Südlich von Neukloster erstreckt sich das 43 km² große Landschaftsschutzgebiet Neukloster-Warin. Die idyllische Wald- und Seenlandschaft ist bislang vom Tourismus noch nicht erobert worden und bietet gerade deshalb gute Möglichkeiten für einen ungestörten Erholungsurlaub in einer herrlichen Umgebung. Wandern, Radfahren und Baden stehen bei den Freizeitmöglichkeiten obenan.

Namensgeberin für ein ganzes Land

Dorf Mecklenburg

In einer Urkunde, von Kaiser Otto III. im Jahr 995 ausgestellt, erscheint zum ersten Mal der Name einer Burg, der **Mikilenburg**, der das Dorf und auch das Land den Namen verdanken. In der Urkunde war von einer slawischen Wasserburg die Rede, die bis ins 13. Jh. als Fürstensitz diente. Erhalten blieb nur der 13 m hohe Ringwall um einen Friedhof. Hübsch ist das Ensemble aus Pfarrhaus, Scheune und Dorfkirche in der Bahnhofstraße. Der Backsteinbau, der in seinen ältesten Teilen auf das 13. Jh. zurückgeht, hat eine einheitliche, fast vollständige Innenausstattung aus dem 17. Jahrhundert.

Eingebettet zwischen Seen

Warin

Warin liegt 10 km südlich von Neukloster auf einer Landenge zwischen dem Großen Wariner See und dem Glammsee. Die Bischöfe von Schwerin richteten sich ab 1284 hier ihre Nebenresidenz ein, die jedoch 1838 abgebrochen wurde. Sehenswert ist das ehemalige Predigerwitwenhaus, ein schmucker Fachwerkbau von 1775 (Am Markt 2) und ebenfalls am Markt das Geburtshaus (Nr. 13) des Malers und Grafikers Ernst Lübbert (1879 – 1915) sowie das Denkmal für ihn.

★ Insel Poel

Schippern oder fahren

Anreise

Gemütlich ist eine etwa einstündige Schiffsfahrt von Wismar zur Insel Poel in der Wismarer Bucht. Die Dampfer der Weißen Flotte starten am Alten Hafen. Sie können aber auch auf dem Landweg dorthin gelangen, denn Poel und das Festland verbindet seit 1760 ein Damm.

Stille Inselidylle

Überblick

Reetgedeckte Katen, Schafe auf den Wiesen, im Bodden kleine Fischerboote – das ist Poel. Mit 36 km² ist sie zwar die drittgrößte Insel Mecklenburg-Vorpommerns, doch im Gegensatz zu ihren beiden »großen Schwestern« Rügen und Usedom geht es hier **noch gemächlich** zu. Die Bevölkerung lebt hauptsächlich vom Fischfang, von der Landwirtschaft und vom Tourismus. Dass Poel ein Ferienziel für Familien ist, merkt man an den vielen Schildern mit dem Hinweis auf Ferienwohnungen und Zimmervermietung. Zum Radfahren ist Poel ideal, denn Steigungen gibt es so gut wie keine – der höchste Punkt, der Kinkelberg, erreicht gerade mal stolze 26 m! Abgesehen von ein paar schmalen Küstenwäldern bedecken hauptsächlich Wiesen und Felder das flache Eiland. Noch sind die Straßen auf Poel schmal und meist von schönen Alleen gesäumt. Steilküsten finden Sie im Norden und Osten der Insel, im Süden und Westen dagegen ist das Ufer sehr flach. Die schönsten Badestrände liegen an der Seeseite der Insel. Beliebt sind die Badeplätze am »Schwarzen Busch« bei Kirchdorf und der Strand bei **Timmendorf** (hier können auch Boote und Jachten anlegen). Beliebtes Ziel ist der zur Schweriner BUGA 2009 angelegte **Schaugarten** für nachwachsende Rohstoffe.

Im Herzen der Insel

Kirchdorf

Der Hauptort von Poel liegt in einer tief eingeschnittenen Bucht. Außer einem Fischerei- und einem Jachthafen gibt es auch eine kleine Bootswerft. Schon von Weitem zu sehen ist der Turm der Dorfkirche, die aus dem 13. Jh. stammt. Von der unter Herzog Friedrich I. erbauten Festung sind noch Reste der sternförmigen Wallanlagen zu erkennen. Über die Geschichte der Insel informiert das kleine, in der ehemaligen Dorfschule eingerichtete **Inselmuseum** mit Modell der Feste Poel, Galerie, Baumschule und Findlingsgarten.

Inselmuseum: Möwenweg 4 | Mitte Mai – Mitte Sept. Di. – So. 10 – 16, Mitte. Sept. – Mitte Mai Di., Mi., Sa. 10 – 12 Uhr | Eintritt 2,50 €
www.insel-poel.de/inselmuseum.php

Massenmord auf dem Meer

Gedenkstätte Kap Arcona

Am Schwarzen Busch erinnert eine Gedenkstätte an das grausame Drama, das sich am 3. Mai 1945 hier vor der Küste ereignete. Vier Schiffe, darunter auch die »Cap Arcona«, wurden von britischen Fliegern versenkt. Die meisten der rund 4500 KZ-Häftlinge und rund 500 Seemänner an Bord des ehemaligen Luxusdampfers verbrannten oder ertranken. Diejenigen, die es vom Schiff herunterschafften, wurden noch im Wasser von Tieffliegern der Royal Air Force oder, wenn sie bis zur Küste kamen, dort von SS-Leuten erschossen.

WOLGAST

Kreis: Vorpommern-Greifswald | **Höhe:** 5 m ü. d. M. | **Einw.:** 12 000

Wolgast hat viel dafür getan, nicht mehr als bloße Durchgangsstation auf dem Weg nach Usedom gesehen zu werden – beispielsweise durch den zwar noch bescheidenen, aber hübsch angelegten Museumshafen oder das interessante Runge-Museum.

Ein echtes Wunderwerk aus Stahl und Beton ist das **»Blaue Wunder von Wolgast«**, wie man die neue Klapp- bzw. Wippbrücke über die Peene liebevoll nennt. Das 256 m lange Bauwerk wurde 1995 bis 1997 nach den Plänen von Oskar Lehmann für 104 Mio. DM konstruiert. Die hochmoderne Straßenbrücke verbindet den Nordwestteil der Insel ▶ Usedom mit dem vorpommerschen Festland.

Nicht wundern, nur staunen

Auferstanden aus Asche

Geschichte

Vor allem die St.-Petri-Kirche lässt mit ihrer wuchtigen Erscheinung noch erahnen, dass die Kleinstadt am Peenestrom in früheren Zeiten eine wichtige Rolle spielte. Bischof Otto von Bamberg, der 1128 auf seiner Missionsreise nach Usedom durch Wolgast kam, ließ hier den Tempel des slawischen Kriegsgotts Gerowit zerstören. Die Wolgaster Pommernherzöge residierten von 1285 bis zum Aussterben der Linie im 17. Jh. in der Stadt. Zar Peter I. ließ 1713 Wolgast niederbrennen – nur die Kirche, zwei Kapellen und vier weitere Gebäude blieben damals erhalten. Im 19. Jh. erlebte die Stadt durch die Segelschifffahrt und den Getreidehandel eine erneute Blütezeit.

Wohin in Wolgast?

Barockes Wahrzeichen

Rathaus

Das Rathaus, das am Marktplatz steht, erkennen Sie an seinem geschweiften Giebel. Das mittelalterliche Gebäude wurde nach dem verheerenden Stadtbrand im Jahr 1713 barock erneuert.

Kaffeemühle und Zwölfeckkapelle

Stadtgeschichtliches Museum, Gertrudenkapelle

Das Fachwerkgebäude direkt daneben, im 17. Jh. als Kornspeicher erbaut, wird wegen seiner eigenwilligen Form von den Wolgastern **»Kaffeemühle«** genannt. Hier hat das Stadtgeschichtliche Museum seinen Sitz. Das Museum präsentiert die Zeit der Herzöge von Pommern-Wolgast, die Schwedenzeit, Schiffsbau und Handel sowie Schulzimmer, Apotheke und Handwerkerstuben. Beeindruckend ist die weltgrößte Sammlung von Pommerschen Fischerteppichen aus Schafswolle. Organisatorisch gehört auch die

WOLGAST ERLEBEN

WOLGAST INFORMATION
Rathausplatz 10
17438 Wolgast
Tel. 03836 60 0 18
www.stadt-wolgast.de

KURVERWALTUNG LUBMIN
Freester Str. 8
17509 Lubmin
Tel. 038354 2 20 11
www.lubmin.de

DER SPEICHER €€
Auf der Schlossinsel direkt am Museumshafen steht der eindrucksvolle Speicher. Fisch dominiert die Speisekarte, aber es gibt auch deftige Fleischgerichte. Die freundlichen Zimmer und Appartements in der zweiten Etage sind mit viel Holz eingerichtet, von den breiten Fensterbänken mit Sitzgelegenheit haben Sie einen schönen Blick auf den Museumshafen und die Stadt.
Hafenstr. 22
Tel. 03836 2 33 85 50
www.speicher-wolgast.de

zwölfeckige **Gertrudenkapelle** zum Museum. Das Zeugnis norddeutscher Backsteingotik für die Schutzpatronin der Pilger entstand um 1420 nach einer Pilgerfahrt des Wolgaster Herzogs Wartislaw IX. als Teil einer Herberge und bildet das Heilige Grab in Jerusalem nach. Teil des Museums ist auch das Eisenbahn-Dampffährschiff »Stralsund« von 1890 im Hafen.
Museum: Rathausplatz 6 | April – Okt. Di. – Fr. 11 – 18, Sa., So. bis 16 Uhr | Eintritt 4 € | www.museum.wolgast.de
Gertrudenkapelle: Chausseestr. 26 | Besichtigung auf Anfrage, Tel. 03836 20 30 41 | Eintritt frei | www.museum.wolgast.de

Anstelle eines Tempels

St.-Petri-Kirche

Vermutlich im späten 14. Jh. wurde die St.-Petri-Kirche errichtet – an der Stelle des slawischen Gerowit-Tempels bzw. über einem frühgotischen Vorgängerbau. Durch den Stadtbrand von 1713 verlor die Kirche einen Teil ihrer wertvollen Ausstattung. Berühmt ist der 24 Bilder umfassende monumentale **Wolgaster Totentanz**, eine Arbeit des Wolgaster Kapitäns und Reeders Caspar Siegmund Köppe. Die Arbeit entstand um 1700, angelehnt an Vorlagen von Hans Holbein d. J. An der Südwand des Chors entdeckte man den Gerowit-Stein, das Flachrelief einer stehenden Männerfigur mit Lanze. Eine hervorragende Messingguss-Arbeit ist das Epitaph für Herzog Philipp I., das 1560 entstand. In der Krypta sind die Herzöge von Pommern-Wolgast beigesetzt, auch der 1625 verstorbene Herzog Philipp Julius, der Letzte des Geschlechts.

Geburtshaus eines Meisters der Romantik

Runge-Museum

In Wolgast wurde **Philipp Otto Runge**, der nach Caspar David Friedrich bekannteste romantische Maler Deutschlands, geboren. Die Stadt besitzt kein einziges originales Bild des Künstlers, hat jedoch aus der Not eine Tugend gemacht und Runges Geburtshaus in ein interessantes, ungewöhnliches Museum umgewandelt. Mit Zeitzeugnissen, aber auch mit modernen Medien werden Runges Neuerungen, insbesondere seine Symbolsprache und seine berühmte **Farbenlehre**, anschaulich vermittelt und sein Einfluss auf die Moderne deutlich gemacht. Im Erdgeschoss werden vor allem Runges Elternhaus und seine ersten künstlerischen Versuche beleuchtet. Da die ursprüngliche Einrichtung des Hauses nicht mehr am Ort ist, gingen die Ausstellungsmacher auch hier neue Wege, indem sie auf die einfühlsame Restaurierung der Räume vertrauten und sich auf einige ausgewählte Aspekte von Runges Jugendzeit beschränkten.

Kronwiekstr. 45 | April – Okt. Di. – Fr. 11 – 18, Sa., So. bis 16 Uhr
Eintritt 4 € | www.museum.wolgast.de

Traditionsreicher Umschlagplatz

Hafen

Vom Runge-Haus sind es nur ein paar Schritte zum ehemaligen Fischereihafen, der im 19. Jh. auch eine große Bedeutung als Getreideumschlagplatz hatte. Heute legen hier keine Frachtschiffe mehr an, sondern nur noch Jachten und Ausflugsschiffe. Ein Teil der alten Hafenanlage wurde in den **Museumshafen** umgewandelt. Sie können fangfrischen Fisch kaufen und Europas älteste **Eisenbahndampffähre**, die 1890 in Dienst gestellte »Stralsund«, besichtigen.

»Stralsund«: Juni – Aug. Di. – Fr. 11 – 18, Sa., So. bis 16 Uhr
Eintritt 2 € | www.museum.wolgast.de

Rund um Wolgast

Europas größter Skulpturenpark

★ Katzow und der Skulpturenpark

Moderne Kunst mitten auf der Wiese – das gibt es bei Katzow, einem Dorf etwa 7 km westlich von Wolgast (Anfahrt auf der B 111 Richtung Gützkow, bei Pritzier rechts ab). Seit 1992 veranstaltet der Bildhauer Thomas Radeloff auf dem Gelände Workshops und vergrößert mit den dabei entstehenden Arbeiten den sehenswerten **Skulpturenpark** jedes Jahr um einige Kunstwerke. Mittlerweile ist das Areal, auf dem Künstler aus dem In- und Ausland ausstellen, bereits auf 10 ha angewachsen. Ausstellungen finden auch in der Kunst- und Kulturscheune statt. Der Skulpturenpark ist Teil der »Art-Route« Vorpommern, zu der auch der KunstgARTen »Stettiner Haff« (▶ Pasewalk) gehört.

Skulpturenpark: Dorfstr. 45 | Eintritt frei | www.skulpturenpark.wixsite.com/skulpturenparkkatzow

Von der Petrikirche geht der Blick über Wolgast hinaus auf den Peenestrom.

Feiner Sand, Kiefern und Heide

Lubmin Am Greifswalder Bodden, 2 km von Wusterhusen entfernt, liegt Lubmin. 1273 wurde der Ort als Besitz des Klosters Eldena (▶ Greifswald) erstmals erwähnt. Obwohl bereits seit Beginn des 20. Jh.s Badegäste hierherkommen, ist das einstige Fischer- und Bauerndorf Lubmin ein vergleichsweise ruhiges Seebad geblieben. Das benachbarte, mittlerweile stillgelegte Kernkraftwerk hat dazu sicher auch seinen Teil beigetragen. Im Vergleich mit anderen Küstenabschnitten ist der 5 km lange feinsandige Badestrand von Lubmin noch wenig frequentiert. Hinter dem Strand breitet sich Kiefernwald aus. Schöne Wanderungen können Sie in der dünenreichen Lubminer Heide unternehmen.

Fischerdorf mit Teppichtradition

Freest Spannend ist das Heimatmuseum, denn in Freest östlich von Lubmin entstanden die ersten **Pommerschen Fischerteppiche** mit maritimen Motiven. Freests Teppichknüpferei geht bis auf das Jahr 1928

zurück. Nicht versäumen sollten Sie den Hafen, in dem Kutter auch Fährdienste nach Usedom anbieten. Im Hotel Leuchtfeuer in der Dorfstraße befindet sich eine Verleihstation von UsedomRad.

Heimatmuseum: Dorfstr. 67 | März, April, Nov., Dez. Mo. - Fr. 9 - 14, Mai - Okt. Di. - Sa. 10 - 15 Uhr | Eintritt 3,50 €

H
HINTER-GRUND

Direkt, erstaunlich, fundiert

Unsere Hintergrundinformationen beantworten (fast) alle Ihre Fragen zu Mecklenburg-Vorpommern.

Am Ende einer Lindenallee steht im Schlosspark von Neustrelitz Hebe, die Göttin der Jugend. ▶

DIE REGION UND IHRE MENSCHEN

Ganz im Nordosten der Bundesrepublik Deutschland liegt jenes Land mit den stillen Seen, den endlosen Alleen, den hell leuchtenden Kreidefelsen und einer faszinierenden Küstenlandschaft. Ein Bilderbuchland, dieses Mecklenburg-Vorpommern? Nun, das vielleicht nicht, aber ein schönes Fleckchen Deutschland mit einer langen Tradition als Urlaubsregion ist es allemal.

Land der Seebäder

An der Ostseeküste bei Bad Doberan hat alles angefangen, damals 1793, als der Herzog von Mecklenburg-Schwerin auf dem heiligen Damm das erste Kurbad einrichten ließ. Heute ist **Heiligendamm** eines von vielen Seebädern an der Ostseeküste Mecklenburg-Vorpommerns und bei Weitem nicht das bekannteste. Egal, ob auf Deutschlands größter Ostseeinsel Rügen, auf Usedom, der einstigen »Badewanne Berlins«, oder auf der schmalen Halbinsel Fischland – überall warten kilometerlange Sandstrände auf Urlauber, dazu der Charme alter Seebäder und ein vielfach noch unberührtes Hinterland. Die Badeorte sind von Ferienvillen aus der Vorkriegszeit ebenso geprägt wie von den kleinbürgerlichen Ferienkolonien aus DDR-Zeiten. Neue »Resorts«, Hotels und Freizeiteinrichtungen schossen wie Pilze aus dem Boden, viel Geld floss und fließt nach wie vor in den Um- bzw. Neubau von Wellness-Einrichtungen. Fast jedes Seebad brüstet sich mit der Renovierung oder der Neukonstruktion einer Seebrücke, an der wie in früheren Zeiten die Ausflugsschiffe anlegen. Auch die klimatischen Voraussetzungen für einen Badeurlaub sind gut, denn nirgendwo sonst scheint die Sonne in Deutschland so häufig wie auf Rügen und Usedom.

Ehrwürdige Hansestädte

Die Geschichte, die dem Besucher in den Badeorten an der Ostseeküste begegnet, ist verhältnismäßig jung im Vergleich zu der langen Vergangenheit, die sich in den Stadtbildern spiegelt. Bei einem Spaziergang durch die kopfsteingepflasterten Altstadtgassen von **Stralsund** oder **Wismar** begegnen Sie auf Schritt und Tritt eindrucksvollen Zeugnissen einer wirtschaftlichen Blüte während der Hansezeit. Neben reich ausgestatteten Kirchen und Klöstern sind dies vor allem die Stadtbefestigungen mit ihren Toren und Türmen sowie die stattlichen gotischen Kaufmannshäuser.

Stilles Hinterland

Für das Hinterland der Städte, das Herz der Region, muss man sich Zeit nehmen. Auf schmalen Alleen fährt man durch die Landschaft mit den Wiesen, den waldbedeckten Hügeln und den über 2000 Seen, die ideale Voraussetzungen für Wasserwanderungen bieten.

OBEN: Abendstimmung am Strand von Ahrenshoop auf Fischland
UNTEN: Betrieb auf der Schmalen Luzin in der Mecklenburgischen Seenplatte

Der Dornröschenschlaf, in dem das Land viele Jahre lag, kommt heute den Urlaubern zugute. In der häufig noch unberührten Natur tauchen aus dem Morgennebel Schwärme von Kranichen auf, an der Müritz ziehen noch Fischadler ihre Kreise. In vielen Dörfern scheint die Zeit stehen geblieben zu sein. Keine Ortskernsanierung ist über ihr Kulturerbe hinweggewalzt, es gibt kaum Industrie, und bislang zerschneiden nur wenige Asphaltpisten das Idyll. In den Wäldern stößt man auf Kreise großer Steine, auf Findlinge und Hünengräber – anrührende Zeugnisse der Vorgeschichte. Und unter den Eichen von Ivenack wandelt man im Schatten von über 1000 Jahre alten Bäumen. Freilich ist auch Mecklenburg-Vorpommern längst in der Gegenwart angekommen – nicht unbedingt sanft: Die Menschen leiden unter der hohen Arbeitslosigkeit. Viele verlassen das Land, weil sie hier keine Zukunft sehen. Der Wunsch, den Anschluss an die Zeit zu finden, wird nicht selten auf Kosten der Natur erfüllt: So sind die überwiegend im 19. Jh. gepflanzten Alleen, die als Wahrzeichen der Region gelten, vielfach in ihrem Bestand gefährdet, hat doch der Ausbau des Straßennetzes Priorität. Nach wie vor bilden aber die Naturschönheiten das größte Kapital des Landes – das meinte einst vermutlich auch der Mundartdichter **Fritz Reuter**, als er bemerkte:

»
Als uns Herrgott die Welt erschaffen ded,
fung he bi Mecklnborg an.
«

Naturraum

Geformt von Meer und Eis

Geologisch gehört Mecklenburg-Vorpommern zur **Norddeutschen Senke**. Vor etwa 300 Mio. Jahren wurden hier mächtige Gesteinspakete abgelagert. In der Kreidezeit (vor 140 – 65 Mio. Jahren) ruhten sie verborgen unter einem flachen und warmen Meer mit fossilienreichen Kalken. An manchen Stellen, z. B. am Steilufer der Stubbenkammer auf Rügen, wurden diese Kalke emporgehoben. Im Tertiär (vor 65 Mio. Jahren) zog sich das Meer zurück und es bildete sich der heutige Küstenverlauf. Besonders die letzte Weichsel-Kaltzeit mit diversen Eiszeitphasen (115 000 – 9700 v. Chr.) hinterließ Spuren. Der Norden des Landes lag für Jahrtausende unter einem Eispanzer, an dessen Rand sich Urstromtäler, Toteisseen, Zungenbecken und später Moore bildeten. Größere Sandgebiete wie die Ueckermünder Heide oder die Rostocker Heide gehen auf die Mündungsgebiete alter Flüsse zurück, die Sand und Schutt mit sich führten. In Mecklenburg-Vorpommern ist die Landschaft also alles andere als einförmig: Hier gibt es Steil- und Boddenküste und kilometerlange Sandstrände, rund 2000 Seen liegen eingebettet inmitten flacher Hügel, Wälder, Wiesen und Felder. Das Land hat gleich an mehreren landschaftlichen Großräumen Anteil: Von Nord nach Süd sind dies die Ostseeküste, das Nordostmecklenburgische Flachland und die hügelige Mecklenburger Seenplatte.

Ostseeküste

An Mecklenburg-Vorpommerns gut 1700 km langer Küste wechseln sich Flachufer, nehrungsähnliche Seesandebenen und mit Dünen besetzte Strandwälle sowie Steilufer ab. Breite **Sandstrände** erstrecken sich an den Flachufern und vor den meisten Steilhängen. Die Buchten der **Bodden** sind lang und seicht, dichte Schilfgürtel säumen die stark zerklüfteten Uferränder. Am Ostrand der Wismarer Bucht kann man die Boddenbildung studieren: Hier wird das Salzhaff durch die Halbinsel Wustrow vom offenen Meer abgetrennt. Landschaftlich besonders eindrucksvoll sind die Bodden zwischen der Halbinsel Fischland-Darß-Zingst und dem Festland, zwischen den Inseln Hiddensee und Rügen und innerhalb der Insel Rügen. Die größten Bodden sind der Greifswalder Bodden, das Achterwasser als die Verbreiterung des Peenestroms und das Oderhaff. Übrigens: Alle Flüsse des Bundeslands fließen in einen Bodden, keiner mündet ins offene Meer. Die Küstenlandschaft ist keineswegs so flach, wie man das an der Ostsee erwarten würde. Die bekannteste Steilküste Mecklenburg-Vorpommerns findet man an der Ostseite von Rügen mit ihren weiß leuchtenden **Kreidefelsen**.

BAEDEKER MAGISCHE MOMENTE

EHRFURCHT VOR ALTEM HOLZ

Machen Sie wachen Auges einen Spaziergang und entdecken Sie die Geheimnisse der Bäume: In Ivenack sind die Eichen bis zu 1000 Jahre alt, und in Mönchhagen wächst eine der ältesten Eiben Deutschlands – ist sie 500 Jahre alt oder gar 700? Bizarr die auf den Dünen böigem Wind trotzenden Kiefern: Sie heißen »Windflüchter«, da die Kronen nur auf der windabgewandten Seite wachsen. An Waldrändern stehen manchmal »Sonnendreher«, plattdeutsch »Sündreyer«: ihre Baumkronen folgen dem Lauf der Sonne und verzwirbeln den Stamm.

Nordost-mecklenburgisches Flachland

Hinter der Küstenlinie schließt sich – etwa zwischen den Städten Güstrow, Malchin, Neubrandenburg und Prenzlau – das nordostmecklenburgische Flachland an. In der südlich angrenzenden Beckenzone liegen einige der größeren **Seen** des norddeutschen Tieflands wie der Kummerower See, der Malchiner See, der Tollensesee und die Uckerseen. Wegen seiner vielen bewaldeten, maximal 123 m hohen Hügel wird das Gebiet zwischen Teterow und Malchin auch **Mecklenburgische Schweiz** genannt.

Mecklenburgische Seenplatte

Die mecklenburgischen Seen zwischen Schwerin im Nordwesten und Neustrelitz im Südosten bilden das landschaftliche Herz von Mecklenburg-Vorpommern. Das mit Abstand größte Gewässer der Mecklenburgischen Seenplatte ist die **Müritz**. Ganz im Westen des Seengebiets erstreckt sich der Schweriner See, an den sich östlich das Sternberg-Krakower Seengebiet anschließt. Noch weiter im Süden setzt sich das Gewässerband zwischen Plau und Waren mit den sogenannten Großen Seen fort, zu denen neben der Müritz der Plauer See, der Fleesensee und der Kölpinsee zählen. Im Südosten der Großen Seen folgt die Neustrelitzer Kleinseenplatte (u. a. mit Useriner See, Woblitzsee, Zierker See und Großem Labussee). Den östlichen Abschluss der Seenplatte bildet die **Feldberger Seenlandschaft**. Im Bereich der Neustrelitzer und der Feldberger Seen bestimmen Sanderflächen die Landschaft, auf denen sich Heidegebiete und ziemlich dichte Wälder (Kiefern, Buchen und Eichen) ausbreiten. Zahlreiche Wasserwege und Kanäle verbinden die Seen miteinander.

Naturschutzgebiete

Mecklenburg-Vorpommern schützt mit drei Nationalparks, sieben Naturparks, drei Biosphärenreservaten und zahlreichen Natur-, Vogel- und Landschaftsschutzgebieten fast 35% der Landesfläche. Zum Erhalt der noch in großen Teilen natürlichen Landschaften Mecklenburg-Vorpommerns haben die ehemaligen Staatsjagd- und Grenzgebiete der DDR sowie die Truppenübungsplätze der Sowjetarmee beigetragen, da sie für die Bevölkerung unzugänglich waren. Daneben gab es zu DDR-Zeiten viele Natur- und Landschaftsschutzgebiete, dank derer herausragende Naturräume bis in die heutige Zeit erhalten geblieben sind.

Pflanzen und Tiere

Pflanzen

Felder, Seen (5,5% der Landesfläche) und Wälder (21%) prägen das Landschaftsbild. In den Mischwäldern sind etwa 20 Baumarten heimisch, insbesondere Kiefer und Buche. Die Serrahner Buchenwälder wurden zum UNESCO-Weltnaturerbe erklärt.
An der Küste wachsen Strandhafer und Strandnelke sowie Sanddorn, zudem die vom Aussterben bedrohten und deshalb geschützten

Ein Seeadler auf der Jagd

Pflanzen Meerkohl und Stranddistel. Erlenbrüche, Röhrichte und Salzwiesen sind charakteristisch für die Boddengewässer. Sie sind Lebensraum und Brutgebiet für zahlreiche Vogelarten, ebenso wie die breiten Schilfgürtel, welche die meisten Seen in Mecklenburg-Vorpommern umgeben.

Tiere

Viele **Wasservögel** leben sowohl an den Seen als auch an der Küste. Hier gibt es vor allem **Möwen**, u. a. die Sturmmöwe, die Silbermöwe mit dem roten Punkt auf dem gelben Schnabel und die Lachmöwe, die man im Sommer an ihrem braunen Kopf erkennt. Der Möwenbestand darf nicht zu groß werden, da die Tiere die Eier und Jungvögel seltener Arten fressen. An den Seen nisten Enten, Gänse und Höckerschwäne. In Mecklenburg-Vorpommern horsten wieder rund **300 See- und 180 Fischadlerpaare**. Besonders gut sind sie im Müritz-Nationalpark zu beobachten. Jedes Jahr im Spätherbst lockt der Zug der **Kraniche** in den Nationalpark Vorpommersche Boddenlandschaft, zu dem Naturschauspiel sammeln sich bis zu 70 000 Kraniche (▶ Baedeker Wissen, S. 90). In Mecklenburg-Vorpommern leben rund 1200 Brutpaare und damit etwa die Hälfte aller Brutpaare in Deutschland. Große Kormorankolonien finden sich bei Niederhof am Strelasund und bei Groß Giewitz am Torgelower See, wo auch Graureiher horsten. Neben dem Weißstorch, der feuchte Wiesen und Auen liebt, sind Mäusebussarde und Habichte heimisch.
Ostsee, Binnenseen und Flüsse sind der Lebensraum vieler **Fischarten**. Die wichtigsten Meeresfische sind Hering, Steinbutt, Flunder,

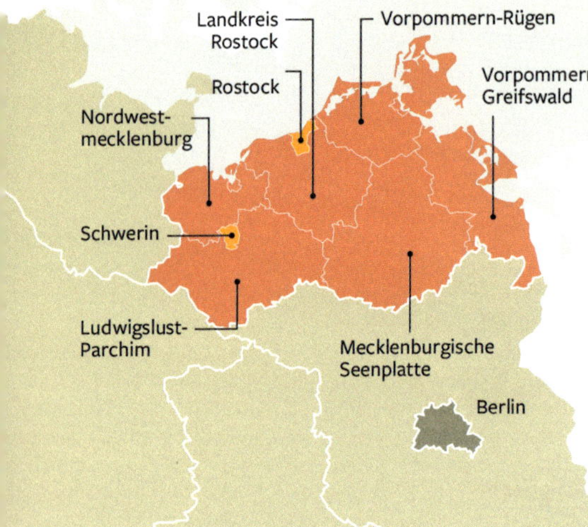

Lage: **Norddeutsches Tiefland**

Fläche: **23 211 km^2**

Einwohner: **1,61 Mio.**
Im Vergleich Hamburg: **1,83 Mio.** Einwohner

Bevölkerungsdichte: **69 Einwohner/km^2** (geringste Siedlungsdichte aller deutschen Bundesländer)

▶ Verwaltung

Landeshauptstadt: **Schwerin**

Neuordnung des Landes mit der Kreisgebietsreform vom 4.9.2011

Einwohnerzahlen der Landkreise und Kreissitze:

Mecklenburgische Seenplatte:
250 574 / Neubrandenburg

Vorpommern-Greifswald:
237 066 / Greifswald

Vorpommern-Rügen:
225 123 / Stralsund

Rostock:
214 635 / Güstrow

Ludwigslust-Parchim:
212 522 / Parchim

Nordwestmecklenburg:
156 993 / Wismar

Kreisfreie Städte:
Rostock: 208 409
Schwerin: 95 797

▶ Wappen und Flagge

▶ Naturraum

2033 Seen mit insgesamt ca. **738 km^2** Fläche (entspricht **25 %** der Seenfläche in Deutschland)

Küste: ca. **1712 km**, davon **354 km** Ostseeküste und **1358 km** Boddenküste

Höchste Erhebung:
Helpter Berge bei Woldegk **(179 ü.d.M.)**

Längster Fluss:
Elde **(208 km)** bzw.
Müritz-Elde-Wasserstraße **(184 km)**

Größter See: Müritz, **117 km^2**
(größter See Deutschlands nach dem Bodensee)

Klima

Usedom und Rügen sind die sonnenreichsten Regionen Deutschlands (Sonnenscheindauer 1910 bzw. 1870 St./Jahr).

Wirtschaft

Bruttoinlandsprodukt (BIP): **42,78 Mrd. €** (2017) Das entspricht einem Anteil von 1,3 % am gesamten BIP der Bundesrepublik.

Durchschnittlicher Bruttolohn: **27 520 €** (2017)

Verfügbares Einkommen pro Kopf: **18 299 €** (2017)

Arbeitslosenquote: **8,4 %** (2018)

Klimastation Rostock

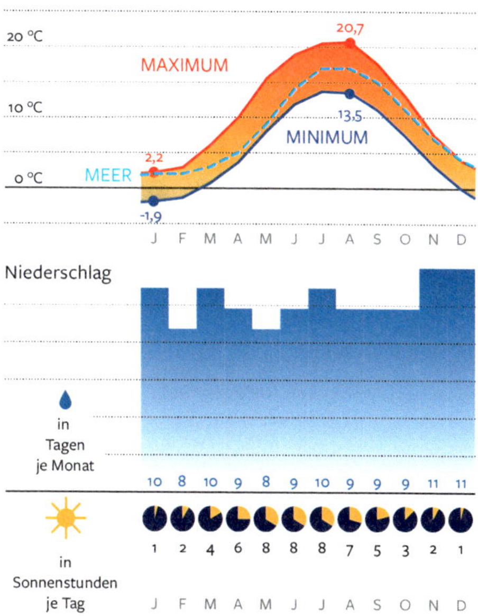

Die größten Seen der Mecklenburgischen Seenplatte

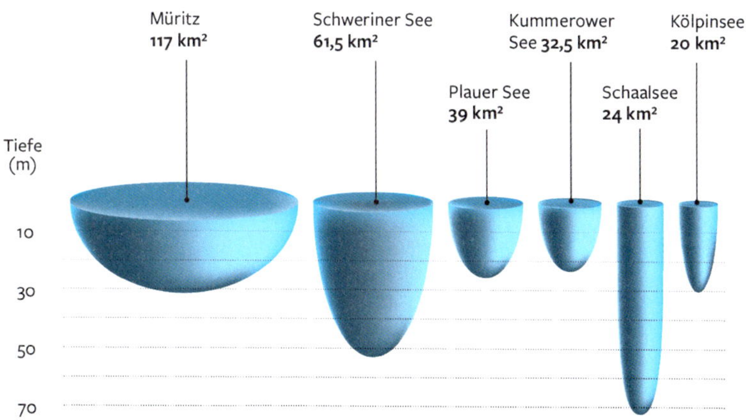

Hornfisch, Aal sowie Dorsch. Im Frühjahr sammeln sich oft große **Heringsschwärme** im Greifswalder Bodden. An Süßwasserfischen wären vor allem Hecht, Plötze, Blei, Barsch, Zander und Karpfen zu nennen. In einigen Seen leben seit der letzten Eiszeit sogar noch Maränen, das sind bis zu 40 cm lange Fische.

Bevölkerung und Wirtschaft

Rückläufige Bevölkerung

Die Region im äußersten Nordosten Deutschlands war immer **dünn besiedelt**. Dass unmittelbar nach Ende des Zweiten Weltkriegs um 1946/1947 zeitweise mehr als 2 Mio. Menschen in dem Land lebten, war dem Zuzug von rund einer Million Heimatvertriebener zuzuschreiben. Seither sank diese Zahl kontinuierlich, signifikant nach der Wiedervereinigung Deutschlands 1989, als Zehntausende das wirtschaftlich schwache Land in Richtung westliche Bundesstaaten verließen, weil sie hier keine Perspektiven mehr für sich sahen. Erst in jüngster Zeit konnte dieser Abwärtstrend gestoppt werden; 2017 gab es erstmals mehr Zuzüge als Fortzüge. Da die Geburtenrate in Mecklenburg-Vorpommern konstant hoch ist, wird sich die Bevölkerungszahl voraussichtlich stabilisieren, eventuell sogar zunehmen. Insbesondere die großen Städte an der Küste mit ihrer Wirtschaftskraft sind attraktiv für Zuziehende, während vor allem in ländlichen Regionen im Hinterland die Einwohnerzahl weiter zurückgeht.

Strukturprobleme

In der Wirtschaftsstruktur gibt es einen deutlichen Unterschied zwischen Stadt und Land. In den Städten und an der Küste entwickelt sich die Wirtschaft stark und stetig, nicht zuletzt dank staatlicher Förderung. Das landwirtschaftlich geprägte Hinterland dagegen hat mit sinkenden Zahlen zu kämpfen. So schreitet der Arbeitsplatzverlust in der Landwirtschaft fort. Doch auch hier ist ein **allmählicher Strukturwandel** zu verzeichnen: Zwar werden – neben der Grünlandnutzung für die Tierhaltung – auf den oftmals kargen und nicht sehr ertragreichen Böden weiterhin traditionell vor allem Kartoffeln, Zuckerrüben, Raps und Getreide angebaut. Aber mehr und mehr gewinnt die Biolandwirtschaft an Boden. Das macht sich auch in der Gastronomie bemerkbar: Produkte aus der Region sind oft von hoher Qualität und immer häufiger auf den Speisekarten der heimischen Restaurants zu finden. **»Made in Mecklenburg-Vorpommern«** kann durchaus als Gütesiegel betrachtet werden.

Traditionsgeschäft Fischfang

Die gleiche Rolle spielt Fisch aus heimischen Gewässern und aus der Ostsee. Die Küstenfischerei, der älteste Wirtschaftszweig des Landes, hat mit sinkenden Fangquoten, zurückgehenden Erträgen, ausländischer Konkurrenz und in der Folge mit dem Verlust von Arbeitsplätzen zu kämpfen. **Klasse statt Masse** scheint ein Rezept für die

Räucherfisch aus den Mecklenburgischen Seen findet immer mehr Kundschaft.

Zukunft zu sein. Meeres- wie Süßwasserfische aus den heimischen Seen werden nicht nur im Land konsumiert und sorgen für ein qualitätsvolles gastronomisches Angebot, sondern landen zunehmend auch in den Geschäften und Restaurants anderer Bundesländer.

Entwicklung der Industrie

Die Industrie hat in Mecklenburg-Vorpommern nicht den gleichen hohen Stellenwert wie in den meisten anderen Bundesländern. Traditionell ist in den Hafenstädten die Schiffbauindustrie stark vertreten. Andere Zweige sind etwa Metallverarbeitung und Lebensmittelproduktion sowie Forstwirtschaft. Mehr und mehr an Bedeutung gewinnt die Energieerzeugung, wobei – in dem windreichen Küstenland nicht verwunderlich – der Anteil der regenerativen Energien bei inzwischen rund zwei Dritteln liegt. Branchen mit Zukunft sind neben dem Dienstleistungssektor spezielle Industrien wie etwa die Medizintechnik und die Biotechnologie; Motor für diese Entwicklung sind vor allem die forschungsstarken Universitäten des Landes.

Jobmaschine Tourismus

Insbesondere auf die weitere Entwicklung der Tourismusindustrie kann Mecklenburg-Vorpommern setzen. Als **innerdeutsches Reiseziel** hat das Land inzwischen Bayern als Nummer eins abgelöst. Die

Übernachtungszahlen nehmen zu; 2017 wurden rund 30 Mio. Übernachtungen gezählt. Witterungsbedingt gibt es natürlich Schwankungen, aber der Aufwärtstrend ist stabil. Allerdings verteilt sich das Aufkommen ungleichmäßig: Die Seebäder, an erster Stelle Heringsdorf, Binz, Kühlungsborn und Warnemünde, sind ganz klar Spitzenreiter, während das Hinterland durchaus noch Wachstumspotenzial aufweist. Ziele wie die Mecklenburgische Seenplatte unternehmen große Anstrengungen, um ihre Attraktivität zu steigern. Das Potenzial ist außerordentlich: Außer Bergen hat es alles zu bieten, was Touristen anzieht: Küste, Kultur und Kulinarik. Ziel ist auch, dem Land einen Spitzenplatz im Gesundheitstourismus zu sichern.

BAEDEKER MAGISCHE MOMENTE

FENSTER IN DIE VERGANGENHEIT

Unsere Vorfahren haben in Mecklenburg-Vorpommern Hunderte Steingräber, darunter Dolmen, Ganggräber und Hünenbetten, hinterlassen. Bei Lancken-Granitz gibt es gleich fünf dieser Zeugnisse der steinzeitlichen Besiedlung der Insel Rügen relativ dicht beieinander. Um viele dieser Gräber ranken sich Sagen und Legenden, und auch eher nüchterne Zeitgenossen fragen sich, was diese Mencshen wohl dazu bewogen hat, solch aufwendigen Gräber zu errichten. Vielleicht finden Sie die Antwort bei einem einsamen Waldspaziergang ...

GESCHICHTE

Einwanderung der Slawen, Aufstieg der Hanse, Krieg und Frieden mit den Nachbarn zu Lande und zur See, DDR und Wiedervereinigung – die Regionen Mecklenburg-Vorpommerns blicken auf eine bewegte Geschichte zurück.

Frühzeit bis zu den Slawwen

Eiszeitliche Jäger und erste Bauern

Die ältesten Funde, die auf die Anwesenheit von Menschen im Gebiet des heutigen Mecklenburg-Vorpommern schließen lassen, sind bei Parchim, auf dem Fischland und am Saaler Bodden gefundene Knochenharpunen und Stielspitzen aus Feuerstein, die im 9. bis 8. Jt. v.Chr. gefertigt wurden. Zwei bei Garz auf der Insel Rügen entdeckte Pfeilspitzen aus Rentiergeweih und eine im nahen Gingst ausgegrabene, aus Horn geschnitzte Harpune stammen vom Ende der Altsteinzeit (8. Jt. v.Chr.). Funde aus der **Mittelsteinzeit** belegen, dass bis 3000 v. Chr. im gesamten Gebiet nomadisierende Jäger, Sammler und Fischer gelebt haben. In der **Jungsteinzeit** (3000 – 1800 v. Chr.) werden die Menschen allmählich sesshaft, treiben Ackerbau und Viehzucht. Sie stellen reich verzierte Töpferwaren her und weben Textilien. Bei Litzow auf Rügen wurden über 20000 Pfeil- und Lanzenspitzen, Messer, Beile, Faustkeile und andere Waffen aus Feuerstein entdeckt. Viele dieser steinzeitlichen Gerätschaften kann man heute im Kulturhistorischen Museum in Stralsund bewundern.
Auffälligstes Erbe aus dieser Zeit sind die **Großsteingräber** (Megalithkultur), die an vielen Stellen des Landes zu finden sind und in denen die ersten Bauern ihre Toten bestatteten. Die einfachste und älteste Form des Megalithgrabs ist der Dolmen, der in seiner ursprünglichen Form nur aus zwei liegenden Tragsteinen, einem kleineren Schlussstein an der Schmalseite und einer einzigen Deckplatte bestand. Häufig gibt es auch Ganggräber, bei denen riesige Findlinge zu einem länglichen, kastenartigen Bestattungsraum angeordnet und mit Erde überdeckt wurden. Die volkstümliche Bezeichnung »Hünengräber« für die mächtigen Megalithgräber entstand vermutlich im Mittelalter aus dem Glauben heraus, nur Hünen seien in der Lage gewesen, solche Steinmassen aufeinanderzutürmen.

Metallzeiten

Menschen der **Bronzezeit** (1800 – 600 v. Chr.) entwickeln durch Metallgewinnung und Tauschhandel neuen Schmuck, Werkzeug und Waffen und führen **Krieg im Tollensetal**: Ausgrabungen bei Weltzin förderten Skelettreste von 124 jungen Männern, eine bronzene Pfeilspitze und das älteste je in Deutschland gefundene **Zinn** zutage. Archäologen gehen von einer gewaltigen Schlacht um 1300 v. Chr. mit

CHRONOLOGIE

FRÜHZEIT BIS ZU DEN SLAWEN

ab 3500 v. Chr.	Erste Bauern, Großsteingräber entstehen.
ab 600 v. Chr.	Germanenstämme besiedeln das Land.

GERMANEN UND SLAWEN

4./5. Jh.	Die Germanen verlassen die Siedlungsgebiete zwischen Elbe und Oder gen Süden.
6./7. Jh.	Slawen dringen an der Küste vor
983	Die Slawen erheben sich gegen die Ostkolonisierung unter den Ottonen.
995	Erste urkundliche Erwähnung der Mikelenburg nahe dem heutigen Dorf Mecklenburg

FRÜHE CHRISTEN

12. Jh.	Zwangschristianisierung der slawischen Bevölkerung
1160	Der letzte Slawenfürst fällt im Kampf gegen Heinrich den Löwen; Gründung Schwerins.
1167	Pribislaw gründet das mecklenburgischen Herzogshaus.
1168 – 1227	Vorherrschaft der Dänen

ZEIT DER HANSE

13. Jh.	Deutsche Siedler wandern ein.
1281	Zusammenschluss der Wendischen Hanse
1348	Die sächsische Lehenshoheit endet.
1419	Erste Universität Nordeuropas in Rostock
1535/1549	Der protestantische Glaube wird Landesreligion.

UNTER SCHWEDEN UND PREUSSEN

1618 – 1648	Schwere Verwüstungen im Dreißigjährigen Krieg
1701	Teilungen Mecklenburgs und Pommerns
1755	Erste Verfassung tritt in Kraft.
1793	Erstes deutsche Ostseebad in Heiligendamm

IM 20. UND 21. JAHRHUNDERT

1919	Gründung der Freistaaten Mecklenburg-Schwerin und Mecklenburg-Strelitz
1934	Die beiden Mecklenburgs werden vereinigt.
1945	Sowjetische Besatzungszone. Grenzziehung zu Polen
7.10.1949	Gründung der DDR
1952	Verwaltungsreform mit den Bezirken Rostock, Schwerin und Neubrandenburg
3.10.1990	Wiedervereinigung und freie Wahlen, Mecklenburg-Vorpommern wird Bundesland.

4000 Kriegern und ca. 750 Toten aus. Der Südosten von Mecklenburg-Vorpommern wird von der **Urnenfelderkultur** (Lausitzer Kultur) beeinflusst. Zwischen 600 v. Chr. und 600 n. Chr. löst **Eisen** die Bronze ab. Innerhalb der germanischen Stämme bildet sich die Stammesherrschaft mit Heerführern an der Spitze heraus.

Slawen folgen auf Germanen

Während der **Völkerwanderung** (5. Jh.) verlassen die germanischen Stämme das Gebiet zwischen Elbe und Oder. Ende des 6. Jh.s/ Anfang des 7. Jh.s **wandern slawische Stämme in das nur noch dünn besiedelte Gebiet ein**, u. a. die Wilzen und Pomoranen. Die Warnower nehmen die Gebiete an der Elde und am Oberlauf der Warnow in Besitz, die Tollenser siedeln am Tollensesee. An der Küste lassen sich vor allem die Obodriten nieder, auf Rügen landeten die Ranen, die zum Stamm der Liutizen gehören. Noch heute verraten die Dorfnamen, die auf die Silben -in, -ow, -itz oder -gast enden, den slawischen Ursprung vieler Ortsgründungen. Einzelne Handwerke wie Töpferei und Holzverarbeitung werden zu hoher Blüte gebracht. Die Handelsbeziehungen der Slawen reichen damals bis weit in den Vorderen Orient. Die Grenze zwischen Obodriten und Sachsen, der sogenannte **Limes Saxoniae**, verläuft von der Kieler Förde bis zur Elbe bei Lauenburg.

Frühe Christen

Die Mecklenburg

Unter **König Heinrich I.** dringen die Sachsen weit in das slawische Land ein. Sie stoßen bis an die Oder vor und schlagen mehrere slawische Stämme. Die Christianisierung der Slawen, die von den Bistümern Brandenburg und Havelberg ausgeht, hat zunächst nur einen geringen Erfolg. Nach dem Tod von Kaiser Otto II. führt ab dem Sommer 983 ein großer slawischer Aufstand zur Beendigung der Ostkolonisation. König Otto III. erwähnt am 10. September 995 erstmals urkundlich die Mikelenburg. 965 oder 973 soll sie auch der im Auftrag des Kalifen von Córdoba reisende jüdische Gesandte Ibrāhīm ibn Ya'qūb als Nakons Burg erwähnt haben.

Untergang der Slawen

Die erste Missionsreise von Bischof Otto von Bamberg nach Pommern findet 1124 im Auftrag des polnischen Königs statt. Die syste-matische **Christianisierung** der Bevölkerung beginnt. Der Sachsen-herzog **Heinrich der Löwe** erobert im Kampf gegen den Obodritenfürsten **Niklot** das Land, um im Auftrag von Kaiser Friedrich I. Barbarossa die Christianisierung voranzutreiben. Niklot fällt 1160; die Slawen werden christianisiert. Zur Festigung seiner Herrschaft gründet Heinrich der Löwe **Schwerin**. Der Bischofssitz wird aus dem Dorf Mecklenburg hierherverlegt. Er belehnt 1167 Niklots Sohn Pribislaw nach dessen Taufe mit dem größten Teil des späteren mecklenburgischen

Gebiets. Pribislaws Sohn Borwin heiratet Mathilde, Tochter Heinrichs des Löwen, und gründet damit die mecklenburgische Herzogsdynastie, die bis 1918 regiert. Verbündet mit dem Dänenkönig Waldemar I. unterwirft Heinrich auch die Slawen in Pommern. Bogislaw von Pommern erhält 1181 das Herzogtum Pommern und wird dadurch wie Pribislaw Reichsfürst. Da die Herrschaft in Mecklenburg, Pommern und auf Rügen jeweils an alle männlichen Erben fällt, kommt es später oft zu Landesteilungen.

Dänisches Intermezzo

Heinrich der Löwe wird durch seinen Machtkampf mit Kaiser **Friedrich Barbarossa** davon abgehalten, weiterhin auf die Geschicke des neu entstandenen Territorialstaats einzuwirken. In dieses Machtvakuum stoßen die Dänen vor. 1168 erobern sie unter **Waldemar I.** die Tempelburg Arkona und machen das Fürstentum Rügen lehnsabhängig. **Waldemar II.** von Dänemark wird 1223 von Graf Heinrich von Schwerin gefangen genommen und erst 1225, nach dem Verzicht auf deutsche Gebiete, wieder freigelassen. 1227 endet die dänische Oberhoheit über Mecklenburg und Pommern.

Zeit der Hanse

Deutsche Einwanderer

Mit der Festigung der deutschen Herrschaft setzt die Einwanderung von Bauern und Handwerkern aus Westfalen, vom Niederrhein und der Nordseeküste ein. Die Einwanderer erhalten Boden zu günstigen Bedingungen. Sie roden Waldgebiete und kultivieren Sumpfniederungen. Die Slawen gehen allmählich in der neuen Bevölkerung auf.

Die Wendische Hanse

Aus der »Gemeinschaft deutscher Gotlandfahrer«, einem Zusammenschluss von Kaufleuten mit Stützpunkt in Wisby, entsteht die Hanse, die sich zur bedeutendsten Fernhandelsvereinigung des Mittelalters entwickelt. In Rostock schließen sich 1281 **Lübeck, Rostock, Wismar, Stralsund** und **Greifswald** zur Wendischen Hanse zusammen, weitere Städte kommen hinzu. **Dänemark** verliert 1370 seinen Krieg gegen das Bündnis der großen Hansestädte und muss im Frieden von Stralsund den Sund und den Sundzoll aufgeben. Fortan beherrscht die **Hanse** den Ostseehandel (▶ Baedeker Wissen, S. 330).

Alle Macht in einer Hand

Karl IV. erhebt **Albrecht II.** und **Johann** 1348 zu reichsunmittelbaren Herzögen von Mecklenburg, womit die sächsische Lehenshoheit endet. Auch den Herzögen von Pommern überträgt man ihr Land als Reichslehen. Nach dem Aussterben aller anderen Stammeslinien in Mecklenburg vereinigt **Heinrich IV.** 1471 das Land. Unter **Bogislaw X.** wird drei Jahre später, nach dem Aussterben aller Teillinien, auch Pommern von einem Herrscher regiert.

Protestantismus

In Mecklenburg und Pommern verbreitet sich ab 1520 die lutherische Lehre. Durch Beschluss des Landtags zu Treptow (13. Dezember 1534) wird der **protestantische Glauben** 1535 Landesreligion in Pommern. Am 20. Juni 1549 verkündet der Sternberger Landtag auch für Mecklenburg die Einführung der protestantischen Landeskirche. Damit ist die Macht der katholischen Kirche gebrochen.

Unter Schweden und Preußen

Dreißigjähriger Krieg

Während des Dreißigjährigen Krieges schließt sich Mecklenburg **Dänemark** an und wird in die Kämpfe mit dem Kaiser verwickelt. Die beiden Herzöge von Mecklenburg und Pommern werden abgesetzt. Kaiser Ferdinand II. belehnt 1628 **Albrecht von Wallenstein** mit Mecklenburg. Dieser vollzieht Reformen, durch die sich der Adels- und Ständestaat in einen Beamtenstaat verwandelt. Mit Hilfe von Schwedenkönig **Gustav Adolf II.** gewinnen die Herzöge von Pommern und Mecklenburg 1631 ihre Länder zurück, womit die alte Adelsherrschaft wieder eintritt. Im **Westfälischen Frieden** muss Mecklenburg Wismar mit der Insel Poel das Amt Neukloster an Schweden abtreten, erhält jedoch die Bistümer Schwerin und Ratzeburg. Schweden bekommt Vorpommern mit Stettin und der Insel Wollin sowie einen Streifen östlich der Oder. Das Land ist durch den Krieg schwer verwüstet und ausgeplündert. Die Bevölkerung ist auf ein Sechstel geschrumpft.

Bauernlegen

Die Gutsbesitzer vermehren ihren Landbesitz, indem sie sich wüst gewordene, ehemals von freien Bauern bebaute Felder aneignen und die Bewirtschaftung übernehmen – das berüchtigte **Bauernlegen**. Dadurch beginnt die Entwicklung hin zum Großgrundbesitz. Begünstigt bzw. von der Obrigkeit für rechtmäßig erklärt wird diese Entwicklung durch die Stettiner Bauernordnung, die 1645 von den Schweden für ganz Pommern bestätigt wird und die Erbuntertänigkeit der Bauern festlegt. In Mecklenburg werden 1654 die Leibeigenschaft und Erbuntertänigkeit ebenfalls gesetzlich verankert.

Landesteilungen

Mecklenburg und Vorpommern werden in den **Nordischen Krieg** verwickelt (1700 – 1721). Nach dem Krieg, im Frieden zwischen Preußen und Schweden, wird Vorpommern geteilt: Das Gebiet nördlich der Peene mit Stralsund, Greifswald und Wolgast sowie die Insel Rügen bleiben schwedisch; die Region südlich der Peene sowie die Inseln Usedom und Wollin fallen an Brandenburg-Preußen. Im »Hamburger Vergleich« wird Mecklenburg 1701 wegen Erbauseinandersetzungen in Mecklenburg-Schwerin und Mecklenburg-Strelitz aufgeteilt.

BAEDEKER WISSEN

DIE »GLEICHGESINNTEN«

Im 12. Jh. entwickelte sich aus einer Gemeinschaft von Kaufleuten ein loser Städte- und Handelsbund, der zunehmende Bedeutung und Macht im europäischen Fernhandel erhielt. Die Hanse (althochdeutsch »hansa« = eine Gruppe Gleichgesinnter) verfolgte gemeinsame Wirtschaftsinteressen, erleichterte den überregionalen Seehandel und bot Schutz gegen Piraterie. In ihrer Blütezeit gehörten ihr Kaufleute aus etwa 200 europäischen Städten an. Ende des 15. Jh.s verfiel der Bund mehr und mehr.

Kogge (ca. 24 m)
Typisches Handelsschiff der Hanse, vor allem zwischen 12. und 14. Jh. im Einsatz

Fleute (ca. 50 m)
Holländischer Schiffstyp mit dem im 18. Jh. der Kolonialhandel organisiert wurde

Klipper (ca. 85 m)
Die größten und schnellsten Holz-Segelschiffe der Geschichte, vor allem 19. Jh.

Containerschiff (bis 397 m)
Kann bis zu 11 000 je 6 m lange Container transportieren.

▶ **Farben der Hanse**
Hansewimpel und Windfähnchen haben die Farben Weiß und Rot.

▶ **Hansestädte**
Heute führen 24 deutsche Städte den Titel Hansestadt, davon sieben auf dem KFZ-Kennzeichen:

Hamburg (HH)

Bremen (HB)

Schleswig Holstein
Lübeck (HL)

Mecklenburg Vorpommern

Wismar (HWI)

Rostock (HRO)

Demmin

Greifswald (HGW)

Stralsund (HST)

Anklam

Niedersachsen
Lüneburg
Stade
Buxtehude

Nordrhein-Westfalen
Wipperfürth
Warburg
Attendorn
Herford

Sachsen Anhalt
Seehausen
Salzwedel
Stendal
Havelberg
Osterburg
Gardelegen
Werben

Hessen
Korbach

Mächtige Ritter

Der Versuch Herzog Carl Leopolds von Mecklenburg, eine absolutistische Herrschaft aufzubauen und die Macht der grundbesitzenden Ritterschaft einzudämmen, misslingt. Der Landesherr einigt sich 1755 mit den Ständen in Mecklenburg auf den **»Landesgrundgesetzlichen Erbvergleich«**, eine Art erste »Verfassung« Mecklenburgs, die bis 1918 gilt. Der Ritterschaft wird u.a. die unumschränkte Herrschaft über ihre Untertanen zugesichert. Viele Menschen sind Anfang des 19. Jh.s so bitterarm, dass sie die Heimat verlassen, um ihr Glück in **Amerika** zu suchen.

Napoleon und Preußen

In den **Napoleonischen Kriegen** werden die mecklenburgischen Staaten besetzt und müssen 1812 Truppen für den Russlandfeldzug Napoleons I. stellen. Im folgenden Jahr schließen sie sich der Allianz gegen Napoleon an. Als Ergebnis des Wiener Kongresses 1815 werden Mecklenburg-Schwerin und Mecklenburg-Strelitz Großherzogtümer. Schwedisch-Pommern und Rügen gehen an **Preußen** über. 1820 wird die Leibeigenschaft aufgehoben.

Beginn des Bädertourismus

1793 wird mit **Heiligendamm** das erste deutsche Ostseebad gegründet. Doch so richtig in Mode kommt das Bad im Meer erst in der zweiten Hälfte des 19. Jh.s. Vor allem die Ferienorte auf Usedom entwickeln sich – u. a. dank der Erreichbarkeit per Eisenbahn – zu beliebten Badeadressen. Viele Fischerdörfer verwandeln sich innerhalb weniger Jahrzehnte in Badeorte mit Villen, Pensionen und Seebrücken.

Im 20. und 21. Jahrhundert

Deutsches Reich

1867 tritt Mecklenburg dem Norddeutschen Bund und ein Jahr später dem Deutschen Zollverein bei, 1871 dem neu gegründeten **Deutschen Reich**. Im Zuge der **Novemberrevolution** 1918 am Ende des Ersten Weltkriegs kommt es auch in Mecklenburg zu Aufständen. Großherzog Adolf Friedrich VI. von Mecklenburg-Strelitz begeht Selbstmord, Großherzog Friedrich Franz IV. von Mecklenburg-Schwerin dankt ab. Beide Länder werden zu Freistaaten der **Weimarer Republik**. Aufgrund der Weltwirtschaftskrise Ende der 1920er-Jahre wird 1930 das Osthilfegesetz zur Unterstützung wirtschaftsschwacher bäuerlicher Großbetriebe erlassen.

»Drittes Reich«

1933 wird **Adolf Hitler** zum Reichskanzler gewählt, die systematische Verfolgung von Juden, Sozialdemokraten, Gewerkschaftern und Kommunisten beginnt. Mecklenburg-Schwerin und Mecklenburg-Strelitz werden 1934 zu Mecklenburg vereinigt. Rüstungsbetriebe entstehen u. a. in Rostock und Wismar. Im **Zweiten Weltkrieg** werden ab 1942 Rostock, Stralsund und Wismar von den Alliierten bombardiert. Bei Kriegsende sind viele Städte stark zerstört.

Die Herren vorne, die Damen etwas weiter hinten: Badevergnügen um 1887 in Sellin

Nachkriegszeit

Im Mai 1945 ist das Land bis zur Linie Wismar-Schwerin von der **Roten Armee** besetzt, westlich davon stehen die Engländer. Im Juli 1945 wird ganz Mecklenburg **sowjetische Besatzungszone**. Auf der Potsdamer Konferenz im August desselben Jahres legen die Siegermächte die **Oder-Neiße-Grenze** und damit die Grenze Vorpommerns zu Polen fest. Hinterpommern fällt an Polen. Mecklenburg, der westliche Teil Vorpommerns und das Amt Neuhaus werden zum Land Mecklenburg-Vorpommern vereinigt (ab 1947 nur noch Mecklenburg genannt), Schwerin wird Landeshauptstadt. Die **Bodenreform** enteignet alle Landwirtschaftsbetriebe über 100 ha sowie die Betriebe von als Kriegsverbrecher Verurteilten. Das Land wird an Neubauern (Landarbeiter, Vertriebene) verteilt.

DDR-Zeit

Bei den Landtagswahlen 1946 wird die **SED**, die durch Zusammenschluss der KPD und der SPD entstanden ist, stärkste Partei. Sie beginnt, politisch Andersdenkende auszuschalten. Durch die Vertriebenen steigt die Bevölkerungszahl um knapp die Hälfte. Banken sowie Gewerbe- und Industriebetriebe werden verstaatlicht. Die SED beschließt 1952 den »planmäßigen Aufbau des Sozialismus«. Durch die Verwaltungsreform werden die Länder Mecklenburg und Vorpommern aufgehoben und in die Bezirke Rostock, Schwerin und Neubrandenburg gegliedert (die beiden letztgenannten erhalten Gebiete von Brandenburg). Die Regierung lässt Sperren entlang

Ein Grenzpfahl der DDR erinnert daran, dass bis 1990 die innerdeutsche Grenze den Weiler Schadeland teilte.

der Staatsgrenze zur Bundesrepublik Deutschland errichten, die **Nationale Volksarmee** (NVA) wird aufgebaut. Ebenfalls in den 1950er-Jahren beginnt man mit der Gründung **Landwirtschaftlicher Produktionsgenossenschaften** (LPGs), wobei die noch freien landwirtschaftlichen Betriebe zwangskollektiviert werden. Im geteilten Berlin entsteht 1961 an der deutsch-deutschen Grenze die **Mauer**.

Ende der DDR

1971 wird **Walter Ulbricht**, unter dessen Führung die SED eine alles beherrschende Rolle im Staat eingenommen hat, von **Erich Hone-**

cker abgelöst. Die Unzufriedenheit der DDR-Bürger auf der einen und die staatlichen Repressionen gegen freie Meinungsäußerungen auf der anderen Seite nehmen in den 1970er- und 1980er-Jahren zu. Es kommt auch in Mecklenburg-Vorpommern zu Ausbürgerungen und zu den berühmt gewordenen **»Montagsdemonstrationen«**. Im Herbst 1989 treten Regierung und SED-Politbüro zurück. Die DDR-Grenzen werden am 9. November geöffnet. Am 18. März 1990 geht aus den ersten freien Wahlen in der DDR die »Allianz für Deutschland« (CDU, DSU, DA) als stärkste Gruppierung hervor. Am 3. Oktober 1990 schließt sich die DDR der Bundesrepublik an. Mecklenburg-Vorpommern, das sich aus den ehemaligen Bezirken Rostock, Schwerin und dem größten Teil des Bezirks Neubrandenburg zusammensetzt, wird Bundesland. Bei den ersten freien Wahlen zum neu zu konstituierenden Landtag erreicht die CDU 38,8% und bildet mit der FDP eine Koalition. Die Minderheitsregierung führt Ministerpräsident Alfred Gomolka (CDU).

1990er-Jahre

Das Land kämpft mit einer überdurchschnittlich hohen Arbeitslosigkeit, die durch die wirtschaftliche Umstrukturierung ausgelöst wurde. Rund 50000 Arbeiter demonstrieren am 20. Februar 1991 für den Erhalt der angeschlagenen Schiffbauindustrie an der Ostsee. In Rostock-Lichtenhagen kommt es im August 1992 zu **ausländerfeindlichen Ausschreitungen**. Mit zahlreichen Veranstaltungen feiert Mecklenburg 1995 sein 1000-jähriges »Bestehen«: Am 10. September 995 erschien der Name erstmals in einer Urkunde. Nach den Landtagswahlen 1998 bildet sich zum ersten Mal in der Geschichte der Bundesrepublik eine Koalitionsregierung aus SPD und PDS.

Großereignisse im beginnenden 21. Jh.

Stralsund und Wismar werden ins **UNESCO-Welterbe** aufgenommen. 2003 findet in Rostock die Internationale Gartenbauausstellung (IGA) statt. 2007 treffen sich die Staats- und Regierungschefs von acht Industrienationen zum von großen Demonstrationen begleiteten **G8-Gipfel** in Heiligendamm. Im Oktober 2007 wird die neue Rügen-Brücke von Bundeskanzlerin Angela Merkel feierlich eröffnet. 2009 findet die **Bundesgartenschau in Schwerin** statt.

Landespolitik im 21. Jh.

Seit 2008 wird Mecklenburg-Vorpommern von einer großen Koalition aus SPD und CDU regiert. Der langjährige Ministerpräsident Erwin Sellering (SPD) gibt 2017 wegen einer schweren Erkrankung sein Amt auf, seither ist die frühere Bundesfamilienministerin Manuela Schwesig (SPD) Ministerpräsidentin. Die SPD stellt die mit Abstand stärkste Fraktion im Landtag, die AfD ist größte Oppositionspartei. Verwaltungskosten spart die **Kreisgebietsreform** 2011: Die Zahl der Landkreise wird auf sechs, die der kreisfreien Städte auf zwei (Schwerin, Rostock) reduziert.

KUNSTGESCHICHTE

Die Backsteingotik ist in diesem Kapitel ebenso Thema wie die Frage, was Putbus auf Rügen mit dem berühmten englischen Seebad Bath gemeinsam haben und was die Zerstörungen des Zweiten Weltkriegs für die Architektur in den sozialistisch regierten Städten bedeutete.

Frühzeit

Kunst der frühen Slawen

Ab dem 6. Jh. n. Chr. besiedelten slawische Stämme das Land. An exponierten Stellen legten sie Fliehburgen mit mächtigen Erdwällen an, die auch als Markt und als Kultplatz dienten. Die wichtigste Festung der Ranen befand sich am Kap Arkona an der Nordspitze der Insel Rügen. Die **Jaromarsburg** besaß einen prächtigen Tempel aus Holz mit zahlreichen Standbildern des slawischen Gottes Swantewit. Die Rekonstruktion einer großen, aus dem 9. und 10. Jh. stammenden slawischen Siedlung kann man im Archäologischen Freilichtmuseum in Groß Raden besichtigen. Künstlerische Zeugnisse aus der slawischen Zeit gibt es allerdings nur wenige. Bedeutendster Fund aus dieser Epoche ist der auf Hiddensee entdeckte **Goldschmuck**, der den Einfluss skandinavischer Kunst verrät (▶ Baedeker Wissen, S. 340).

Romanik

Klöster

Den folgenreichsten Einschnitt erlebte die Region durch die Unterwerfung und Christianisierung der slawischen Bevölkerung im Zuge des Wenden-Feldzugs Heinrichs des Löwen 1147. Vorposten und kulturelle Zentren der Kolonisation waren die Klöster. Benediktinermönche gründeten 1153 das **erste Kloster** in Stolpe, die Zisterzienser 1171 eine Niederlassung in Doberan und 1172 in Dargun. Von 1190 bis 1232 dauerte der Bau der ersten Doberaner Klosterkirche. Ebenso wie die Klosterbauten in Dargun und Eldena entstand sie unter dem Einfluss der burgundischen Zisterzienserarchitektur. Zwischen 1171 und 1248 entstand der Vorgängerbau des Schweriner Doms nach dem Vorbild des Lübecker und Ratzeburger Doms, Mecklenburgs erste Bischofskirche. Der älteste **Ziegelsteinbau** auf Rügen ist die Marienkirche in Bergen.

Architektur der Städte

Siedler aus Sachsen und Westfalen gründeten neue Niederlassungen. Diese durch einen Mauerring, Türme und Tortürme befestigten Städte mit **schachbrettartigem Grundriss** wurden an Fernstraßen errichtet. Im Zentrum lag der meist quadratische Marktplatz mit Kirche

OBEN: Über 600 Villen und Pensionen der Bäderarchitektur des 19. Jhs. sind restauriert worden.

UNTEN: Die Backsteingotik brachte neben sakralen auch viele profane Bauten hervor wie das Stargarder Tor in Neubrandenburg.

und Rathaus. In vielen Städten Mecklenburg-Vorpommerns ist diese auf das Mittelalter zurückgehende Struktur noch gut zu erkennen. Prächtig gestaltete Tortürme besitzen u. a. noch Stralsund, Rostock, Friedland und Anklam. Ein besonders schönes Beispiel für eine nahezu vollständig erhaltene **Stadtbefestigung** findet man in Neubrandenburg mit einer imposanten, von Wiekhäusern besetzten Stadtmauer und vier Stadttoren.

Backsteingotik

Hanse prägt Baustil

Den Beginn der politisch und kulturgeschichtlich wichtigsten Epoche Mecklenburgs markiert die Gründung der **Hanse** 1161. Lübeck, lange Zeit Haupt der Hanse, prägte die Rechtsorganisation wie auch die Architektur der jüngeren Hansestädte entlang der Ostseeküste. Aus dem Wunsch heraus, Reichtum und Selbstbewusstsein gegenüber den Fürsten zu demonstrieren, gaben die Hanse-Kaufleute **repräsentative Stadthäuser und große Kirchenbauten** in Auftrag. Durch den Mangel an natürlichem Sand- oder Haustein erlebte die **Backsteinarchitektur**, d. h. die Fassadenverblendung mit gebrannten Ziegeln, in Mecklenburg-Vorpommern eine enorme Blüte. Ihre individuelle Note erhielten die Fassaden durch bänderartig aneinandergereihte Schmuckziegel, versetzte Steine oder Wandvorlagen sowie durch den Wechsel zwischen glasierten und unglasierten, roten und grünen, ockerfarbenen oder schwarzen Ziegeln. In hervorragender Weise ist dies am Beinhaus des Doberaner Münsters, an der Fassade des Stralsunder Rathauses und an vielen Gebäuden in der Stralsunder Altstadt zu sehen.

Prächtige Stadtarchitektur

Die zunächst bescheidenen **Rathäuser** wurden erst repräsentativer, als man ihre Fassaden nach dem **Vorbild Lübecks** mit prächtigen Giebeln versah. Das Beispiel machte Schule: In Rostock ist der zinnengeschmückte Backsteingiebel des Rathauses noch hinter der jüngeren Putzfassade zu erkennen, und das Stralsunder Rathaus übertrifft sein Lübecker Vorbild durch aufwendigere Ornamentik. Das **Patrizierhaus** entwickelte sich als eigenständiger Bautyp aus den Erfordernissen der Kaufmannschaft. Es vereinte Kontor, Lagerräume und Wohnhaus unter einem Dach. Diese meist nur 8 bis 10 m breiten Giebelhäuser erschlossen sich über den »hohe Diele« genannten zentralen Raum im Erdgeschoss. Über Seilwinden gelangten die Waren in die darüberliegenden Speichergeschosse. Die Wohnräume und das Kontor befanden sich im ersten und zweiten Stock, die Schlafräume waren in den sogenannten Kemladen, den zum Hof hin orientierten Anbauten, untergebracht.
Das Mittelalter, insbesondere das 13. und 14. Jh., war die Zeit der großen städtischen **Kirchenbauprojekte**. Die Nikolaikirche in Stral-

sund (Baubeginn: 1270) machte den Anfang. In Rostock baute man die mächtige Marienkirche, in Schwerin den Dom, in Stralsund kam im Verlauf des 15. Jh.s die Marienkirche hinzu, in Wismar entstanden mit Marien-, Nikolai- und Georgenkirche ebenfalls drei monumentale Gotteshäuser. Das viel zitierte Vorbild für alle diese Kirchen war die Lübecker Marienkirche, die wiederum dem Bautyp nordfranzösischer Kathedralen mit Umgangschor und Kapellenkranz glich. Lübecks Einfluss spiegelte sich auch in der Bildhauerei und in der Malerei wider, die parallel zur Blütezeit des Kirchenbaus ein hohes Niveau erreichten. Zu den produktivsten Werkstätten gehörte die des Doberaner Klosters.

Dorfkirchen

Fast jeder noch so kleine Ort in Mecklenburg-Vorpommern besitzt eine gotische Backsteinkirche, meist umgeben von einem Friedhof mit alten Bäumen. Diese Kirchen fallen kleiner und bescheidener aus, sind jedoch aufgrund ihres Bauschmucks und ihrer Ausstattung sehenswert. Leider sind nur wenige geöffnet. Insgesamt besitzt Mecklenburg-Vorpommern ca. 150 herausragende architektonische Zeugnisse der Backsteingotik.

Außen Backsteingotik, innen barocke Farbenfreude: die Dorfkirche von Rerik bei Bad Doberan

DER GOLDSCHATZ VON HIDDENSEE

Ende des 19. Jh.s gab der Sandstrand bei Neuendorf nach zwei schweren Sturmfluten einen Schatz aus purem Gold frei: einen Halsring, zehn kreuzförmige Anhänger, vier Zwischenanhänger und eine Schalenfibel (Brosche). Er gilt als das erlesenste Beispiel für die Goldschmiedekunst der Wikinger, ist unermesslich wertvoll – und voller Rätsel.

»Es war am 14. November 1872, dem Tag nach der großen **Sturmflut**, welche an der ganzen deutschen Ostseeküste zahlreiche Verheerungen angerichtet hatte, als die Fischersfrau Striesow aus Neuendorf (...) auf der zum größten Teil weggespülten Düne ein blinkendes Metall fand«, berichtete 1880 der erste Direktor des Stralsunder Kulturhistorischen Museums, **Rudolf Baier**. Zu diesen ersten zehn kamen nach der Sturmflut 1874 weitere sechs Teile hinzu. Der »Goldschmuck von Hiddensee« wurde um 970 n. Chr. angefertigt, vermutlich von Goldschmieden der Wikinger, die in Dänemark oder Norwegen zuhause waren.

Räuber und Künstler

Die Wikinger verbreiteten damals Angst und Schrecken entlang der Küsten von Nord- und Ostsee. Sie brandschatzten die Klöster, raubten Dörfer und Städte aus, erpressten Lösegeld. Doch sie waren auch geniale Schiffbauer, geschickte Händler, wagemutige Pioniere und offensichtlich künstlerisch begnadete **Goldschmiede**.

600 g Feingold

Die runde Brosche, **Scheibenfibel** genannt, misst 8 cm im Durchmesser, vier kunstvoll ineinander verschlungene Tierfiguren winden sich über die Oberfläche. Der **Halsring aus gedrehten Goldsträngen** ist mit 152,8 g das schwerste Stück des Schatzes. Die zehn kreuzförmigen **Anhänger** sind aufwendig mit Flechtbändern und Vogelköpfen verziert. Flechtbanddekor tragen auch die vier kleinen Stücke, die vermutlich als Zwischenglieder dienten. Insgesamt wiegt der Schmuck **fast 600 g**, ist aus reinstem Gold und schöner als jedes andere Schmuckstück dieser Epoche, die eine Zeit großer Umwälzungen war. **Harald Blauzahn** (um 910 – 987 n. Chr.), seit 958 König von Dänemark und ab 970 auch von Norwegen, ließ sich 960 am Poppostein bei Schleswig taufen. Nachfolger **Olav (Olaf) Tryggvason** (963 – 1000) christianisierte die Wikinger.

Abwehrzauber

Dass die kreuzförmigen Ornamente auf dem Goldschmuck ein **christliches Kreuz** symbolisieren sollen, bezweifeln Archäologen. Für sie gehören alle Verzierungen zweifelsfrei zum **skandinavischen Tierstil**. Im germanisch-heidnischen Glauben wurden Tieren magische Kräfte zugeschrieben und Tierfiguren als **Abwehrzauber** getragen. Doch wie gehört der Schmuck zusammen? Handelte es sich um ein einziges Kollier oder um Teile mehrerer Ketten? Gehörte er einem Mann oder einer Frau? Die extrem große Brosche spricht eher für einen Mann, denn sie diente zum Schließen eines Umhangs aus sehr schwerem Stoff.

Kronschatz?

Der Schmuck kann nur einer Person **aus der obersten Gesellschaftsschicht des dänisch-norwegischen Königshauses** gehört haben. War er Teil des Kronschatzes von Harald Blauzahn? Wollte Blauzahn, 970 verheiratet mit der Obotriten-Prinzessin Tove von Mecklenburg, mit ihm neue slawische **Verbündete** gewinnen? Experten sind sich jedenfalls sicher, dass der Schatz nicht angespült wurde, sondern – etwa nach einem Schiffbruch oder Piratenangriff – gezielt in einem Krug im Sand vergraben wurde, um ihn später wieder zu bergen.

Eine Replik des Goldschatzes ist heute im Kulturhistorischen Museum Stralsund ausgestellt, Nachbildungen sind in der Hansestadt zu kaufen. Im Kulturhistorischen Museum prunkt auch der 1905/1908 entdeckte **Peenemünder Wikinger-Goldschatz** (11. Jh.; Replik im Museum Wolgast).

Renaissance

Zeit des Umbruchs

Für die Kunst und Architektur des 16. Jh.s von Bedeutung waren die Krise der Kirche, der allmähliche Untergang der Hanse sowie die Tatsache, dass die Fürsten auf Kosten der freien Städte ihre Vormachtstellung zurückeroberten. Hinzu kamen Teilungen von Ländereien. Zur wichtigen neuen Bauaufgabe wurden daher die Schlösser der Landesherren und Adeligen: Mecklenburg-Vorpommern besitzt noch immer rund 2200 von einst 2880 Schlössern, Burgen, Guts- und Herrenhäusern.

Schlösser und Herrensitze

Der bedeutendste Schlossbau der Renaissance in Mecklenburg-Vorpommern ist das **Schloss von Güstrow** (errichtet ab 1558). Die Anlage mit ihrem stark gegliederten Verputz, dem Innenhof mit Loggien und seinen reich stuckierten Sälen vereint italienische und französische Schlossbauprinzipien. Stärkere italienische Einflüsse zeigt das Neue Lange Haus des **Fürstenhofs in Wismar**. Mit seinen Portalrahmungen und Relieffriesen aus Sandstein und der Gliederung durch Terrakottabänder vor hellem Verputz lehnt sich der Bau stilistisch an den Palazzo Rovereto in Ferrara an. Ähnliche Fassadenelemente treten auch am Schloss in Gadebusch und an den Schlössern Mellenthin und Basedow auf. Das **Schweriner Schloss** geht ebenfalls auf einen Renaissancebau zurück. Lünettengiebel und reich ornamentierte Terrakottafriese gliedern die zwei erhaltenen Renaissanceflügel des Gebäudes, das im 19. Jh. grundlegend umgestaltet wurde. Ein reizvolles Beispiel für die Spätrenaissance ist die über der Gruft Herzog Adolf Friedrichs um 1634 errichtete Loggia an der ehemaligen Klosterkirche von Doberan, die niederländische Einflüsse verrät.

Barock

Architektur

Im 17. Jh. schlug die Stunde der Landjunker. Sie brachten ganze Landstriche, die durch den Dreißigjährigen Krieg entvölkert waren, und Bauernland in ihren Besitz ein. Ihre Schlossbauprojekte übertrafen sogar die herzoglichen Bauten. Eines der frühesten Beispiele ist das im Stil des flämischen Frühklassizismus durch Charles Philippe Dieussart errichtete **Schloss Rossewitz**. Mit dem Barock begann sich auch in Mecklenburg ein recht weitverbreiteter, am französischen Vorbild orientierter Schlosstyp durchzusetzen: der lang gestreckte, von einem Walmdach bekrönte Bau mit betonter Mittelachse. Mit **Schloss Bothmer bei Klütz** errichtete der Hannoveraner Baumeister Johann Friedrich Künnecke von 1726 bis 1732 die wohl imposanteste Anlage ihrer Art in Mecklenburg. Nach dem englischen Vorbild von Blenheim Castle gruppieren sich um einen Ehrenhof drei

Flügelbauten und Verbindungstrakte. Saal und Treppenhaus sind mit feinen Rokoko-Stuckierungen ausgeschmückt.

Residenzstädte

Die Teilung des Landes ab 1701 in die zwei Herrschaftsbereiche der Herzogtümer Mecklenburg-Neustrelitz und Mecklenburg-Schwerin hatte zur Folge, dass mit **Neustrelitz** und **Ludwigslust** zwei neue Residenzstädte angelegt wurden. Beide Gründungen zeigen der absolutistischen Herrschaftsform und Stadtplanung entsprechend einen **Idealgrundriss**. Neustrelitz entstand über einem kreuzförmigen Raster, Ludwigslust ist auf eine Achse ausgerichtet, die auf das ab 1772 bzw. 1776 erbaute spätbarocke Schloss zuführt.

Parkanlagen

Um die Barockschlösser wurden ausgedehnte Gärten im französischen Stil angelegt. Strenge Axialität bestimmte auch diese durch Hecken und Zierrabatten fast architektonisch gegliederten Parks. Stilelemente der einstigen Anlagen sind in Neustrelitz, im Park von Schloss Bothmer bei Klütz und im Schlosspark von Schwerin erhalten. Der bedeutendste Schlosspark liegt in Ludwigslust. Mit 127 ha Fläche ist die Anlage nach dem Landschaftspark der Burg Schlitz (180 ha) eine der größten im Land. Im 19. Jh. wurde der Park von **Peter Joseph Lenné** in einen englischen Garten umgestaltet.

19. Jahrhundert

Klassizismus

Um 1800 setzte sich die antikisierende Formensprache des Klassizismus gegen das Rokoko durch. Angewendet wurde der neue Stil vor allem an öffentlichen Bauten, aber auch an Patrizierhäusern und in der Architektur der **Ostseebäder**. Mit Heiligendamm wurde 1793 das erste Seebad auf deutschem Boden gegründet, und Carl Theodor Severin gestaltete die benachbarte Stadt Doberan um einen zentralen Park in klassizistischen Formen neu. Fast eine kleine Idealstadt entstand in Putbus auf Rügen, wo Fürst Malte ab 1810 nach dem Muster des englischen Seebades Bath um einen runden Platz eine einheitliche Stadtanlage mit Theater und Kurgebäuden errichten ließ. In Neustrelitz wurde die Orangerie im Schlosspark nach Plänen des Hofbaumeisters Friedrich Wilhelm Buttel zur Antikensammlung umgebaut, die man zudem im spätklassizistischen Stil ausgemalt hat. Mit dem Umzug der mecklenburgischen Herzöge in ihre **Residenz Schwerin** erhielt die Stadt neue repräsentative Gebäude: Marstall, Kasernen und Torhäuschen. Vor allem **Georg Adolph Demmler** bestimmte das Gesicht der Stadt (▶ Interessante Menschen).

Malerei der Romantik

Die romantischen Maler haben das Bild, das sich viele heute von der Ostseeküste machen, stark geprägt. Man denke nur an Caspar David Friedrichs Darstellung der Rügener Kreidefelsen. Mit **Philipp Otto**

Runge und **Georg Friedrich Kersting** stammen zwei weitere bedeutende romantische Maler aus der Region. Auch sie suchten die naturgewaltige Stimmung einsamer Gebirgszüge oder menschenleerer Küsten. Die Landschaftsbilder von **Caspar David Friedrich** sind keine Kopien einer realen Ansicht, sondern Kompositionen aus unterschiedlichen Naturausschnitten, die er auf seinen Reisen skizziert hatte. Wo Menschen seine Bilder bevölkern, werden sie angesichts der gewaltigen Natur klein und unbedeutend. Friedrichs naturreligiös verklärte Darstellungen der Klosterruine Eldena sind auch als Ausdruck einer einsetzenden Mittelalter-Verehrung zu werten, die sich in der Denkmalschutzidee und der Strömung der Neugotik niederschlug. Am Rathaus in Stralsund entfernte man die barocken Putzfassaden, um den gotischen Backstein freizulegen. Andernorts versuchte man, das vermeintlich mittelalterliche Bild der Kirchen wiederherzustellen. Dieser Sehnsucht nach historischen Stilen verdankt Schwerin den Umbau des Schlosses in einen märchenhaften Neorenaissancebau. In Rostock entstanden zur selben Zeit mit der Universität und dem Umbau des Ständehauses von Gotthilf Ludwig Möckel Bauten im Stil der Backsteingotik.

20. Jahrhundert

Aufschwung der Ostseebäder

Zu Beginn des 20. Jh.s erlebte die Küstenregion von Mecklenburg-Vorpommern einen wirtschaftlichen Aufschwung durch den Tourismus. Die von Gärten umgebenen, weiß getünchten Villen und Pensionshäuser wurden zum Markenzeichen der Badeorte. Ihr wichtigstes Kennzeichen sind die Holzbalkone bzw. die verglasten Veranden, die meist die gesamte Fassadenbreite einnehmen. Die filigrane, oft reich verzierte Fachwerkkonstruktion dieser Vorbauten weist sowohl Einflüsse des **Jugendstils** als auch Übernahmen aus lokalen Traditionen und der Architektur der Gutshäuser auf. Die moderne, sachliche Architektur der 1920er-Jahre ist bis auf wenige Ausnahmen, etwa das Kurhaus in Warnemünde, in Mecklenburg-Vorpommern nur sehr selten vertreten. Verbreitet hingegen sind expressionistische Bauten, welche die Tradition der Backsteingotik aufgreifen.

Nachkriegsarchitektur

Der Wiederaufbau der im Zweiten Weltkrieg zerstörten Städte folgte anfangs dem Stildiktat eines historisierenden Klassizismus Stalinscher Prägung. Die Rostocker Lange Straße übersetzt quasi die Berliner Stalinallee in Backsteinarchitektur. Unübersehbar ist aber auch die Ähnlichkeit mit den Gebäuden von Fritz Schumacher aus den 1920er-Jahren in der Hamburger Steinstraße.

Caspar David Friedrichs »Kreidefelsen auf Rügen« ist eine Ikone der romantischen Malerei.

Plattenbau

Wie überall in den Ländern des Ostblocks dominierten etwa ab den 1960er-Jahren die industriell vorgefertigten Plattenbausiedlungen. Beispiele findet man an der Peripherie der größeren Städte, z.B. in Rostock-Lichtenhagen. Ein Umdenken begann in den 1970er-Jahren mit der Altstadtsanierung von Rostock und Greifswald. Auch hier entstanden Plattenbauten, doch deren Fassaden erhielten industriell vorgefertigte Schmuckelemente, die an mittelalterliche Backsteinhäuser erinnern.

Niederdeutsches Hallenhaus

Bescheidener war es um die Wohnkultur der Landbevölkerung bestellt. Über Jahrhunderte hielt sich die traditionelle Bauweise des niederdeutschen Hallenhauses, das wohl durch **Siedler aus Niedersachsen** im 12. Jh. eingebracht worden war. Dieses für die Regionen zwischen Elbe und Oder typische Bauernhaus in **Holzfachwerk** war zugleich Wohnung, Stall und Scheune. Kennzeichen sind das meist strohgedeckte Walmdach und die Tordurchfahrt an der Giebelseite. Zwei Ständerreihen tragen das Dach und teilen das Innere des Gebäudes in die breite Diele und die schmaleren, »Kübbungen« genannten Räume. Im vorderen Teil befinden sich Stallungen und Gesinderäume, im hinteren Bereich liegen die Wohnräume der Bauern. Drei Typen von Hallenhäusern gibt es in Mecklenburg-Vorpommern: das **Durchgangshaus** mit einer von Giebel zu Giebel reichenden Diele, das **Fletthaus** mit einem quer stehenden Wohnbereich und das schornsteinlose **Rookhuus** (Rauchhaus). Beim ihm wurde der Rauch aus einem offenen Herd durch das ganze Haus geleitet und auch zum Heizen und Räuchern genutzt. In den beiden Freilichtmuseen in Schwerin-Mueß (▶ S. 252) und in (▶ S. 187) Klockenhagen bei Ribnitz-Damgarten sind schöne Beispiele niederdeutscher Bauernhofarchitektur zu besichtigen. Das älteste Hallenhaus Mecklenburg-Vorpommerns steht in Alt-Damerow bei Parchim. Es wurde 1607 erbaut und 1655 erneuert.

INTERESSANTE MENSCHEN

Freiheitskämpfer mit fragwürdigen Ansichten: Ernst Moritz Arndt

1769 – 1860
Schriftsteller, Historiker, Politiker

Über Ernst Moritz Arndt urteilte sein Biograf F. Gundulf, es habe seit Luthers Tagen »keinen gewaltigeren Warner, keinen geistvolleren

Zeitkritiker und keinen herzvolleren Erzieher« als ihn gegeben. Arndt wurde am 26. Dezember 1769 in Groß Schoritz geboren, besuchte in Stralsund das Gymnasium und studierte auf den Universitäten von Greifswald und Jena evangelische Theologie, Geschichte und Sprachen. Nach Bildungsreisen durch Deutschland, Österreich, Italien, Ungarn und Frankreich wurde er 1806 an der Universität Greifswald zum außerordentlichen Professor der philologischen Fakultät ernannt. Hier verfasste er seine umfangreiche »Geschichte Germaniens und Europas« und die Kampfschrift »Versuch einer Geschichte der Leibeigenschaft in Pommern und Rügen«. Kritisch zu betrachten ist seine **ausgeprägte Feindlichkeit gegenüber Fremden und Juden**, die, ausgehend von einer so genannten germanischen Volkshygiene, sich in Deutschland nicht weiter vermehren sollten.
Mit seinem Buch »Geist der Zeit« kämpfte Ernst Moritz Arndt gegen die napoleonische Fremdherrschaft und trat für die **Freiheit und Einheit Deutschlands** ein. 1808 entzogen ihm deshalb die Franzosen, die auch Vorpommern besetzt hatten, die Professur an der Greifswalder Universität. Ab 1812 schrieb er als Privatsekretär des Freiherrn von Stein die Agitationsschriften »Glocke der Stunde« und »Kurzer Katechismus für teutsche Soldaten«, in denen er sich für die Freiheitsbewegung stark machte. Zunächst wurde sein Patriotismus auch honoriert, und er erhielt 1818 einen Lehrstuhl für Geschichte an der Universität Bonn. Doch bereits zwei Jahre später wurde er wieder mit einem Vorlesungsverbot belegt – mit seinem vehementen Eintreten für die Vereinigung der vielen deutschen Kleinstaaten zu einem Reich hatte er sich unter den Machthabern viele Feinde geschaffen. Erst 1840 wurde er rehabilitiert. Er wurde Rektor der Bonner Universität und 1848 als Abgeordneter in die Frankfurter Nationalversammlung gewählt. Kurz nach seinem 90. Geburtstag starb Arndt am 29. Januar 1860 in Bonn.
Neben seinen politischen und historischen Schriften sind vor allem die »Märchen und Jugenderinnerungen« Arndts von Bedeutung, denen ein Museum in Garz gewidmet ist. Auch sein Geburtshaus in Groß Schoritz kann besichtigt werden, und der Aussichtsturm auf dem Rugard bei Bergen wurde nach ihm benannt.

Mann mit Gesinnung: Georg Adolph Demmler

1804 – 1886
Baumeister

Der gebürtige Berliner und Schinkel-Schüler gilt als der bedeutendste mecklenburgische Baumeister des 19. Jh.s. Vor allem Schwerin, der heutigen Landeshauptstadt, hat Demmler als Baumeister und Stadtplaner seinen Stempel aufgedrückt. Bereits mit 19 Jahren erhielt Demmler den Auftrag zum Entwurf des dortigen Regierungsgebäudes, später lieferte er die Pläne für den Marstall und das Arsenal. Auch am Bau des großherzoglichen Schlosses in Schwerin war

Ernst Moritz Arndt machte sich um die Abschaffung der Leibeigenschaft verdient, bleibt aber ein fragwürdiger Charakter.

Demmler beteiligt, bis ihm 1851 vom Großherzog wegen seiner demokratischen Gesinnung die Bauleitung entzogen wurde. Mit 73 Jahren ging Demmler für die Sozialdemokraten in den Reichstag.

Bunte Biografie: Hans Fallada

1893–1947
Schriftsteller

»Kleiner Mann – was nun?« – mit diesem Roman schrieb Hans Fallada Literaturgeschichte. Mit außergewöhnlicher Beobachtungsgabe und subtilem Humor ausgestattet, gelangen ihm überzeugende Milieuschilderungen, die von den Sorgen und Nöten, vom alltäglichen Existenzkampf der kleinen Leute erzählen. Bevor aus Rudolf Ditzen, so sein bürgerlicher Name, der Schriftsteller Fallada wurde, arbeitete er in verschiedenen anderen Berufen. Zuerst machte er eine Landwirtschaftslehre, dann war er als Buchhalter, Nachtwächter, Wirtschaftsinspektor, Reporter und Anzeigenwerber tätig. 1933 erwarb Fallada das Landgut Carwitz bei Feldberg. Hier lebte er zurückgezogen bis 1945. Von der sowjetischen Besatzungsmacht wurde er als Bürgermeister eingesetzt, beendete aber nach einigen Wochen seine Amtszeit, da er der Aufgabe nicht gewachsen war. Im selben Jahr noch kehrte er nach Berlin zurück. **Alkohol- und Morphiumabhängigkeit** hatten Fallada fast sein ganzes Leben begleitet. Zwei Jahre nach seinem Umzug starb er schwer krank.

Zu Lebzeiten verkannt: Caspar David Friedrich

1774 – 1840
Maler

Caspar David Friedrich, geboren in Greifswald als Sohn eines Seifensieders und völlig verarmt gestorben, gilt heute als bedeutendster Landschaftsmaler der Romantik. Nach dem Studium an der Kopenhagener Kunstakademie ließ er sich in Dresden nieder, wo er im Mittelpunkt eines Malerkreises stand, zu dem auch Philipp Otto Runge und Georg Friedrich Kersting gehörten. Ausgangspunkt seiner Malerei war die Naturanschauung. Auf **Wanderungen** durch das Riesengebirge, den Harz, das Elbetal und auf Rügen fertigte er zahlreiche Skizzen an. Sechsmal, zwischen 1801 und 1826, besuchte er die Insel. Doch Landschaften und Naturphänomene wurden nicht um ihrer selbst willen festgehalten. Sie dienten als Symbole für menschliche Empfindungen und Zustände, waren Ausdruck für Melancholie, Trauer, Einsamkeit, aber auch für das Streben nach Befreiung – sowohl im gesellschaftlich-politischen als auch im seelischen Sinne. Obwohl Friedrich Naturstudien als Vorlagen für seine Gemälde benutzte, waren die Bilder selbst kunstvoll komponierte Fantasielandschaften. Als der Maler 1840 starb, war seine Naturphilosophie bei seinen Zeitgenossen längst nicht mehr gefragt. Erst im Verlauf des 20. Jh.s hat sein Werk wieder die verdiente Anerkennung gefunden.

Inselkönig: Gerhart Hauptmann

1862 – 1946
Schriftsteller und Nobelpreisträger

Auf Hiddensee verbrachten viele Schriftsteller, Künstler und prominente Persönlichkeiten gerne den Sommer, einer von ihnen galt als der unumschränkte »Inselkönig«: Gerhart Hauptmann. Fast 60 Jahre lang, zwischen 1885 und 1943, zog es ihn auf die Insel, auf der er 1930 das Haus »Seedorn« erwarb. Der Gastwirtssohn aus dem schlesischen Obersalzbrunn sorgte gleich mit seinem Erstlingswerk, dem sozialkritischen Bühnenstück »Vor Sonnenaufgang« (1889), für Furore. Das Stück wurde verboten, verhalf aber dem naturalistischen Drama in Deutschland zum Durchbruch. Mit dem Theaterstück **»Die Weber«** gelang Hauptmann drei Jahre später ein Drama, das zu ei-

nem Schlüsselwerk des Naturalismus werden sollte. Weiter verfasste der Dichter Komödien, historische Dramen sowie Sagen, Mythen und Märchenspiele. Die Nationalsozialisten versuchten Hauptmann, der 1912 mit dem Nobelpreis für Literatur ausgezeichnet worden war, als »deutschen Kulturträger« zu vereinnahmen. Der humanistisch gesinnte Literat distanzierte sich zwar von den braunen Machthabern, allerdings nicht so deutlich, wie es viele eigentlich von ihm erwartet hatten. Hochbetagt starb der Dichter kurz vor der geplanten Übersiedlung nach Berlin 1946 im schlesischen Agnetendorf. Seine Grabstätte befindet sich in Kloster auf Hiddensee.

Visionär: Otto Lilienthal

1848 – 1896
Flugpionier

Der in Anklam geborene Otto Lilienthal war einer der Väter der Luftfahrt. Gemeinsam mit seinem Bruder Gustav hat er Untersuchungen über die Flugkünste der Vögel angestellt. Ab 1871 befasste er sich zudem mit der Erforschung des Luftwiderstands. 1874 erkannte Otto Lilienthal die Vorzüge von leicht gewölbten Tragflächen. Seine Untersuchungen und Experimente waren richtungweisend für die Entwicklung der Luftfahrt. 1889 erschien sein Werk **»Der Vogelflug als Grundlage der Fliegerkunst«**, in dem er seine Beobachtungen auf ihre Gesetzmäßigkeiten hin prüfte. Von 1891 bis 1896 führte Lilienthal mit eigens von ihm entwickelten Gleitflugapparaten zahlreiche erfolgreiche Flüge durch. Zunächst legte er zwar nur 15 m zurück, erreichte aber später bis zu 300 m. Bei seinem letzten Flugversuch verunglückte Otto Lilienthal tödlich. An seinen Erfahrungsschatz sollten die Brüder Wright anknüpfen (▶ Baedeker Wissen, S. 50).

Mutige Monarchin: Luise von Preußen

1776 – 1810
Königin von Preußen

Ihre berühmte Fahrt nach Tilsit, wo sie im Juli 1807 als **Fürsprecherin des geschlagenen Preußen** bei Napoleon um mildere Friedensbedingungen vorsprach, machte sie zu einer Symbolfigur des nationalen Widerstands und zu einer verehrten, romantisch verklärten Heldin. Als die gebürtige Prinzessin Luise von Mecklenburg-Strelitz, die 1793 mit dem preußischen Thronfolger Friedrich Wilhelm vermählt worden war, 1810 mit nur 34 Jahren auf dem elterlichen Sommersitz in Hohenzieritz verstarb, trauerte ein ganzes Volk um seine Königin. Luise wurde im Mausoleum in Berlin-Charlottenburg beigesetzt. Eine Kopie ihrer Grabstatue von Christian Daniel Rauch befindet sich in dem Gedächtnistempel im Schlosspark von Neustrelitz.

Über den Köpfen der Besucher schwebt Otto Lilienthal im Museum in Anklam.

Bestsellerautor: Fritz Reuter

1810 – 1874
Schriftsteller

Fritz Reuter war der meistgelesene Autor seiner Zeit. Ein Grund für seine Beliebtheit war wohl die Tatsache, dass er dem Volk im wahrsten Sinne des Wortes »aufs Maul« geschaut hat: Reuter schrieb **in Nieder- oder Plattdeutsch**. Seine derb-humorvollen Stücke werden auch heute noch auf den Volksbühnen des Landes gespielt.
Als Sohn des Bürgermeisters erblickte er in **Stavenhagen** das Licht der Welt. Der junge Fritz studierte in Rostock und Jena, übte Kritik an der Obrigkeit und trat der Studentenbewegung bei. Als Mitglied der Jenaer Burschenschaft verhaftete man ihn 1833 und verurteilte ihn wegen **Hochverrats und Majestätsbeleidigung** zum Tod. Er wurde aber begnadigt zu 30 Jahren Haft, von denen er sieben absitzen musste. Die Rückkehr ins bürgerliche Leben fiel schwer, die harten Haftbedingungen hatten ihn mürbe gemacht. Er arbeitete mehrere Jahre auf Gutshöfen als »Strom«, d. h. als Landarbeiter. Im pommerschen Treptow erhielt er schließlich eine Stelle als Privatlehrer; 1856 ließ er sich für einige Zeit in Neubrandenburg nieder und widmete

Seine Geburtsstadt hat Fritz Reuter ein Denkmal gesetzt.

sich von da an ganz der Schriftstellerei. Ermutigt durch den Erfolg seiner Gedichte, die unter dem Titel **»Läuschen un Rimels«** (Erlauschtes und Gereimtes) erschienen, schrieb Fritz Reuter sein erstes plattdeutsches Prosawerk, **»Ut de Fronzosentid«**, dem der Roman **»Ut mine Festungstid«** folgte. Den Abschluss dieser Trilogie bildete **»Ut mine Stromtid«**, in dem sich seine Erfahrungen als Landarbeiter widerspiegeln. Lebendig und mit viel Witz, aber auch mit kritischen Untertönen schildert Reuter das bäuerliche und kleinstädtische Leben. Als er 1874 in Eisenach starb, war er der bekannteste Vertreter der neuplattdeutschen Literatur.

Gefragter Porträtist: Philipp Otto Runge

1777 – 1810 Romantischer Maler

Im Städtchen Wolgast wurde Philipp Otto Runge geboren, einer der wichtigsten Vertreter der romantischen Malerei in Deutschland. Nach dem Studium an der Kopenhagener Akademie und in Dresden lebte er in Hamburg, wo heute auch die meisten seiner Bilder zu sehen sind. Als sein Hauptwerk gilt der Zyklus »Vier Tageszeiten«, bei dem die vier Tages- und Jahreszeiten symbolisch sind für die Schöpfung und das Leben des Menschen. Berühmt sind auch Runges Porträts, die sich durch einen übersteigerten Realismus auszeichnen. In seinen kunsttheoretischen Schriften setzte sich der Maler wegweisend mit der **Farbenlehre** auseinander. Runge starb im Alter von 33 Jahren in Hamburg und wurde – ebenso wie Caspar David Friedrich – erst im beginnenden 20. Jh. wiederentdeckt.

Der Entdecker Trojas: Heinrich Schliemann

1822 – 1890 Kaufmann und Archäologe

Troja machte ihn berühmt, doch Heinrich Schliemann ging auch als Wegbereiter der modernen Archäologie in die Geschichte ein. Seine »Karriere« mutet exotisch an: Der in Neubukow Geborene erlernte bereits während seiner kaufmännischen Lehre und danach **20 Fremdsprachen im Selbststudium**. Als Großkaufmann erwarb Schliemann ein riesiges Vermögen, das er für Bildungsreisen nach Ägypten, Indien, China, Japan und Mittelamerika ausgab. Ab 1866 studierte Schliemann in Paris Altertumskunde und promovierte in Rostock. Von Athen aus, seinem Wohnsitz ab 1870, führte Schliemann aus eigenen Mitteln umfangreiche Ausgrabungen an den antiken Stätten **Troja, Mykene, Orchomenos und Tiryns** durch – getragen von der Idee, die bei Homer genannten Stätten zu finden. Dabei entwickelte er neue Methoden, z.B. die systematische Auswertung der literarischen Quellen oder die topografische Erkundung des Ausgrabungsgebiets. In den Berliner Museen werden einige seiner trojanischen Fundstücke aufbewahrt.

Pirat im Auftrag der Hanse: Klaus Störtebeker

um 1360 – 1401 Freibeuter

Der sagenumwobene Held gilt als der berühmteste deutsche Seeräuber. Störtebeker, der in Ruschvitz auf der Halbinsel Jasmund, in Wismar oder in Rotenburg (Wümme) geboren wurde, stand ursprünglich in Diensten der Hanse, ehe er sich den **»Vitalienbrüdern«** anschloss. Die Schätze, die die trinkfesten Piraten auf den Hansekoggen erbeuteten, teilten sie gerecht untereinander auf. Störtebeker habe, so erzählt der Volksmund, auf Rügen mehrere Verstecke gehabt, u.a. in den Felsen der Stubbenkammer. Als die Piraterie lästig wurde, nahm die Hamburger Flotte Störtebeker vor Helgoland gefangen. Am 21. Oktober 1401 soll er wie 72 seiner Kumpane enthauptet worden sein. Die Legende lebt in den **Störtebeker-Festspielen in Ralswiek** weiter. Forschungen von 2007 legen allerdings nahe, dass es sich eher um Johann Störtebeker aus Danzig handelte, einen Kaufmann und Fehdehelfer, der nicht vor 1413 starb.

Großer Übersetzer: Johann Heinrich Voß

1751 – 1826 Dichter

Durch seine Übersetzung von Homers »Odyssee« erschloss er dem Bürgertum die antike Kultur: Johann Heinrich Voß, in Sommerstorf bei Waren geborener Dichter und Übersetzer, Demokrat und Gegner des Absolutismus. Voß arbeitete als Hauslehrer und studierte Theologie, dann Philologie und Literatur in Göttingen. Nach Beendigung seiner Universitätslaufbahn ging Voß als **Privatgelehrter** wieder seinen Interessen nach – zuerst in Jena und ab 1805 bis zu seinem Tod in Heidelberg. Voß machte nicht nur die »Märchen aus Tausendundeiner Nacht« in Deutschland bekannt, er übersetzte auch mit seinen beiden Söhnen Shakespeare und Werke der klassischen Antike.

Überzeugter Sozialist: Ehm Welk

1884 – 1966 Autor

Der in Biesenbrow in Brandenburg als Emil Welk geborene Autor veröffentlichte auch unter dem Pseudonym Thomas Trimm. Wegen seiner sozialistischen Gesinnung musste er 1934 seine Stelle als Chefredakteur im Berliner Ullstein Verlag niederlegen. Er wurde verhaftet und war bis 1937 im Gefängnis und im KZ Oranienburg eingekerkert. Anschließend wurde Welk freier Schriftsteller in Berlin, von 1950 bis zu seinem Tod 1966 lebte er in Bad Doberan. Welk verfasste volkstümliche Romane und Tiergeschichten, zudem war er Dramatiker und Drehbuchautor. Berühmt wurde er durch seinen realistischen heiteren Dorfroman **»Die Heiden von Kummerow«** (1937), dessen Fortsetzung unter dem Titel »Die Gerechten von Kummerow« 1943 erschien.

Der Erfinder des Reiseführers: Karl Baedeker

1801-1859
Verleger

Als Buchhändler kam Karl Baedeker viel herum, und überall ärgerte er sich über die »Lohnbedienten«, die die Neuankömmlinge gegen Trinkgeld in den erstbesten Gasthof schleppten. Nur: Wie sollte man sonst wissen, wo man übernachten könnte und was es anzuschauen gäbe? In seiner Buchhandlung hatte er zwar Fahrpläne, Reiseberichte und gelehrte Abhandlungen über Kunstsammlungen. Aber wollte man das mit sich herumschleppen? Wie wäre es denn, wenn man all das zusammenfasste? Gedacht, getan: Zwar hatte er sein erstes Reisebuch, die 1832 erschienene »Rheinreise«, noch nicht einmal selbst geschrieben. Aber er entwickelte es von Auflage zu Auflage weiter. Mit der Einteilung in »Allgemein Wissenwertes«, »Praktisches« und »Beschreibung der Merk(Sehens-)würdigkeiten« fand er die klassische Gliederung des Reiseführers, die bis heute ihre Gültigkeit hat. Bald waren immer mehr Menschen unterwegs mit seinen **»Handbüchlein für Reisende, die sich selbst leicht und schnell zurechtfinden wollen«**. Die Reisenden hatten sich befreit, und sie verdanken es bis heute Karl Baedeker. Das heutige Mecklenburg-Vorpommern beschreibt er erstmals im 1842 erschienen »Reisehandbuch für Deutschland und den Österreichischen Kaiserstaat«.

»
Die Gegend ist flach, fruchtbares Ackerland, bietet aber in landschaftlicher Beziehung wenig.
«

Baedeker's Mittel- und Nord-Deutschland, 4. Auflage 1851

E

ERLEBEN & GENIESSEN

Überraschend, stimulierend, bereichernd

Mit unseren Ideen erleben und genießen Sie Mecklenburg-Vorpommern.

Ganz enstpannt an der Seebrücke von Ahlbeck … ▶

BEWEGEN & ENTSPANNEN

Mecklenburg-Vorpommern ist prädestiniert für einen Badeurlaub und für Wassersportaktivitäten. 381 km Außenküste und 1562 km an Bodden und Haff bieten kilometerlange, oft feinsandige und gepflegte, flach in die Ostsee abfallende Strände. Die Infrastruktur ist nicht nur in den 28 Ostseebädern ausgezeichnet.

Paradies für Wasserfans

Bade- und Strandurlaub

Komfort und Sicherheit machen die Ostseestrände zum idealen Ziel. Die Wassertemperatur erreicht bis 20° C. Und seit Wilhelm Bartelmann am 15. Juni 1882 den ersten Strandkorb in Warnemünde aufstellte, ist tausendfach für Wind- und Wetterschutz gesorgt. Die **Blaue Flagge** signalisiert gute Wasserqualität. Das Landesministerium für Gesundheit und Soziales veröffentlicht eine aussagekräftige **Badegewässerkarte** zur Wasserqualität an fast 500 Badestellen (www.badewasser-mv.de). Mecklenburg-Vorpommern ist auch das **»Land der Seen«**, seine mehr als 2000 Seen bilden zusammen etwa 25 % der Seenfläche Deutschlands.
An naturbelassenen Ostsee- und Hinterlandstränden treffen Sie häufig Anhänger der Freikörperkultur. **FKK** hat hier seit der Naturfreundebewegung der 1920er-Jahre Tradition. Manche Strandabschnitte sind speziell für Hunde ausgewiesen, »Hunde-Toiletten« sind eingerichtet. Im Winter bieten die Erlebnishallenbäder Badevergnügen.

Wassersport

Die Ostsee und zahlreiche Binnengewässer sind Paradiese für Freizeitkapitäne. Beliebte **Segelreviere** liegen vor der Insel Poel, vor Rostock-Warnemünde, an Bodstätter und Saaler Bodden, vor Kap Arkona bis Sassnitz/Rügen, zwischen Binz und Gager, rund um die Greifswalder Oie, auf Usedoms Achterwasser und am Haff. Segelnovizen finden Ausbildungs- und Mitsegel-Törns z. B. in Ueckermünde und Greifswald. Surfer schätzen Thiessow und das Mönchsgut auf Rügen. Auch Müritz, Schweriner und Plauer See stehen **Seglern, Paddlern, Kanuten und Kajak-Fahrern** offen. Selbst abgelegene Naturreviere erschließt das 430 km lange, weit verzweigte Wasserwegenetz. Rund 420 Jachthäfen, Marinas und Wasserwanderrastplätze bieten mehr als 30000 Liegeplätze an der Küste wie im Binnenland. Ideal ist z. B. eine Kanusafari von der Feldberger Seenlandschaft zur Müritz, die dank des neu errichteten Fisch-Kanu-Passes im brandenburgischen Fürstenberg/Havel nun einfach ist. Bei Wustrow nahe Wesenberg (Kleinseenplatte) beginnt die attraktive Zehn-Seen-Ka-

Still gleiten die Kanus auf der Müritz dahin.

nurundtour. Beliebt sind Seekajak-Touren auf dem Bodden. Zahlreiche Anbieter organisieren kombinierte Kanu-/Radtouren, auch am Kummerower See, an Peene (»Amazonas des Nordens«), Tollense und Trebel. Populär sind zudem **Hausboottouren** (▶ Baedeker Wissen, S. 364).
Tagesausflügler können neben Kanu und Kajak auch **Hydro-Bikes** mieten oder an **Floß- und Dampferfahrten** teilnehmen. Taucher zieht es zu Wrackerkundungen an die Ostsee. Tauchschulen an der Küste (Boltenhagen, Rerik, Rostock, Prerow, Greifswald, Putgarten) und im Hinterland bieten Flossen-Neulingen das nötige Know-how. Für alle Wassersportler gilt: Feuchtgebiete und Schutzzonen besonders achten!

Landratten willkommen!

Radfahren

Mecklenburg-Vorpommern ist die beliebteste Radregion Deutschlands und der Elberadweg meistbenutzter Fernradweg. Weitere gut ausgebaute Fernradwege, darunter der Ostseeküstenradweg sowie die Fernradwege von Berlin nach Usedom und von Berlin nach Kopenhagen, erschließen das Land. Etwa 20 Rundtouren, über 40 Tagestourangebote sowie vier barrierefreie, jeweils 36 bis 67 km lange

Touren auch für Handbiker oder Skater, zeugen vom überragenden Angebot. Organisierte Radreiseveranstalter bieten zudem beachtlich aufbereitete, voll im Trend liegende **Thementouren** auch für E-Biker, Pedelec- und Movelo-Fahrer an. Der Bau von Ladestationen für **E-Bikes** schreitet voran. **Radwanderkarten** sind unverzichtbare Begleiter. Vorbildlich ist das dichte Netz der rund 250 vom ADFC zertifizierten Bett-&-Bike-Übernachtungsbetriebe für Radler (▶ Übernachten).

Wandern, Nordic Walking

Nordic Walking, häufig barfuß an den Stränden der Ostseebäder betrieben, ist stark im Aufwind. Noch mehr boomt das **Wandern**, ob auf den **Küstenfernwanderwegen** E 9, E 9a oder dem E 10 vom Kap Arkona über Stralsund, Güstrow und Krakow zur Mecklenburgischen Seenplatte, auf einem der Mehrtageswege (Stern- und Rundtouren), in Schnupperkursen, auf alten Pilgerpfaden (Jakobusweg der hl. Brigitta von Schweden mit Stopp im Pilgerkloster Tempzin; Lassan–Tribsees; Kloster-Route) oder bei geführten Touren. Jüngere gehen beim **Geo-Caching** mit GPS auf Schatzsuche in Schwerin und auf Rügen (www.ruegencacher.de).
Achtung: Generell auf der Hut müssen Wanderer an der bröckelnden Rügener Kreidefelsenküste sein! Es kam immer wieder zu auch tödlichen Unfällen. Daher sind Warnschilder und Absperrungen unbedingt zu beachten. Im Notfall ist Hilfe schwierig: Die Felsabgänge machen den Unglücksort oft unzugänglich. Manchmal sinken Wanderer sogar im Kreideschlamm ein und müssen per Helikopter oder DGzRS-Seenotrettung geborgen werden.

BAEDEKER MAGISCHE MOMENTE

»TATORT MVP«

Das eher autoaffine MünsteranerARD-Tatort-Duo Axel Prahl (Hauptkommissar Frank Thiel) und Jan-Josef Liefers (Gerichtsmediziner Karl-Friedrich Börne) hat seine Wanderliebe detektivisch ermittelt und stellt mit Witz und Esprit fünf längere Etappentouren (Schweriner See, Fischland-Darß-Zingst, Usedom, Rügen, Mecklenburgische Ostseeküste) im Internet vor: www.einsatzort-mv.de. Nehmen Sie die Dialoge mit – es gibt was zu Lachen!

NÜTZLICHE ADRESSEN

ERLEBNISBÄDER

AQUADROM
Buchenkampweg 9
18181 Ostseeheilbad Graal-Müritz
Tel. 038206 8 79 00
www.aquadrom.net

BERNSTEINTHERME
Dünenstr. 2
17454 Zinnowitz
Tel. 038377 3 55 00
www.bernsteintherme.de

OASE GÜSTROW
Plauer Chaussee 7
18273 Güstrow
Tel. 03843 8 55 80
www.oaseguestrow.de

FALLSCHIRMSPRINGEN/BALLONFAHRTEN/RUNDFLÜGE

FLUGAGENTUR MECKLENBURG-VORPOMMERN
Zehlendorfer Weg 12
18299 Laage
Tel. 038454 39 98 05
www.flugagentur-mv.de

JACHTCHARTER/HAUSBOOTE

KUHNLE TOURS
Hafendorf Müritz
17248 Rechlin
Tel. 039823 26 60
www.kuhnle-tours.de

YACHTCHARTER SCHULZ & MARINA ELDENBURG
Auch Peene, Usedom, Bodden, Rügen
An der Reeck 17
17192 Waren
Tel. 03991 12 14 15
www.bootsurlaub.de

YACHTCHARTER RÖMER
Auch Ostsee
Dorfstr. 7
17209 Buchholz (Müritz)
Tel. 039923 7 19 49
www.yachtcharter-roemer.de

BLUE LINE CHARTER
Auch bis Dömitz/Elbe, Schweriner See, Plauer See
Schulstr. 8 a
19386 Lübz
Tel. 038731 2 24 28
www.blue-line-charter.de

KANU/KAJAK

KANUHOF SPANDOWERHAGEN (KANU & KUNST)
Wiesenweg 4
17440 Spandowerhagen
Tel. 038370 2 06 65
www.kanuhof-spandowerhagen.de

KANUSTATION ANKLAM
Carsten Enke, Werftstr. 6
17389 Anklam
Tel. 03971 24 28 39
www.kanustation-anklam.de

NORDLICHT TOUR & KANU
Mit Kanustationen in Kratzeburg/Dalmsdorf, Feldberg
Brandenburger Str. 33
16798 Fürstenberg/Havel
Tel. 033093 3 71 86
www.nordlicht-kanu.de

TREIBHOLZ
Auch Feldberg, Müritz, Rheinsberg
Marcus Thum
Oberpfuhlstr. 3 a
17279 Lychen
Tel. 039888 4 33 77
www.treibholz.com

RADWANDERN

MECKLENBURGER RADTOUR
Großes Tourenangebot, auch E- Bike-, Gourmet- und Thementouren
Thomas Eberl
Zunftstr. 4
18437 Stralsund
Tel. 03831 30 67 60
www.mecklenburger-radtour.de

RADREISEN MECKLENBURG
Am Feldweg 6
19386 Kreien
Tel. 038733 49 99 01
www.radreisen-mecklenburg.de

DIE LANDPARTIE
Gutes Angebot in MVP, auch Baltikum, Masuren, St. Petersburg, Skandinavien
Am Schulgraben 6
26135 Oldenburg
Tel. 0441 5 70 68 30
www.dielandpartie.de

REITEN

GESTÜT GANSCHOW
Trakehnerzucht, Stutenparaden
18276 Ganschow
Tel. 038458 2 02 26
www.gestuet-ganschow.de
Tgl. geöffnet

WITTOWER HEIDE-HOF
Bietet alles Mögliche an: Islandpferde, Ferienhäuser, Inline-Skater-Strecke
An den Boddenwiesen 45
18551 Glowe (Rügen)
Tel. 0170 5 20 19 35
www.wittower-heide-hof.de

WANDERN

NATUR GEYER
Im Biosphärenreservat Südost-Rügen
Leopold-Spreer-Str. 3
18581 Putbus
Tel. 0173 9 89 80 31
www.naturgeyer.de

WELLNESS

MEERLUST
Seestr. 72
18374 Zingst
Tel. 038232 88 50
www.hotelmeerlust.de

ROBINSON CLUB FLEESENSEE
Penkower Str. 2
17213 Göhren-Lebbin
Tel. 039932 8 02 00
www.robinson-fleesensee.de

TRIHOTEL AM SCHWEIZER WALD
Tessiner Str. 103
18055 Rostock
Tel. 0381 6 59 70
www.trihotel-rostock.de

YACHTHAFENRESIDENZ HOHE DÜNE
Am Yachthafen 1
18119 Rostock-Warnemünde
Tel. 0381 5 04 00
www.hohe-duene.de

UPSTALSBOOM HOTEL MEERSINN
Schillerstr. 8
18609 Binz auf Rügen
Tel. 038393 66 34 00
www.meersinn.de

RUGARD STRANDHOTEL
Strandpromenade 62
18609 Binz auf Rügen
Tel. 038393 5 60
www.rugard-strandhotel.de

HOTEL BERNSTEIN
Hochuferpromenade 8
18586 Sellin auf Rügen
Tel. 038303 17 17
www.hotel-bernstein.de

FÜRST JAROMAR HOTEL RESORT & SPA
Hauptstr. 1
18586 Thiessow auf Rügen
Tel. 038308 3 45
www.jaromar.de

ROMANTIK SEEHOTEL AHLBECKER HOF
Dünenstr. 47
17419 Ahlbeck auf Usedom
Tel. 038378 6 20
www.seetel.de

STRANDHOTEL BANSIN
Bergstr. 30
17429 Bansin auf Usedom
Tel. 038378 8 07 32
www.travelcharme.com

STRANDHOTEL OSTSEEBLICK
Kulmstr. 28
17424 Heringsdorf auf Usedom
Tel. 038378 5 40
www.strandhotel-ostseeblick.de

Angeln

Für Freizeitangler ist ab dem zehnten Lebensjahr ein **Touristenangelschein** nötig. Er wird online vom Agrarministerium und von Tourismusbüros, Kurverwaltungen, Tankstellen angeboten.
https://erlaubnis.angeln-mv.de

Funsport

Auch für **Funsport** ist gesorgt: Fallschirmspringer, Sport- und Gleitschirmflieger nutzen die Offerten der kleineren Flugplätze. Spaß für Teilnehmer wie Zuschauer bieten Bananenreiten an der Küste oder die Badewasserrennen auf den Seen. Im Herbst lassen Tausende ihre Drachen steigen. Gelassen geht es bei **Ballonfahrten** zu.

Golf

Es gibt 17 Golfanlagen, darunter den besten deutschen Golfplatz des Jahres 2015 in Gneven-Vorbeck östlich des Schweriner Sees.
www.golfen-mv.de

Reiten

Nicht erst seit Gründung des Landesgestüts Redefin 1812 oder des Gestüts Ganschow hat die **Pferdezucht** in Mecklenburg-Vorpommern Tradition. 6400 km Reit- und Fahrwege stehen zur Verfügung. **Fernreitwege** mit Übernachtungen in 150 Reiterhöfen (auch für Kinder; therapeutisches Reiten wird ebenfalls angeboten) sind mit GPS nutzbar. Romantische Strandausritte sind in Börgerende, Dassow und Stolper Ort immer, in Trassenheide, Zinnowitz, Ahrenshoop, Kühlungsborn und Zingst saisonal erlaubt. Kremserfahrten, an denen jedermann teilnehmen kann, runden das Angebot ab. Abenteuer-Marathon-Kutschtouren finden in der Rostocker Heide statt.
www.reiten-in-mv.de

Wellness, Fitness, Gesundheit

Mecklenburg-Vorpommern hat staatlich anerkannte Kur- und Erholungsorte. See- und Seeheilbäder bieten in modernen Vorsorge- und Reha-Einrichtungen Spezialtherapien an. Zahlreiche Hotels haben ein ambitioniertes Gesundheits-, Wellness-, Fitness-, Beauty- oder Wohlfühlprogramm im Angebot. Hilfe bei der Auswahl und Gesundheitsinformationen gibt der Bäderverband.
Das milde Reizklima, die jodhaltige Luft, die hohe Sonnenscheindauer und die gering salzhaltige Ostsee sind Trümpfe auf langen Strandspa-

BOOTSFERIEN FÜR EINSTEIGER

Der Seefahrerspruch »Immer eine Handbreit Wasser unterm Kiel« gilt für jeden Bootsurlaub auf den Seen, Flüssen und Kanälen Mecklenburg-Vorpommerns. Er ist guter Wunsch und Mahnung – damit das Schippern sich stressfrei gestaltet.

In den ruhigen Sonnenstunden an Deck, bei Gesprächen während der Mahlzeiten oder in den zeitlosen Momenten beim Angeln dürfen Sie sich frei von Zwängen fühlen. Aber solange der Motor läuft und das Boot sich bewegt, heißt es zumindest für den Schiffsführer und die von ihm für Manöver eingeteilten Crewmitglieder »Augen auf!«. Dazu gehört der regelmäßige Blick auf das **Echolot**. Gerade in den eher flachen Gewässern laufen Sie Gefahr, knirschend aus allen Seefahrerträumen gerissen zu werden. Kantige Steine liegen mitunter nur knapp unter der Wasseroberfläche.

Immer ein Abenteuer

Wasserwandern ist immer auch ein Abenteuer, auch an Bord eines komfortablen Motorboots. Das Herzstück der hiesigen Wasserwelten, die an windstillen Sommertagen wie eine Kette natürlicher Schwimmbäder durchschippert werden können, ist die Müritz, der größte (rein) deutsche Binnensee. Dort bekommen Bootsfahrer es aber zuweilen auch mit **Wind, Wetter und Wellen** zu tun. Das gilt ebenso für den Kummerower See und den Schweriner See. Weht es dort mit Windstärke 3, sollten Sie lieber im Hafen bleiben. Kommt eine solche Wetterfront unterwegs auf, heißt es den nächsten geschützten Liegeplatz ansteuern und dabei den Bug – auch mit einem Motorschiff – in einem Winkel von 45 ° gegen die Wellen halten.

»Eine Hand fürs Schiff«

Bordtauglich ist nur, wer eine gewisse **Enge** aushält und die beiden **»eisernen« Bordregeln** verinnerlicht: »Immer eine Hand fürs Schiff« und »Captain's word is law!«. Beide betreffen die Sicherheit und prägen den bewussten Umgang miteinander. Wer sich bei Wellengang auf dem Deck bewegt, sollte immer mit einer Hand Kontakt zum Boot, zur Reling oder zu anderen Griffmöglichkeiten halten. Ein »Muss« ist für Kinder die Schwimmweste, die bei heftigerem Wind auch für Erwachsene Pflicht sein sollte. Für ganz kleine Passagiere gibt es überdies Sicherheitsleinen.

Wen die Crew zum Skipper oder Kapitän bestimmt, ist ihre Sache. Wurde von der Crew gewählt, hat einer das Kommando – und alle tun, was er sagt. **Diskutiert werden darf später**, nicht aber dann, wenn es vielleicht um Sekunden geht. Allerdings beziehen gute Skipper ihre Crew schon früh mit ein. Er ist verantwortlich für die Einhaltung aller verkehrsrechtlichen und sicherheitsrelevanten Vorschriften. Das Charterunternehmen lässt sich das meist schriftlich bestätigen. Traut sich angesichts der imponierenden Länge einer großen Stahlrumpfjacht erst einmal niemand diesen Job zu, können Sie auch **einen Skipper mieten**; für die Eingewöhnungsphase oder auch länger. Der Stundensatz liegt bei ca. 25 €, der Tagessatz bei ca. 150 € – wobei die meisten Einsteiger schon mit der üblichen, meist dreistündigen Einweisung bei der Bootsübergabe klarkommen.

Das Boot muss passen

Hat sich die Idee eines Urlaubs auf dem Wasser erst einmal im Kopf festgesetzt, kommt es vor allem darauf an, sich über das Boot seiner Träume klar zu werden. Denn das Boot, das Sie mieten, wird für Tage oder Wochen zum **schwimmenden Heim**. Boote gibt es zwischen 7 und 15 m Länge bei einer Breite von 3 bis 4,50 m. Übergeben werden sie meist nach der dreistündigen Einweisung am späten Mittag/frühen Nachmittag, abgegeben morgens gegen 9 Uhr. Die Bootswahl können Sie mit einem der erfahrenen Bootsverleiher abgleichen, die den Großteil der mehr als 1000 Motorboote auf den mecklenburg-vorpommerischen Gewässern verchartern. Das klingt nach viel, aber die Jachten verlieren sich selbst im Hochsommer in der Weite der Gewässer, sieht man von dem **nachmittäglichen Wettlauf um die besten Liegeplätze** in den Stadthäfen und Marinas ab.

Was leistet der Charterer?

Noch ein Wort zu den Vermietern (eine Auswahl finden Sie auf ▶S. 361): Sie bieten durchweg einen guten Service – **wer mehr will, zahlt eben mehr**. Dazu kennen sie die Reviere, ihre Kundschaft, und sie sind begeisterte Vertreter des Wassersports wie auch des Schutzes der Natur. So schmeicheln die leisen Dieselmotoren der Schiffe nicht nur den Ohren der Bootsgäste, sondern schonen auch die Nerven der Tiere. Dazu gibt es zehn Benimmregeln in der Natur, die zur Einweisung gehören.

Beiboote und Fahrräder

Wer viel sehen, viel fahren und dabei in besonders attraktiver Umgebung festmachen will, steht früh auf, holt sich die Brötchen beim Bäcker und macht schon bald die Leinen los. Wem einsamere Ankerplätze inmitten einer Naturidylle mit Blick auf ausgedehnte Seerosenfelder eher zusagen, sollte, ein Beiboot mitzunehmen. Der Aufpreis macht nur ein paar Zehner aus – mit Außenborder das Doppelte – und zahlt sich täglich aus: bei spontanen Landgängen, beim Schwimmen, Angeln oder Fotografieren. Nützlich sind auch die kleinrädrigen Fahrräder, die Sie eben-

Immer auch an die Sicherheit denken ...

falls mitmieten können, und die den Radius an Land deutlich vergrößern. Alternativ lassen sich auch in den Stadthäfen regelmäßig Räder für Landausflüge mieten.

BUCHTIPP

Klaus Neumann: »Charterfibel – Hausbootwissen für Einsteiger«, Quick Maritim Medien, Rechlin 2010 (www.quickmaritim.de).

VOLLMONDBADEN

Im Sommer kann es auch mal länger dauern, bis der Mond im Dunkeln leuchtet, dafür ist es dann noch warm, wenn man ins Meer steigt. Während das Wasser silbern glitzert, umspülen die Wellen sanft den Körper. Und irgendein Lagerfeuer am Strand lädt danach sicherlich ein, sich dazuzusetzen. So schließt man Freundschaften.

ziergängen. Rheuma, Atemwegs- und Hauterkrankungen können ebenso behandelt werden wie psychosomatische Beschwerden oder Alltagsstress. Hoch im Kurs stehen Anwendungen mit Rügener Heilkreide. Und einfach nur schön anzuschauen sind die 600 erhaltenen Gebäude der klassischen Bäderarchitektur an der Küste.
www.mv-baederverband.de

ESSEN & TRINKEN

Vorbei die Zeiten deftiger, zu fetter Bauernküche, die Mecklenburg-Vorpommern über Jahrhunderte prägte. Der durch schwedische Einflüsse mit süßsaurem Einschlag ausgestatteten Hausmannskost rücken nun überall Erzeuger wie Köche zu Leibe.

Nouvelle Cuisine à la MVP

Wiederentdeckte **historische Rezepte** und edle **Gutshofküche** werden in den Restaurants verfeinert und der gesunden Küche des 21. Jh. angepasst. Was aber bleibt und vermutlich immer bleiben wird, ist die Passion für Klassiker wie »Himmel und Erde« und Mecklenburger Rippenbraten, die selten auf der Speisekarte fehlen.

Was kommt auf den Tisch?

Kartoffeln (»Tüften«, »Tüffel«, »Nudln«)

Nach Getreide, Zuckerrüben und Raps ist die Kartoffel viertwichtigstes Anbauerzeugnis und **wichtigster Bestandteil** der heimischen Küche. Als »Tüfte« oder »Tüffel« genießt der Erdapfel spätestens seit dem vermeintlichen **»Kartoffelerlass« des Alten Fritz** Kultstatus – auch in der Uckermark, wo er selbstverständlich »Nudl« heißt. Diese Bezeichnung könnte von eingewanderten Hugenotten stammen, z.B. Pastor Pierre Theremin, der 1716 die Kartoffel »Nodolus« (Knöllchen) nannte. Schon Hans Fallada räsonierte in Carwitz über diesen Sprachwirrwarr. Im Herbst finden zahlreiche **Tüften-/Nudl-Wochen** statt, auf denen die Bandbreite der Kartoffelkochkunst vorgeführt und manch »Nudlschluck« (Kartoffelschnaps) gereicht wird.

Fisch

Die **Hochsee- und Küstenfischerei** erbringt jährlich rund 15 500 t Fisch. Ob im März zu den Wismarer Heringstagen (www.heringstage-wismar.de), zum **Warnemünder Fischmarkt** mit Heringsfest oder zu den Warnemünder Dorschwochen (Sept./Okt.): Fangfrischer Fisch – als »Braten Maischull« (Gebratene Maischolle), gesotten oder gebacken – ist als Bodden- oder Hochseefisch die Küstenspezialität schlechthin. Wieder auf der Speisekarte aufgetaucht ist der für seine magere, feste Textur gerühmte **Ostsee-Schnäpel** (auch »Steinlachs« genannt). Der Hornfisch (Hornhecht, Maifisch) laicht im Greifswalder Bodden und wird im Mai geangelt. Gebacken und zu Auberginen ist er eine Delikatesse. **Pommerscher Kaviar** hat nichts mit Fisch zu tun (▶ Baedeker Wissen, S. 368), **Müritz-Kaviar** aber schon (Maränen-Rogen). Warens »Müritz-Fischer« bieten ihn ebenso an wie die alle Speisekarten bereichernden Süßwasserfische (Maräne, Zander, Wels, Hecht, Karpfen, Aal, Saibling) – auch geräuchert.

Nachspeisen

Beliebt sind **Götterspeise** (Schwarzbrot in Rum getränkt, mit Zucker bestreut und mit Sauerkirschen und süßer Sahne geschichtet), Kompott und Obstsuppen, z.B. mit Grießpudding.

Essen gehen

Gourmetküche

Die **Sterneküche** hat längst auch im nordöstlichen Bundesland Einzug gehalten. Mehrere Sterneköche sorgen hier in ihren Restaurants für Genießerfreuden auf höchstem Niveau. Eine Fundgrube für Extravagantes ist auch die alte **pommersche Küche**, z. B. mit Honigkrebsen von der Ostseeküste, wie sie vor 100 Jahren im Berliner Luxushotel Adlon serviert wurden, oder **Bierfisch nach altem Lassaner Fischerbrauch**.

TYPISCHE GERICHTE

Neben dem Hering (»Hiring in Sahnstipp«), gekochtem Dorsch (»Kak´t Dösch«), Grünkohl, Rügens Salami, Wurst und Käse und der mit Äpfeln, Schwarzbrot und Backobst gefüllten Festtagsgans haben die hier gezeigten Gerichte Tradition in der Region.

Kidasch: Die pommersche Vorspeisenplatte besteht aus herzhaften Leckereien: Auf den Teller kommen z.B. mariniertes Krebsfleisch, Hirten- und Frischkäse, Rauchfisch- und Lachspralinés, Honig- und Räucherlachs, Salat, Senffrüchte, Kürbis, eingelegte Champignons, Rettich und Nüsse. Kräuter geben dem Ganzen die nötige Würze. Ein buntes Allerlei aus dem Meer, vom Feld und von der Wiese!

Pommerscher Kaviar: Kein Fischrogen, sondern Gänseschmalz (Flomen), gewürzt mit Zwiebel, Majoran, Thymian und Salz! Auf kräftigem, dunklem Roggenbrot und zu Bier schmeckt das großartig.

Himmel und Erde: Der Klassiker schlechthin! Stampfkartoffeln bzw. Kartoffelpüree werden mit Apfelmus serviert, dazu gibt es häufig Speck und Zwiebeln, Brat-, Blut- oder Grützwurst.

Schwarzbrotpudding (Serviettenkloß): Das Dessert steht leider nur selten auf der Speisekarte: Zerriebenes Altbrot mit Butter, Ei und Rum ergibt diese süße Köstlichkeit, die ein wenig an »Armer Ritter« erinnert. Dazu wird Backobst gereicht.

Pommersche Biersuppe: Früher von allen Bevölkerungsschichten zum Frühstück genossen, heute besonders an feuchtkalten Herbsttagen eine Delikatesse! Biersuppe besteht aus Bier, Zucker, Zitrone, Kardamon und Zimt, dazu kommen Milch und Eigelb.

Tüffel un Plum (Plum un Tüffel): Der Kartoffeleintopf mit Pflaumen und Speck ist ein Mecklenburger Küchenhit! Hinein gehören Kassler, Räucherspeck, über Nacht eingeweichte Backpflaumen (»Plum«), Zwiebeln, Tüffel (Kartoffeln), etwas Zitronensaft, Nelken, Lorbeer, Zucker, Pfeffer und Salz. Kräftig, deftig und wärmend!

Viermus: Der Kompottklassiker wird z. B. zu Wild gereicht. Preiselbeeren, Birnen, Boskoop-Äpfel, Pflaumen werden mit Zitronen- oder Orangenabrieb, Zimt, Nelken oder Sternanis, Zucker, Gelierzucker und Wasser »zermust«.

BISMARCKS HERING

»Silber des Meeres« wird der Hering genannt, weniger, weil er in silbrig glänzenden Schwärmen durchs Meer zieht, sondern weil er viel Geld in die Kassen von Fischern und Händlern spült. Eine der Spezialitäten, die sich aus dem kleinen, besonders schmackhaften Ostseehering herstellen lassen, ist der berühmte Bismarckhering, der bereits einem Reichs- und einem Bundeskanzler »gut geschmeckt« hat.

Bismarckhering darf sich jeder sauer eingelegte, entgrätete Hering nennen. Nach Originalrezept mariniert ihn bis heute allerdings nur **Fischhändler Henry Rasmus** aus Stralsund (www.bismarckhering.com).

In der alten Hansestadt kennt jedes Kind die Geschichte der berühmten Fischspezialität. Um 1850 unterhielt der **Braumeister und Kaufmann Johannes Wiechmann** am Alten Markt ein Geschäft mit Schankstube. Seine Frau Caroline bereitete das Essen für die Gäste zu und wagte sich außer an traditionelle Hausmannskost auch an eigene Kreationen. Mit Erfolg: Ihre fangfrisch sauer eingelegten Heringe, mild gewürzt und zart, fanden reißenden Absatz bei der Kundschaft. Johannes Wiechmann lachte das Glück auch anderweitig, gewann er doch 1000 Reichstaler in der Lotterie. Solchermaßen finanziell gepolstert, stieg er groß in den Fischhandel ein und **gründete die erste Fischkonservenfabrik in Stralsund.** Carolines Heringe wurden fortan, in Holzfässchen eingelegt, auch an weit entfernt lebende Feinschmecker versandt.

Ob Wiechmann nur ein Händchen für gutes Marketing hatte oder ob seine Verehrung für **Reichskanzler Otto von Bismarck** den Ausschlag gab, ist nicht bekannt, jedenfalls sandte er Bismarck 1871 ein Fässchen der sauren Heringe und bat ihn »untertänigst«, als Namensgeber für die Spezialität zu fungieren. Dem Reichskanzler, Liebhaber von Fischgerichten aller Art, schmeckte der Hering offenbar, und er gestattete den Vertrieb als »Bismarck-Hering«.

Es kann nur einen geben

Ein schwerer Bombenangriff vernichtete Wiechmanns Fabrik im Zweiten Weltkrieg, und das geheim gehaltene Originalrezept des Herings geriet in Vergessenheit. Bis wieder ein findiger Stralsunder Fischmann auf den Plan trat – **Henry Rasmus**: »Nach langen Recherchen ist es mir gelungen, die Urenkel des Fischhändlers Wiechmann ausfindig zu machen und mit ihnen in Verbindung zu treten. Von ihnen erhielt ich das lange verschollen geglaubte Rezept für diese Köstlichkeit und ab dem 12. Februar 2001 wird sie wieder von mir hergestellt und in meiner Fischhandlung vertrieben.« Dies schrieb Rasmus an den damaligen **Bundeskanzler Gerhard Schröder**, nicht ohne dem Brief ein Fässchen der Rasmus'schen Bismarck-Heringe beizufügen. »Es hat meinen Mitarbeitern und mir gut geschmeckt«, ist der freundlichen Antwort aus dem Kanzleramt zu entnehmen. Heute hängt das Dankesschreiben »für diese leckere Kostprobe« gegenüber der Fischtheke von Rasmus' Laden. Hier in der Heilgeiststraße 10 werden die Bismarckheringe nach Originalrezept einzeln und im Fässchen feilgeboten.

Nur Henry Rasmus legt den Hering nach Originalrezeptur ein.

Feier für den Hering

Sogar Ex-US-Präsident George W. Bush jr. und Kanzlerin Merkel waren schon bei Henry Rasmus, der auch Heringsdelikatessen wie Hiddenseer Pfefferlappen, Zingster Strandräuber oder Kräutermatjes anbietet. Bei den Heringsfesten auf Usedom und Rügen zeigen Köche zudem, dass neben dem Bismarckhering auch Heringspralinen, gefüllter Hering und die Klassiker Brathering, Hering in Sahnesauce oder Salzhering ohne Weiteres bestehen können.

Bio boomt! Die Hanseatische Weiterbildungs- und Beschäftigungsgemeinschaft (HWBR) Rostock bildet aus diesem Grund seit 2009 **Bioköche** aus, gleichzeitig vergrößert sich das Angebot an frischer Biokost aus der Region. Viele Erzeuger unterhalten zudem Hofladencafés mit Küche – eine weitere Steigerung des kulinarischen Angebots ist also zu erwarten!

Zum Wohl!

Wasser und Säfte

Mecklenburg-Vorpommerns Mineralwasser hat große Tradition: Schon 1906 empfahl Gutsbesitzer Hans von Blücher zum Heilfasten und als Osterwasser **Glashäger Mineralwasser** von Gut Glashagen bei Bad Doberan. Unter den Fruchtsäften nimmt der **Sanddornsaft** eine besondere Stellung ein. Hinzu kommen Moste, Apfel-, Birnen- oder Mischobstsäfte bester Qualität.

Alkoholisches

Mecklenburg-Vorpommern ist klassisches **Bierland**. Bis auf 1172 geht die Brautradition der Darguner Brauerei zurück. Überregional bekannt sind Lübzer Pilsener, die Hanseatische Brauerei Rostock und die bis Ende 2011 als Stralsunder Brauerei von 1827 bekannte, neue Störtebeker Braumanufaktur.
Bier ist Bier – und Schnaps ist Schnaps: Sogar Karotten taugen für **Brände**. Dies bewiesen findige Mecklenburger schon 1801, als sie ein Rezept von 1798 realisierten. Eine heutige Topadresse ist die 1ste Edeldestillerie (Ummanz/Rügen), die historische Obstsorten zu Destillaten besonderer Qualität wandelt. Natürlich werden auch **Liköre** hergestellt.

FEIERN

Von Ostern bis September vergeht in der Region kaum ein Wochenende ohne Festivitäten. Kurkonzerte und Musiktage, Herings-, Hornfisch- und Hafentage, historische Umzüge und Märkte, Seebrückenfeste und Strandpartys locken.

Feste mit Tradition

Den kulturellen Höhepunkt im Jahreslauf markieren die sommerlichen **Musikfestspiele Mecklenburg-Vorpommern**. Über das ganze Land verteilt und mit einem Schwerpunkt auf Schloss Ulrichshusen umfasst das Programm Orgelkonzerte, Kammermusik, Chor- und Orchesterwerke. Publikumsmagnet schlechthin ist die **Hanse Sail** in

Das Tonnenabschlagen geht auf die Schwedenzeit zurück.

Rostock (▶ Baedeker Wissen, S. 204). Sails finden aber auch in Ueckermünde oder an der Müritz statt. Schon Tradition besitzen die **Zeesen- und Drachenboot-Regatten** in Dierhagen bzw. Schwerin. Eine Renaissance feiert das vermutlich am Ende des Dreißigjährigen Krieges oder kurz danach in der »Schwedenzeit« (1648 – 1815) eingeführte Fest des **Tonnenabschlagens** auf Fischland-Darß-Zingst und im nördlichen Mecklenburg-Vorpommern: Reiter schlagen auf ein in 3 bis 4 m Höhe angebrachtes Heringsfass ein. Der Brauch erinnert an die Zeit, als dem schwedischen König Heringssteuer gezahlt werden musste. Die letzte Zahlung wurde mit dem Zerschlagen eines Heringsfasses gefeiert.

VERANSTALTUNGSKALENDER

GESETZLICHE FEIERTAGE

Neujahr (1. Jan.), Karfreitag, Ostersonntag und Ostermontag, Tag der Arbeit (1. Mai), Christi Himmelfahrt, Pfingstsonntag, Pfingstmontag, Tag der deutschen Einheit (3. Okt.), Reformationstag (31. Okt.), Weihnachten (25., 26. Dez.)

MÄRZ

WISMARER HERINGSTAGE
WARNEMÜNDER HERINGSFEST
WARNEMÜNDER HERINGSTAGE
USEDOMER HERINGSWOCHEN

Der Saisonauftakt steht ganz im Zeichen des Ostsee-»Hiring«.
www.heringstage-wismar.de,
www.warnemuende-guide.de
www.rostock-heute.de,
www.kaiserbaeder-auf-usedom.de

FESTSPIELFRÜHLING RÜGEN

Start in den Frühling mit Klassik.
www.festspiele-mv.de/festspielfruehling

APRIL

SCHWERINER FLOTTENPARADE

Nach den spektakulären Osterfeuern an der Küste und vielen Ostermärkten legt die Schweriner Weiße Flotte bei Kaffee und Kuchen zur ersten »Dampfersause« auf Innen- und Heidesee ab.
www.weisseflotteschwerin.de/flottenparade

MAI

FILMKUNSTFEST MV (SCHWERIN)

Anfang des Monats wird auf dem wichtigsten Filmfest des Landes (seit 1991) der »Fliegende Ochse« verliehen.
www.filmland-mv.de

BERGRINGRENNEN TETEROW

Motorradfans pilgern zum Bergringrennen.
www.bergring-teterow.de

MÜRITZ-SAIL

Die kleine, aber feine Müritz-Sail bietet Regatten und Drachenbootrennen. Publikumsandrang lösen auch Pfingstmärkte und Badestrandöffnungen aus.
www.mueritzsail.net

JUNI

FESTSPIELE MECKLENBURG-VORPOMMERN STÖRTEBEKER-FESTSPIELE

Bis September gehen die Konzerte und die Festivitäten in Ralswiek auf Rügen.
www.stoertebeker.de

WISMARER HAFENTAGE

Hundertausende pilgern zum Bühnen-, Mitsegel- und Sportprogramm in Wismars über 800 Jahre alten Hafen.
www.hafen-fest-wismar.de

SCHWERINER GARTENSOMMER/SCHLOSSFESTSPIELE

Bis Anfang Aug. genießen Opern- und Krimifreunde die Schlossfestspiele.
www.schwerin.com

JULI

WALLENSTEINTAGE

Stralsunds größtes Volksfest erinnert an den Rastherren-Widerstand gegen die Belagerung Wallensteins.
www.wallensteintage.de

MÜRITZFEST

Waren im Müritzfieber – die kleine Stadt steht Kopf.
www.mueritzfest.de

FESTSPIELE NEUSTRELITZ

Neustrelitz lockt mit Operette und Musical in den Schlossgarten.
www.neustrelitz.de

VINETA-FESTSPIELE

Die Ostseebühne Zinnowitz ist jedes Jahr Schauplatz eines neuen Theaterspektakels zu Vineta.
www.vorpommersche-landesbuehne.de

ELDENAER JAZZ

Lässig locker geht es beim Jazz in und an der Klosterruine bei Greifswald zu.
www.vorpommersche-landesbuehne.de

AUGUST

KONZERTSOMMER RÜGEN

Nach dem Blue Wave Blues Festival Mitte Juni in Binz gastieren bis Ende September Chöre und Orchester in St. Marien (Bergen) und Pianisten beim »Flügel im Sand« in Sellin.
www.ruegen.de

SEPTEMBER

HENGSTPARADEN IN REDEFIN

Die drei Hengstparaden zählen zu den besten in Deutschland.
www.landgestuet-redefin.de

THEATERFEST »DIE PEENE BRENNT«

An die lange Teilung der Stadt in der Schwedenzeit erinnert Anklams Theaterfest.
www.vorpommersche-landesbuehne.de

SEPTEMBER/OKTOBER

USEDOMER MUSIKFESTIVAL

Dirigenten- und Montagsdemo-Legende Kurt Masur (1927 – 2015) war der erste Schirmherr des Klassik-Festes mit Konzerten im Kraftwerk des Museums Peenemünde und in vielen Inselkirchen.
www.usedomer-musikfestival.de

DEZEMBER/JANUAR

WEIHNACHTSMÄRKTE

Bummeln und einkaufen können Sie im Advent am besten in Güstrow, Rostock, Schwerin.

SILVESTER-FEUERWERK

Den Jahresabschluss feiert man groß in den Seebädern.

NEUJAHRSKONZERTE

Neujahrskonzerte locken in Konzerthallen, Dome und Kirchen.

BAEDEKER ÜBERRASCHENDES

6x TYPISCH

Dafür fährt man nach Mecklenburg-Vorpommern.

1. GOLD DES MEERES

Millionen Jahre wurden Pflanzen und Insekten im Bernstein konserviert. Die spektakulärsten Fundstücke finden Sie in den **Bernsteinmuseen** in Prerow und Ribnitz-Damgarten. (▶ **S. 87, 185**)

2. SCHLÖSSER, PARKS UND HERRENHÄUSER

Mehr als 2000 noble Anwesen gibt es zwischen Ostsee und Seenplatte – keine Region in Europa hat mehr. Sie sind **Zeugen der Baukunst** vom Mittelalter bis zur Klassizistik.

3. SCHIFFE GUCKEN

Rund eine Million Besucher kommen alljährlich zum größten maritimen Volksfest im August nach Rostock: zur **Hanse Sail**. Mehr als 200 Schiffe sorgen für eine einmalige Kulisse. (▶ Baedeker Wissen, **S. 204**)

4. MEISTER DER ROMANTIK

Einmal dort den Ausblick genießen, wo Caspar David Friedrich 1818 die **»Kreidefelsen auf Rügen«** malte. Und in Greifswald 15 Stationen anschauen, die ihm als Vorlage dienten, dann die Originale bewundern. (▶ **S. 230, 97**)

5. EINFACH DAHINGLEITEN

Ob Kajak, Kanu oder Hausboot – es gibt viele Möghichkeiten, die herrliche Natir und die Stille der Mecklenburgischen Seenplatte zu erleben. Und man braucht nicht mal ein Kapitänspatent. (▶ **S. 358** und Baedeker Wissen, **S. 364**)

6. BLICK UNTER WASSER

Wer oder was lebt in der Ostsee? Das **Deutsche Meeresmuseum** in Stralsund gibt mit der größten naturkundlichen Ausstellung Norddeutschlands Antwort. Ein architektonisches Highlight ist das Ozeaneum. (▶ **S. 266**)

Festivals und Events

Zu Events wie dem **Stralsunder Sundschwimmen** und dem **Rügenbrücke-Lauf** kommen ebenso viele Teilnehmer und Zuschauer wie zum **Usedom-Cup** (Beachvolleyball) in Karlshagen (Ende Juli). Sport

Großer Beliebtheit erfreuen sich die Sandskulpturenfestivals. Auf Usedom lockt eine Märchenwelt aus Sand nach Ahlbeck. Rügens Sandskulpturen auf der Festwiese Binz geben sich jährlich ein Motto wie »Einmal um die ganze Welt«. Sandskulpturen

www.sandskulpturen-usedom.de, www.sandfest-ruegen.de

Pflicht für Feinschmecker ist der **»Usedomer Grand Schlemm«** im Mai, veranstaltet von den Top-Restaurants. Zwischen Ahlbeck, Heringsdorf und Bansin warten dann zehn Picknickplätze auf viele Leckermäuler. Gestartet wird mit Champagner an der Austern-bar. Kulinarisches

www.grandschlemm.de

Schon Monate, wenn nicht ein Jahr im Voraus, muss man sich um Tickets für die wichtigsten Musikfestivals im Land bemühen, allen voran das **Fusion Festival** auf dem Flugplatz Lärz-Rechlin (Ende Juni; www.fusion-festival.de). Die Veranstaltung mit E-Musik, DJs, Theater und Kino ist stets ausverkauft. Um eines der heißbegehrten Tickets zu ergattern, muss man sich bereits Anfang Dezember auf der Webseite registrieren; entschieden wird per Losverfahren. Kultstatus besitzt die **Zappanale** zu Ehren Frank Zappas in Bad Doberan (Mitte Juli; www.zappanale.de). Ein Riesenerfolg ist auch Usedoms dreitägiges Festival **Use-Tube**. Junge, kreative Musiker spielen auf Bühnen in Ahlbeck, Heringsdorf und Bansin. Musik

SHOPPEN

In Mecklenburg-Vorpommern bieten Stadt und Land ein gutes Pflaster für Einkaufslustige. Die alten Städte dienen als wunderbare Kulisse für alte und neue Trends. Und typische Souvenirs, die es sonst nirgendwo gibt, finden Sie überall.

Atmosphäre und Tradition

Besonders in den herausgeputzten historischen Zentren der Hansestädte Wismar, Rostock und Stralsund sowie in der Universitätsstadt Greifswald und der alten Residenzstadt Schwerin gibt es vielfältige Einkaufen in historischem Ambiente

Typisch Ostsee und lecker: Sanddornmarmelade

Möglichkeiten zum **Bummeln und Einkaufen**. Ähnliches gilt für die traditionsreichen Ostseebäder. Hier ist die Auswahl an Boutiquen und Designerläden so groß, dass man fast den Überblick verliert.

Landestypische Souvenirs

In Rostock finden Sie eine der letzten Blaudruckwerkstätten, wo man **Tücher, Tischwäsche, Kissenbezüge und andere Textilien** mit weißem Muster auf blauem Grund erwerben kann. Auf Rügen und im Fischland wird rustikale Keramik produziert. **Bernsteinschmuck** ist an der gesamten Ostseeküste zu haben, besonders in Ribnitz-Damgarten. Bei einigen Goldschmieden in Stralsund und auf Rügen gibt es verkleinerte Repliken des **Hiddenseer Goldschmucks**, der vor ca. 1000 Jahren entstanden ist (▶ Baedeker Wissen, S. 340). Beliebte Souvenirs sind auch Buddelschiffe und Sonstiges rund ums Thema Seefahrt.

Allerlei Genüsse

Das kulinarische Souvenir schlechthin ist **geräucherter Seefisch**. Nicht selten bekommen Sie ihn ebenso wie frischen Hering direkt in den Fischerhäfen und auch auf den Märkten der Hafenstädte. Landeinwärts kommen Sie an Ständen vorbei, an denen geräucherter Aal angeboten wird. Als kulinarische Souvenirs eignen sich auch **Fleisch- und Wurstwaren**, u. a. Leberwurst, Teewurst, luftgetrocknete Rügensalami, Mecklenburger Landschinken und Fleisch vom Vorpommerschen Landschaf. Beliebte Mitbringsel sind auch Honig, Honigwein (Met), Kümmel- und Kräuterschnaps. Überall erhältlich sind auch **Sanddorn**, z. B. Sanddornsaft und Sanddornlikör. Die knall-orangefarbenen Beeren wachsen an einem halbhohen Strauch und sind besonders reich an Vitamin C. (▶ Das ist ..., S. 24ff.)

Modelabel

Storch Heinar ist eines der erfolgreichsten Medienprojekte der letzten Jahre. Der satirische »Wappenvogel« prangt auf T-Shirts und Buttons und arbeitet mit Witz, Persilage und Verballhornung erfolgreich gegen ultrarechte Umtriebe. Entwickelt haben dieses Modelabel und beliebte Souvenir die Jusos des Bundeslandes.
www.storch-heinar.de

Strandkörbe

Wer sich einen **Strandkorb** für Terrasse oder Balkon anschaffen möchte, kann sich in der Strandkorbmanufaktur Korbwerk Usedom informieren. Pro Jahr werden hier 200 hochwertige Strandkörbe gefertigt. Einfache Modelle kosten ab 700 €, Luxuskörbe reißen ein Loch von bis zu 7000 € in die Kasse.
Waldbühnenweg 2 | 17424 Heringsdorf | www.korbwerk.de

ÜBERNACHTEN

Ob Luxus-Resort oder altehrwürdiges Schlosshotel, familiär geführte Pension, Ferienhäuschen oder einfache Jugendherberge – das Bundesland an der Ostsee bietet für jeden Geschmack etwas.

Reservieren!

In der sommerlichen Hochsaison kann es vor allem in den Ostseebädern und an stark besuchten Seen im Binnenland zu Engpässen kommen, sodass in dieser Zeit eine rechtzeitige Reservierung angeraten ist. Eine Reservierung empfiehlt sich aber auch in der winterlichen Nebensaison, denn dann sind viele Hotels und Pensionen geschlossen und das Angebot ist entsprechend knapper. Wer die Weihnachts- und Neujahrstage an der Ostseeküste verbringen will, sollte sich also ebenfalls rechtzeitig um eine Unterkunft bemühen.

Luxushotel und Baumhaus

Hotels

Die meisten besseren Hotels und Pensionen reihen sich in den altbekannten **Ostseebädern** an der Küste und auf den Inseln wie Perlen aneinander. Daneben gibt es eine wachsende Zahl guter Häuser auch im Binnenland, meist in reizvoller Lage an einem See. In jüngerer Zeit haben sich zu den bereits bestehenden und nach der Wende aufwendig renovierten älteren Häusern luxuriöse Ferienanlagen gesellt, die nicht nur Gästezimmer und Suiten für jeden Geschmack bieten, sondern darüber hinaus auch Möglichkeiten für sportliche Aktivitäten,

PRINZESSIN AUF DER ERBSE ...

BAEDEKER WISSEN

Schlösser, Villen und Paläste – sie zu besichtigen ist fester Bestandteil eines jeden Kultururlaubs und lädt ein, sich in frühere Zeiten zu versetzen und von einem Leben im Luxus zu träumen. In einem zum Hotel umgebauten früheren Adelsdomizil können Sie diesen Traum auf Urlaubslänge ausdehnen.

Mecklenburg-Vorpommern, seit Jahrhunderten das »Land der Schlösser und Katen«, zählte einst 2880 Schlösser, Guts- und Herrenhäuser. 2200 sind bis heute erhalten, mehr als 1000 stehen unter Denkmalschutz. Eine solche Dichte von Schlössern und Gutshäusern ist europaweit einmalig. Seit der Wende haben Staat, Private und Stiftungen ein Gutteil dieses Architekturschatzes restauriert.

Herzlich willkommen!

Etwa 300 dieser Gemäuer werden nun **touristisch genutzt**. Und nicht alle sind Gästen mit dickem Geldbeutel vorbehalten: Das Angebot reicht von Fünf-Sterne-Luxus bis zur Heuherberge. So bietet 14 km südöstlich von Demmin das liebevoll restaurierte **Schloss Schmarsow** von 1698 sechs günstige, bei radelnden Selbstversorgern beliebte Ferienwohnungen mit Garten an (www.schloss-schmarsow.de). Eine andere Option ist **Gut Dalwitz**, seit 1349 in Besitz derer von Bassewitz, das familienfreundliche Ferienwohnungen hat (www.feriengutdalwitz.de). Wer aber königlich im Märchenschloss wohnen möchte, muss beispielsweise für die Graf-Douglas-Suite im Haupthaus von **Schloss Ralswiek auf Rügen** entsprechend bezahlen. Das komplett restaurierte Luxus-Schlosshotel verfügt auch über günstigere Zimmer im Seitenflügel und hat Arrangements im Angebot (www.schlosshotel-ralswiek.de). Ein tolles Ambiente bietet auch **Schloss Gamehl** bei Wismar (www.schloss-gamehl.de). **Gut Gremmelin** 16 km östlich von Güstrow wagt einen besonderen Spagat: Hier gibt es modernes Design in Guts- wie Gästehaus (Biohotel), Seminare, Gesundheitswochen, Bioküche und Kultur (www.gut-gremmelin.de).

Neben Romantikschloss und exzellenter Gutsküche setzen vielev Anbieter vermehrt auf Genuss- und Natururlauber, Hochzeiten, Golf, Wellness und den musikalischen Festspielsommer. Neu sind etwa **Aktivtouren**: So können sich Kanuwanderer auf der Peene auch in fünf Schlosshotels erholen. Das **Gutshaus Stolpe** bei Anklam bietet Kombi-Arrangements mit dem Schlosshotel **Burg Schlitz**, das 2012 zu Deutschlands Hotel des Jahres gekürt wurde.

Parks und Gärten

Ob auf **Schloss Klink**, im Hotel **Waldschlösschen Crivitz** oder im Schlosshotel Groß Plasten am Klein Plastener See: Den besonderen Reiz eines Schlösserurlaubs machen die Ruhe und Entspannung garantierenden Schlossparks aus. Die **»Gartenroute MV«** erschließt viele alte Gutsparks, die auf Touren mit Auto, Rad, Pferd oder zu Fuß entdeckt werden und Übernachtungen etwa im Romantik Hotel Gutshaus Ludorf, im Hotel Schloss Ulrichshusen oder im Schloss Zinzow bieten (www.gartenroute-mv.de).

Schlossgespenster

Im familiengeführten Romantikhotel **Rittergut Bömitz** zwischen Anklam und Wolgast – einem der schönsten im Land – wird historisches Mobiliar, Ruhe und Tradition gepflegt, sanft knarrende Dielen inklusive. Ein Schlossgespenst wurde aber noch nicht entdeckt, auch nicht im imposanten Gewölbekeller (www.rittergut-boemitz.de). Ein solches ist allerdings mit dem **Petermännchen** im Schweriner Schloss verbürgt, und im 300 Jahre alten Schloss Dreilützow erleben Kinder Schlossgeist Dieter. Immerhin: Das Landhaus **Schloss Kölzow** besitzt nicht nur einen 8 ha großen Park, sondern auch eine veritable Ahnengalerie (www.schloss-koelzow.de).

VEREIN DER SCHLÖSSER, GUTS- UND HERRENHÄUSER
Rondell 7 – 8
17207 Ludorf/Müritz
Tel. 039931 8 40 11
www.schlosshotel-mv.de

SCHLÖSSERTOUR
Schwerin Plus Touristik-Service
Mecklenburgstr. 85
19053 Schwerin
Tel. 0385 55 80 20
www.von-schloss-zu-schloss.de

SCHLOSSHOTELS UND GUTSHÄUSER
www.mein-urlaub-im-schloss.de
www.gutshaeuser.de

Zwischen Müritz und Kölpinsee lädt das Schlosshotel Klink ein.

so etwa Golf- und Tennisplätze oder eigene Marinas.
Einige Hotels bieten Gästen **100% Bio-Qualität** in ihren Unterkünften der gehobenen Angebotsklasse. Hinzu kommen Biowohnungen. Auch auf die **Familie** wird besonders geachtet – mehr als 100 zertifizierte und mit Qualitätssiegel ausgestattete Übernachtungsbetriebe mit vielfältigen Angeboten für die ganze Familie stehen zur Verfügung.

Privatunterkunft An der Ostsee und im Hinterland bieten Privatvermieter Gästezimmer oder Gästewohnungen an. Mehr und mehr etabliert sich neben dem Pensions- auch ein B & B-Angebot nach angelsächsischem Vorbild. Neu und bei Jüngeren nachgefragt ist das Couchsurfing bei fremden Gastgebern, besonders in Rostock und Greifswald. Beliebt ist zudem der Wohnungs- oder Haustausch zur Ferienzeit.

Apartments, Ferienhäuser Auch das Angebot an Ferienwohnungen und Ferienhäusern wächst kontinuierlich. Jeder deutsche Reiseveranstalter, der etwas auf sich hält, hat entsprechende Unterkünfte im Programm.

Ferien auf dem Bauernhof Sehr beliebt bei Familien mit Kindern sind Ferien auf dem Bauernhof. Diese Urlaubsform ist nicht nur vergleichsweise preiswert, hier können sich Alt und Jung auch am **ländlichen Alltag** beteiligen, d. h., mit Tieren umgehen, beim Heumachen helfen oder an Ausritten hoch zu Ross respektive Pony teilnehmen.

Jugendherbergen Die Konkurrenz der meist in Großstädten etablierten Hostels hat die 23 Jugendherbergen in Mecklenburg-Vorpommern zu verstärkten Aktivitäten animiert. So gibt es in Prora auf Rügen die »längste Jugendherberge Europas« (mit Jugendzeltplatz). Sehr zu empfehlen ist die Jugendherberge Beckerwitz (Ortsteil von Hohenkirchen; 12 km nordwestlich von Wismar). Sie bietet bienenwabenförmige Baumhäuser mit futuristischem Design und naturnahe Erlebniswege für die ganze Familie an.
Die einzige Fünfsterne-Jugendherberge im Land, wohlgemerkt mit JH-Preisen, öffnet auch Familien und Einzelreisenden über 27 Jahren ihre Türen. Sie liegt nur wenige Schritte vom Strand entfernt. Besucher können auch im achteckigen, 35 m hohen Wetterturm übernachten. Er ist einer der 16 Wetterradartürme Deutschlands, die Niederschläge in bis zu 200 km Entfernung dokumentieren.

Heuherbergen Beliebt sind auch die oft günstigen Heuherbergen vor allem im Hinterland, etwa in Wittenhagen (Feldberger Seenlandschaft) oder im Trebeltal – da ist echte Lagerfeuerromantik inklusive!

Bett & Bike Der Allgemeine Deutsche Fahrradclub ADFC zertifiziert jährlich mit dem Label »Bett & Bike« Unterkünfte in Mecklenburg-Vorpommern, die sich besonders um das Wohl der Radler kümmern, und zwar nicht nur entlang der sieben Radfern- und 21 Rundtourenwege im Land. Das Angebot reicht von Hotels bis zu Campingplätzen, umfasst aber stets Sonderleistungen wie sichere Abstellplätze, Trockenmöglichkeit für nasse Kleidung, besondere Ernährungsangebote und Werkzeug für Kleinreparaturen.

Camping

Die über 80 Campingplätze in Mecklenburg-Vorpommern sind nach Sternen zertifiziert, von naturbelassen (0 Sterne) bis exklusiv (5 Sterne). Zu den Zertifizierungskriterien zählen auch Spezialangebote für Familien, hundefreundliche Plätze, das Angebot an Fahrrädern, Angelangebote, Sportboote sowie Kanu-/Kajakverleih. Auf einigen Campingplätzen gibt es zudem FKK-Angebote.

NÜTZLICHE ADRESSEN

BETT & BIKE

ADFCN
Hermannstr. 36
18055 Rostock
Tel. 0381 37 70 69 76
www.adfc-mv.de/bett-bike.html

CAMPING

BUNDESVERBAND DER CAMPINGWIRTSCHAFT (BVCD/MV)
Konrad-Zuse-Str. 2
18057 Rostock
Tel. 0381 4 03 48 55
www.bvcd-mv.de

FERIEN AUF DEM BAUERNHOF

LANDURLAUB MECKLENBURG-VORPOMMERN E. V.
Konrad-Zuse-Str. 2
18057 Rostock
Tel. 0381 4 03 06 31
www.landurlaub.m-vp.de

GESUNDHEITS-, WELLNESS-, FITNESSHOTELS

BÄDERVERBAND M-V E.V.
Konrad-Zuse-Str. 2, 18057 Rostock
Tel. 0381 80 89 93 80
www.mv-baederverband.de

HOTELS, PENSIONEN, FERIENHÄUSER UND -WOHNUNGEN

TOURISTIK & BUCHUNG MECKLENBURG-VORPOMMERN
Konrad-Zuse-Str. 2, 18057 Rostock
Tel. 0381 40 30-500
www.auf-nach-mv.de

BIOUNTERKÜNFTE
www.biohotels-mv.de
www.schwerin-ferienwohnung.de

JUGENDHERBERGEN

DEUTSCHES JUGENDHERBERGSWERK
Konrad-Zuse-Str. 2, 18057 Rostock
Tel. 0381 77 66 70
www.jugendherbergen-mv.de

P

PRAKTISCHE INFOS

Wichtig, hilfreich präzise

Unsere Praktischen Infos helfen in allen Situationen in Mecklenburg-Vorpommern weiter.

Nach Rügen geht es auf der Brücke über den Strelasund. ▶

ANREISE · REISEPLANUNG

Anreisemöglichkeiten

Mit dem Flugzeug Wichtigster Flughafen in Mecklenburg-Vorpommern ist **Rostock-Laage**, Direktverbindungen gibt es von München und Stuttgart, ebenso von Linz in Österreich und von Zürich. Die nächsten größeren Flughäfen sind Hamburg-Fuhlsbüttel, Berlin-Tegel, Berlin-Schönefeld und Lübeck. Die Buslinie L 127 verkehrt zwischen dem ZOB Rostock und dem 37 km vom Stadtzentrum entfernten Flughafen (www.rebus.de; mit dem Flughafenticket für 9,80 € können Sie von jeder Station des Landkreises zum Flughafen fahren). Mehrere Taxiunternehmen sind am Flughafen stationiert.

Der **Regionalflughafen Heringsdorf** auf Usedom wird in der Sommersaison von Stuttgart, Düsseldorf und Frankfurt angeflogen. Vom Flughafen fährt der Linienbus 286 nach Ahlbeck, Heringsdorf und Bansin (Anmeldung Sa. und So. Tel. 038378 3 36 30), Taxifahrten in die Kaiserbäder kosten ab etwa 20 €.

Mit der Bahn Am schnellsten kommen Sie via Hamburg oder Berlin in die Ostsee-Region. ICE-Bahnhöfe sind Binz (Rügen), Bergen (Rügen), Stralsund, Greifswald, Züssow, Anklam, Pasewalk, Warnemünde, Rostock, Waren, Neustrelitz und Ludwigslust. In Stralsund und Züssow besteht Anschluss zur Usedomer Bäderbahn UBB.

Fernbusse Fernbusse wie z. B. Mein Fernbus (www.meinfernbus.de) oder Flixbus (www.flixbus.de) fahren verschiedene Ziele in Mecklenburg-Vorpommern an. Bustickets von Berlin zur Ostsee werden schon ab ca. 10 € angeboten, für die Strecke München – Rügen müssen Sie mit ca. 40 € rechnen.

Mit dem Auto Mit dem Auto kommen Sie am schnellsten über Hamburg bzw. Berlin oder aber auf der A 24 nach Mecklenburg-Vorpommern. Bei Wittstock (nordwestlich von Berlin) zweigt die A 19 in Richtung Rostock ab. Die Ostsee-Autobahn A 20 führt in einem weiten Bogen und dabei etwa parallel zur Ostseeküste von Lübeck über Wismar, das Autobahnkreuz Rostock, Grimmen, vorbei an Neubrandenburg in die Uckermark und bis nahe heran an die deutsch-polnische Grenze.

Praktische und deshalb auch stark befahrene West-Ost-Achsen sind die an der Küste entlangführende B 105 (Lübeck – Wismar – Rostock – Stralsund), die B 104 (Lübeck – Schwerin – Güstrow – Neubrandenburg – Pasewalk – deutsch-polnische Grenze) sowie die B 110 von Rostock über Demmin nach Anklam und hinüber zur Insel Usedom. Zwei viel befahrene Nord-Süd-Achsen sind die B 194, die Waren an der Müritz mit der Hansestadt Stralsund verbindet, sowie die B 96, die von Berlin bis zum Fährhafen Sassnitz auf der Insel Rügen führt.

FLUGVERKEHR

ROSTOCK AIRPORT
Tel. 038454 32 13 90
www.rostock-airport.de

FLUGHAFEN HERINGSDORF
Tel. 038376 25 00
www.flughafen-heringsdorf.de

BAHNVERKEHR

DEUTSCHE BAHN
Tel.*0180 69 99 66 33
www.bahn.de

LOKALBAHNEN UND -BUSSE
▶ Verkehr

AUSKUNFT

TOURISMUSVERBAND MECKLENBURG- VORPOMMERN E. V.
Konrad-Zuse-Str. 2
18057 Rostock
Tel. 0381 4 03 05 50
www.auf-nach-mv.de

BÄDERVERBAND MECKLENBURG-VORPOMMERN E. V.
Konrad-Zuse-Str. 2
18057 Rostock
Tel. 0381 80 89 93 80
www.mv-baederverband.de

LESETIPPS

Bild- und Reisebände

Dumont Bildatlas Nr. 38: Mecklenburg-Vorpommern. Dumont Reiseverlag 2018.

Dumont Bildatlas Nr. 164: Ostseeküste Mecklenburg-Vorpommern. Dumont Reiseverlag 2017.

Dumont Bildatlas Nr. 188: Mecklenburgische Seen. Dumont Reiseverlag 2017.

Dumont Bildatlas Nr. 186: Rügen: Usedom, Hiddensee. Dumont Reiseverlag 2017.

Uwe Johnson, Heinz Lehmbäcker: Mecklenburg. Zwei Ansichten. Insel Verlag 2005. Die Texte von Uwe Johnson illustriert und kommentiert der Fotograf Heint Lehmbäcker mit Bildern aus dem Mecklenburg der 1950er- bis 1990er-Jahre. Das ergibt tatsächlich zwei Sichtweisen.

Sachbuch

Wolf Karge: Schlösser und Herrenhäuser in Mecklenburg. Hinstorff-Verlag 2018.

Gottfried Kiesow: Thomas Grundner, Backsteingotik in Mecklenburg-Vorpommern. Hinstorff-Verlag 2013.

Jürgen Reich, Thomas Grundner: Nationalpark Vorpommersche Boddenlandschaft. Hinstorff-Verlag 2012.

Anja-Franziska Scharsich, Angelika Fischer: Das Mecklenburg des Uwe Johnson. Edition A. B. Fischer 2013.

Belletristik

Walter Kempowski: Tadellöser & Wolff. Penguin Verlag 2016. Der Autor verarbeitet die Jahre von 1938 bis zum Kriegsende, die er als Hitlerjunge und später als Soldat in Rostock erlebte.

Lutz Seiler: Kruso, Suhrkamp-Verlag 2015. Germanistik-Student Edgar Bendler freundet sich während der Sommerferien 1989 auf Hiddensee mit dem Küchengehilfen und Anführer der Saisonarbeiter Alexej Krusowitsch, genannt Kruso, an. Das Ende der DDR zeichnetbsichab, und Krusos Vostellungen von Freiheit lassen Edgar nicht kalt.

Arnold Hückstädt: Gestatten? Fritz Reuter. Das Kennenlernbuch. Hinstorff-Verlag 2012. Reuter-Kenner Hückstadt stellt den mecklenburgischen »Nationaldichter« in Textauszügen und Inhaltsangaben seiner Werke vor.

Hörbuch

John Brinckman: Mottche Spinkus un de Pelz. Gelesen von Wolfgang Rieck. Audiobook. Hinstorff-Verlag 2008.

Fritz Reuter: »Täuw! Dir wollen wir krigen!«. Gerd Lüpke »läst vun Unkel Bräsig, Dörchläuchtig un Hanne Nüte«. Audio-CD. Hinstorff 2004.

Fritz Reuter: »Ut de Franzosentid«. Ebenfalls gelesen von Gerd Lüpke. Audio-CD. Hinstorff 2013.

PREISE · VERGÜNSTIGUNGEN

Kurtaxe

Viele Seebäder und Kurorte in Mecklenburg-Vorpommern erheben eine Kurtaxe, mit der u. a. kulturelle Veranstaltungen, die Strandpflege, Instandsetzung der Seebrücken usw. finanziert werden. Der Tagespreis für Übernachtungsgäste liegt in der Regel je nach Saison bei 1,50 – 3 € und wird in der Herberge erhoben. Tages- und Kurzbesucher zahlen an Kurtaxen-Automaten oft etwas mehr. Schwerstbehinderte und Kinder sind oft von der Abgabe befreit. Studenten, Behinderte, Arbeitslose und Rentner erhalten meist 50 % Rabatt. Für Dauergäste und Mehrfachurlauber lohnt sich eine Jahreskurkarte. Im Abschnitt Boltenhagen-Graal-Müritz erkennen die Ostseebäder die Taxe gegenseitig an, es muss nicht doppelt oder gar mehrfach pro Tag gezahlt werden. Etliche Bade- und Kurorte halten für ihre Gäste **Kurkarten** (z. T. gebührenpflichtig) bereit, die bei diversen Veranstaltungen zu ermäßigtem oder gar freiem Eintritt berechtigen. Nähere Informationen gibt es bei den örtlichen Kurverwaltungen bzw. Touristenbüros.

Bahntickets

Bis zu fünf Personen oder Eltern bzw. Großeltern mit beliebig vielen eigenen Kindern oder Enkeln können Mo. – Fr. jeweils ab 9 Uhr und am Sa. bzw. So. schon ab 0 Uhr jeweils bis 3 Uhr des Folgetages mit Nahverkehrs- und Regionalzügen durch Mecklenburg-Vorpommern reisen. Das **Mecklenburg-Vorpommern-Ticket** (gültig für die Regionalzüge der DB, UBB, ODEG und den Rasenden Roland und teilweise überregionale Strecken) kostet 23 €; bis zu vier weitere Mitfahrer zahlen zusätzlich 4 € pro Person; Kinder bis 14 Jahre fahren kostenlos. Museen, Tierparks, Erlebnisbäder und andere Attraktionen gewähren teils hohe Ermäßigungen auf dieses Ticket. Mit dem **Insel & Me(e)hr-Ticket** (22 €, jeder weitere Mitfahrer 4 €) können bis zu 5 Personen einen Tag lang in UBB- und DB-Regio-Zügen zwischen Świnoujście und Barth sowie Stralsund und Altefähr (Rügen) fahren.

Die **RostockCARD** (24 Std. 12 €; 48 Std. 16 €) ist in Rostock und Warnemünde ganzjährig gültig und beinhaltet die freie Nutzung des öffentlichen Nahverkehrs, den kostenlosen Besuch der Rostocker Museen, kostenfreie Stadtführung, kostenfreie ADFC-Radtour durch Rostock und zahlreiche Rabatte bei Konzerten und Veranstaltungen. Die **RostockCARD+Region** (24 Std. 17 €; 48 Std. 27 €) ist auch in der Region Rostock gültig. Die **RostockCARDsmart** (8 €) ist ganzjährig für eine Person mit 2 Kindern (2 – 12 J.) gültig und umfasst die Rabatt- und Vorteilsangebote, nicht aber den öffentlichen Nahverkehr. Die Karten erhalten Sie in den Tourist-Informationen und Kurverwaltungen sowie in vielen Hotels und am Flughafen Rostock-Laage (Tourist-Information Rostock, ▶ S. 194).

Rügen-Stralsund-Card

Die **Rügen-Stralsund-Card** kostet 7,50 €und ist für bis zu fünf Personen (maximal 2 Erwachsene) unbeschränkt gültig. Sie gewährt Rabatte in zahlreichen Hotels, Lokalen und Geschäften und verbilligt auch Tageskarten des öffentlichen Nahverkehrs auf Rügen. Für Stammgäste ist die Karte kostenlos. Sie ist in den örtlichen Tourismusbüros erhältlich.
www.ruegen-stralsund-card.de

Schwerin-Ticket

Die Landeshauptstadt bietet das **Schwerin-Ticket**, das freie Fahrt in allen Bussen, Bahnen und auf der Pfaffenteich-Fähre gewährt und Rabatte bei rund 35 touristischen Angeboten wie Museumsbesuchen beinhaltet. Das Ticket kostet für 24 Std. 5,50 €, für 48 Std. 8 € und ist erhältlich bei der Tourist-Information (▶ S. 244).

1000Seen-Card

Die als **Bonuskarte** konzipierte 1000SeenCard beinhaltet zahlreiche Vergünstigungen, darunter auch den preisgünstigen Erwerb des Müritz-Nationalpark-Tickets (Nahverkehrsfahrausweis). Sie kostet 5 €, ist für bis zu 5 Personen (maximal 2 Erwachsene) ab jeweils Ostern ein Jahr lang gültig.
www.mueritz.de

REISEZEIT

Jederzeit eine Reise wert

Eine Reise wert ist Mecklenburg-Vorpommern zu jeder Jahreszeit – selbst im **Winter**, allerdings sind in der kalten Jahreszeit (Ausnahme: Weihnachts- und Neujahrstage) viele Hotels, Restaurants und Cafés geschlossen und Museen meist nur sehr verkürzt geöffnet. Hotels locken in der **Nebensaison** mit attraktiven Angeboten wie »Verwöhnwochenenden«, ein Erfolg ist die konzertierte Winter-Special-Aktion vieler Hotels. Zudem bieten etliche Spaß- und Erlebnisbäder auch bei kaltem oder schlechtem Wetter Entspannung. Ideal für Besichtigungstouren sind die **Frühlingsmonate**, wenn milde Temperaturen bereits Aktivitäten per pedes oder per pedales ermöglichen. Im warmen **Sommer** erweisen sich sowohl die Ostseeküste als auch das seenreiche Hinterland als wahres Urlaubsparadies für Wasserfreunde. Für die Zeit von Juli bis September sollten Sie ein Urlaubsquartier schon lange im Voraus buchen. Dies gilt auch für attraktive Ziele im Binnenland, insbesondere für den ▶ Nationalpark Müritz.

Wind und Wetter

Das Klima an der Ostseeküste zeichnet sich durch starke Luftbewegungen, gleichmäßige Temperaturen und erstaunlich **wenige Niederschläge** bei hoher Luftfeuchte aus. Die Zahl der Sonnentage nimmt von West nach Ost zu. Während es bei Poel rund 35 Sonnentage sind, können die Inseln Rügen und Usedom mit 40 bis 50 Sonnentagen aufwarten. Analoges gilt auch für den **Wind**, der von West nach Ost deutlich schwächer wird. Am stärksten weht er am weit in die Ostsee hineinragenden ► Kap Arkona der Insel Rügen.

Binnenland

Auch im Binnenland ist der klimatische Gegensatz zwischen West und Ost erkennbar. Während ganz im Westen pro Jahr immerhin bis zu 650 l Regen und Schnee auf einen Quadratmeter Land fallen, sind es im Osten nur noch 500 l pro Quadratmeter und Jahr. Dies korrespondiert mit den sehr unterschiedlichen **Temperaturdurchschnittswerten**. Im ozeanisch beeinflussten Westen liegt die Durchschnittstemperatur im Juli bei 17 °C, im Osten des Landes bei 21 °C.

VERKEHR

Busverkehr

Buslinien

Zumindest in den städtischen Regionen gibt es engmaschige Buslinienetze, in denen Busse in akzeptablen Zeitabständen verkehren. Im ländlichen Binnenland sind die Nahverkehrsverhältnisse nicht ganz so komfortabel. Gute Verbindungen ermöglichen die Anklamer Verkehrsgesellschaft (AVG), die Verkehrsbetriebe Greifswald, die Neubrandenburger Stadtwerke, die Verkehrsgesellschaft Mecklenburg-Strelitz, die Rügener Personennahverkehrs-GmbH, der Nahverkehr Stralsund GmbH, der Nahverkehr Schwerin GmbH, der Verkehrsbetrieb der Stadt Wismar (EVB), die Bus-Betriebe Wismar (BBW), die Ludwigsluster Verkehrsgesellschaft (LVG) und der Verkehrsverbund Warnow (VVW). Das Angebot von Tageskarten ermöglicht wie im Fall Rügen auch kostengünstige Rund- und Ausflugstouren.

Bahnverkehr

Allgemein

Nicht weniger als **sechs Eisenbahngesellschaften** buhlen in Mecklenburg-Vorpommern um die Gunst der Reisenden. Aus diesem Grund ist das Eisenbahn-Streckennetz vergleichsweise engmaschig.

Alle größeren Städte, die Inseln Rügen und Usedom sowie einige altbekannte Seebäder können per Bahn erreicht werden.

Usedomer Bäderbahn (UBB)

Die **Usedomer Bäderbahn (UBB)** ist eine Tochtergesellschaft der Deutschen Bahn AG. Ihre Triebwagen verkehren auf der Strecke Ahlbeck auf Usedom – Zinnowitz – Wolgast – Züssow (mit DB-Anschluss) – Stralsund–Barth. 2009 wurde die grenzübergreifende Strecke von Ahlbeck ins Zentrum von Świnoujście (Swinemünde) eröffnet. UBB-Busse bedienen die »Kaiserbäderlinie« zwischen Ahlbeck und Swinemünde und den Anschlussverkehr ab Barth auf den Darß mit Buslinie 210.
Tel. 038378 2 71 32 | www.ubb-online.com

Ostdeutsche Eisenbahngesellschaft (ODEG)

Die Triebwagen der **Ostdeutschen Eisenbahngesellschaft** verkehren auf der Regionalexpress-Linie RE 2 (Wismar – Schwerin – Ludwigslust – Wittenberge – Berlin – Cottbus) sowie den Regionalbahnlinien RB 13 (Rehna – Gadebusch – Schwerin – Crivitz – Parchim) und RB 14 (Hagenow – Hagenow Land – Ludwigslust – Parchim). In Hagenow Land bestehen Anschlüsse von und nach Hamburg, in Parchim mit Schwerin.
Tel. 030 5 14 88 88 88 | www.odeg.de

»Molli«

Täglich dampft die nostalgische **Schmalspurbahn »Molli«** an der Küste entlang von Bad Doberan über Heiligendamm nach Kühlungsborn West und zurück. Sechs Waggons der nunmehr 100 Jahre alten Bahn sind originalgetreu rekonstruiert
Tel. 038293 43 13 31 | www.molli-bahn.de

»Rasender Roland«

Der **»Rasende Roland«** (▶ S. 212) ist ein Schmalspur-Dampfzug auf der Insel **Rügen**, der auf der Strecke Putbus – Binz – Granitz – Sellin – Baabe – Göhren verkehrt. In der Hochsaison startet die Bahn zusätzlich schon ab/bis Lauterbach (Mole). Spätfahrten nach 21 Uhr gibt es im Hochsommer zwischen Binz und Göhren. Fahrkarten erhalten Sie in Putbus, Binz, Sellin-Ost, Baabe und Göhren. Bei Zustiegen an anderen Bahnhöfen oder außerhalb der Öffnungszeiten gibt es die Tickets ohne Aufpreis im Zug. Fahrkarte Putbus–Göhren: 11 €, Tageskarte 23 €, Familie 23 €, Tageskarte 48 €.
www.ruegensche-baederbahn.de.

Pressnitztal-Bahn

Die Pressnitztal-Bahn betreibt auch den Personennahverkehr auf der »Bergen-Bahn« genannten Strecke RB 26 (Lauterbach-Mole – Putbus – Bergen auf Rügen.
www.pressnitztalbahn.com

Rügenticket/ Kombiticket

Die Reederei Adler-Schiffe und die UBB bieten von April bis Oktober das **Rügenticket** an. Das Kombiticket Zug/Bahn – Schiff ab Peene-

münde/Usdeom kostet für Tagesausflüge 35 €, das Familienticket (2 Erw. und 3 Kinder) 79 €. Auch die Weiterfahrt mit dem Rasenden Roland ist möglich. Die Verlängerung der Fahrt bis zu den Kreidefelsen kostet 5 € (Ticket an Bord)
www.adler-schiffe.de

Ausflugsschifffahrt

Entlang der Ostseeküste, zwischen dem Festland und den vorgelagerten Inseln sowie auf vielen Seen des Hinterlands verkehren zumindest in der Zeit von Mai bis Oktober **Ausflugsschiffe** verschiedener Reedereien. Besonders beliebt sind Schiffsausflüge entlang der Ostseeküste von Prerow aus rund um Fischland, Darß und Zingst, von Stralsund aus nach Rügen und Hiddensee, von Heringsdorf auf Usedom aus nach Wolin und Rügen sowie in die nahen polnischen Städte Świnoujście (Swinemünde) und Szczecin (Stettin). Im Binnenland benutzen viele Touristen die Ausflugsschiffe auf den Schweriner Seen sowie im Bereich der Müritz. Von Warnemünde aus bietet die »MS Baltica« regelmäßig Abendkreuzfahrten, von Kühlungsborn und Graal-Müritz von April bis Oktober Mini-Kreuzfahrten entlang der Küste zum Darß, nach Rerik und Wustrow sowie Fahrten etwa zur Hanse Sail nach Warnemünde.
www.blaue-flotte.de | www.weisseflotteschwerin.de
www.weisse-flotte.de | www.blau-weisse-flotte.de
www.boddenschifffahrt.de | www.adler-schiffe.de
www.msbaltica.de

REGISTER

S

T

U

VERZEICHNIS DER KARTEN UND GRAFIKEN

BILDNACHWEIS

akg S. 333, 345, 348
DuMont Bildarchiv / Christian Bäck S. 369 li.
DuMont Bildarchiv / Gebhard Krewitt S. 3 o., 220
DuMont Bildarchiv / Johann Scheibner S. 5, 199, 293
DuMont Bildarchiv / Jörg Axel Fischer S. 254, 337 u.
DuMont Bildarchiv / Martin Kirchner S. 152/153, 304, 337 o., 339, 352, 366
DuMont Bildarchiv / Olaf Meinhardt S. 10, 12/13, 15, 60 o., 65, 84, 87, 96, 100, 102, 132, 192, 197, 205, 209, 210, 259, 266, 276, 280, 287, 290, 297, 310/311, 315 o., 324, 341, 350, 357, 366, 371, 373, 376
DuMont Bildarchiv / Roland E. Jung S. 24/25, 218
DuMont Bildarchiv / Sabine Lubenow S. 16/17, 26, 125, 126, 222, 232, 235, 385
DuMont Bildarchiv / Sylvia Pollex, Thomas Rötting S. 2, 3 u., 7, 23, 29, 36, 47, 72, 76/77, 93, 109, 112, 115, 120, 139 (2x), 144, 148, 157, 159, 165, 171, 173, 177, 179, 182, 240, 250, 315 u., 323, 365
fotolia / steve S. 225
Glow Images S. 368 u., 369 u. re.
Thomas Grundner / Lookphotos S. 49
laif / Bernd Jonkmanns S. 359
Lubenow, Sabine S. 18
mauritius images / Buiten-Beeld / Nico van Kappel S. 319
mauritius images / imageBROKER S. 67
mauritius images / Fritz Mader S. 381
mauritius images S. 369 o.
Rudi Meisel / VISUM S. 8/9
Picture Alliance / Pollex / Rötting S. 20/21
picture-alliance S. 117
Johann Scheibner S. 80, 88, 134, 190/191
Reinhard Schmid / HUBER IMAGES S. 60 u.
shutterstock / sunfun S. 130
shutterstock/Traveller Martin 231
vario images / Westend61 S. 368 o.
VISUM / Robert Kluba S. 334
VISUM / Sebastian Pfütze S. 378
Heinz Wohner / LOOK-foto S. 313

Titelbild: Fred Froese/Getty Images

IMPRESSUM

Ausstattung:
114 Abbildungen, 36 Karten und grafische Darstellungen, eine große Reisekarte

Text
Christian Nowak, mit Beiträgen von Jürgen Sorges

Bearbeitung
Baedeker-Redaktion
(Andrea Hahn)

Kartografie:
Christoph Gallus, Hohberg;
Klaus-Peter Lawall, Unterensingen;
MAIRDUMONT Ostfildern
(Reisekarte)

3D-Illustrationen:
jangled nerves, Stuttgart

Infografiken:
Golden Section Graphics GmbH, Berlin

Gestalterisches Konzept:
RUPA GbR, München

Chefredaktion:
Rainer Eisenschmid,
Baedeker Ostfildern

13. Auflage 2019

Anzeigenvermarktung:
MAIRDUMONT MEDIA
Tel. +49 711 450 20
Fax +49 711 450 23 55
media@mairdumont.com
http://media.mairdumont.com

Trotz aller Sorgfalt von Redaktion und Autoren zeigt die Erfahrung, dass Fehler und Änderungen nach Drucklegung nicht ausgeschlossen werden können. Dafür kann der Verlag leider keine Haftung übernehmen. Jede Karte wird stets nach neuesten Unterlagen und unter Berücksichtigung der aktuellen politischen De-facto-Administrationen (oder Zugehörigkeiten) überarbeitet. Dies kann dazu führen, dass die Angaben von der völkerrechtlichen Lage abweichen. Irrtümer können trotzdem nie ganz ausgeschlossen werden. Kritik, Berichtigungen und Verbesserungsvorschläge sind jederzeit willkommen. Schreiben Sie uns, mailen Sie oder rufen Sie an:

Verlag Karl Baedeker / Redaktion
Postfach 3162, D-73751 Ostfildern
Tel. 0711 4502-262
www.baedeker.com

Printed in Italy

FSC www.fsc.org MIX Paper from responsible sources FSC® C015829

Meine persönlichen Notizen

DANMARK
Rudkøbing
Langeland
Bagenkop
Tårs
Nakskov
Ryde
Lolland
Sakskøbing
Maribo
Rødby
Rødbyhavn
Nakskov
Herritslev
Stubbekøbing
Falster
Nykøbing
Gedser
Puttgarden
Fehmarn
Landkirchen
Burg auf Fehmarn
Heiligenhafen
Oldenburg in Holstein
Schleswig-Holstein
Lensahn
Neustadt i. Holst.
Grömitz
Süsel
Scharbeutz
Timmendorfer Strand
Bad Schwartau
Lübeck
Mecklenburger Bucht
Darßer Ort
Prerow
Darß
Wieck
Ahrenshoop
Fischland
Wustrow
Dierhagen
Freilichtmuseum Klockenhagen
Damgar
Graal-Müritz
Ribnitz-
Warnemünde
Heiligendamm
Kühlungsborn
Rerik
Wustrow
Kröpelin
Bad Doberan
Rostock
Marlow
Sanitz
Recknitz
Tessin
Neubukow
Poel
Stove
Boltenhagen
Klütz
Klützer Winkel
Dassow
Wismar
Schönberg
Grevesmühlen
Neukloster
Bützow
Schwaan
Laage
Güstrow
Teter
Dorf Mecklenburg
Warin
Warnow
Gr. Grönau
Bobitz
Bad Kleinen
Großer Ratzeburger See
Ratzeburg
Gadebusch
Schweriner See
Brüel
Sternberg
Mecklenburg
Krakow am See
Malchiner See
Dobbertin
Schwerin
Mecklenburgische
Schaalsee
Mölln
Zarrentin
Goldberg
Crivitz
Kölpinsee
Wittenburg
Plau a. See
Malchow
Büchen
Hagenow
Parchim
Lübz
Plauer See
Elde-Müritz-Wasserstraße
Neustadt-Glewe
Boizenburg
Lübtheen
Ludwigslust
Neuhaus/Elbe
Bleckede
Elbe
Grabow
Putlitz
Malliß
Müritz-Elde-Wasserstraße
Dahlenburg
Hitzacker
Dömitz
Karstädt
Pritzwalk
Witt
Doss
Prignitz
Niedersachsen
Dannenberg (Elbe)
Schnackenburg
Perleberg
Wittenberge
Br
9
E47
E55
207
202
1
501
71
105
20
103
110
19
108
104
192
106
208
241
207
24
321
191
195
5
198
216
189
107
248